東亞《家禮》文獻彙編

朝鮮篇 ③

主編
吴震 ［日］吾妻重二 ［韓］張東宇

復旦哲學·中國哲學文獻叢書

拾

上海古籍出版社

四禮便覽

〔朝鮮〕李縡　撰
湯建榮　整理

《四禮便覽》解題

［韓］金允貞　撰　林海順　譯

李縡（一六八〇—一七四六），字熙卿，號陶庵，本貫牛峰。因父親李晚昌（一六五四—一六八四）早逝，故從仲父李晚成（一六五九—一七二二）受家學。母親驪興閔氏（一六五六—一七二八）是仁顯王后之姊。外祖父閔維重（一六三〇—一六八七）是宋浚吉（一六〇六—一六七二）的外孫。肅宗二十八年（一七〇二）謁聖文科丙科及第之後，歷經藝文館檢閲，肅宗三十年（一七〇四）作爲藝文館奉教主導了《端宗實録》附録的編纂。歷經吏曹佐郎、禮曹參議等，肅宗四十二年（一七一六）成爲同副承旨。有關《家禮源流》刊行的是非剛一發生，他隨即從老論的立場上批判少論。景宗二年（一七二二）李縡因少論執權而遭到削職，在李晚成因辛壬士禍（一七二一—一七二二）死於獄中之後，没有再赴任官職。

作爲老論山林，李縡在龍仁寒泉書院講學，並專注於做學問。英祖十八年（一七四二），他遵從宋時烈（一六〇七—一六八九）的遺命編纂了《栗谷全書》，繼承了從李珥（一五三六—一五八四）、金長生（一五四三—一六三一）、宋時烈發展而來的老論學統。作爲主張「人物性同論」的近畿洛論學者，賦《寒泉詩》來批判湖論的「人物性异論」，在湖洛論争中發揮了重要的作用。著書有《陶庵集》五十卷二十五册、《書社輪誦》一册、《宙衡》二十五卷十四册、《三官記》二卷、《四禮便覽》等。

《四禮便覽》完成於李縡歿年的英祖二十二年(一七四六)，並被用於其喪禮。李縡的門人朴聖源(一六九七—一七六七)、楊應秀(一七〇〇—一七六七)、俞彦鏶(一七一四—一七八三)、韓敬養(一七一九—一七七四)等試圖刊行李縡的文集，所以校訂了《四禮便覽》。然而，朴聖源死後，文集刊行中斷，《四禮便覽》也是以筆寫本流傳下來。以後，李縡之孫李采(一七四五—一八二〇)校訂《四禮便覽》並製作了定本，李采的兒子李光文(一七七八—一八三八)和李光正(一七八〇—一八五〇)推進了刊行。憲宗十年(一八四四)，李光正在任水原留守時，用木板刊行了《四禮便覽》，並添附了趙寅永(一七八二—一八五〇)的跋文。

此後，《四禮便覽》又刊行了諸多版本，經過朝鮮末期，在日帝强佔期也被廣泛運用。一九一六年的全州版本、一九三七年的完州版本等是代表性的。一九二四年，以活版本刊行了《懸吐注解四禮便覽》。光武四年(一九〇〇)，黄泌秀(一八四二—一九一四)和池松旭增補元本，並刊行了《增補四禮便覽》。《四禮便覽》是朝鮮時代冠昏喪祭的典型，被視爲最具代表性的禮書。

《四禮便覽》是爲了便於在冠昏喪祭的行禮中使用而製作的禮書。在朝鮮，以《家禮》未完成論爲基礎，編纂了補充《家禮》的多樣禮書。其中，參考古禮和先儒説，提高《家禮》實用性的《喪禮備要》是其代表。《四禮便覽》運用《喪禮備要》的這種方式整理了冠禮和昏禮，並試圖修整和補充《喪禮備要》中不完善的喪禮和祭禮。《四禮便覽》考慮到冠昏喪祭的實行而改編了《家禮》。將《家禮》中《通禮》的「祠堂」移到《祭禮》之首，「深衣制度」移到《冠禮》「陳冠服」的諸具，完成了《通禮》遺漏的「四禮體制」。同時，削除了與四禮的實行没有直接關聯的「居家雜儀」和「居喪雜儀」，朱子已經闡明没實行的《祭禮》的「初祖」和「先祖」項目没有被收録。更進一步，通過考察諸書來補充《家禮》的疏略之處，並削除了不合時宜而難於實行的内容。爲了便於考覽，删除了煩雜的内容，還改變了順序。

卷首是《凡例》，提示了通過區分字體大小、排列以及單雙行等改編《家禮》的原則。第一，《家禮》正文使用大字，從其他禮書中補充的内容使用細字。第二，《家禮》本注是另起一行並使用大字，訓釋和修整本注使用的是單行小字，添補古禮和先儒説時使用單行小字並標注出處。使用雙書來區分與注説相關聯的諸説。第三，將與《家禮》無關但有參考價值的古禮和先儒説進行雙書，在第四行雙書著者的論説，並加「按」字。在各條目之下，添附了二百一十四個諸具和一百七十三個書式。通過擴充諸具，將《家禮》的節次以遂行單位進行細分，具體地提示了行禮所必要的物品和人力。收録了符合狀况的多様書式，追求實用的便利。與《家禮》圖録單獨集中於篇首不同的是，爲了便於查找，圖録被收録在每編之末。考證名義的部分和爲了便於參考而分類的《類會》一編，現已失傳。

卷一是冠禮，笄禮被處理爲附。删除了《家禮》内容中與朝鮮時俗不符的「緇」和「公服」。考證了切實可行的深衣制度，用《儀禮》、《家禮儀節》等補充了疏略的禮賓儀節。

卷二是昏禮，由議昏、納采、納幣、親迎構成。省略了《家禮》的「婦見舅姑」、「廟見」、「婿見婦之父母」項目，僅收録了本文。類似《家禮》未具備的昏禮服的情况，通過考證《儀禮・士昏禮》的「褖衣制度」進行了補充。

卷三喪禮（一）是從「初終」到「大斂」的節次。將《家禮》的「沐浴、襲、奠、爲位、飯含」項目縮約爲「襲」，省略了「靈座、魂魄、銘旌」項目。根據《喪禮備要》補充了古禮，在「初終」項目添入了「楔齒、綴足」，在「襲」項目添入了「設冰」、「設燎」等，並仔細地修整了由此派生的節次。卷四喪禮（二）是從「成服」到「聞喪」的節次。省略了「朝夕哭奠、上食」項目，將「吊奠賻」項目縮約爲「吊」。

卷五喪禮（三）是從「治葬」到「反哭」的節次。將《家禮》的「遷柩、朝祖、奠、賻、陳器、祖奠」、「遣奠」、「發引」項目，變更爲「遷柩」和「發引」。卷六喪禮（四）是從「虞祭」到「吉祭」的節次。根據《喪禮備要》追加了《家禮》不具備的「吉祭」項目。卷七喪禮（五）是「改葬」，根據《喪禮備要》追加了《家禮》不具備的項目。以古禮和《家禮儀節》等爲根據進行考證，並積極收録了經歷慣熟者的經驗知識。

卷八是祭禮，由祠堂、時祭、禰祭、忌日、墓祭所構成。李縡批判了不施行作爲《家禮》正祭的四時祭，却在四節日（指寒食節、端午節、中秋節、重陽節）施行墓祭的時俗。而具體的祭祀飲食的使用，則積極結合了朝鮮的時俗。删除了朝鮮不使用的茶，而以熟水來代用。追加了《家禮》中雖然没有，但基於古禮而在朝鮮被使用的清醬。同時，仔細記録了作爲俗節供奉時食的朝鮮飲食。

在《四禮便覽》中，著者的按説，冠禮中包含十一條，昏禮中包含六條，喪禮中包含一百條，祭禮中包含十九條。作爲「按説」被提起的《四禮便覽》之「禮説」，提示了「行禮」的明確基準，起到了提高實用性的作用。規定了《家禮》未具備的練服規定和喪服的變除節次等，對於《家禮》没有談及的「變禮」也作出了新的規定。代替父親爲祖父穿三年服，在父喪中，容許在母喪時穿三年服等，都是對於變禮的新禮説。

《四禮便覽》作爲行禮書，爲了便於行禮，對《家禮》作了適當變通。這些工作基於對《家禮》的充實理解和積累的行禮經驗才成爲可能。不僅對多樣的變禮，而且對細節的節次也進行了研討，並以禮義爲根據定立了新的規定。《四禮便覽》的這些工作體現了十八世紀朝鮮禮學的發展程度。

本次整理，以韓國國立中央圖書館藏本《四禮便覽》爲底本進行整理。底本圖書編號爲古朝29－14，共八卷四册，有目録，卷端題「四禮便覽」，半頁十行，行二十二字，四周雙邊，上内向黑魚尾，中間記書名「四禮便覽」。需要説明的是，底本結構複雜，正文内有夾注，夾注内又有小注，凡小注均以括號標出，覽者識焉。

目録

四禮便覽卷之五

四禮便覽卷之六

四禮便覽卷之七

四禮便覽卷之八

四禮便覽凡例

一、古今禮書，詳略不同，太詳以古禮，訂之以先儒說，以惟《家禮》，則是朱夫子酌古二儀，合爲一書，蓋爲其便。然其節目之間，或不無疏略處，先儒多以未成書爲言。故沙溪先生於喪、祭禮祖述《家禮》，參證諸說，作爲《備要》之書。然其爲書，猶有所未盡備者，今一依其例，以朱夫子本文爲主，參之以古禮，訂之以先儒說，以補其闕略。而又添入冠、昏二儀，合爲一書。蓋爲其便於考覽，以作巾衍之藏而已。

一、《家禮》正文則並以大字書之，而其有疏略處，則旁采諸書補入，如《冠禮》「笄者見於祠堂」之類。而細其字樣，注以書名，其有古今異宜，事勢難行者，則删之。如《冠禮》公服，《喪禮》明器之類。

一、《家禮》本注則以大字低一格書之，而或删其煩，或易其次，以便考閱。其本注中有訓釋注意者，及辭命中有改用他句者，則以單行小字書於本段下而不書出處。以古禮及先儒說添補者，則先書書名，加匡而別之。諸說之發明注說者，則雙書，而亦書書名或姓氏別號。其雙書而不書出處者，瞽說也。

一、古禮及先儒説，有可參考而不涉於注説者，則各條下低二格雙書。以愚見附論者，則又低一格雙書，加按字。

一、此編雖以《家禮》爲主而既名以《四禮便覽》，故《通禮》中《祠堂》章則移置於《祭禮》之首。《深衣制度》則略加删節，移置於《冠禮》諸具之中。司馬氏《居家雜儀》及《喪禮》之《居喪雜儀》，雖甚緊要，而與應行儀節有異。初祖先祖一祭，朱先生已自不行，故兹並不録。

一、《家禮》諸具之見載於本注者，或欠詳備，故别爲蒐輯，且采世俗之所遵行者，以附於每條之下。

一、告祝狀書之式，爲便考據，附録於每條諸具之下。

一、既有諸具，不可不以圖明之，且諸書之以圖式列之編首者，不便于考閲，故此書則以圖式置之每編之末。

一、世人多有行其禮而不知其義者，故博考諸書，詳其名義，以次於圖式。今逸。

一、《便覽》之作，蓋欲一開卷瞭然，而編帙尚多，倉卒之際考檢亦難，故别爲《類會》一編。比類相次，如一事而異用，則注之曰「某時如此，某時如此」之類。以附編末。今逸。

四禮便覽卷之一圖式

陳服序立迎賓三加受醮之圖

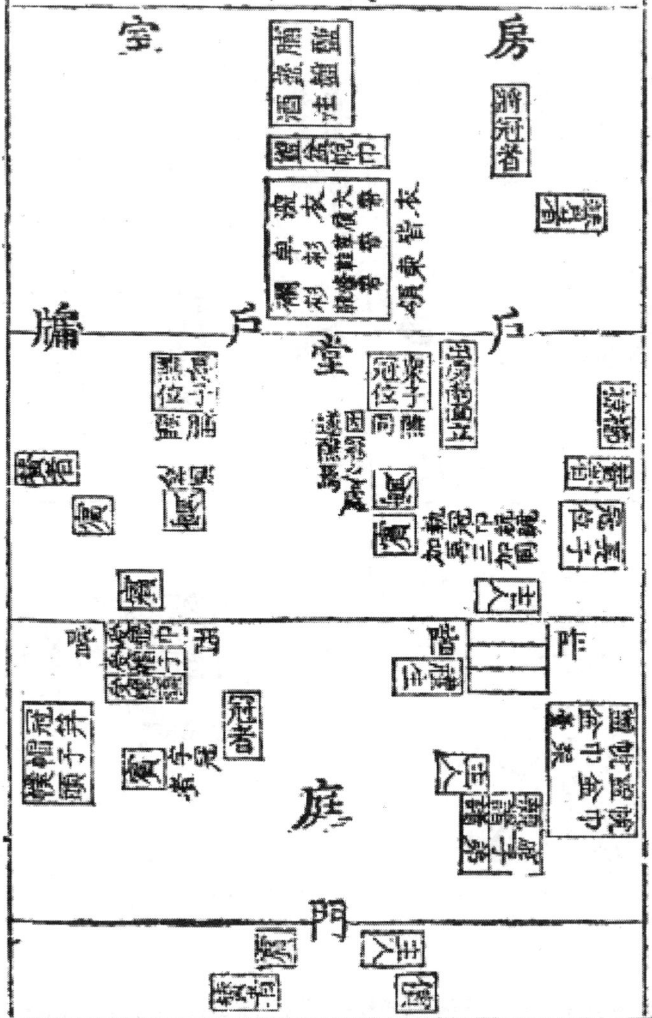

深衣前圖

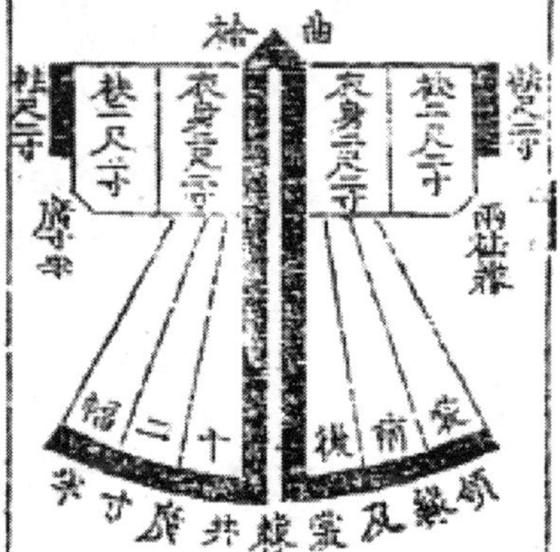

深衣兩襟相掩圖

深衣後圖

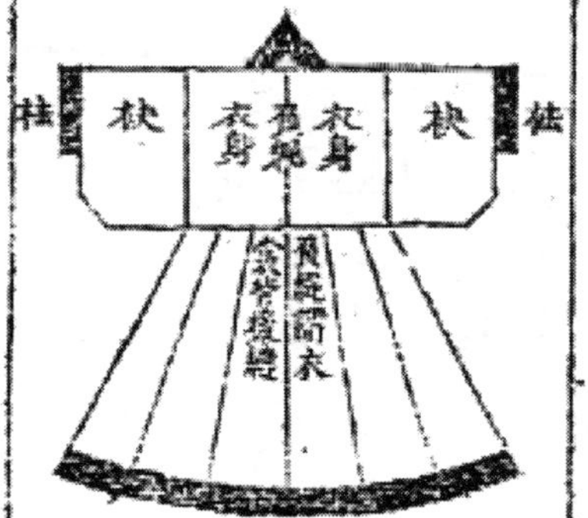

大帶圖

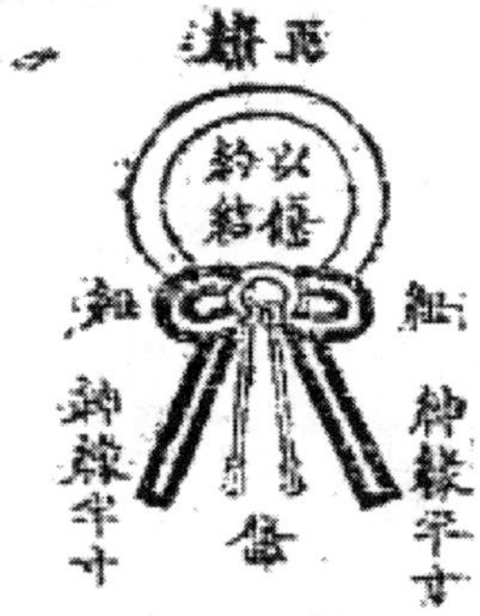

緇布冠圖

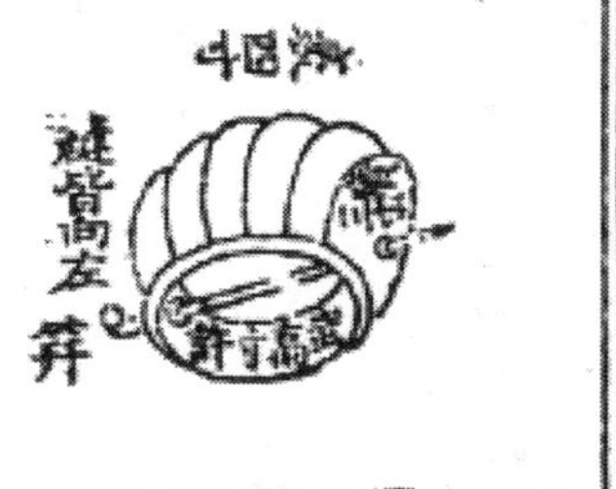

幅巾圖

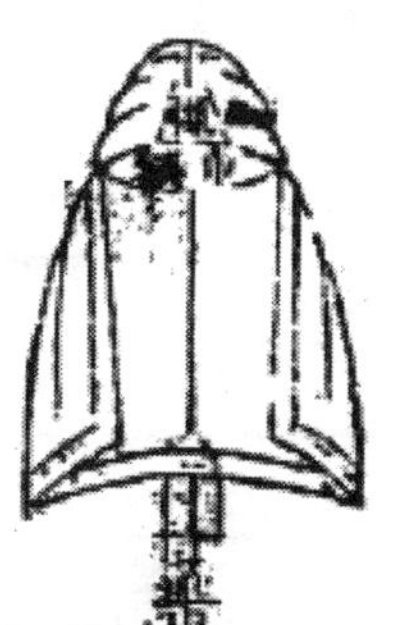

黑履圖

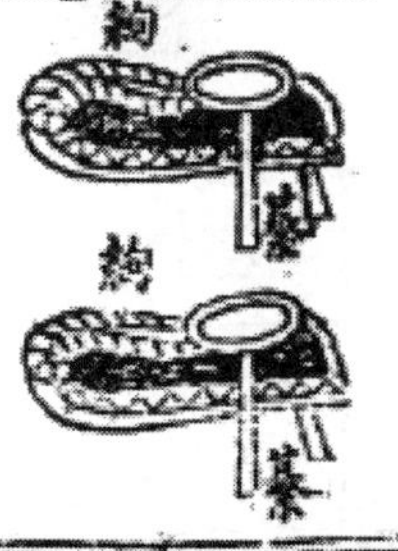

四䙆衫前圖

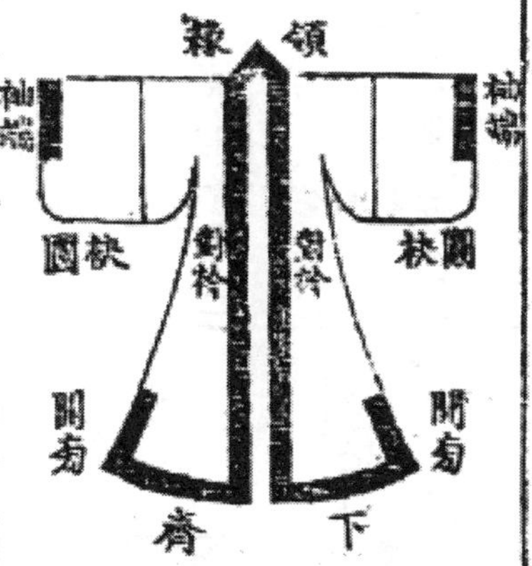

四䙆衫後圖

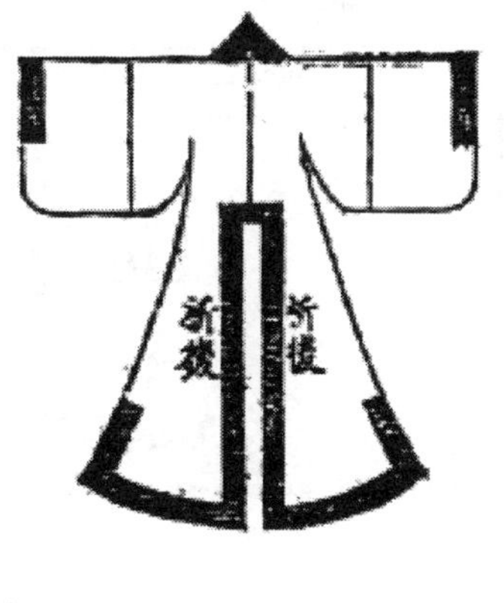

四禮便覽卷之一　圖式

笄禮之圖

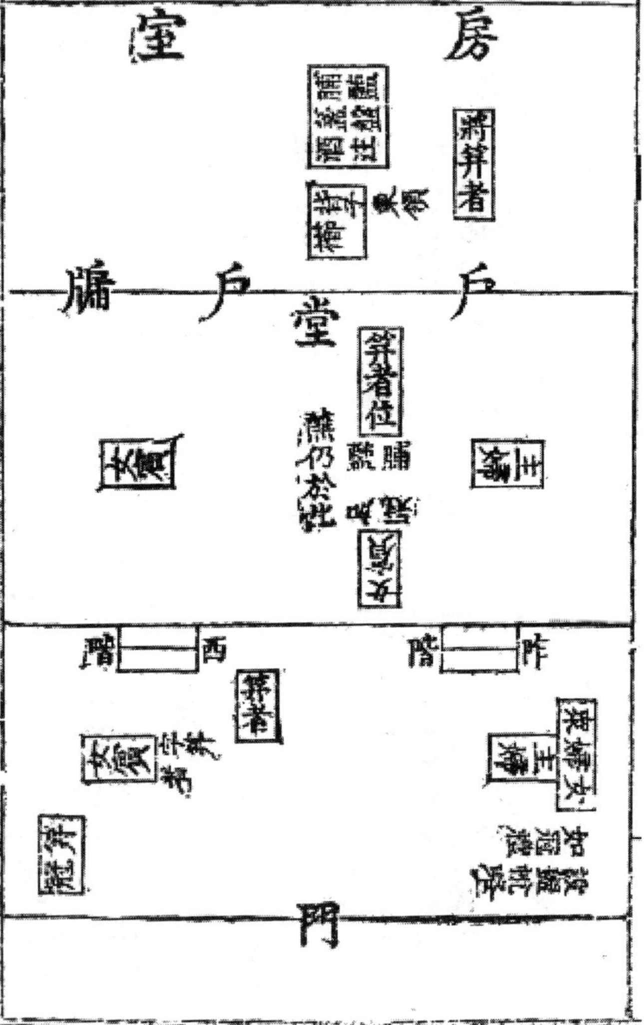

四禮便覽卷之一

冠禮

冠 笄附

男子年十五至二十，皆可冠。

司馬温公曰：古者二十而冠，所以責成人之禮也。近世以來，人情輕薄，過十歲而總角者，少矣。今且自十五以上，俟其能通《孝經》、《論語》，粗知禮義，然後冠之，其亦可也。

程子曰：冠所以責成人，冠禮廢，天下無成人。既冠矣，不責以成人之事，則終其身不以成人望之也，徒行此節文，何益？

必父母無期以上喪，始可行之。

大功未葬，亦不可行。

南溪問：《冠禮》云：父母無期以上喪。《昏禮》云：身及主昏者，無期以上喪。此未知互文之義否？尤庵曰：

恐是互文也。

前期三日，主人告于祠堂。

古禮筮曰，今不能然，但正月内擇一日可也。主人，謂冠者之祖父，《輯覽》謂祖及父。自爲繼高祖之宗子者。○若非宗子，則必繼高祖之宗子主之，有故則命其次宗子若其父自主之，若宗子自冠，則亦自爲主人。

《士冠禮》注前期三日，空二日也。○魏氏曰：四時皆可冠，不當以正月爲拘也。

【諸具】告祠堂

同下《祭禮》有事則告條。

【告辭式】若冠者之母已歿，雖在祔位，亦當有告。下同。

維　年號幾年歲次干支幾月干支朔幾日干支，孝玄孫繼曾祖以下之宗，隨屬稱。某官某，敢昭告于　顯高祖考某官府君，　顯高祖妣某封某氏，曾祖考妣至考妣列書，祔位不書。○非宗子之子則只告冠者祖先之位。某之非宗子之子，則此下當添某親某之四字。子某，若宗子自冠，則去之子某三字。年漸長成，將以某月某日，加冠於其若宗子自冠則去其字。首，謹以酒果，用伸虔告，謹告。

戒賓。

古禮筮賓，今不能然，但擇朋友賢而有禮者〔一人〕可也。是日，主人深衣，詣其門，所戒者出見，如常儀。戒者起言曰：　某有子某，若某之某親有子某。將加冠於其首，若宗子自冠，則但曰：　某將加冠於首。願吾子教之也。對曰：某不敏，恐不能供〔其〕事，以病吾子，敢辭。戒者曰：願吾子之終教之也。對曰：吾子重有命，某敢不從。《士冠禮》主人再拜，賓答拜，主人退，賓拜送。○地遠則爲書，云云。遣子弟致之，所戒者辭，使者固請乃許，而復書。云云。

【諸具】戒賓

【深衣】緇冠、幅巾、大帶、絛、履具，主人及賓所服，并制見下陳冠服條。【牋紙】用以爲書者。○袱具。○下同。

【書式】《儀節》

某郡姓某再拜奉啓。《備要》本朝進御文字皆稱啓字，私書恐不敢用，代以白字。○後倣此。某官執事某，非宗子之子，則此下當添之某親某四字。有子某，若宗子自冠，則去有子某三字。年及成人，將以某月某日加冠於其若宗子自冠則去其字。首，求所以教之者，僉曰以德以齒，咸莫吾子宜，至日不棄，寵臨以惠教之，則某之父子若宗子自冠則去之父子三字。感荷無極矣。未及躬詣門下，尚祈照亮。不宣。

具位姓某再拜具位上當有年月日，後倣此。

【皮封式】新補

上狀某官執事，

具位，姓某，謹封。

【復書式】《儀節》

某郡姓某再拜奉復某官執事，某無似，伏承吾子不棄，召爲冠賓，深恐不克供事，以病盛禮，然嚴命有加，敢不勉從。至日，謹當躬造，治報弗虔，餘需面既。不宣。

具位姓某再拜奉復

【皮封式】同前式。

前一日，宿賓。

遣子弟以書致辭，云云。答書。云云。

【諸具】宿賓

【牋紙】

【書式】《儀節》

某上某官執事，某將以來日加冠於非宗子之子則此下當添某之某親某之六字。子某，若宗子自冠則去於子某三字。吾子既許以惠臨矣，敢宿。

某再拜上

【皮封式】同前式。

【復書式】《儀節》

某復某官執事，承命以來日行禮，既蒙見宿，敢不夙興。

某再拜上

【皮封式】同前式。

陳設。

以帟幕爲房於廳事之東北，或廳事無兩階，則以堊畫而分之。並設席。設盥帨《士冠禮》直（音值。）於東榮，（注：屋翼也。）南北以堂深，（《鄉飲酒禮疏》：假令堂深二丈，洗亦去堂二丈。）水在洗東。《儀節》用帷幕爲賓次。（在外門外之西。）

【諸具】陳設

【帟幕】二即小幕，制見下祭禮祭器條。【屏席】用以爲鋪陳，又爲賓席及冠席醮席者，冠與醮無純。【堊】即白土。【盥盆】二一有臺，賓所盥，一無臺，贊及執事者所盥。【勺】二【帨巾】二一有架，一無架。

厥明夙興，陳冠服。

襴衫、帶、靴、皂、衫、革帶鞋。深衣、大帶、履、櫛、掠，皆龜峰曰恐有以字。卓陳於房中，《士冠禮》西墉下。東領北上。酒注盞盤《士冠禮》角柶、脯醢南上。亦以卓陳於服北。《士冠禮注》洗在北堂，（《士昏記注》房中半以北。）直室東隅。幞頭、帽子、冠笄、巾，各以盤盛之，蒙以帕，以卓陳於西階下。少西。執事者（一人）守之。置冠者席於東序。

按《家禮》本注有髾，而今人既不用，其制又不可詳，故刪之。

【諸具】陳冠服

【執事者】【卓】三【緇冠】用厚紙糊爲材，裁一長條爲武，武高寸許，長一尺四寸許。指尺環之聯其兩端，又用一條方八寸許，襞積爲五梁。其法從一旁，計六分六襵有奇。之外又中摺八分爲梁。如是者凡五，所餘又爲六分六襵有奇，襞積之則爲廣四寸。跨頂前後，下著於武外，屈其兩端各半寸，自外向内黏於武之内，則武左右各廣三寸，前後各廣四寸。武之兩旁中央各半寸，之上爲竅，以受笄。冠五梁襞積縫皆向左，而黑漆之，或用烏紗加漆爲之。○尤庵曰：緇冠只用《家禮》寸數，則髻大者高闊，頗不著，不得已當稍寬其寸數，以相著爲度。【笄】用以插於冠者，圓首尖末。○《家禮》本注用齒、骨凡白物。【幅巾】用以加於緇冠上者，凡服深衣必著緇冠，加幅巾。後凡言深衣，皆倣此。其制用黑繒或紬，長六尺四寸許，廣一尺四寸許指尺。中摺其長，爲兩葉而反屈之。就屈處圓殺一角如規，令縫循其邊而下至於兩末而止。下邊及不縫處，皆摺二寸許，爲絲而翻轉之，使縫餘及緣，皆藏在裏，爲長三尺，廣一尺二寸，通廣二尺四寸，既而從不殺邊中屈處，提起左旁小許摺向左，又提起右旁少許摺向右。兩相轉著相轉在内，用線綴住而空其中，爲㡇子，從㡇子兩旁循邊而下，左右每三寸許，當鬢旁各綴小帶一。廣二寸，長二尺，用巾覆首，以㡇當額前裹之。以兩小帶自巾外過頂，相結於腦後而垂其餘。【深衣】用白細布銀濯灰治爲之，布廣二尺二寸指尺，後凡言布帛廣全幅者，皆倣此。衣用布二幅，各長四尺六寸，中屈下垂，前後共爲四幅，兩肩上中屈處，各裁入三寸，縫合背後直縫，除縫餘兩邊各一寸，則兩肩上裁入，合爲四寸，自裁入處向前反摺至衣下，即翦去之，以備綴領。○《儀節》《家禮》衣長二尺二寸。今裁法：前加四寸後加一寸，裁時其在前兩葉從一邊修起，除去四寸，漸漸斜修至將近邊處不動，其在後兩葉亦從一邊修起，除去一寸，漸漸斜修至將近邊處不動。不如此則兩衿相疊，衣領交而不齊矣。○按若從裁法，則衣用布長五尺一寸，前垂二尺七寸，後垂二尺四寸。領用布長五尺八寸，自項後摺轉向前，綴於肩上左右至摺翦處，表裏各二寸，衣初裁時，通前後四幅，廣八尺八寸，除背後縫餘兩邊各一寸，及兩衿摺翦處各三寸，則爲八尺，左右各綴領廣二寸，則爲八尺四寸，又除兩腋之餘，前後各三寸，則爲七尺二寸，以備下聯於裳。聯裳時，除縫餘一寸，則衣長爲二尺二寸，每幅屬裳三幅。【裳】用布六幅，其長隨體之長短，並衣身以及踝爲準，交解爲十二幅，一頭廣，一頭狹，廣頭爲一尺四寸，狹頭爲八寸，以狹頭向上而聯其縫，每幅兩邊各除縫餘一寸，則上頭每幅六寸，通廣七尺二寸，下齊每幅一尺二寸，通廣十四尺四寸，上屬於衣，背後衣裳之縫相當直下，此縫兩幅，皆用不裁開處【俗稱直緒】合縫，其當兩腋之縫前後幅，皆用裁開處【俗稱解緒】合縫。【圓袂】用布二幅，各長四尺六寸，中屈之，屬於衣之左右，而縫合其下，爲袂。除縫餘一寸，爲長二尺二寸，如衣之長袖端下旁，圓殺如規縫之，留袂口一尺二寸屬衣處，各除縫餘一寸，袂口綴絲處，又各除一寸，而衣屬袖處，亦除縫餘各一寸，則袖廣通衣兩腋餘二寸，爲二尺二寸。袂之長短，反詘之及肘，不以一幅爲拘。【黑緣】用黑繒，飾領及袂口，裳旁下際，表裏各一寸半，領及裳旁下際則裏緣在布上，袂口則布外，別綴此緣之廣。○【丘氏】曰：　按白雲朱氏曰：　衽，《説文》曰衿。注：　交衽爲襟。《爾雅》衽通作衿。《正義》云：　深衣，外衿之邊有緣，則深衣有衽，明矣。宜用布一幅交解裁之，上尖下闊，内連衣爲六幅，下屬於裳。《玉藻》曰：　深衣，衽當旁。王氏謂袷下施衿。趙氏謂上六幅，皆是也。後人不察，至有無衽之衣。朱氏此説，蓋欲於衣身上加内外兩衿，如世常服之衣，如此則便於穿著，但以非《家禮》本制，不敢從。姑存以備一説。○又曰深衣制度，乃温公據《禮・深衣篇》所新製，非古相傳者也。愚於《考證》疑其裳制于《深衣篇》文勢不倫，固已著其説矣。後又得吴興敖繼公説，謂衣六幅裳六幅，通十二幅。吴草廬亦謂裳以六幅裁爲十二片，不可言十二幅。又但言裳之幅，而不言衣之幅，尤不可。良以敖説爲是，蓋衣裳各六幅，象一歲十二月之六陰六陽也。愚因參以白雲朱氏之説，衣身用布二幅，袖用二幅，別用一幅裁領，又用一幅交解裁兩片爲内外衿綴連衣身，則衣爲六幅矣。裳用布六幅，裁十二片，後六片如舊式，前四片綴連外衿，二片綴連内衿，上衣下裳，通爲十二幅，則於《深衣》本章文勢順矣。舊制無衿，故領微直而不方，今以領之兩端各綴内外衿上，穿著之際，右衿之末斜交於左脅，左衿之末斜交於右脅，自然兩領交會，方如矩矣。○按《家禮》云裳每三幅，屬衣一幅。而若丘氏説也，又用布一幅，交解兩片爲内外衿，則衿之闊頭向下者，恰受裳之狹頭向上者，二片之廣，每裳二片，屬衣一幅，然後可無空闕處，如是則裳居後爲四片，居前者，内外各爲四片，其云後六片如舊式者，成不得矣。【大帶】用以帶於深衣者，其制用白繒廣四寸許，夾縫之爲廣二寸，長圍腰而結於前，再繚之爲兩耳，乃垂其餘爲紳，下與裳齊，以黑繒飾其紳兩旁及下，表裏各半寸，大夫則兩耳亦緣之。【絛】用以約結大帶相結處者，其制用五色絲織成廣三分，或用青小組爲之，長可中屈而垂其兩末，與紳齊。【履】用黑絹或皂布褙紙爲材，又用二白帶或組長二尺餘，横綴於履後跟，又於履頭以絛爲絇而受繫穿貫。○緇冠以下始加服。【帽子】丘氏曰：今世帽子有貳等，所謂大帽者，乃是笠子，以蔽雨日；所謂小帽者，或紗或羅或緞爲之。○小帽即今⿷匚敢頭。○《圖會》用帛六瓣縫成之，其制類古皮弁，特縫間少玉飾耳，此爲齊民之服。【皂衫】按昔有問（皂）衫之制，世所罕傳者。尤庵答曰：如今之黑團領，凡上衣之染黑者，皆可用。又答人問：有再加常服之説，常服即今道袍之類，雖非染黑，今制染青者，亦可代用。【革帶】用以帶於皂衫者。【鞋】尤庵曰：革履謂之鞋，又履之無絇謂之鞋。○帽子以下再加服。【幞頭】即國朝新恩所著者，略似紗帽，今代用皇朝儒巾，或稱軟巾。【襴衫】用藍絹或玉色絹布爲材。○沙溪曰：以青黑絹廣四五寸，飾領緣及袖端與裔末。○尤庵曰：制如團領而但傍耳一葉。【帶】用以帶於襴衫者，皇朝太學儒服襴衫之帶，名絛帶，一名鈴帶，其制織絲爲之，再圍腰，其嬴縮處有二小鈴，垂其餘於後，兩末相合處有一大鈴，無則代以細絛帶。【靴】幞頭以下三加服。【櫛】用以理髮者，盛以函。【掠】《儀節》代以網巾。○用以包髮者，織騣爲之。【盤】帕具。○三加各具。【脯醢】并盛于楪，醮時以盤捧之。【角柶】用以祭醴者。○《士冠禮注》狀如匕。【酒瓶】【酒架】【酒注】【盞盤】脯以下用以醮冠者。

主人以下序立。

主人以下盛服就位。主人阼階下少東，西向。子弟、親戚在其後，重行西向北上。擇子弟、親戚習禮者〔一人〕爲儐，立於外門外，西向。《儀節》請習禮者爲禮生，引導唱贊。（立於阼階西，西向。）將冠者，雙紒、丘氏曰：紒是髻字，作兩圓圈子也。四䙆衫、勒帛、彩屐，在房中，南面。○若非宗子之子，則其父立於主人之右，尊則少進，卑則少退。宗子自冠，則服如將冠者，而就主人之位。

【諸具】序立

【儐】【禮生】【盛服】賓主以下所服，見下祭禮朔參條。【四䙆衫】或稱缺骻衫，用藍絹或紬爲之，對衿團袂闕旁析後，以錦緣領及袖端與裾兩旁及下齊，童子常服，如俗中赤莫之類，可代用。【勒帛】俗稱行纏，用綿布爲之，長三尺許廣三寸許，布帛尺一頭有二繫，束脛至膝，纏繞袴管。【彩屐】丘氏曰：屐是木履，今云彩屐。蓋當時童子服，今不必深泥，隨時用童子所常服者代之無害。

賓至，主人迎入，升堂。

賓自擇其子弟、親戚習禮者爲贊。至門外，先入，次改服。俱盛服門次。東面立。贊者在右，少退。儐入告主人。主人出門左，《士冠禮注》出，以東爲左。西向再拜，賓答拜。主人揖贊者，贊者報揖。主人遂揖而行，賓、贊從之。入門，分庭而行，揖讓而至階，又揖讓而升。主人由阼階先升，少東，西向。賓由西階繼升，少西，東向。贊者盥帨，由西階升，立於房中，西向。朱子曰：在將冠者之東。儐筵《士冠禮注》布席也。于阼階上之東，少北，西向。衆子則少西，南向。宗子自冠，則如長子之席，少南。將冠者出房，南面。《士冠禮注》

立于房外之西，待賓命。○若非宗子之子，則其父從出，迎賓入，從主人後賓而升，立於主人之右，如前。

賓揖。將冠者就席，爲加冠巾。冠者適房，服深衣，納履，出。

賓揖。將冠者立于席右，河西曰：席之北端。向席。贊者取櫛、掠，置于席左，《輯覽》席之南端。興，立於將冠者之左。賓揖，將冠者即席西向跪。温公曰：衆子南向坐。贊者即席，如其向跪。爲之櫛，合紒。《儀節》包網巾訖，贊者降。賓乃降，主人亦降。賓盥畢，主人揖，升，《儀節》有俱字。復位。執事者以冠巾盤進，《士冠禮》升一等，東面授賓。賓降一等，受冠笄，執之，《士冠禮》右手執項，左手執前。正容徐詣將冠者前，贊者受巾從之。向之祝曰，云云。乃跪加之。《儀節》贊者代簪之。贊者以巾跪進，賓受加之，贊者繫其帶。興，復位，《士冠禮》冠者興。揖。《士冠禮》賓揖。冠者適房，釋四䙆衫，服深衣，加大帶絛，納履，出房。正容南向，立良久。○若宗子自冠，則賓揖之，就席，賓降，盥，主人不降，餘并同。

【始加祝辭式】

吉月令日，始加元服。棄爾幼志，順爾成德。壽考維祺，以介景福。

再加帽子，服皂衫，革帶，繫鞋。

賓揖。冠者即席跪。賓乃降，主人亦降，賓盥畢，主人揖，升，俱復位。執事者以帽子盤進，賓降二等受之，執以詣冠者前，祝曰，云云。《儀節》贊者徹巾冠。（龜峰曰：執事者受冠巾入房。）乃跪加之。贊者結纓。興，復位，冠者亦興。揖。冠者適房，釋深衣，服皂衫，革帶，繫鞋，出房立。

【再加祝辭式】

吉月令辰，乃申爾服。謹爾威儀，淑慎爾德。眉壽永年，享受遐福。

三加幞頭，襴衫，納靴。

禮如再加，執事者以幞頭盤進。賓降，没階受之，執以詣冠者前。祝曰，云云。贊者徹帽，执事者受帽徹櫛，入于房。賓乃跪加幞頭，贊者結纓。《儀節》興復位。（冠者亦興。）揖冠者適房。（釋皂衫，服襴衫，加帶，納靴，出房立。）

按《家禮》陳冠服條注有有官者公服，此條正文有公服、革帶、納靴、執笏之語，蓋宋時多未冠而官者，故有是制。而今無未冠而官者，公服一節似無所用，正文中删去九字。

【三加祝辭式】

以歲之正，以月之令，咸加爾服。兄弟具在，以成厥德。黃耇無疆，受天之慶。

乃醮。

儐改席于堂中間少西，南向。衆子，則仍故席。贊者《士冠禮注》房中洗東北面，盥而洗爵。酌酒于房中，《士冠禮》加柶。出房立冠者之左。賓揖。冠者就席右，南向。乃取酒《士冠禮疏》賓自至房户，贊者西向授賓。就席前，北向，祝曰：云云。冠者再拜，升席，南向，受盞。賓復位，東向答拜。《儀節》贊者以楪（脯醢楪并置一小盤。）自房中出。冠者進席，前跪，《儀節》左手執盞，右手執脯醢楪，置于席前空地。（《士冠禮》左執觶右祭脯醢。○《曲禮注》每品，出少許，置豆間。）祭酒，《士冠禮》以柶祭醴三。○朱子曰：祭酒於地。○又曰：少傾也。興；就席末，《鄉飲酒義疏》席西頭。跪，啐《士昏禮注》嘗也。酒，興；降席，授贊者盞，贊者受，以授執事者，執事者受盞，徹脯醢斂祭，俱入于房，贊者退立于賓左，少退。南向再拜，賓東向答拜。冠者遂拜贊者，贊者東向答拜。

【醮祝辭式】

旨酒既清，嘉薦令芳。拜受祭之，以定爾祥。承天之休，壽考不忘。

賓字冠者，

賓降階，東向。《士冠禮》直西序。主人降階，西向。《士冠禮》復初位。冠者降自西階，少東，南向。賓字之：云云。曰伯某父。仲、叔、季，惟所當。冠者對曰：某雖不敏，敢不夙夜祗奉。《儀節》冠者拜，賓不答。

【字冠者祝辭式】賓或别作辭，命以字之之意，亦可。

禮儀既備，令月吉日，昭告爾字。爰字孔嘉，髦士攸宜。宜之于嘏，永受保之。

出就次。

《儀節》賓揖，主人曰：盛禮既成，請退。主人揖賓曰：某有薄酒，敢禮從者。賓辭曰：某不敢當。主人請曰：姑少留。賓曰：敢不從命。主人揖賓，送出外。（《士冠禮注》不出外門。）贊從之。（衆賓皆從之。）至次，賓主對揖，主人乃退，（還入。）命執事治具。（徹醮席及所陳冠服卓，房中之陳亦並徹之。）

主人以冠者見于祠堂。

如生子而見之儀。冠者進立於兩階間，再拜。○若冠者私室有曾祖、祖以下祠堂，則各因其宗子而見。自爲繼曾祖以下之宗，則自見。

【諸具】見《祠堂》

同下《祭禮》有事則告條。

【告辭式】主人自告。

某之子某，改措語，見上告式。今日冠畢，敢見。

冠者見于尊長。

父母，堂中南面坐。諸叔父兄在東序，諸叔父南向，諸兄西向。諸婦女在西序，諸叔母姑南向，諸姊嫂東向。冠者北向拜父母，父母爲之起。同居有尊長，則父母以冠者詣其室拜之，尊長爲之起。還就東西序。每列再拜，應答拜者答。○若非宗子之子，則先見宗子及諸尊於父者於堂，乃就私室見於父母及餘親。若宗子自冠，有母則見于母如儀。族人宗之者皆來見於堂上。宗子西向拜其尊長，每列再拜，受卑幼者拜。

乃禮賓。

《士冠禮》贊者爲介。《儀節》親朋有來觀者，並待之。《鄉飲酒禮》乃席（注 敦席也。）賓，主人介衆賓之席。（注 賓席牖前南面，主人席阼階上西面，介席西階上東面，衆賓於賓席之西。疏 同南面。圖 坐不盡，則東面北上。○主人親屬席于主人之後，西面北上。）《大全》設卓於兩楹間，置大桮於其上。（酒注及洗桮水，亦陳於卓上，令執事者守之。）《儀節》主人至次迎賓：主人先行，賓從之，贊儐禮生及諸親朋，各以序隨至堂（堂恐當。）階。主人揖賓，請升，賓辭。主人先升自東階，賓繼升自西階，贊以下各以序升，就位。主人拱手向賓曰：某子加冠，賴吾子教之，敢謝。主人再拜，賓答拜，謝。（主人謝也。）贊者再拜，謝儐，同上。（贊、儐皆答拜。）《大全》主人降席，立於卓東，西向，上客（即賓，下同。）亦降席，立於卓西，東向。主人取桮親洗，上客辭，主人（洗畢。）置桮卓上，親執酒斟之以器（即注。）授執事者，遂執桮以獻上客，上客受之。

復置卓上，主人西向再拜，上客東向再拜，取酒東向跪，祭，遂飲，以桮授贊者。（即執事者。）遂拜，《鄉飲酒禮疏》遂拜，不起因拜也。）主人答拜，（一拜。）上客酢主人，（如主人獻賓儀。）《鄉飲酒禮》主人酬賓。（主人取桮洗置卓上，執酒斟之，以注授執事者，取酒西向跪，祭，遂飲。以桮授執事者，遂拜，興。賓答拜，主人復洗桮，賓辭，主人洗畢，置桮卓上，執酒斟之，以注授執事者，遂執桮以酬賓，賓受之，復置卓上，東向再拜，主人西向再拜，賓取酒復位，奠於席前而不舉。）《儀節》主人獻贊。（如獻賓儀。）《鄉飲酒禮》介酢主人。（贊取桮洗，主人辭，贊洗畢，執桮授主人，主人受之，置卓上，執酒斟之，以注授執事者，取酒西向跪，祭，遂飲，以桮授執事者，遂拜，興，贊答拜，復位。）《儀節》主人獻儐。（如獻贊儀。○儐復位。）《大全》主人乃獻衆賓，如前儀，惟獻不拜。（《鄉飲酒禮》衆賓每一人獻則不拜，受爵坐祭，立飲不拜，授主人爵，復位。）《儀節》酒遍，請（主人請也。）升席，主人自席末先升，賓次升，贊儐及陪席者以次皆升坐，冠者及執事者行酒，或三行或五行，饌隨宜。（盡歡，賓請退，執事者徹桮盤。）執事者以盤奉幣，（幣各有差。○主人降席就兩楹閒，賓以下皆降席。）主人受以獻賓，賓（就兩楹閒。）受以授從者，賓謝再拜，主人答拜，以次捧贊者及儐者幣，贊、儐謝，（再拜。）主人答拜，送賓至大門外，揖，竢賓上馬，歸賓俎。

按《家禮》此段本注本於《書儀》，不無疏略，而《士冠禮》曰：禮賓以一獻之禮。一獻之禮即鄉飲酒禮，而若用《鄉飲》全文，則儀文太繁，難於奉行。故以《士冠禮注》所云獻、酬、酢，賓、主人各兩爵而禮成爲主，取用朱子，增損《鄉約》，兼采《丘儀》，而録之如此。

【諸具】禮賓

【席】主人及賓介席各一，衆賓及親屬席無常數。【卓】【饌】多少隨宜，如俗待賓客之禮。【酒瓶】【酒架】【酒注】【盞盤】【幣】布帛隨宜，紙束亦可。【盤】三用以盛幣者。【俎】【潔滌盆】【拭巾】并用以洗桮者。

【盥盆】四二有臺，主人及賓所盥，二無臺，儐贊及執事者所盥。【勺】四【帨巾】四二有架，二無架。

冠者遂出見于鄉先生及父之執友。

冠者拜，先生執友皆答拜。若有誨之，則對如對賓之辭，且拜之，先生、執友不答拜。

按 冠者所以責成人之道，將責爲人子，爲人臣，爲人弟，爲人少者之行於其人，則禮莫重於冠禮。不於成人之初，以禮導之，則將何望其動遵禮教，以無忝古人之行也。朱子曰：古禮惟冠禮最易行，只一家事。蓋四禮之中，冠禮最爲簡易，而今人尠有行之者，誠可歎也！

附 笄

女子許嫁，笄，

年十五，雖未許嫁，亦笄。《雜記》燕則鬌首。（疏 未許嫁則燕居，復去笄而分髮爲鬌紒。）

母爲主。

宗子主婦，則於中堂。○非宗子而與宗子同居，則於私室；與宗子不同居，則如上儀。

前期三日，戒賓；一日宿賓。

賓，亦擇親姻婦女之賢而有禮者爲之。以牋紙書其辭，云云。使人致之。

朱子曰：許嫁則主婦當戒外姻爲女賓，使之著笄，而遂禮之。未許嫁而笄，則不戒女賓，而自以家之諸婦行笄禮也。

【諸具】戒賓　宿賓

【牋紙】二

【書式】《儀節》

忝親非親，則云辱交或辱識，下同。某氏拜白　某親某封非親，則但云某封，夫人孺人隨所稱，下同。妝次，兹《家禮》本注凡婦人稱於己之尊長則曰兒，卑幼則以屬。於夫黨，尊長則曰新婦，卑幼則曰老婦。非親戚而往來者，以其黨爲稱。有女，年適可笄，欲舉行之，伏聞吾　親閑於禮度，敢屈惠臨以教之，不勝幸甚！

月　日某氏拜白

【復書式】《儀節》

忝親某氏拜復某親某封妝次，蒙不棄，召爲笄賓，自念粗俗，不足以相盛禮，然既有命，敢不勉從，謹此奉復。

月　日某氏拜復

陳設。

如冠禮，但於中堂布席，如衆子之位。不設門外次。

【諸具】陳設

厥明，陳服，

【屏】【席】用以爲鋪陳，又爲賓席，及笄席、醮席者。【盥盆】【帨巾】并賓所盥洗。

用背子並櫛、注盞陳於房中，如冠禮。冠笄。《儀節》以盤盛，置西階下。

【諸具】陳服

【侍者】守冠卓者。【卓】三：一陳冠笄，一陳背子，一陳注、盞。【冠】即中國鳳冠，爲命婦服，俗稱華冠。【笄】即簪。【纚】《士冠禮》○用以包髮裹髻者，用黑繒長六尺周尺，疊爲之，自頂而前，交於額上，却繞於髻，一名縱。○古者男女通用，今男子網巾，即此遺制。【背子】用色紬或絹爲之，長與裙齊，對衿開旁圓袂，或半臂或無袖。○《五禮儀》本國蒙頭衣。【盤】【酒注】【盞盤】並用以醮笄者者。

序立。

主婦如主人之位。將笄者，雙紒、衫子，房中南面。

【諸具】序立

【盛服】賓主以下所服，見下《祭禮》朔參條。【衫子】俗稱唐衣，長至膝，袖狹，女子常服。

賓至，主婦迎入，升堂。

不用贊者，以侍者代之。主婦升自阼階。賓升自西階。《儀節》各就位，主婦東，賓西，侍者布席于東階之東，少西南向。

按婦人無外事，迎送皆當不出門矣。

賓爲將笄者加冠笄，適房，服背子。

《儀節》將笄者出房，侍者奠櫛席左，賓以手導將笄者即席，西（當作南。）向，跪，侍者如其向跪，解髮梳之，爲之合髮。（爲髻。）賓降階，主婦亦降，洗訖。主婦請賓復初位，侍者以冠笄盤進，賓詣將笄者前，祝曰：（云云。）跪加冠笄，起復位。笄者興，適房，易服，徹櫛，（侍者徹。）笄者服上衣，（背子。）出房。

按 既有冠字，則不可髮上加冠。依古禮用纚包髮以承冠，似當。

【祝辭式】用冠禮始加祝，醮與字辭亦同冠禮，但字辭改髦士爲女士。

乃醮。

《儀節》侍者酌酒，立于笄者之左，賓揖。（以手導之。）笄者即席，笄者立席右，南向。賓受酒詣醮席，祝曰：（云云。）笄者四拜，賓答拜，笄者跪受酒，祭酒，啐酒，興，四拜。

乃字。

《儀節》賓主俱降階，主東賓西，笄者降自西階，少東南向，賓祝（云云。）曰某，笄者四拜，賓不答拜。（賓休于他所。）

主人以笄者見于祠堂。《儀節》

按 此條《家禮》所無，而依丘《儀》補入，其儀與子冠而見同。

【諸具】見《祠堂》

同下《祭禮》有事則告條。

【告辭式】《儀節》〇主人自告。

某之非宗子之女，則此下當添某親某之四字。第幾女，今日笄畢，敢見。

乃禮賓。

以酒饌延賓，酬之以幣而拜謝之。如常日賓客之禮。

按《家禮》於此正文云皆如冠儀，而此書則《冠禮》禮賓取用一獻之禮。此若云皆如冠儀，則便成亦令行一獻之禮。故正文中四字删之，移置《冠禮》禮賓下，注于此。〇禮廢既久，笄禮無復行之者，古昔婦人冠服之制，殆廢不考，可勝歎哉！今依本文收録，以爲羊存禮復之漸，若自一二大家始，則可以變俗矣。

【諸具】禮賓

並見上禮賓條，從簡爲宜。

壻家設位之圖

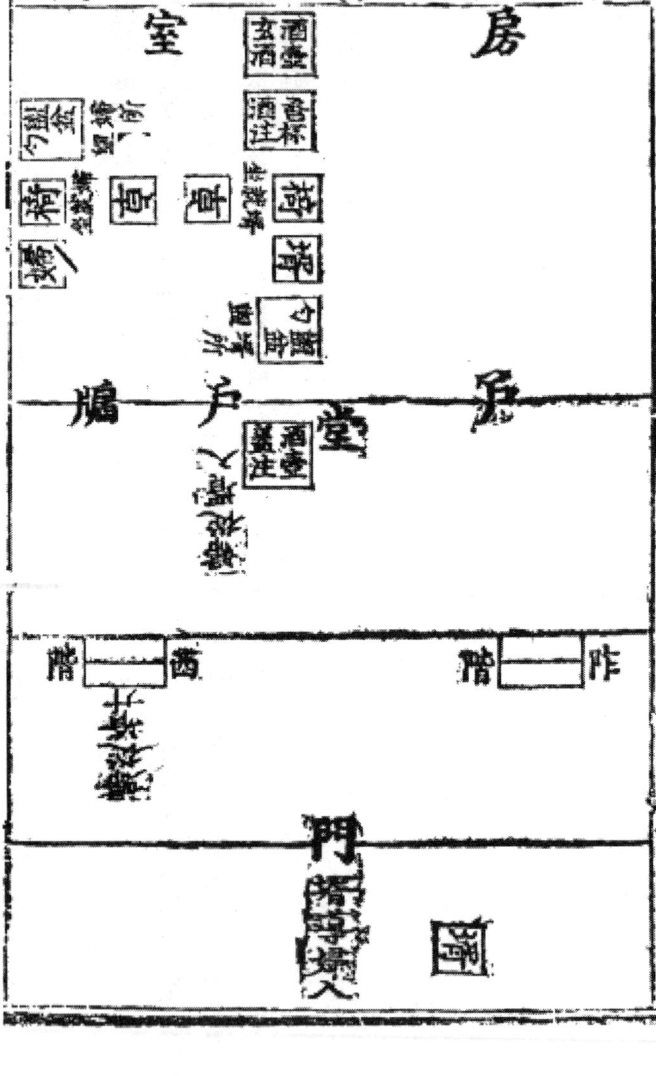

四禮便覽卷之三 圖 廿

醮女之圖

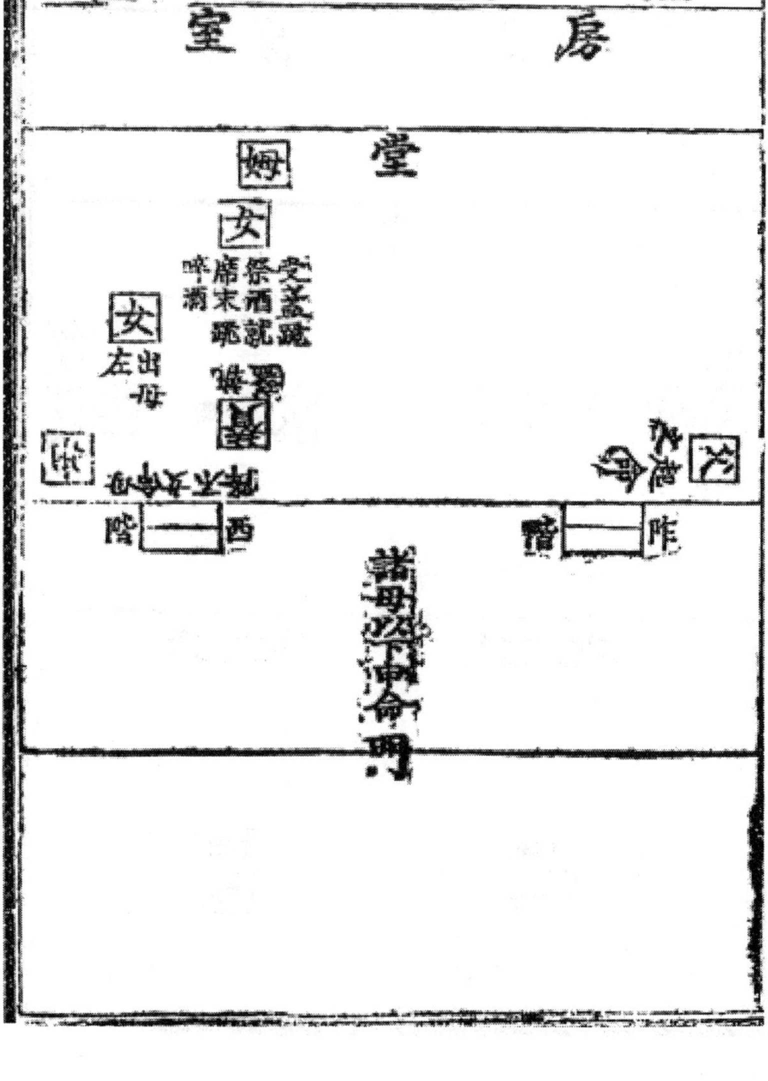

見舅房姑之室圖

堂

西階　阼階

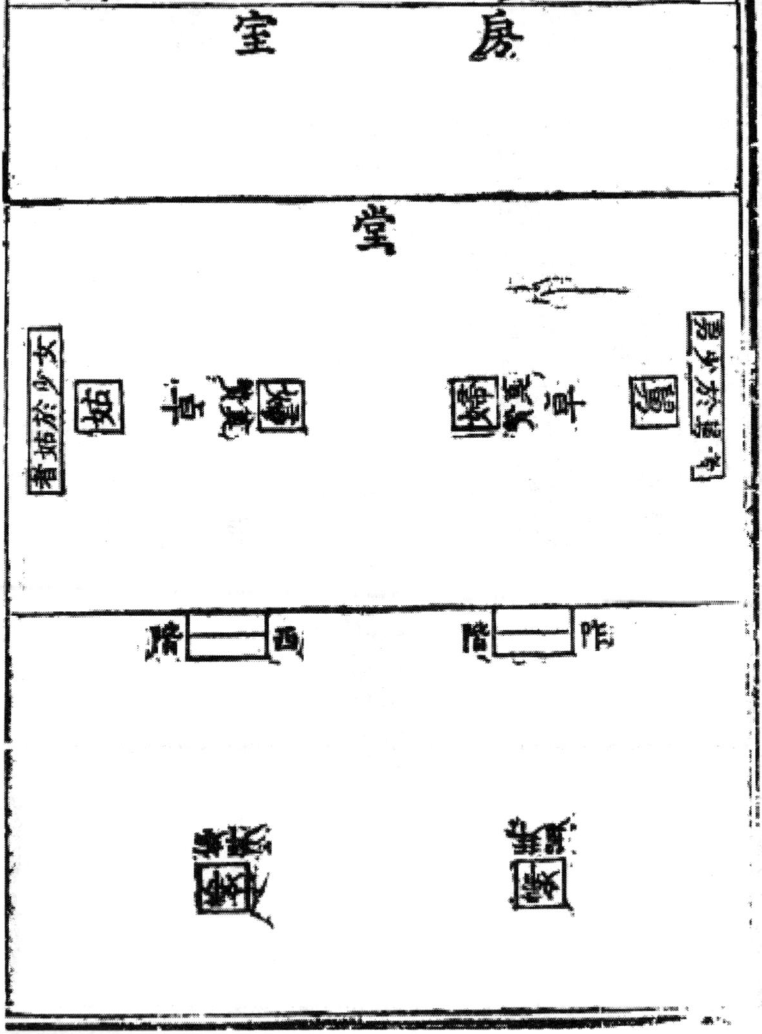

四禮便覽卷之二圖式

帶圖

袡衣前圖

袡衣後圖

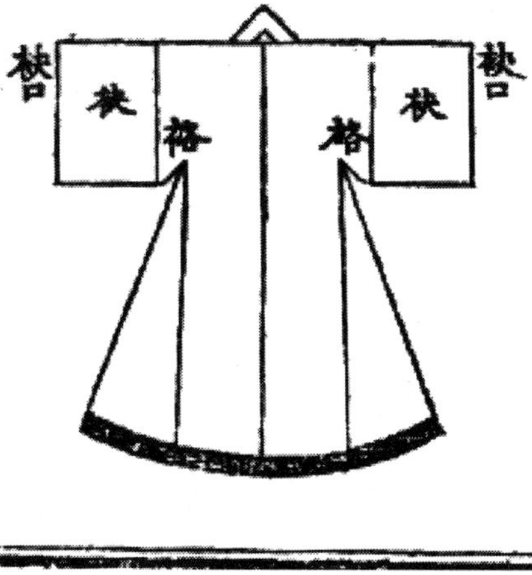

四禮便覽卷之二

昏禮

議昏

男子年十六至三十，女子年十四至二十，

司馬温公曰：古者男三十而娶，女二十而嫁。今令文，男年十五，女年十三以上，并聽昏嫁。今爲此說，所以參古今之道，酌禮令之中，順天地之理，合人情之宜也。○又曰：世俗好於襁褓童幼之時輕許爲昏，亦有指腹爲昏者，及其既長，或不肖無賴，或身有惡疾，或家貧凍餒，或喪服相仍，遂至棄信負約者多矣。吾家男女，必竢既長，然後議昏，故終身無此悔也。

《家語》哀公問曰：禮，男子三十而有室，女子二十而有夫，豈不晚哉？孔子曰：夫禮言其極，不是過也。○

王吉曰：夫婦，人倫大綱，夭壽之萌也；世俗嫁娶太蚤，未知爲人父母之道而有子，是以教化不明而民多夭。○

文中子曰：蚤昏少聘，教人以偷。

身及主昏者無期以上喪，乃可成昏。

大功未葬，亦不可主昏。○凡主昏，如《冠禮》主人之法，但宗子自昏，則以族人之長爲主。

按《冠禮》條父母無期以上喪，可通看於《昏禮》。蓋父母包在主昏中，不可以《冠》、《昏》異文，而苟且用禮也。

必先使媒氏往來通言，俟女氏許之，然後納采。

司馬溫公曰：凡議昏姻，當先察其婿與婦之性行及家法何如，勿苟慕其富貴。婿苟賢矣，今雖貧賤，安知異時不富貴乎？苟爲不肖，今雖富盛，安知異時不貧賤乎？婦者，家之所由盛衰也。苟慕其一時之富貴而娶之，彼挾其富貴，鮮有不輕其夫而傲其舅姑，養成驕妒之性，異日爲患，庸有極乎？借使因婦財以致富，依婦勢以致貴，苟有丈夫之志氣者，能無愧乎？○又曰：文中子曰：昏娶而論財，夷虜之道也。夫昏姻者，所以合二姓之好，以事宗廟，繼後世也。今世俗之貪鄙者，先問資裝之厚薄，聘財之多少。亦有欺紿負約者，是乃駔儈賣鬻之法，豈得謂之士大夫哉？其舅姑既被欺紿，則殘虐其婦，以攄其忿，由是務厚其資裝，以悅其舅姑。貨有盡而責無窮，昏姻之家往往爲仇讎。然則議昏有及於財者，勿與爲昏姻可也。

胡安定曰：嫁女，必須勝吾家者，勝吾家則女之事人，必欽必戒。娶婦，必須不若吾家者，不若吾家則婦之事舅姑，必執婦道。○程子曰：世人多謹於擇婿，而忽於擇婦。其實婿易見，婦難知，所係甚重，豈可忽哉！○孔子曰：女有五不取：逆家子不取，亂家子不取，世有刑人不取，世有惡疾不取，喪父長子不取。○真氏曰：父雖喪而母賢，則其教女必有法，又非所拘也。○程子曰：凡娶，以配身也。若娶失節者以配身，是己失節也。○問：孤孀貧窮無托者，可再嫁否？程子曰：餓死事極小，失節事極大。○《曲禮》日月以告君，齊戒以告鬼神，爲酒食以召鄉黨僚友，以厚其別也。取妻不取同姓，故買妾不知其姓，卜之。○尤庵曰：貫異而姓同者，東俗不嫌通昏，得罪禮法深矣。今朝家新行禁令，朝家以禮法導民，而民乃不從，可乎？

納采

主人具書，

主人即主昏者，書用牋紙，如世俗之禮。○若族人之子，則其父具書，告于宗子。

【諸具】納采

【牋紙】盛以函。○袱具。○下同。

【書式】《儀節》

某郡姓某白某郡某官執事：伏承尊慈不鄙寒微，曲從媒議，許以令愛，姑、姊妹、姪女、孫女，隨所稱。貺室僕之非宗子之子，則此下當添某親某之四字。男某。若某子自昏，而族人之長主之，則改男爲某親。茲有先人之禮，謹專人納采，伏惟尊慈俯賜鑑念。不宣。

某年某月某日某郡姓某白

【皮封式】新補

上狀某郡某官執事　　某郡姓某謹封

【告宗子書】新補 ○措辭隨宜，告以某日納采，仍請爲主。

夙興，奉以告祠堂。

如告冠儀。以盤盛書，置香案上。○若宗子自昏，則自告。

【諸具】告祠堂

同下《祭禮》有事則告條。

【告辭式】若昏者之母已歿，雖在祔位，亦當有告。下同。

維　年號幾年歲次干支歲月干支朔幾日干支，孝玄孫繼曾祖以下之宗，隨屬稱。某官某，敢昭告于

顯高祖考某官府君，顯高祖妣某封某氏，曾祖考妣至考妣列書，祔位不書。○非宗子之子，則只告昏者祖先之位。某之非宗子之子則此下當添某親某之四字。子某，若宗子自昏，則去之子某三字。年已長成，未有伉儷，再娶則去年已以下八字。已議再娶則此下當添再字。娶某官某郡姓名之女，今日納采，不勝感愴，謹以酒果，用伸虔告，謹告。

乃使子弟爲使者如女氏，女氏主人出見使者。

使者盛服如往也。女氏，先設次于大門外之西，入竢于次。《儀節》媒氏先入告。女氏，亦宗子爲主，執事者設卓于中庭。主人盛服《士昏禮》如賓服。出使者亦出次東向立。見使者。《士昏禮》迎于門外，揖入。（從者執書函隨，置於卓上。）至階三讓，主人升，（阼階。）西面，賓升西階，東面。使者致辭曰：吾子有惠，貺室某也，某婿名。之

某親某官有先人之禮，使某使名。請納采。從者以書進，使者以書授《士昏禮》授于楹間，南面。主人。主人對曰：某之子若妹、姪、孫。蠢愚，又弗能教，若許嫁者於主人爲姑姊，則不云蠢愚又弗能教。吾子命之，某不敢辭。《儀節》受（亦南面受。）以授執事者。（就阼階上授。）北向再拜，使者避，《儀節》避席屏立。不答拜。使者請退，竢命，出就次。○非宗子之女，則其父位於主人之右，尊則少進，卑則少退。

【諸具】使者如女氏

【使者從者】婿家僕隸之屬。【媒氏執事者】女氏子弟或僕隸之屬。【幕】用以爲使者次者。【席】用以爲鋪陳者。【卓】【盛服】使者及女氏主人所服，見下《祭禮》朔參條。

遂奉書以告于祠堂。

如婿家之儀。《儀節》以盤盛婿家書，置香案上。

【諸具】告祠堂

同下《祭禮》有事則告條。

【告辭式】若嫁者之母已歿，雖在祔位，亦當有告。下同。

維年號幾年歲次干支幾月干支朔幾日干支，孝玄孫屬稱隨改，見上告式。某敢昭告于顯高祖考某官府君，顯高祖妣某封某氏。列書見上告式。○非宗子之女，則只告昏者祖先之位。某之非宗子之女則此下當添某親某之四字。第幾女，年漸長成，已許嫁某官某郡姓名之子，今日納采，不勝感愴，謹以酒果，用伸虔告，謹告。

出，以復書授使者，遂禮之。

主人出，延使者，升堂，《儀節》執事者以書進主人。授以復書。使者受之，《儀節》以授從者。請退。主人請禮賓，使者《士昏禮》禮辭許。至是，始與主人交拜揖，如常日賓客之禮，就坐。乃以酒饌禮使者，其從者亦禮之別室，皆酧以幣。《儀節》賓謝再拜，主人答拜，送賓至大門外，揖，拱，竢賓上馬。

【諸具】復書授使者

【牋紙】【席】用以爲主人及使者席者。【卓】用以陳注盞者。【酒】【饌】多少隨宜。【幣】隨宜。【盤】用以捧幣者。

【復書式】《儀節》

某郡姓某白某郡某官執事，伏承尊慈，不棄寒陋，過聽媒氏之言，擇僕之改措語，見上告式。第幾女作配，令似或令某親之子。弱息蠢愚，又不能教，姑、姊、妹，則去弱息以下八字。既辱采擇，敢不拜從，伏惟尊慈，特賜鑑念。不宣。

某年某月某日某郡姓某白

【皮封式】同前式

使者復命，婿氏主人復以告于祠堂。

不用祝。《儀節》以盤盛所復書，置香案上。

【諸具】告祠堂

同下《祭禮》有事則告條。

【告辭式】《儀節》○主人自告。

某之子某，改措語，見上婿家告式。聘某官某郡姓某之第幾女，今日納采，禮畢，敢告。

納幣

納幣，

幣用色繒，《士昏禮》玄纁。貧富隨宜。

具書，遣使如女氏。女氏受書，復書，禮賓，使者復命，並同納采之儀。

禮如納采，但不告廟。使者致辭，辭同納采。改采爲幣。從者以書、幣進。置書、幣于卓上，又舉幣，置兩楹間。使者以書授主人，主人對曰：吾子順先典，貺某重禮，某不敢辭，敢不承命？乃授書。執事者受幣。舉書、幣入。主人再拜。使者避之，復進請命。主人授以復書。餘並同。

【諸具】納幣

【擔幣者】俗吏僕爲之，用笠子珠纓團領帶靴爲其盛服。【幣】《家禮》本注少不過兩，多不踰十。○俗用色絲，每段各束兩端。【函】二一盛幣，一盛書。【袱】隨函各具。○餘并同上使者如女氏，復書授使者條。

【書式】《儀節》

忝親某郡姓某白，某郡某官尊親執事，伏承嘉命，許以令女，貺室僕之子某，改措語，并見上納采書式。茲有先人之禮，敬遣使者行納幣禮，伏惟尊慈，特賜鑑念。不宣。

某年某月某日，忝親姓某再拜

【皮封式】新補

上狀某郡某官尊親執事

忝親姓某謹封

【復書式】《儀節》

忝親某郡姓某白，某郡某官尊親執事，伏承嘉命，委禽寒宗，顧惟弱息，教訓無素，切恐弗堪。姑、姊、妹，則去顧惟以下十二字。茲又蒙順先典，貺以重禮，辭既不獲，敢不重拜，伏惟尊慈，特賜鑑念。不宣。

某年某月某日，忝親姓某再拜

【皮封式】同前式

親迎

前期一日，女氏使人張陳其婿之室。

所張陳者，但氈褥帷幕應用之物，其衣服鎖之篋笥，不必陳也。

朱子曰：親迎近則迎於其國，（《儀節》作家。）遠則迎於其館。

【諸具】陳婿室

【氈】即地衣、登每之類，用以鋪陳者。【褥】二即寢褥。【席】二即寢席。【衾】二【枕】二以上婿婦寢具。

【帷】即寢帳。○或屏。【幕】即帟幕。【衣服】多少隨宜。【篋】【笥】并鑰具。

厥明，婿家設位于室中，

設椅、卓（于）兩位，東西婿東婦西。相向，蔬果、盞盤、匕筯如賓客之禮，酒壺在東位之後，《士昏禮》有禁，玄酒在西。又以卓置合卺於其南，又南北設盥盆勺於室東隅，帨巾在盥北。又設酒壺盞注《士昏禮》無玄酒。於室外，或別室以飲從者。

【諸具】婿家設位

【席】即地衣。【椅】二即坐交椅，俗用方席。【交拜席】設於卓南。【卓】三二設同牢饌，一置卺栝。【燭臺】二俗用紅燭。○又用紅羅炷。【果】【蔬】並二分。【酒瓶】【玄酒瓶】【禁】即架，用以安瓶者。【酒注】【盞盤】用以爲初斟再斟者。【卺栝】用以爲第三斟者，俗或承以小盤。○《家禮》本注以小匏一判而兩之。【匕筯楪】二【盥盆】二有臺，婿及婦所盥。【勺】二【帨巾】二有架。【酒瓶】【盞盤】並飲從者之具。

女家設次于外。

以帟幕設於大門外之西。

【諸具】女家設次

【帟幕】【席】並用以爲婿次者。【炬】俗設於門外。

初昏，婿盛服，

《大全》用命服。

程子曰：禮雖曰初昏，然當量居之遠近。

【諸具】婿盛服

【紗帽】【團領】【品帶】【黑靴】並國俗用此。

主人告于祠堂。

如納采儀。《儀節》讀祝畢，復位，婿立兩階間拜。

【諸具】告祠堂

同下《祭禮》有事則告條。

【告辭式】

維年號幾年歲次干支幾月干支朔幾日干支，孝玄孫屬稱隨改，見上納采告式。某官某，敢昭告于顯

高祖考某官府君，顯高祖妣某封某氏，列書及改措語見上納采告式。某之子某，改措語見上納采告式。將以

今日親迎于某官某郡某氏，不勝感愴，謹以酒果，用伸虔告，謹告。

遂醮其子，而命之迎。

先以卓設酒注盞盤於堂上。東序少北。主人盛服坐於堂之東序，西向，設婿席於其西北，南向，婿升自西階，立於席，西南向。贊者《儀節》擇子弟之習禮者爲之。取盞斟酒，執之，詣婿席前。婿再拜，升席，南向受盞，跪，祭酒，興，就席末，跪，啐酒，興，降席西，授贊者盞。又再拜，進詣父坐前，東向跪。父命之曰：往迎爾相，承我宗事。勉帥以敬，若則有常。非宗子之子，則其父醮于私室，改宗事爲家事。婿曰：諾。惟恐不堪，不敢忘命。俯伏，興，《儀節》再拜。出。○若宗子自昏，則不用此禮。

【諸具】醮子

【贊者】【席】用以爲醮席者。【卓】【酒注】【盞盤】并用以醮子者。【盛服】見下《祭禮》朔參條。

婿出，乘馬。

以〔二〕燭前導。《士昏禮》注徒役持炬，居前照道。○俗用一人，執雁前行。

【諸具】婿乘馬

【執雁者】即上納幣條擔幣者。【生雁】婿執以爲贄者。○《家禮》本注以生色繒交絡之，無則刻木爲之。【袱】用以裹雁者。【馬】鞍具。【燭籠】四或二。○程子曰今用燭。【炬】

至女家，竢于次。

婿下馬于大門外，入竢于次。

女家主人告于祠堂，

《儀節》其儀如婿家。

【諸具】告祠堂

同下《祭禮》有事則告條。

【告辭式】

維年號幾年歲次干支幾月干支朔幾日干支，孝玄孫屬稱隨改，見上納采告式。某官某，敢昭告于顯高祖考某官府君，顯高祖妣某封某氏，列書及改措語，見上納采告式。某之改措語，見上納采告式。第幾女，將以今日歸于某官某郡姓名，尤庵曰：恐脱之子二字。不勝感愴，謹以酒果，用伸虔告，謹告。

遂醮其女而命之。

女盛飾，《士昏禮》純衣纁袡。姆相之，立於室外，南向。父坐東序，西向，母坐西序，東向。設女席於母之東北，南向。贊者《儀節》擇侍女爲之。醮以酒，如婿禮。姆導女出於母左，父起，命之曰：敬之戒之，夙夜無違舅姑之命。母送至西階上，爲之整冠斂帔，命之曰：勉之敬之，夙夜無違爾閨門之禮。諸母、姑、嫂、姊送之于中門之內，爲之整裙衫，申以父母之命曰：謹聽爾父母之言，夙夜無愆。○非宗子之女，則其父醮於私室。

《語類》問：出門之戒，若只以古語告之，彼將何謂？朱子曰：只以今之俗語告之使易曉，乃佳。

按古者昏用袡衣，玄衣而纁緣，義有所取。今俗用紅長衫，甚無謂，好禮之家當製用袡衣，以爲變俗復古之漸矣。

【諸具】醮女

【姆】即女師，若今乳母，以背子長衣之類爲其盛服，用玄色。【贊者】【席】用以爲醮席者。【冠】見上《冠禮》笄陳服條。○尤庵曰：注有整冠斂帔之文，當用冠。【袡衣】色玄，連衣裳不異色，用綾綺之屬爲之，以素紗爲裏，以纁緣衣下，袂長二尺二寸，袂口一尺二寸指尺，一名純衣。○按歷考禮書，袡衣、宵衣、褖衣，同是一衣，而其制之可據者，不過玄衣不殊裳，以素紗爲裏，袂長二尺二寸，袂口一尺二寸，而袡則但有纁緣爲異耳。尤庵有兩説：一則以爲袡制未能考，欲用古制則連上衣下裳而緣之以紅；一則以爲袡亦是深衣，而但緣用紅色爲異。今亦未敢信其必然，注疏以爲袍制，而古人袿袍亦不可考，然想與男子之袍不甚遠矣。且褖衣是《周禮》王后六服之一，六服制度無異，特色章各殊爾。《周禮圖》只有服之之象，而衣制則未嘗著也。就考《三才圖會》，有所畫皇后褘衣制度，恰與男子袍相似，惟文章燦爛而已。褖衣士妻得以服之，則當去其文章。倣此製成，庶幾寡過矣。今擬參酌而作一通用之服，於嫁時則以纁襈衣下四五寸，謂之袡衣。於見舅姑及祭祀賓客及襲時，皆去緣而用之，以代宵衣。褖衣用素爲之，以代古之布深衣，用於初喪易服時，及忌祭則制約而用⿰巾尃，庶爲近正之衣，而可革時俗婦人服雜澆之弊矣。蓋婦人質略尚專一，德無所兼，故古者婦人服必連，衣裳不異色。至秦始皇，方令短作衫，衣裙之分自秦始也。今世之短衣長裳，即莫嗣所謂服妖者。《家禮》以大衣長裙爲盛服，朱子既因時制而從之，則賢於今服遠矣，而猶失尚專一之義。又起隋唐之世，則不可謂先王之法眼矣。故此編於《喪禮》婦人襲衣有所論説，舉似褖衣而猶以深衣爲首者，以褖衣制度之分明可據不如深衣，故不得已爲從先進之論也。兹著新制於下，覽者詳之。○玄衣素裏，衣身用黑絹二幅，中屈下垂，通衣裳長可曳地，綴内外衽，亦通衣裳，而衣身通廣，令可容當人之身，衣身兩邊接袖處，度二尺二寸爲袖，斜入裁破腋下一尺，留一尺二寸爲袼，袼下兩邊並前後幅及衽旁，皆反摺直下翦去之，又用三幅長，可自袼下至衣末，交解裁之爲六幅，一頭尖一頭闊，尖頭向上，闊頭向下，二綴於左旁袼下一尺之下，三綴於右旁亦如之，二各綴一於内外兩衿旁亦如之，並衣身下垂者，前後合四幅，内外衿下垂者二幅，則爲裳十二幅，聯之而平其下齊領，則如俗所謂唐領者以綴之，袖各用一幅長四尺四寸許，中屈爲二尺二寸許，綴於衣身兩旁，縫合其下爲袂，而袂端不圓，袂口一尺二寸，縫合袂口下一尺，大夫、妻，袂長三尺三寸，袂口一尺八寸。【帶】用錦爲之，制如男子之帶，廣二寸許。○尤庵曰：帶亦如深衣之帶，而以紅緣其袖之旁及下。【帔】用色縑爲之，其制對衿無袖開旁，長與裙齊，旁及裔末，皆有緣，如蒙頭衣、無袖背子之類。中國婦人加於衣上謂之霞帔，爲命婦服。【裙】即裳，在衫下者。【衫子】用以承上衣者，見上《冠禮》笄、序立條。【卓】用以陳注盞者。【酒注】【盞盤】並用以醮女者。【盛服】主人主婦所服，見下《祭禮》朔參條。

主人出迎，婿入奠雁。

主人迎婿于門外，婿出次東面，主人西面。揖讓以入，捧雁者進雁。婿執雁左首。以從，至于廳事。主人升自阼階，立，西向，婿升自西階，就阼階上。北向跪，置雁於地，主人侍者受之。婿俯伏，興，再拜，主人不答拜。○若族人之女，則其父從主人出迎，立於其右，尊則少進，卑則少退。

【諸具】奠雁

【侍者】即女僕。【席】用以奠雁者。【燭臺】二俗又用紅羅炷。

姆奉女出登車。

姆奉女《集説》有帊蒙頭。出中門。婿揖之，降自西階。主人不降。婿遂出，女從之。婿舉轎簾以竢。

姆辭曰：未教，不足與爲禮也。女乃登車。《大全》下簾。

【諸具】奉女登車

【從者】即女僕，奉贄幣先行者。【轎】簾具。【帕】如衣襆之類。【贄】棗栗腶脩。【幣】隨宜。【盤】用以盛贄幣者，隨品各具。【袱】用以裹贄幣盤者，隨盤各具。【燭籠】四俗又用炬。

壻乘馬，先婦車。

婦車亦以燭前導。

至家，導婦以入。

壻至家，大門外下馬。立于廳事，竢婦下車，廳前揖之，導以入。《士昏禮》及寢門，揖入，升自西階。《大全》婦從之，適其室。

壻婦交拜，

婦從者布壻席於東方，壻從者溫公曰：各以其家女僕爲之。布婦席於西方。皆於室中卓之南。壻盥于南，婦從者沃之，進帨，婦盥于北，壻從者沃之，進帨。壻《大全》爲婦舉蒙頭。揖，婦就席，婦拜，壻答拜。《語類》婦先二拜，夫答一拜，婦又二拜，夫又答一拜。

就坐，飲食畢，壻出。

壻揖婦，就坐，椅上當卓。壻東婦西。從者斟酒，設饌，壻《書儀》揖婦祭酒《儀節》各傾酒少許。《大全》舉飲。舉殽。各以少許置豆間空處。《大全》食畢。又斟酒。壻揖，婦舉飲，尤庵曰：自飲而導婦使飲也。不祭，無殽。又取巹，分置婿婦之前，斟酒，婿揖，婦舉飲，不祭，無殽。婿出，就佗室；姆與婦留室中。徹饌，從者徹也。置室外，設席。褥衾枕具設于奧，北趾。婿席在東，婦席在西，婿從者布婦席，婦從者布婿席。婿從者餕婦之餘，婦從者餕婿之餘。

復入，脱服，燭出，

婿脱服，婦從者受之；婦脱服，婿從者受之。《士昏禮》燭出，媵（注：女從者。）侍于户外。

主人禮賓。

男賓於外廳，女賓賓皆從者。於中堂。《士昏禮》饗送者。《儀節》凡女家送來者，皆酬以幣。

【諸具】禮賓

【席】用以爲主人及從者席者。【饌】多少隨宜。【幣】隨宜。【盤】用以捧饌幣者。

明日夙興，婦見于舅姑。

婦夙興，盛服，《士昏禮》宵衣。竢見。舅姑坐於堂上，東西相向。舅東姑西。各置卓於前。家人男女少於舅姑者，立於兩序，如冠禮之序。《儀節》姆引婦，侍女以盤盛贄幣從之。婦進立於阼階下，北面，拜舅，盥洗受贄幣。升，《士昏禮》自西階。奠贄《士昏禮》笲、棗、栗。幣于卓上，舅撫之，侍者以入，婦降又拜。畢，詣西階下，北面，拜姑，升奠贄《士昏禮》笲腶脩。幣，姑舉以授侍者，婦降又拜。○若非宗子之子，而與宗子同居，則先行此禮於舅姑之私室。

尤庵曰：古禮見舅姑時，只用贄，《家禮》兼用贄幣。然世俗單用贄，從俗恐無妨。若從《家禮》而並用贄幣，則不得不各盛一器矣。雖或用幣，非必布帛也，紙束亦可。

【諸具】見舅姑

【席】二用以爲舅姑席者。【卓】二即食案，用以置舅姑前者。○席與卓，至饗婦皆仍。【笄】二用以捧贄者。○如又用幣，當別具二盤。【冠】見上《冠禮》笄陳服條。【宵衣】帶具制見上醮女條袡衣注，但不施緣，無則代以大衣長裙，制見下《祭禮》朔參條。○《士昏禮疏》與純衣同，亦是褖衣。○褖衣制見下《喪禮》陳襲衣條。○帔已見上醮女條。○冠以下婦盛服。【盥盆】【帨巾】

舅姑禮之。

如父母醮女之儀。○《士昏記》庶婦，使人醮之。《疏》於房外之西。

【諸具】舅姑禮之

【席】用以爲婦席者。【卓】用以陳注盞者。【酒注】【盞盤】

婦見于諸尊長。

婦既(行)〔受〕禮，降自西階。同居有尊於舅姑者，尤庵曰：夫之祖父母。則舅姑以婦見於其室，如見舅姑之禮。還拜諸尊長于兩序，如冠禮。無贄。温公曰：長屬雖多，共爲一列受拜，以從簡易。小郎、小姑，皆相拜。《士昏禮》婦降出。○非宗子之子，而與宗子同居，則既受禮，詣其堂上拜之，如舅姑禮，而還見于兩序。其宗子及尊長不同居，則廟見而後往。

若冢婦則饋于舅姑。

是日食時，婦家具盛饌、酒壺，婦從者設蔬果卓于堂上〔舅姑之前〕，設盥盆于阼階下東南，帨架在東。舅姑就坐。如始見儀。《儀節》姆引婦。婦盥，升自西階，洗盞斟酒，置舅卓上。降，竢舅飲畢，拜。復升階。《儀節》洗盞斟酒。遂獻姑，姑飲畢，又降，拜。《儀節》從者以盤盛湯盛飯至。遂執饌婦執饌也。升，薦于舅姑之前，侍立姑後，以竢卒食，徹飯。侍者徹〔餘〕饌，分置別室。婦就餕姑之餘，婦從者餕舅之餘，婿從者又餕婦之餘。○非宗子之子，則於私室，如儀。

《士昏記》庶婦，不饋。

【諸具】饋舅姑

【席卓】二【盛饌】湯飯果蔬肉魚之類，多少隨宜。【盤】一用以捧饌者。【酒注】【盞盤】【潔滌盆】【拭巾】並用以洗盞者。【盥盆】【帨巾】

舅姑饗之。

如禮婦之儀，《儀節》湯飯隨宜。禮畢，舅姑先降自西階，婦降自阼階。《士昏禮》歸婦俎于婦氏人。

【諸具】舅姑饗之

【席】【饌】【盤】【俎】

三日，主人以婦見于祠堂。

古者三月而廟見，今以太遠，改用三日，如子冠而見之儀。○《士昏禮》若舅姑既歿，則乃奠菜于廟。祝盥，婦盥于門外。婦執笲菜，祝帥婦以入。祝曰（云云。）婦（以菜授執事者。）拜（還受菜。）奠菜，（于考位前。）拜。婦降堂，取笲菜，入，祝曰（云云。）奠菜（于妣位前）如初禮，婦出，祝（徹菜。）闔牖户。

《語類》昏禮廟見舅姑之亡者而不及祖，蓋古者宗子法行，非宗子之家不可別立祖廟，故但有禰廟。今只共廟，如何只見禰而不見祖？此當以義起，亦見祖可也。

按 朱子義起之論，是見祖廟之謂也，非奠菜之謂也。如蚤孤者取婦入門，不可不追伸饋奠之禮，欲行此禮者，若同見祖廟而只奠禰位，則誠爲未安，並奠於高祖以下，則事涉拕長。先於正寢設考妣兩位，出主行薦如《儀禮》，又依《家禮》見于祖廟，則恐兩行不悖矣。

【諸具】廟見

同下《祭禮》有事則告條。

【告辭式】主人自告

子某子某上當添某之二字。○非宗子之子，則子某上當添某之某親某之六字，若宗子自昏，則但云某。之婦某氏，敢見。

【諸具】奠菜

【堇】《士昏禮》無則代以芹。【盤】用以盛菜者。○餘並同下祭禮有事則告條，設位奉主之具並同禰祭，但不設簾。

【告辭式】《士昏禮》○奉主時當別有告辭。

某氏婦姓。來婦，敢奠嘉菜于皇舅某子。當改某子爲某官府君。○右告舅位。某氏來婦，敢告于皇姑此下當添某封二字。某氏。右告姑位。○舅在，則當移用奠嘉菜之文。

明日，婿往見婦之父母。

婦父迎送揖讓，如客禮。《儀節》從者執幣隨婿，婦父升，立于東，少北，婿立于西，少南。拜，婿拜也。則跪婦父跪也。而扶之。恐是推兩手而辭之之意。《儀節》從者授婿幣，婿以奉婦父，受之以授從者。入見婦母，婦母闔門左扉，東扉也。立于門內，西面。婿東面。拜于門外。《儀節》以幣奉婦母從者，受以入。（婦母答拜。）○婦父非宗子，即先見宗子夫婦，不用幣如上儀，然後見婦之父母。《儀節》婦父引婿至祠堂前，再拜，上香，跪告（云云。）俯伏，興，婿立兩階間，拜畢，婦父拜。

按 婿見婦之父母，《儀禮》單言贄，《家禮》單言幣，《儀節》並言贄幣，當與見舅姑條尤庵説互看。

【諸具】婿見。

【從者】於婦父用男從者，於婦母用婦家女僕。【幣】隨宜。【盤】用以捧幣者。

【婦家告辭式】《儀節》○主人自告。

某之改措語，見上納采告式。女婿某，來見。

次見婦黨諸親。

不用幣，婦女相見如上儀。

婦家禮婿，如常儀。

《儀節》饌如俗儀，酒或三行或五行。○親迎之夕，不當見婦母及諸親及設酒饌，以婦未見舅姑故也。

孔子曰：嫁女之家，三夜不息燭，思相離也。取婦之家，三日不舉樂，思嗣親也。○《曲禮》昏禮不賀，人之序也。

按古者昏必親迎，今世行之者絶少，蓋禮廢教弛而然也。子思曰：君子之道造端乎夫婦。今於昏姻之初，不以禮相從，則其視正始之道，果何如也？若好古之君子，自當如儀。

【諸具】禮婿

【饌】【盤】○餘並同上舅姑禮之條。

四禮便覽卷之三 圖式

卒襲爲位之圖

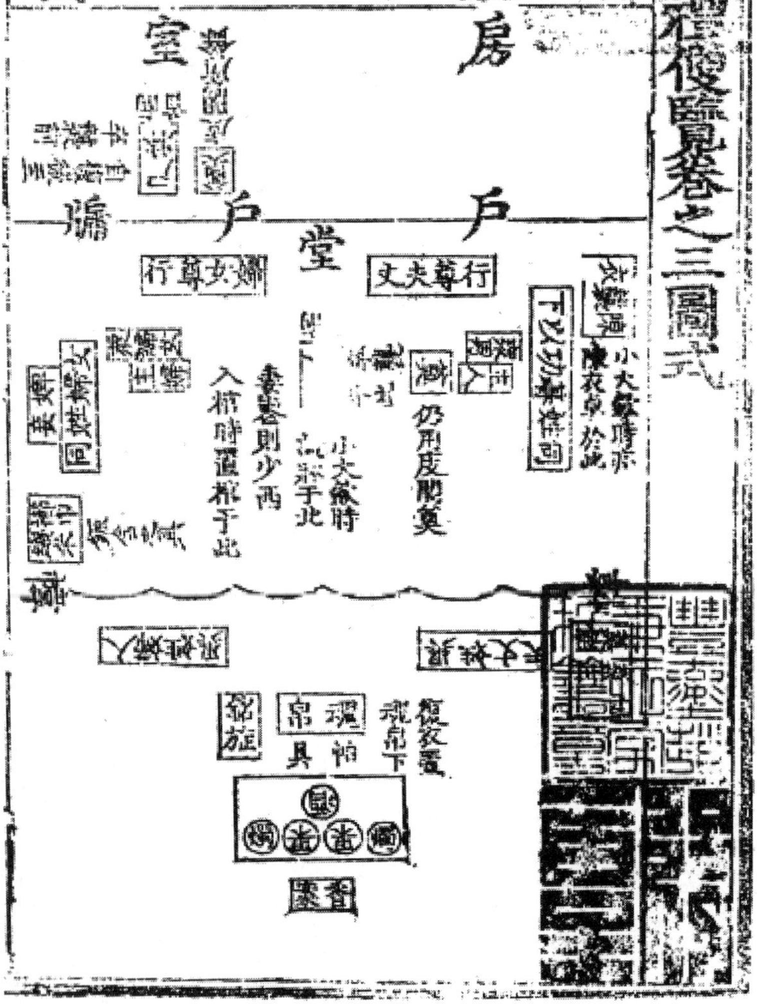

立銘旌設靈牀倚廬之圖

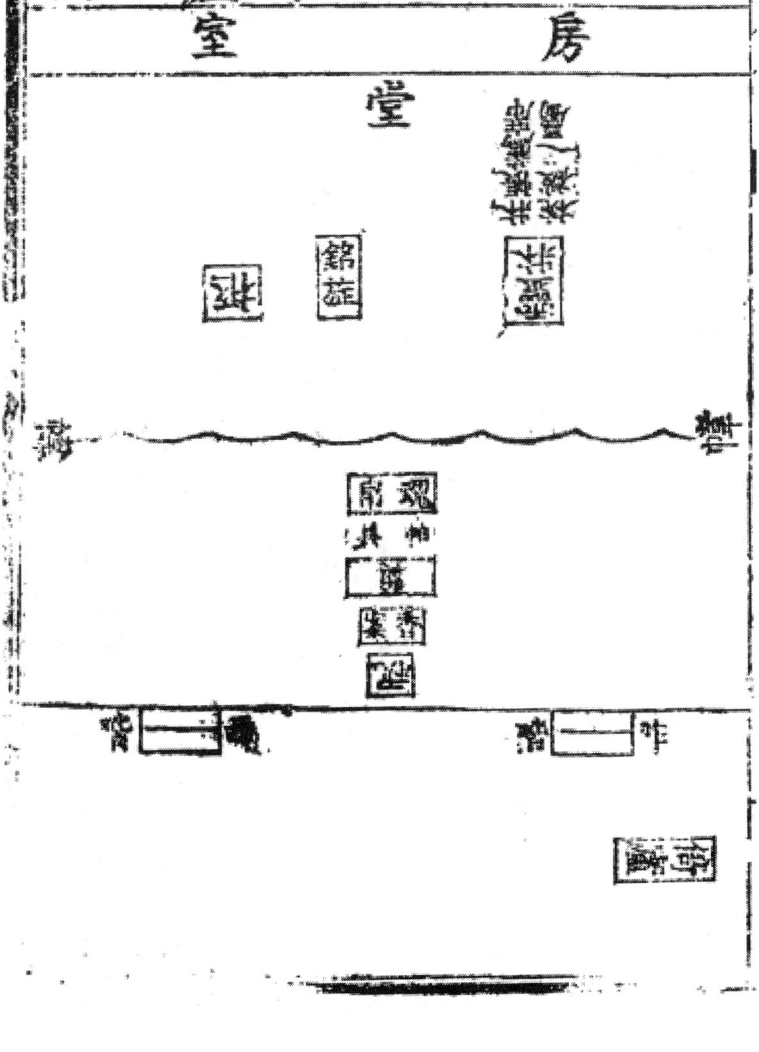

幎目圖

充耳圖

握手圖

冒圖

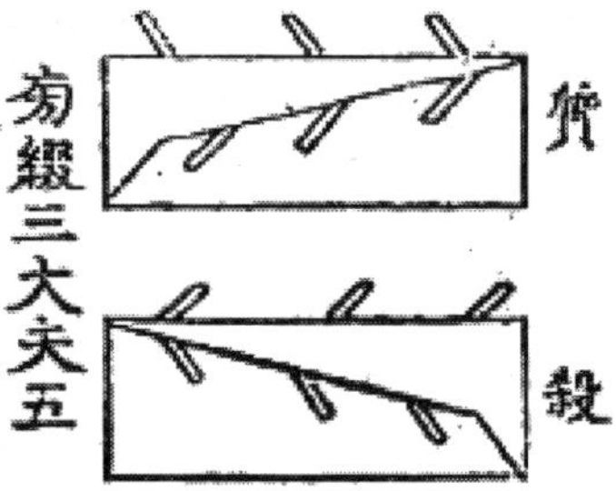

魂帛圖

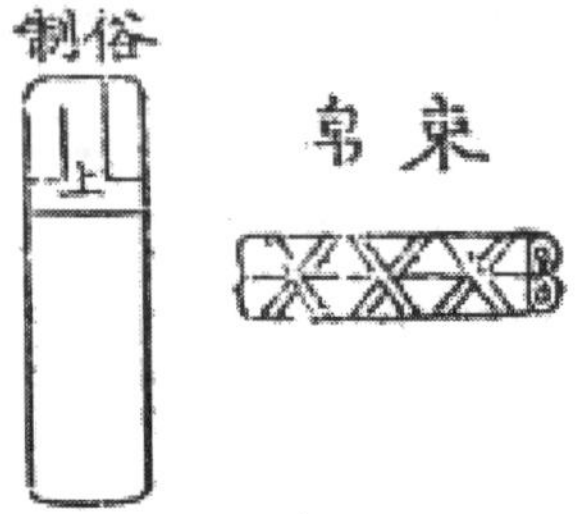

銘旌圖

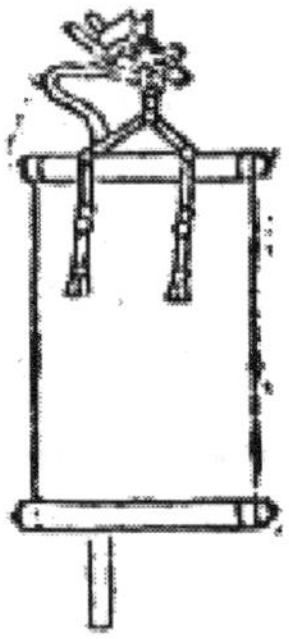

跗圖

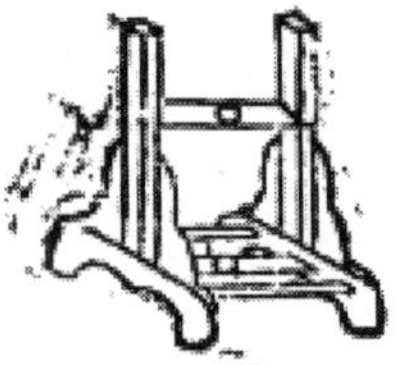

椅圖

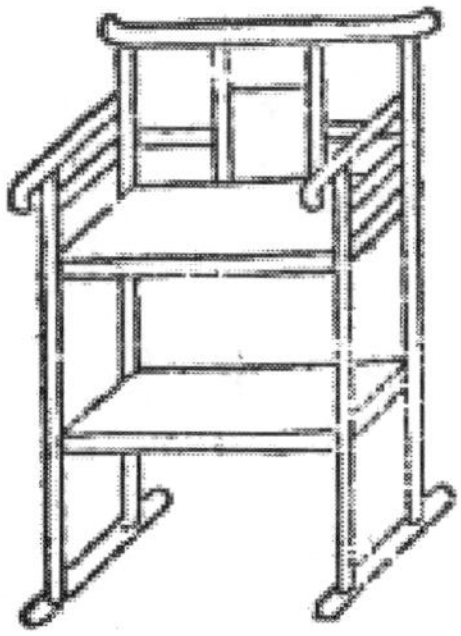

小斂衾絞圖

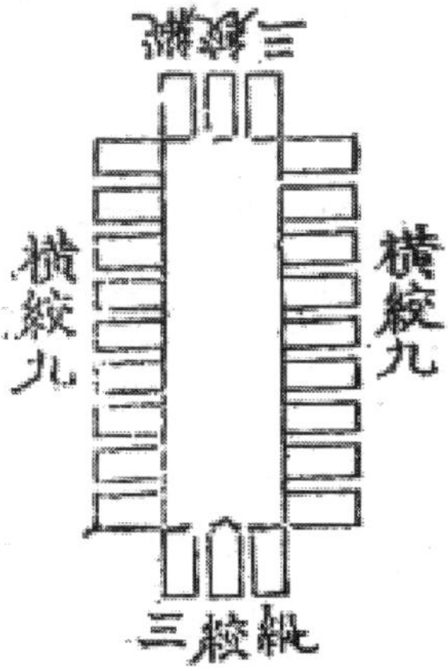

靈牀圖

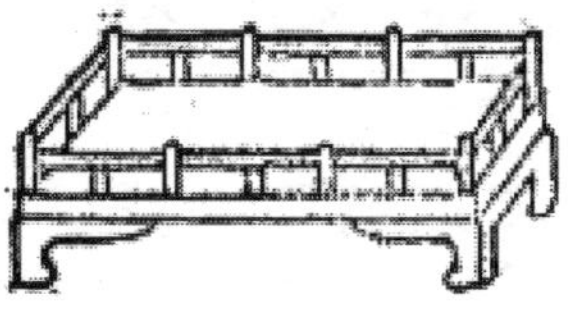

大斂衾絞圖

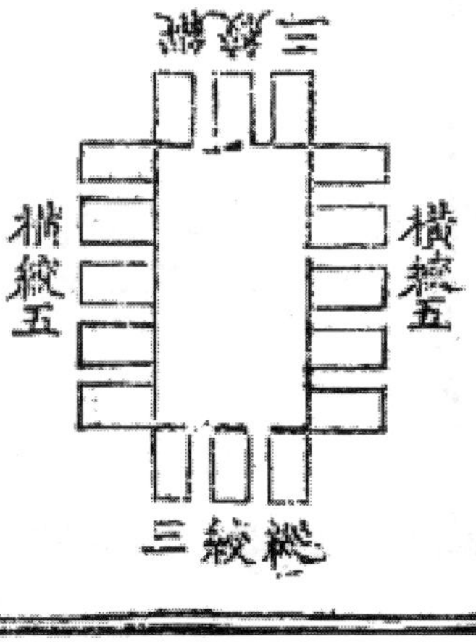

治棺圖

蓋

棺

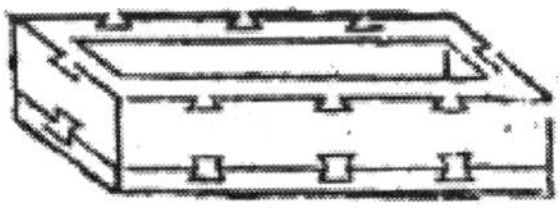

七星板圖

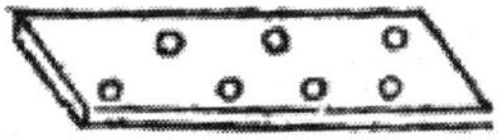

柩衣圖

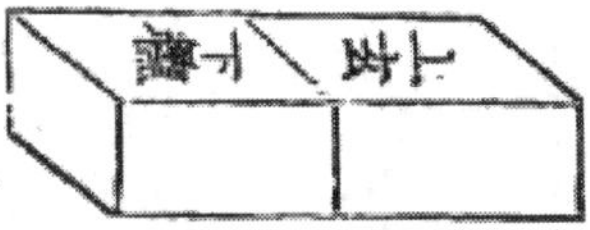

卽俠衾

凳圖

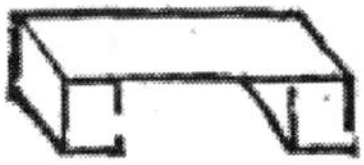

素錦褚圖

四禮便覽卷之三

喪禮一

初終

疾病，遷居正寢。

凡疾病，遷居正寢。《儀節》惟家主爲然，餘人各遷于其所居室中。《喪大記》外内皆掃，東首於北牖下。廢牀。（注：置於地。）《士喪記》徹褻衣，加新衣。御者四人，坐持體。男女改服。内外安静，以竢氣絶。《士喪記》屬纊。（《疏》置口鼻之上，以爲候。）男子不絶於婦人之手，婦人不絶於男子之手。

【諸具】遷居正寢

【御者】丈夫病不用女御。【新衣】【纊】《士喪禮疏》新綿。【上衣】男子養疾者所改服，古禮雖云貴人朝服，賤者深衣，今當代以道袍或直領，婦人服但用新潔。

既絶乃哭。

《儀節》以衾覆之。（並覆頭面。）男女哭擗。

【諸具】既絶

【衾】古禮則大斂衾，用於此時，好禮之家行之亦可。制見下小斂條。○《士喪禮》幠用斂衾。○《備要》至小斂去之，竢大斂用之。

復。

侍者《備要》内喪用女御。（後凡言侍者皆倣此。）以死者之上服嘗經衣者，《士喪禮》左何（荷也。）之扱（音插。）領于帶。自前榮，《喪大記注》屋翼也。升屋中霤，《喪大記注》屋脊也。左執領，右執要，北面招以衣，《喪大記疏》哭訖乃復。三呼曰：某人從生時之號。復。畢，卷衣，降，《士喪禮》降衣于前，受用篋。覆尸上。男女哭擗無數。《士喪禮》復者降自後西榮。

温公曰：今升屋而號，慮其驚衆，但就寢庭之南，依常時所稱。

【諸具】復

【侍者】【上服】即死者服，用以招魂者。嘗有官者公服或深衣，庶人深衣，無則代以道袍或直領；婦人褖衣或大衣、長裙。公服即團領之類，褖衣見下陳襲衣條，大衣、長裙見下《祭禮》朔參條。【篋】無則代以柳器。

執事者設幃及牀，遷尸。

執事者以幃障卧内，侍者設牀於尸前，縱置之，廢牀時東首，故今縱置之，將使尸南首也。設席枕，遷尸其上，南首。

按《家禮》此條在掘坎上，而古禮復後即遷尸而楔綴，事勢當如此。故今依古禮，移置于此。

【諸具】遷尸

【執事者】【幃】或屏【牀】即寢牀。【席】【褥】【枕】並用以施於牀上者。

楔齒綴足《士喪禮》

《士喪禮》楔齒用角柶，（入口，使不合。）綴足用燕几。（拘綴，使不辟戾。）覆以衾。《備要》斂衾四裔，使之無隙，以辟蠅。

按 此一節《家禮》所無，而依《備要》添入。蓋楔綴已是見於經者，而非徒此也。頭面肢體以至眼睫鬚髮，必令正直，手足肘膝亦當以温手按摩，使其伸舒矣。或因凡具未辦，斂若不能如期，而於斯時也，或有泛忽，則手辟足戾，將有難言之憂，必須以時入審可也。孔子曰：敬爲上，哀次之。子思曰：附於身者，必誠必信，勿之有悔。附於身者猶然，況於身體乎！孝子之盡其誠信，尤當在於正尸之節也。

【諸具】楔齒綴足

【角柶】《士喪禮疏》屈之如軛，中央入口，兩末向上。○《備要》以角爲之，長六寸。周尺 ○無則斷木爲之。

【燕几】即書案之類。【組】俗用布或紙用以整手足者。【衾】即姑死時所覆者。

立喪主，

凡主人謂長子；無，則長孫承重，以奉饋奠。《奔喪》凡喪，父在父爲主，父歿，兄弟同居，各主其喪，親同，長者主之，不同，親者主之。其與賓客爲禮，則同居之親，且尊者主之。《雜記》姑、姊、妹，其夫死，夫黨無兄弟，使夫之族人主喪，妻黨雖親，不主。

主婦，

謂亡者之妻；無，則主喪者之妻。

沙溪曰：初喪，則亡者之妻當爲主婦，時未傳家於冢婦故也。虞祔以後，主喪者之妻當爲主婦，祭祀之禮，必夫婦親之故也。

護喪，

以子弟知禮能幹者爲之，凡喪事皆禀之。《儀節》親友或鄉鄰中素習禮者爲相禮，喪事皆聽之處分，而以護喪助焉。祝，以親戚爲之。

按祝一段，《家禮》在襲奠條，而不爲表出，泛見於節目間而已。祝明於喪禮後主人而治事者，不可不預爲擇定，茲移置于此。

司書，司貨，

以子弟或吏僕爲之。《儀節》置二曆，一書當用之物及財貨出入，一書親賓賻襚之數。凡喪事合用之物，預爲之備；所用之人，（如浴者、襲者、斂者之類，擇經事能幹者。）預求其人，庶臨時得用，不致缺乏。

【諸具】護喪

【祝】【相禮】【司書】【司貨】【曆】二又具一，録吊問者。【硯】【筆】【墨】【紙】

乃易服不食。

妻子、婦妾皆去冠及上服，被髮；婢僕同。男子《士喪記注》服深衣。扱上衽，《喪大記注》扱前衿於帶。《備要》婦人白長衣。徒跣。《問喪注》無屨而空跣。餘有服者皆去華飾。錦繡、紅紫、金玉、珠翠之類。爲人後者，爲本生父母及女子已嫁者，皆不被髮徒跣。諸子三日不食。期九月之喪，三不食；五月三月之喪，再不食。《間傳》士（注 朋友。）與斂焉，則一不食。親戚鄰里，爲糜粥以食之，尊長强之少食可也。《問喪》三日不舉火。

按 去冠，於禮惟妻子婦妾爲之，而期大功則不論。故後世議者多歧，沙溪以爲祖父母與妻喪，豈有不去吉冠之禮。尤庵亦以爲期而吉冠，似駭俗，無寧從俗去冠。先正所論雖如此，而於禮既無明文，雖是哀遑之中，頭上不冠亦甚無儀，且被髮之制，始自開元禮，則開元以前，遭父母喪者，但去冠而已。今之期大功者若去冠，則是與古之服三年者無異矣，不其過乎？○去上服一節，孔子曰：始死，羔裘玄冠者，易之而已。以此觀之，則上所云改服之爲羔裘玄冠可知，《士喪記注》亦云爲賓客之來問病者朝服，庶人深衣。今人則侍疾憂遑，必不能具朝服，且華飾之外，無可易之義。若不曉此義而認上服爲今之道袍直領之屬，則非矣。又考《檀弓疏》始死，則去朝服著深衣。崔氏云始死，至成服，白布深衣不改，然則始死所改之服，勿論大夫士庶，皆是深衣。而今之道袍直領可以代深衣，侍疾時改服，似當以此。而如不能，則易服時不惟不可去，追服可也。

【諸具】易服

【深衣】【大帶】並布緣，無則代以道袍或直領，白布帶。○並男子服。【白大衣】【白長裙】無則代以白衣白裳。○並婦人服。

奠《士喪禮》

執事者以卓置脯醢，《檀弓注》始死，以生時庋閣上所餘脯醢爲奠。升自阼階，祝盥手洗盞斟酒，奠于尸東，當肩。

《曾子問》注 凡喪奠，主人以悲哀不暇執事，故不親奠。

按 古禮有始死奠，而《家禮》則有襲奠，《備要》仍之，蓋以襲在當日故也。今或襲斂過期，甚或至於多日，其間全無使神憑依之節，豈非未安之甚者乎？兹依古禮移置于此，如無閣餘酒脯之屬，雖別具亦可，且一日一奠，誠不忍廢。若累日未襲者，每日一易爲當。

【諸具】始死奠

【卓】即常時食案。○《士喪禮》用吉器注未變也。【脯】【醢】果菜及他品亦可。【酒】【盥盆】【帨巾】

治棺。

護喪命匠擇木爲棺，油杉爲上，柏次之。

【諸具】治棺

【木工】【漆工】【棺材】以松板爲之，天板一地板一，四旁板各一，無白邊者爲上，厚三寸或二寸半，營造尺高廣長短據小斂裁定，僅取容體，而高則又量七星板秫灰之厚，以存其剩。【衽】即小要，以松木爲之，用以著天地板左右合縫處者，或於上下頭合縫處亦用之，俗稱隱釘。【漆】用以彌棺縫或漆棺内者。或【蠟】【松脂】並用以鎔瀉於棺内合縫處者，若漆棺内則不用。【七星板】用松板一片，長廣準棺内，厚五分，板面穿七孔，如北斗狀。○按 黑繒塗棺只爲入棺時觀美而已，糊塗無益，不用亦可。

訃告于親戚僚友。

護喪、司書爲之發書。若無，則主人自訃親戚，不訃僚友。自餘書問悉停，

按《備要》有事則告條云家有喪亦當告也。蓋禮，君薨，祝取群廟之主，藏諸祖廟。《注》聚，爲凶事而聚也。以此推之，可知其必告也，但無告廟之文，故佗俗行之者甚少。然子生既告，則其死也安得無告。《家禮》并無所見，不敢擅爲補入，然事莫大於死生，如欲行之，則似當在訃告之前。

【訃告書式】《儀節》

某親某人，以某月某日得疾，不幸於某月某日棄世，專人不專人，則改人爲書。訃告。

年號　月　日護喪姓名上

某位座前

【皮封式】新補

訃告

某位座前

襲

掘坎。

掘坎于屏處潔地。《既夕記》廣尺，輪二尺，深三尺；南其壤。

陳襲衣。

以卓陳于堂前東壁下，西領，南上。《士喪禮》不緖。（注緖屈也。）幅巾、充耳、幎目、握手、深衣、大帶、汗衫、裹肚、袍襖、袴勒、帛襪、履。

《雜記》不襲婦服。○《備要》女喪，不襲男服。

按《備要》謂婦人襲衣用圓衫，而圓衫之制無出處。又曰帶當考，以是婦人服未有定制，最爲可疑。尤庵答人問以爲：據古禮則婦人亦當用深衣，帶亦當用深衣之帶。今俗以深衣謂非婦人之服，絶無行之者。以古禮廢而俗制勝故也。深衣者，於古爲貴賤文武男女吉凶通用之服，俗制無稽，古禮有據，去彼取此有何可疑？此制雖似駭俗，而若自一二家而始，則或可以變俗矣。《玉藻》有士妻褖衣之説，亦可採用。

【諸具】陳襲衣

【牀】【席】【褥】【枕】【卓】【幅巾】制見上《冠禮》陳冠服條。【網巾】《大明集禮》○用以包髮者。以黑繒爲之，制如騣網巾。【深衣】制見上《冠禮》陳冠服條。或【團領】《備要》○即公服。【褡穫】《記原》○即無袖氅衣，對衿聯旁折後者，用以承團領者。○並嘗有官者，若不用深衣，則用之。或【直領】《備要》○即俗制常服上衣，不能具深衣者用之。【帶】條具。○《備要》無則用平日所帶。【裹肚】用以包裹腹腰者，用紬或綿布爲之，廣全幅長匝身，四角有繫。【袍襖】《儀節》有綿者。○《韵書》袍，長襦。○即褻衣，如俗中赤莫冬衣之類。【汗衫】即近身之小衫，俗稱的衫，用紬或綿布爲之。○按《韵書》謂衮冕，下白紗中單，據此則當爲今俗氅衣之類，果然則當別具小衫矣。中單之制見下成服條中衣注。【袴】有絮，用紬或綿布爲之。【單袴】《備要》○在袴内襯身者，用紬或綿布或布爲之。【小帶】新補 用以束袴於腰者，俗稱腰帶。【勒帛】制見上《冠禮》序立條。【履】制見上《冠禮》陳冠服條。○幅巾以下男子服。【掩】《士喪禮》練帛廣終幅，長五尺。周尺 注 裹首也。○析其兩末爲四脚，或用黑繒爲之。【纚】用以包髮者，制見上《冠禮》笄陳服條。【深衣】制同男子服，俱玄衣素裏。或【褖衣】褖或作稅。○《周禮六服圖釋》褖衣，色黑。○《周禮内司服疏》六服皆袍制，不禪，以素紗裹之，通衣裳。○《士喪禮疏》赤緣謂之褖者，《爾雅》文，彼釋嫁時褖衣。此褖衣雖不赤緣，褖衣之名同。○制見上《昏禮》醮女條衻衣注。或【圓衫】即大衣，用色絹或紬爲之，制見下《祭禮》朔參條。○按《備要》所謂圓衫，即《家禮》之大袖，而俗制圓衫則對衿，後長前短，又於袖端以彩帛施數層，謂之燕香袖，詭異不經，若去燕香袖，使前後無長短，得與裙齊，則爲有袖背子，制見上《冠禮》笄陳服條。或【長襖子】《備要》○袖狹，俗稱長衣。【帶】絛具，制同男子帶，不用深衣，則用錦帶，制見上《昏禮》醮女條。【衫子】用以承上衣者，制見上《冠禮》笄序立條。【袍襖】俗稱赤古里，三稱。【小衫】新補 即近身者。【裹肚】俗稱腰帶，制同男子裹肚，但下兩角無繫。【裳】《備要》○或用□。【袴】【單袴】《備要》【彩鞋】《備要》○掩以下婦人服。【充耳】《家禮》本注 用白纊如棗核大，所以塞耳者。○俗用雪綿。【幎目】《家禮》本注 帛，方尺二寸，所以覆面者。○《備要》用指尺，下同。○《士喪禮》用緇經裏。《注》充之以絮。《疏》四角有繫。○或用紬爲之。【握手】《家禮》本注 用帛長尺二寸廣五寸，所以裹手者。○《備要》三分其長，取中央四寸，從兩邊各裁入一寸，削約之，以纁爲裏，充之以絮，兩端下角有繫。○繫長一端尺五六寸，一端三尺許。○或用紬爲之。【襪】有絮。○充耳以下，男子婦人通用。【冒】《士喪禮注》韜尸者。○用絹紬玄七尺餘造禮器尺，中屈之，縫合一邊，而不縫邊上下兩葉，各綴小帶三，大大五，此所謂質。又用纁七尺，中屈之，縫合一邊，而不縫邊，旁綴小帶亦如之，此所謂殺。上曰質，下曰殺。【舉布】俗用以兜尸腋，而舉者用布三四尺。布帛尺【盥盆】【帨巾】

沐浴飯含之具。

以卓陳于堂前西壁下，南上。錢、米、櫛、巾。

【諸具】沐浴

【卓】【鬲】《喪大記》○即釜，用以煖沐浴水者。【瓦盤】二《喪大記》○即盆，一盛沐髮潘，二盛浴身水，上下體用各器。【潘】《士喪禮》○即淅米汁，大夫以稷，士以粱或稻，用以沐髮者。○按君喪，浴用香湯，即本國之制，爲臣子者宜不敢僭犯，而至於沐髮並用香湯，尤極可笑。【水】用以浴體者。【沐巾】用以晞髮者。【浴巾】二用以浸水浴上下體者。【拭巾】二用以拭乾上下體者，並用紬或布尺許。【櫛】用以理髮者，盛以箪。【組】《士喪禮》○用以束髮者，用黑緞或繒爲之，俗稱唐只。【笄】《士喪禮》用桑，長四寸。《注》以安髮。《疏》兩頭闊，中央狹。○男女同制。【小囊】五《備要》○用色紬爲之，用紙五片，裹髮與爪，紙面書以頭髮、左手爪、右手爪、左足爪、右足爪，又於囊面亦各書識，或加造，以備落鬚落齒之用。【幎巾】《備要》用布方二尺爲之。○或用紬。

【諸具】飯含

【貝】三《備要》金玉錢貝俱可。○俗用無孔珠。【米】即稻米，淅令精白，多少量宜。○並用以爲含者。

【笲】《士喪禮》○即箱，用以盛珠者。【盌】用以盛米者。【匕】用以抄米者，俗斲柳爲之。【盥盆】【帨巾】並孝子所盥洗。

乃沐浴，

侍者盥手。以湯《備要》潘及水各盛于盆。入，主人以下皆出帷外，北面。《士喪禮疏》辟奠于室，西南隅。

侍者沐髮，《備要》以潘。櫛之，用紙承落髮。晞以巾撮爲髻，《備要》用組，乃施笄，女喪亦用。（以組束髮，以笄横置髮上，用髮纏繞於笄，復用餘組，重束安髮。）落髮盛于囊。悉去病時衣及復衣，復衣置傍側，以俟置靈座。抗衾而浴，《備要》以水。（先靧面次盥手，始抗衾而浴，先上體次下體，水當各用。）拭以巾，上下體各用，以幎巾覆面，剪爪，《備要》左右手足爪，各盛于囊，（先剪左右手爪，次剪左右足爪，如有落鬚及平日落齒，則亦盛于囊。）俟大斂還覆以衾。其沐浴餘水並巾櫛棄于坎。《士喪禮》主人入即位。

《喪大記》復衣不以衣尸，不以斂。

按 悉去病時衣及復衣一段，本在襲條而移置于此，從《備要》也，以幎巾覆面在飯含條，而浴後似當即用，故亦移置于拭以巾之下。

設冰，《士喪禮》

《士喪禮疏》先納冰槃，乃設牀於其上。袒（注 單也。）簀，去席而遷尸，通冰之寒氣。《喪大記》士無冰。（注 盛水。）

《備要》夏月用之。

按 此一節《家禮》所無，而依《備要》添入，《禮注》雖曰：浴後斂前之事。而當暑，恐宜隨得即設，不必拘於浴之前後也。

襲。

【諸具】設冰

【牀】即有足者。【冰】或【水】【盤】用以盛冰或水者。

侍者盥手別設襲牀於幃外，施席褥枕。先置大帶、深衣、袍襖、汗衫、袴並單袴小帶，女喪並裳。襪、勒帛、裹肚之類於其上，先以深衣，至汗衫疊複之，領下直縫處及至左右袖端，用線綴住，袴與單袴亦疊複而綴住其腰。遂舉以入，置浴牀之西，於浴牀上，侍者四人分立左右，微舉下體，别以新席承藉之，一人執袴腰，納尸足於袴，引袴漸上著之，著左右襪，用勒帛束脛至膝，仍結其繫，重引袴腰，整而斂之，結小帶，用裹肚包裹腹腰而結其繫。女喪則用裳，著于裹肚上，結小帶。遷尸於其上，《備要》衣之，皆右衽。（侍者一人奉尸首令直，一人奉兩足，又左右各一人夾奉，以布一幅，横納于當腋處，各執其一端，齊心共力舉而遷之。令尸腰正在衣領上，納尸手于袖，共舉尸漸漸下之，而又二人分在左右，各以一手自袂口入，迎執尸手，又各以一手執衣領引上整之，抽出當腋處横布不用，右衽，結小帶。）但未著幅巾、深衣、深衣，古者於此時不著，今從後並著，但未斂衽未結紐，以待卒襲。履。《備要》覆以衾，侍者徹浴牀。

按《備要》略有遷尸服上之節，而猶欠詳備，故以原説爲主，而並採經歷慣熟者之言而參互録之，使便於舉而行之。

徙尸牀，置堂中間。

《儀節》當堂正中，南首。朱子曰：妻喪，則少西，以避正中。卑幼，則各於室中間，餘言在堂者倣此。

按古禮奉尸于堂，在小斂後，《家禮》則在襲後。今依本文録之，而堂有中門，則可以闔門行事，若無門而只設幃隔障，則勢有難行者。蓋尸觸風則致浮氣，入棺尚遠，何可遽爲徙尸，經累日於堂中也。不惟此時難行，雖小斂後亦難即行，似當於室中間徙置，待大斂時奉遷于堂也。

乃設奠。

《士喪禮疏》始死奠，反之於尸東，因名襲奠。

按《家禮》此奠即古禮之始死奠，既從古禮，則此奠不設爲宜，故本注則移置於上文始死奠下，而襲在經宿，則依《家禮》設此奠無妨，但既是小斂之日，則自有小斂奠，此奠自當闕之。

主人以下爲位而哭。

主人坐於牀東奠北。衆男應服三年者坐其下，皆藉以藁。同姓期功以下，各以服次坐于其後，皆西向南上。尊行以長幼坐于牀東北壁下，南向西上，藉以席薦。主婦、衆婦女坐于牀西，藉以藁。同姓婦女以服爲次，坐于其後，皆東向南上。尊行以長幼坐于牀西北壁下，南向東上，藉以席薦。妾婢立於婦女之後。別設幃以障內外。異姓之親，丈夫坐於幃外之東，北向西上；婦人坐於帷《儀節》作幃。外《書儀》作內。之西，北向東上。皆藉以席，以服爲行，無服在後。○若內喪，則同姓丈夫尊卑坐于幃外之東，北向西上；異姓丈夫坐於帷外之西，北向東上。《儀節》自是以後，凡爲位哭，皆如此儀。○三年之喪，夜則寢於尸傍，藉藁，羸病者，藉以草薦。期以下，寢於側近，男女異室。

【諸具】爲位

【編藁】【席薦】【席】【草薦】 【幃】【帷】並用以設于堂中間，以別內外者。○未襲之前，男女哭擗無數，奚暇爲位而哭，雖或延至二三日之後。必死者襲而後，生者方可爲位也。

乃飯含。

主人哭盡哀，《士喪禮》出南面。左袒，自前扱於腰之右，盥手，執箱盛珠以入。侍者插匕于米盌，執以從，《士喪禮》祝受貝，（今用珠。）奠于尸西，又受米，奠于貝北。（《疏》就尸東受，從尸南過，奠于尸西，立主人之右，佐飯事。）徹枕。《士喪禮》徹楔。主人就尸東，由足而西，牀上坐，東面舉巾，沐浴時所覆者。以匕抄米，《士喪禮》左扱米。實于尸口之右，尤庵曰：抄米多少隨宜。並實一錢，《備要》作珠。又於左、於中亦如之。《士喪記》祝徹餘飯。主人襲所袒衣，復位。

退溪曰：不獨飯含，如斂絞、舉尸、撫尸之類，皆喪者所當自爲。古人於此非不知有所不忍，當此終天之事，不自爲而付之人，尤所不忍。故古禮如此，今人不忍於小不忍，而反忽於大不忍，竊恐不可。

侍者卒襲，覆以衾。

《備要》設枕，去幎巾，先著網巾。加幅巾、《備要》以其帶向巾外，過項後相結以垂之。○内喪用掩，以掩全幅當顱裏之，以後二脚向前結於頤下，又以前二脚向後繞之，結於項中。充耳，設幎目，《備要》以其繫結於後。納履，《備要》以其繫穿于絇中，結于足背，又以餘組合繫兩足，使不相離。乃襲深衣，斂衣右衽，結小帶。結大帶，《本注》圍腰而結於前，再繚之爲兩耳，垂其餘爲紳，下與裳齊，復以絛約其相結處，長與紳齊。設握手，先以右手置於摟中，用下一端掩手背，以綦繫繞擘一匝，還從上自貫。又用上一端重掩之，以綦繫向手裏，繞擘由手表向上，納于無名指長指之間，出于長指食指之間，以鈎中指，取繫向下，由小指後擘際，復向手裏，與自貫者結於掌後節中，（即掌擘之際。）於左手亦如之。《士喪禮》設冒，櫜之。（《備要》先以殺韜足而上，後以質韜首而下，乃結其帶。）乃覆以衾。《備要》楔齒與幎巾並（餘米。）埋于坎。（凡襲斂時牀席器用之屬亦埋之，可燒者燒之，勿令人褻穢。）

設燎。《通解》

《士喪禮》宵，爲燎于中庭。

按 此一節《家禮》所無，而依《備要》添入。古者襲必在死日，而今則不能盡然。《禮疏》曰：有喪則於中庭終夜設燎，至曉滅燎。以此觀之，雖於襲前當夜似當設之。

【諸具】設燎

【燎】即炬。

置靈座設魂帛。

設椸於尸南，幃外。覆以帕，置椅卓其前。結白絹爲魂帛，置椅上。《源流》以紙裹複衣，納諸箱中。○《儀節》衣上置魂帛。○尤庵曰：蓋則未有考，以帕代之，或覆或開。設盞注、酒果於卓上，巾之。设香案於卓前，置爐盒，爐西盒東。《備要》若日昏，先設燭以照饌，設巾後還滅之，凡奠同。侍者朝夕設櫛頮，奉養之具，皆如平生。

問 束帛，世俗夜則闔而卧置之，晝則開而立置之。尤庵曰：卧置似是禮意。

按 今俗魂帛之制各殊，而於禮俱無所當，《家禮》既有結白絹之文，則只當依此用結帛也。

【諸具】置靈座

【椸】即衣架，用以障椅後者，覆以大襆，無則代以屏。○又用幃以障尸，已見上遷尸條。【席】用以鋪靈座處者，吊賓之席亦預具。【椅】坐褥具，用以安魂帛箱者。【大卓】座面紙具，用以設奠饌者。【魂帛】即結帛，用白絹或苧布三四尺周尺爲之。○《儀節》摺爲長條，交穿如同心結，上出其首，傍出兩耳，下垂其餘爲兩足。【箱】用厚紙爲之。【復衣】【帕】即小襆，用紬爲之。【果】或脯醢或蔬。【酒注】【盞盤】【罩巾】《儀節》○用以覆奠者，裂竹爲簞，蒙以紙或布。○《家禮附注》以辟塵蠅。【香案】爐盒匕筯具。○按《家禮》設香爐盒於卓上，而與奠饌同設不便，故依《祭禮》別具。【燭臺】【拭巾】用以拭椅卓者。【梳貼】【盥盆】【帨巾】并平日所用者。○尤庵曰：劉氏以爲靈座之間盡用素器，以主人有哀素之心故也。

立銘旌。

以絳帛爲銘旌，以竹爲杠，倚於靈座之右。

【諸具】立銘旌

【善書者】【銘旌】《家禮》本注三品以上九尺，五品以上八尺，六品以下七尺。○《備要》造禮器尺。○用絳帛廣全幅，以真楷大書死者官封于幅中央，上下各摺半寸許，用線縫住，以細竹横貫爲軸，以繩繫于杠。【竹杠】長與銘旌較長。【粉】用以書銘旌者。【鹿角膠】用以煎取汁和粉者。

【筆】【盥盆】【帨巾】

【銘旌式】

某官無官則隨所稱。某公之柩。《國制》一品大匡輔國崇禄 輔國崇禄 崇禄 崇政，宗親顯禄 興禄 宜德

嘉德 儀賓 綏禄 成禄 靖德 明德。二品 正憲 資憲 嘉義 嘉善 宗親 崇憲 承憲 中義 昭義 儀賓 奉憲 通憲 資義 順義。三品文蔭 通政 武 折衝 宗親 明善 儀賓 奉順 堂下三品文蔭 通訓 中直 中訓 武 禦侮 建功 保功 宗親 彰善 保信 資信 儀賓 正順 明信 敦信。四品文蔭 奉正 奉列 朝散 朝奉 武 振威 昭威 定略 宣略 宗親 宣徽 廣徽 奉成 光成。五品文蔭 通德 通善 奉直 奉訓 武 果毅 忠毅 顯信 彰信 宗親 通直 秉直 謹節 慎節。六品文蔭 承議 承訓 宣教 宣務 武 敦勇 進勇 勵節 秉節 宗親 執順 從順。七品文蔭 務功 啓功 武 迪順 奮順。八品文蔭 通仕 承仕 武 承義 修義。九品文蔭 從仕 將仕 武 效力 展力。○文蔭宗親四品以上 大夫，五品以下 郎，武二品以上 大夫，堂上三品以下 將軍，五品以下 校尉，七品以下 副尉。

【婦人銘旌式】《備要》

某封某貫某氏之柩。《國制》一品大君妻 府夫人，文蔭武官妻 貞敬夫人，宗親妻 郡夫人。二品文蔭武官妻 貞夫人，宗親妻 縣夫人。三品文蔭武官妻 淑夫人，宗親妻 慎夫人，堂下三品文蔭武官妻 淑人，宗親妻 慎人。四品文蔭武官妻 令人，宗親妻 惠人。五品文蔭武官妻 恭人，宗親妻 温人。六品文蔭武官妻 宜人，宗親妻 順人。七品文蔭武官妻 安人。八品文蔭武官妻 端人。九品文蔭武官妻 孺人，儒士妻亦得稱 孺人。○凡婦人稱號皆從夫實職，官卑而秩高，或秩卑而官高者，皆不從資秩。

不作佛事。

按 此段所載温公説甚多，而近世禮教漸明，士夫家鮮有作此事者，故兹不録焉。

執友親厚之人，至是入哭可也。

主人未成服而來哭者，當服深衣，臨尸哭盡哀，出，拜靈座，上香，再拜，遂吊。主人相向哭盡哀。主人以哭對，無辭。《檀弓》大夫吊，當事而至，則辭焉。○尤庵曰：魂帛銘旌之具，一時皆備，則待其設而哭拜可也。或曠日未設，則親厚之人何可等待不入哭乎？哭尸而當拜與否，未有明文，不敢質言。○問入哭盡哀，則出拜時不哭耶？尤庵曰：當看情義之輕重也。

按遂吊主人一段，《儀節》之見於《備要》者頗詳，然此在始死日，孝子哀遑罔極之中，未可語此。出見禮，不出見禮，恐皆難行。親厚之人哭者拜靈座後還入幃內，向主人而哭，主人哭對，無辭，如是而已。未親厚者徐待成服而吊慰，未晚也。

小斂

厥明，

謂死之明日。

執事者陳小斂衣衾，

以卓陳于堂東壁下，《士喪禮》南領，西上，綪。據死者所有之衣，隨宜用之，若多，則不必盡用也。衾用複者，絞，橫者三，縱者一。下有舒絹之文，此時亦當具絹。

《喪大記》絺、綌、紵，不入。

【諸具】陳小斂

【牀】【席】【褥】【枕】【卓】【衾】用紬聯縫爲衾，有綿，隨人長短裁定，長可用五尺半，布帛尺下同。○《士喪禮》緇衾，赬裏，無紞。注凡衾制同，皆五幅。○紞，衾領。【絞】用細布鍛濯者爲之，縱者一幅，長十尺許，析其兩端各爲三片，留其幅中間三分之二不析，橫者三幅，長各四尺或三尺餘，亦每幅兩端各析爲三片，留其幅中間八寸許不析。吾東則布廣甚狹，用四幅，每幅兩端各析爲二片，又加他半幅合爲九片。凡量尺，隨其尸之長短肥瘠裁定，橫者取足以周身相結，縱者取足以掩首與足而結於正中。【上衣】即深衣、團領之類。內喪當用褖衣、圓衫之類。深衣制見上《冠禮》陳冠服條，團領、褖衣、圓衫，並制見上陳襲衣條。【散衣】如袍襖、雜衣、袴之類，或顛或倒，承藉掩裹，或以補空。○《士喪禮》凡十有九稱，陳衣繼之，不必盡用。注襌複具曰稱。○《喪大記》衣必有裳謂之稱。○又別具一厚襖，疊于舒絹上，以掩首。【絹】三四尺或一匹，用以舒於疊衣下當首處者。○或用紬十餘尺，屈其半爲褥，厚著新綿，縱鋪於衣下衾上，上下兩端取足以裹者掩足，俗稱長片衣，又以紬五六尺餘，屈其半爲片衣，厚著新綿，橫鋪於長片衣上當背處，左右斂起，取足以過脅而不及腹，俗稱橫片衣。【新綿】用以補空，多少隨宜。【剪板】二俗用以立於尸傍及上下，以樣出長及高廣者。【長竹】二俗用以度兩剪板內，以樣出長及高廣者。【俠衾】即柩衣，用以覆尸者，以綿布爲之，廣五幅，上玄下纁。【盥盆】【帨巾】

設奠，此下恐有具字。

設卓于阼階東南，置奠饌及盞注于其上，巾之。設盥盆、帨巾于饌東。別以卓設潔滌盆、新拭巾於其東。此一節至遺並同。

【諸具】設奠

【卓】二【饌】脯醢果蔬之類。【筋楪】【潔滌盆】用以洗盞者。【勺】用以沃水者。【拭巾】用以拭盞者。

【盥盆】【帨巾】○餘並見上置靈座條。

具括髮麻、免布、髽麻。《士喪禮注》髽麻下有布字。

麻繩裂布或縫絹竹木簪設之皆于別室。

《小記》括髮以麻，免以布。○《士喪禮疏》婦人斬衰以麻爲髽，齊衰以布爲髽。

【諸具】括髮

【麻繩】男子及婦人用以括髮髽者。【免布】男子及婦人用以免髽者。○《檀弓》廣一寸周尺。○長取足以自項交額而繞紒裂布爲之，服輕者縫絹爲之。【布巾】用以承括髮麻免布者，用白布爲之。《大全》云斜布。據此則制當如㔶頭。【簪】婦人用以安髮者，斬衰用竹爲之，無首；齊衰用榛木爲之，有首。凡白理木亦可。○《喪服傳》笄長尺。

設小斂牀、布絞衾衣，

設小斂牀，施席褥于西階之西，鋪絞衾衣舉之，升自西階，置于尸南，先鋪絞之橫者於下，乃鋪縱者於上。次衾，次上衣，次散衣。衣或顛或倒，但取正方，《士喪禮》美者在中。惟上衣不倒。

乃遷襲奠，

執事者遷置靈座西南，竢設新奠，乃去之。後凡奠皆倣此。

遂小斂。

侍者盥手《喪大記》斂者袒，凡六人。（徹衾。）舉尸，男女共扶助之，遷于小斂牀上。先去枕而舒絹疊衣以藉其首，仍卷兩端以補兩肩空處。尤庵曰：以絹先鋪於當頭處，然後疊衣藉其首，仍卷兩端補其肩虛處，而以絹結之使不解服，則肩上不殺而小斂方正也。又卷衣夾其兩脛，取其正方，然後以餘衣掩尸。左衽裹之以衾，先掩足，次掩首，次掩左，次掩右。《喪大記》結絞不紐。（先結縱者，次結橫者。）斂畢，用剪板長竹樣出長及高廣以識。別覆以衾。《士喪禮》侇衾。

按丘氏曰：《儀禮》無未結絞未掩面之文，《家禮》蓋本《書儀》也。若當暄熱之時，宜依《儀禮》卒斂爲是。此論固有理，其事勢之行不得，不獨暄熱之時爲然也。故結絞之節，依古禮補入。

主人主婦憑尸哭擗，

主人西向憑尸哭擗。主婦東向亦如之。凡子於父母，憑之；《喪大記注》身俯而憑之。父母於子、夫於妻，執之；《喪大記注》執持其衣。婦於舅姑奉之；《喪大記注》捧持其衣。舅《喪大記》有姑字。於婦撫之，《喪大記注》當尸之心胸處按撫之。於昆弟執之。《喪大記》妻於夫，拘之。《注》微牽引其衣。《雜記》嫂不撫叔，叔不撫嫂。凡憑尸，父母先，妻子後。

袒、括髮、免、髽于別室。

男子斬衰者，袒，括髮；《語類》束髮爲髻。○《小記注》以麻自項而前，交於額上，却繞紒。齊衰以下至同五世祖者，皆袒，免著之，與括髮同。于別室。婦人髽。《士喪禮疏》著之，如男子括髮與免。○先以竹木簪安髻，乃髽。《奔喪》婦人降而無服者，麻。《注》雖無服，猶袒免。

按 斬衰括髮之制與齊衰之免相等。蓋古禮親始死，露笄纚，將小斂乃去笄纚，著素冠。斂訖又去素冠，於是時也，頭無所著，故以麻免代之。而今則始死被髮，斂後束髮而例著頭巾，既著頭巾則麻免之制似無所施，固當從古禮，去頭巾而只用麻免。習俗之久，有難猝變，嘗見温公之説，有曰：齊衰以下著頭巾，加免於其上。此則只言齊衰而不及於斬衰。然免既加於其巾，則括髮之麻亦無不可施之義。愚意以爲無論斬齊衰，皆當著頭巾而加之以麻免。此所謂頭巾，即丘氏所謂白布之巾也。或者謂免之爲名，出於免冠，則既巾而免，殊無意義，是則有不然者。蓋孝巾所以承冠者，非冠也。龜峰嘗論《要訣》中用孝巾行祭之失，曰：免冠而拜先祖可乎。栗谷亦不能難，以此觀之，巾之不可爲冠明矣。然則白巾上加麻免，有何不可乎？○頭絻一節，《家禮》雖有之，而今不得其制之詳，故依《冠禮》陳冠服條，姑略之。

還遷尸牀于堂中。

執事者徹襲牀，遷尸其處。哭者《士喪禮》襲。《儀節》掩向所袒之上衣。復位。尊長坐，卑幼立。

按《備要》有將小斂，白巾環絰，既遷尸，拜，賓襲絰之文，蓋據古禮也。然孝子哀遑罔極之中，似未暇論於此等儀節。《家禮》之闕而不書，無亦以是耶，玆依本文並不録。

乃奠。

祝帥執事者，盥手舉饌，升自阼階。至靈座前，徹襲奠，設新奠。祝焚香，洗盞斟酒，奠之。卑幼皆再拜，《儀節》孝子不拜。侍者巾之。

主人以下哭盡哀，乃代哭不絶聲。

大斂

厥明，

小斂之明日，死之第三日也。

執事者陳大斂衣衾，

以卓陳于堂東壁下，衣無常數，《士喪禮》南領，西上，綪。衾用有綿者。《喪大記》絞，縮者三，横者五。

【諸具】陳大斂

【牀】【席】【褥】【卓】【衾】二《士喪禮》○《備要》一以承藉，即始死所覆者，一以覆之。○制見上小斂條。

【絞】用細布鍛濯者爲之，縱者一幅，析其兩端，各爲三片。如小斂，横者用二幅，每幅三破爲六片，去其一不用，布狹則用三幅，每幅半破爲六片，去其一。皆差長於小斂絞，其制詳見小斂條。【上衣】【散衣】并見上小斂條，《士喪禮》云三十稱而過多，亦不便。【盥盆】【帨巾】

設奠具，

如小斂之儀。

【諸具】設奠

同上小斂奠條。

舉棺入置于堂中少西。

執事者先遷靈座及小斂奠於旁側，《士喪禮》序西南。《士喪禮》主人及親者袒。《備要》設大斂牀。《士喪禮》美者在外。役者舉棺以入，置于牀西，承以兩凳。若卑幼，則於别室。役者出。《備要》鋪秫灰於棺中使極均平，次下七星板，次鋪褥。

乃大斂。

侍者與子孫、婦女俱盥手，《備要》遷尸于大斂牀上，先去枕。收衾，先掩足，次掩首，次掩左，次掩右。《備要》先結絞之縦者，次結横者。（不紐，徹小斂牀。）共舉尸，納于棺中，納棺之際必須謹審，無少偏側。實生時所落齒髮，髮多則依古禮埋之。《備要》并沐浴時所落髮。及所剪爪有落鬚亦當並入。于棺角，又揣空缺處，卷衣塞之，務令充實。勿以金玉珍玩置棺中，啓盜賊心。用天衾覆棺内。主人、主婦憑哭盡哀。婦人退入幕中。乃召匠加蓋、古下釘，而今則設衽，設衽時用漆彌之。徹牀，覆柩以衣。以厚紙小索結之，冬月則以氊厚裹，又以油單大索裹結之，然後乃覆以侇衾。祝取銘旌，設跗于柩東，復設靈座於故處，《士喪禮》主人復位襲。（親者亦當襲所袒衣。）留婦人兩人守之。○司馬温公曰凡動尸舉棺，哭擗無算。然殯殮之際，亦當徹哭臨視，務令安固，不可但哭而已。

《備要》棺中大斂，非但非古禮而已，棺中逼窄，結絞之際，多有不敬之事，決不可爲也。○《備要》古禮殯于坎中而塗之。朱子殯長子亦然《家禮》所謂壘墼塗之即此意。今俗亦有塗殯或沙殯者，當隨宜。

按《備要》治棺條有漆棺之文，而治棺時，勢未暇爲，當於入棺後即時著漆，而加漆多少，可隨力爲之。漆棺後結裹復如初，未結裹之前，成出樣子，以待葬時憑據。○若塗殯，則或翼廊或斜廊，隨便爲之。掘地深二尺許，闊三四尺，長七八尺。營造尺内以火甎鋪之，四旁亦以甎壘之，以塞土，用石灰泥塗其隙。鋪藁席，置兩凳，將下棺設奠。既下覆柩衣，又於坎外上下，立童子木，用一長木置其上，如屋樑；用小木多設於其上，如屋椽；用索交絡，以藁席厚覆之，其上塗土或聚沙，殯前設素帳，施屏于帳内。

【諸具】納棺

【役夫】【棺凳】其長準棺之廣，足高三四寸，俗稱塊木。【秫灰】即糯米灰，用以鋪於棺内者，厚薄隨宜。容入四五斗，用器炒黑，或熾炭燒之，作屑細篩之。不去皮者亦可，無則代以炭屑。【紙】用以鋪於棺内，以受秫衣而覆之者。【褥】《備要》○用以鋪於七星板上者，用色紬爲之，不禪，夾縫之，長廣依七星板裁之。【枕】俗用以安於褥上頭者，用色紬爲之，其長視褥廣。【散衣】見上小斂條，卷塞空缺處，無則代以新綿。【天衾】用色紬廣一幅，幅狹則或聯幅爲之，長五尺布帛尺。【柩衣】即俠衾，小斂時所用者，裁縫四隅，如斗帳而罩之，四旁有剩。【跗】用以立銘旌者，設機，豎兩柱，柱間施兩層架，當中穿孔，以受旌竿。

【諸具】漆棺

【漆凳】用以承棺於漆棺時者，高一尺許。【漆】用以漆全棺者，多少隨宜。【松炭末】用以和漆，彌于棺縫者。【巾】二一用布以拭棺，一用白苧以漉漆。【屏】用以環障柩四旁者。【衿】即單衾，俗用以浸濕覆於屏上，以乾漆者。○用厚紙度棺長及上下高廣，各書識之。

【諸具】結裹

【紙】俗用厚紙作柩衣，如斗帳襟，罩于棺上。【氈】《備要》○用以裹於紙上者，多少隨宜，無則代以厚綿衾，夏月則稍薄亦可。【油單】用以裹於氈上者，大小取足以裹棺。【小索】俗用以結棺者。【草席】俗用以裹於油單上者。【紙環】俗用以著於棺上下四隅當索處，以防結裹運動時缺陷之患。【大索】俗用以重結棺，以資舉棺者，或合布爲之，覆以柩衣。

【諸具】塗殯○奠具視小斂條。

【甎】【石灰】【材木】【藁席】並多少隨宜。【凳】二【屏】【帳】

設靈牀于柩東，

牀帳、薦席、屏枕、衣被《備要》櫛類。之屬，皆如平生。

尤庵曰：靈座、靈牀兩設盥櫛之具，似無是理，靈座注説云云，恐是未設靈牀時事也。

【諸具】設靈牀

【幕】即帟幕，用以設於靈牀上，以承塵者。【屏】【帳】即寢帳。【牀】即寢牀。【薦】俗用登每。【席】即寢席。【褥】【枕】【被】即衾。【衣】薦以下用以設於牀上者，盡用平生日用之物，若杖履、几案、筆硯之類，無所不設。

○梳貼、盥盆、帨巾已見上置靈座條。

乃設奠。

如小斂之儀。

主人以下各歸喪次，

中門外擇朴陋之室，爲丈夫喪次。《喪大記》父不次於子，兄不次於弟。斬衰，寢苫枕塊，不脱絰帶，不與人坐焉，齊衰同。非時見乎母也，不及中門。齊衰，期之喪。寢席。大功以下，異居者既殯而歸，居宿於外，三月而復寢。婦人次于中門之内别室，或居殯側，去帷帳衾褥之華麗者，不得輒至男子喪次。

《備要》《喪大記》父母之喪居倚廬，注既練，居堊室與《家禮》不同，量而行之可也。○《語類》問：喪之五服皆有制，不知飲食起居亦當從其制否？朱子曰：合當盡其制。但今人不能行，然在斟酌行之。

【諸具】喪次

【朴陋之室】【别室】亦朴陋之室。【苫】即編藁。【塊】陳氏曰土塊。○若次倚廬則依唐禮，設廬次於東廊下，無廊則於墻下，北上。凡倚廬先以一木横於墻下，去墻五尺，卧於地爲楣，即立五椽於上，斜倚於東墉上，以草苫蓋之。其南北面，亦以草屏之，向北開門，一孝一廬，門簾以縗布，形如偏屋，其間容半席。廬間施苫塊，其廬南爲堊室，以墼壘三面上至屋，如於墻下，即亦如偏屋，以瓦覆之，西向開户。室施薦木枕，室南爲大功幕次，中施蒲席；次南爲小功緦麻次，施牀，并西户。其堊至及幕次，不必每人爲之，共處可也。其爲母與父同，爲妻準母，婦人次西廊下。

止代哭者。

按 代哭既止，朝夕哭當自此日始。

四禮便覽卷之四圖式

五服人相吊之圖

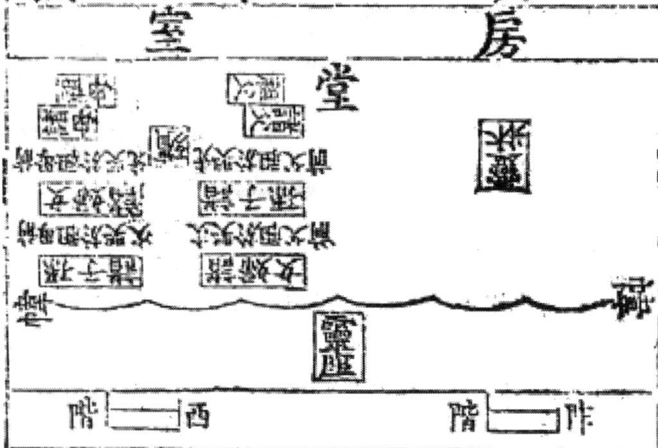

成服日奠吊之圖

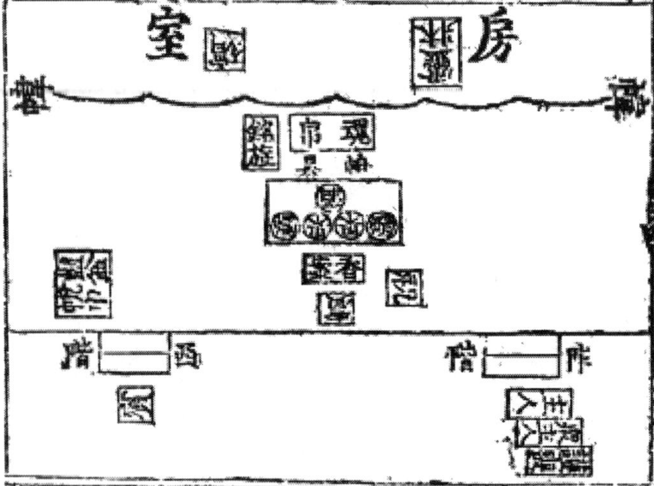

本宗五服

凡男爲人後者爲所後黨服一如正服

高祖父 齊衰三月 [illegible]				
曾祖父 齊衰五月 [illegible]	曾祖之兄弟 族曾祖父母 緦			
祖父 齊衰不杖朞 [illegible]	祖父之兄弟 從祖祖父母 小功	祖父之從兄弟 族祖父母 緦		
父 斬衰三年	伯叔父母 不杖朞	父之從兄弟 從祖父母 小功	父之再從兄弟 族父母 緦	
己	兄弟 不杖朞 [illegible]小功	己之從兄弟 從父兄弟 大功 [illegible]	己之再從兄弟 從祖兄弟 小功 [illegible]	己之三從兄弟 族兄弟 緦 [illegible]
子 長子斬衰 [illegible]	兄弟之子 不杖朞 [illegible]大功	己之從姪 從父兄弟之子 小功 [illegible]	己之再從姪 從祖兄弟之子 緦 [illegible]	
孫 [illegible]不杖 [illegible]大功	兄弟之孫 小功 [illegible]	己之再從孫 從父兄弟之孫 緦 [illegible]		
曾孫 [illegible]	兄弟之曾孫 緦 [illegible]			
玄孫 [illegible]				

服之圖

				高祖母 齊衰三月 [illegible]
			族曾祖姑 曾祖之姊妹 緦麻 嫁無	曾祖母 齊衰五月 [illegible]
		族祖姑 祖父之從姊妹 緦麻 嫁無	從祖祖姑 祖父之姊妹 小功 嫁緦	祖母 齊衰不杖期 [illegible]
	族姑 父之再從姊妹 緦麻 嫁無	從祖姑 父之從姊妹 小功 嫁緦	姑 不杖期 嫁大功	母 [illegible]
族姊妹 己之三從姊妹 緦麻 嫁無	從祖姊妹 己之再從姊妹 小功 嫁緦	從父姊妹 己之從姊妹 大功 嫁小功	姊妹 不杖期 嫁大功	妻 齊衰杖期
	從祖兄弟之女 己之再從姪女 緦麻 嫁無	從父兄弟之女 己之從姪女 小功 嫁緦	兄弟之女 不杖期 嫁大功	婦 嫡不杖期 衆大功
		從父兄弟之孫女 己之再從孫女 緦麻 嫁無	兄弟之孫女 小功 嫁緦	孫婦 適小功 [illegible]
			兄弟之曾孫女 緦麻 嫁無	曾孫婦 適小功 [illegible]
				玄孫婦 適小功 [illegible]

三父八母服之圖

同居繼父 不杖朞
父子皆無大功以上之親者

不同居繼父 齊衰三月
謂先同今異或雖同居而繼父有子己有大功以上之親者

元不同居繼父 無服

異父同母之兄弟姊妹 大功

嫡母 齊衰三年
妾子謂父正妻

繼母 齊衰三年
謂父後妻若父卒母嫁而己從之服杖朞母報不杖朞 出則無服

養母 齊衰三年
謂養同宗及三歲以下遺棄者與親母同

慈母 齊衰三年
謂庶子無母而父命他妾之無子者慈己者不命則小功

嫁母 齊衰杖朞
謂親母因父死再嫁他人者爲父後則不服母爲子不杖朞長適人者降服大功母爲長子亦報

[illegible] 齊衰杖朞
謂親母被父出者爲父後則不服 [illegible]

庶母 緦
謂父妾之有子者若慈己而自少乳養己者小功
庶子之子爲父之母不杖朞而爲祖後則無服

乳母 緦
謂乳哺己者

三殤降服之圖

從祖祖父　長三月　中從下無服

從祖祖姑　長三月　中從下無服

從祖父　長三月　中從下無服

伯叔父　長九月　中七月　下五月

姑　長九月　中七月　下五月

從祖姑　長三月　中從下無服

從祖兄弟　長三月　中從下無服

從父兄弟　長五月　中從上　下三月

兄弟　長九月　中七月　下五月

己

姊妹　長九月　中七月　下五月

從父姊妹　長五月　中從上　下三月

從祖姊妹　長三月　中從下無服

從父兄弟之子　長三月　中從下無服

兄弟之子　長九月　中七月　下五月

子　長九月　中七月　下五月

兄弟之女　長九月　中七月　下五月

從父兄弟之女　長三月　中從下無服

兄弟之孫　長三月　中從下無服

孫

嫡　長九月　中七月　下五月

衆　長五月　中從上　下三月

兄弟之孫女　長三月　中從下無服

嫡曾玄孫　長九月　中七月　下五月

大功之殤中從上
齊衰之殤亦中從上
小功之殤中從下
此丈夫爲殤者服也

齊衰之殤中從上
大功之殤中從下
小功之殤亦中從下
此婦爲夫黨殤者服也

外黨妻黨服之圖

君母之父母君母死則不服
母之君母母死不服
庶子爲後者爲其外祖無服

外祖父母 小功

母出則爲繼母之父母兄弟
姊妹小功

舅 母之兄弟 小功
妻開元禮緦
國制同

妻父母 緦
妻亡別娶亦同妻
之親母雖嫁出猶服

從母 母之姊妹 小功
君母之兄弟姊妹
君母死則不服

舅之子 內兄弟 緦
姊妹

己

姑之子 外兄弟 緦
姊妹

從母之子 姨兄弟 緦
姊妹

外親雖適
人不降

甥 姊妹之子 小功
婦緦

壻 外甥 緦

甥女 姊妹之女 小功

外孫 女之子 緦
婦同

妻爲夫黨服之圖

夫爲祖曾高祖父母承重者及爲人後者並從夫服爲本生舅姑服大功

			夫高祖母 緦	夫高祖父 緦			
			夫曾祖母 緦	夫曾祖父 緦			
		夫從祖祖姑 緦	夫祖母 大功	夫祖父 大功	夫從祖祖父母 緦		
	夫從祖姑 在室緦	夫姑 小功 適人不降	姑 齊衰三年	舅 斬衰三年	夫伯叔父母 大功	夫從祖父母 緦	
	夫從父姊妹 緦 適人無[illegible]	夫姊妹 小功 適人不降	己	夫 斬衰三年	夫兄弟[illegible] 小功	夫從父兄弟 [illegible] 妻緦	
夫[illegible]女 緦 嫁無	夫從兄弟之女 小功 嫁緦	夫兄弟之女 不杖期 嫁大功	婦 適婦不杖期 衆大功	子 [illegible] 衆不杖期	夫兄弟之子 不杖期 婦大功	夫從兄弟之子 小功 婦緦	夫[illegible]子 緦 婦無
	夫從兄弟[illegible] 緦 嫁無	夫兄弟之孫女 小功 嫁緦	孫婦 適小功 衆緦	孫 適[illegible] 衆大功	夫兄弟之孫 小功 婦緦	夫從兄弟之孫 緦 婦無	
		夫兄弟之曾孫女 緦 嫁無	曾孫婦 適小功 衆無	曾孫 [illegible] 衆緦	夫兄弟之曾孫 緦 婦無		
			玄孫婦 適小功 衆無	玄孫 [illegible] 衆緦			

從夫服降一等

夫外祖父母及舅從母並緦麻

凡婦服夫黨當喪而出則除之

出嫁女爲本宗降服之圖

凡女適人者爲其私親皆降一等惟於祖曾高祖父母及兄弟之爲父後者及兄弟姪之妻皆從本服

姑姊妹女孫女嫁反者服與男子同適人而無夫與子者亦同適人而無夫與子者爲其兄弟姊妹及兄弟之子皆不杖朞

			高祖父母 齊衰三月			
			曾祖父母 齊衰五月			
		從祖祖姑 緦	祖父母 不杖朞	從祖祖父母 緦		
	從祖姑 緦	姑 大功	父母 不杖朞	伯叔父母 大功	從祖父母 緦	
從祖姊妹 緦	從父姊妹 小功	姊妹 大功	己	兄弟 大功 爲父後者皆不降 妻小功	從父兄弟 小功 妻緦	從祖兄弟 緦 妻無
		姊妹之子 小功 婦緦		兄弟之子 大功 婦小功	從父兄弟之子 緦 婦無	
				兄弟之孫 緦 婦無		

兩女各出不再降

爲人後者爲本生降服之圖

凡爲人後者爲其私親皆降一等私親之爲之也亦然惟其本生父母爲之不杖朞

兩男各爲人後不再降

男出後女出嫁者再降

			曾祖父母 緦			
		從祖祖姑 緦 嫁無	祖父母 大功	從祖祖父母 緦		
	從祖姑 緦 嫁無	姑 大功 嫁小功	父母 不杖朞 心喪三年	伯叔父母 大功	從祖父母 緦	
從祖姊妹 緦 嫁無	從父姊妹 小功 嫁緦	姊妹 大功 嫁小功	己	兄弟 大功 妻緦	從父兄弟 小功 妻無	從祖兄弟 緦 妻無
	從父兄弟之女 緦 嫁無	兄弟之女 大功 嫁小功		兄弟之子 大功 婦小功	從父兄弟之子 緦 婦無	
		兄弟之孫女 緦 嫁無		兄弟之孫 緦 婦無		

妾服之圖

君 斬衰三年 卿大夫爲貴妾 士妾有子緦	君之父母 儀禮妾爲君之黨服得與女君同	女君 齊衰不杖朞 女君於 妾無服	妾爲其私親服與 女子子適人者同
君之長子 齊衰三年	君之衆子 齊衰不杖朞	其子 齊衰不杖朞	

冠圖

斬衰

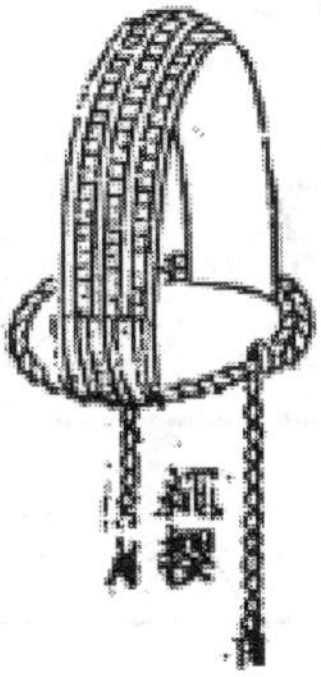

三辟積向右

繩纓

齊衰

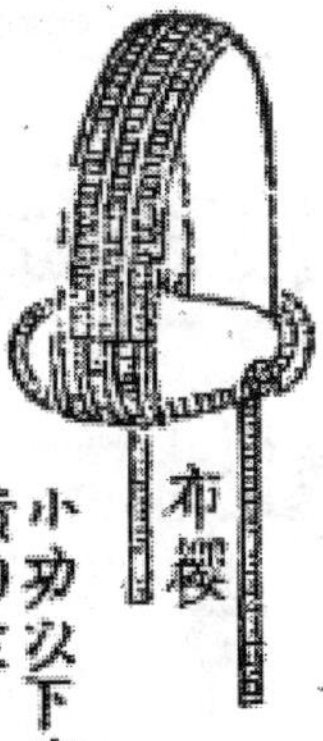

三辟積向右

布纓

大功以下同

小功以下辟積向左

緦麻纓

衰衣裁製之圖

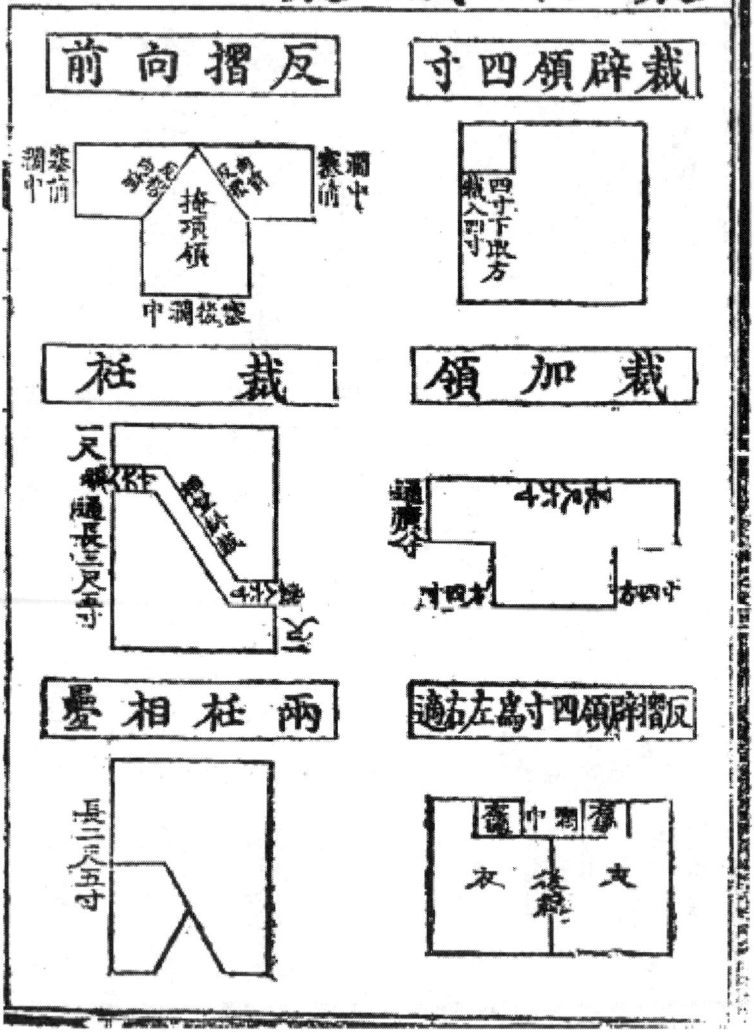

衰衣前圖

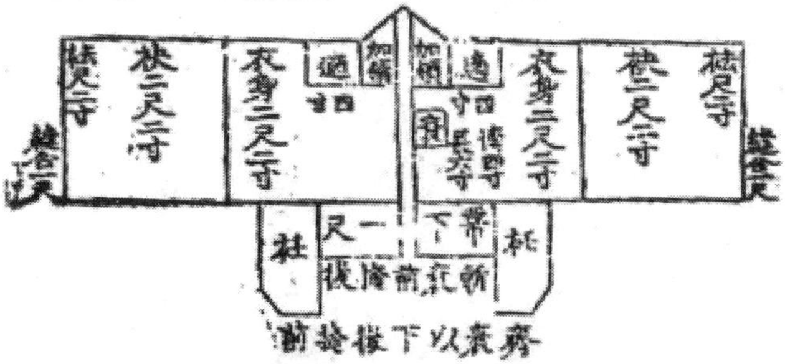

衰衣後圖

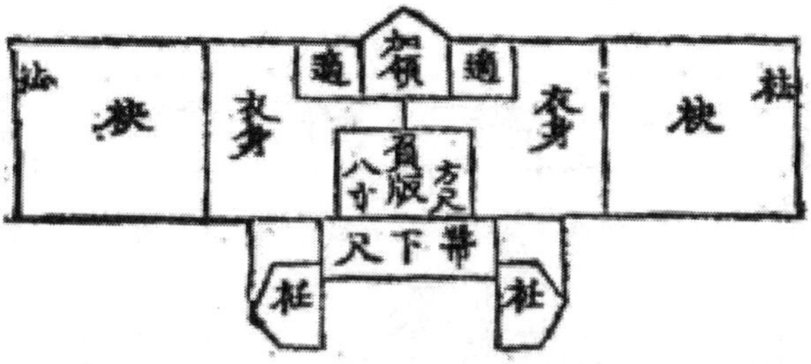

衰裳圖

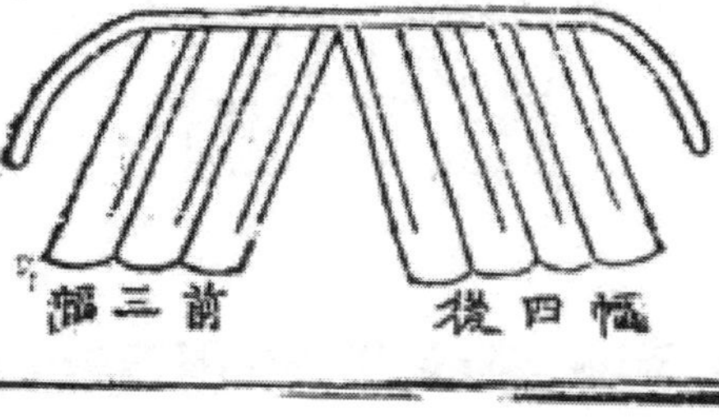

衰衣新制前圖

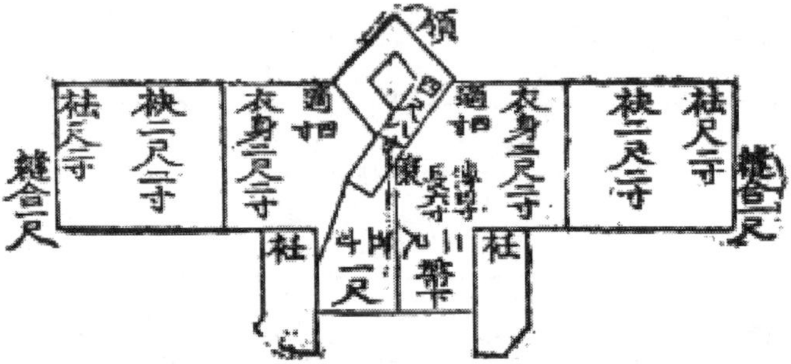

衰衣新制後圖

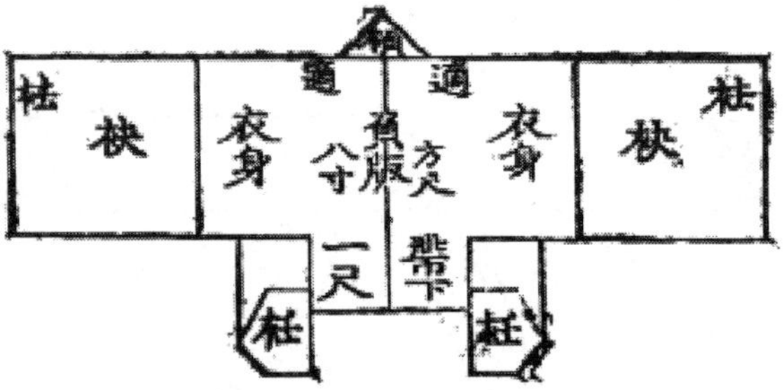

婦人冠圖

蓋頭圖

衣裳前後全圖

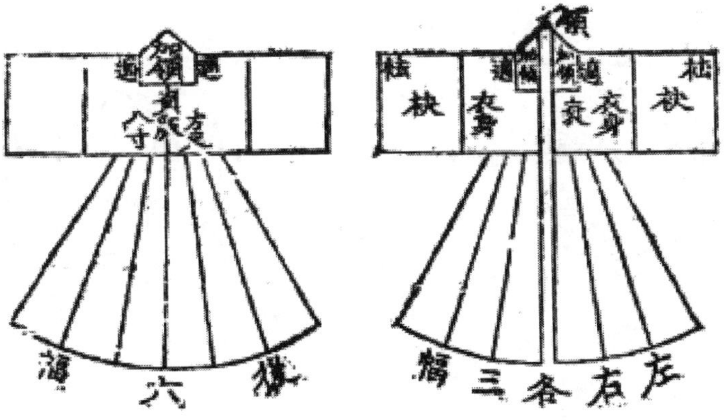

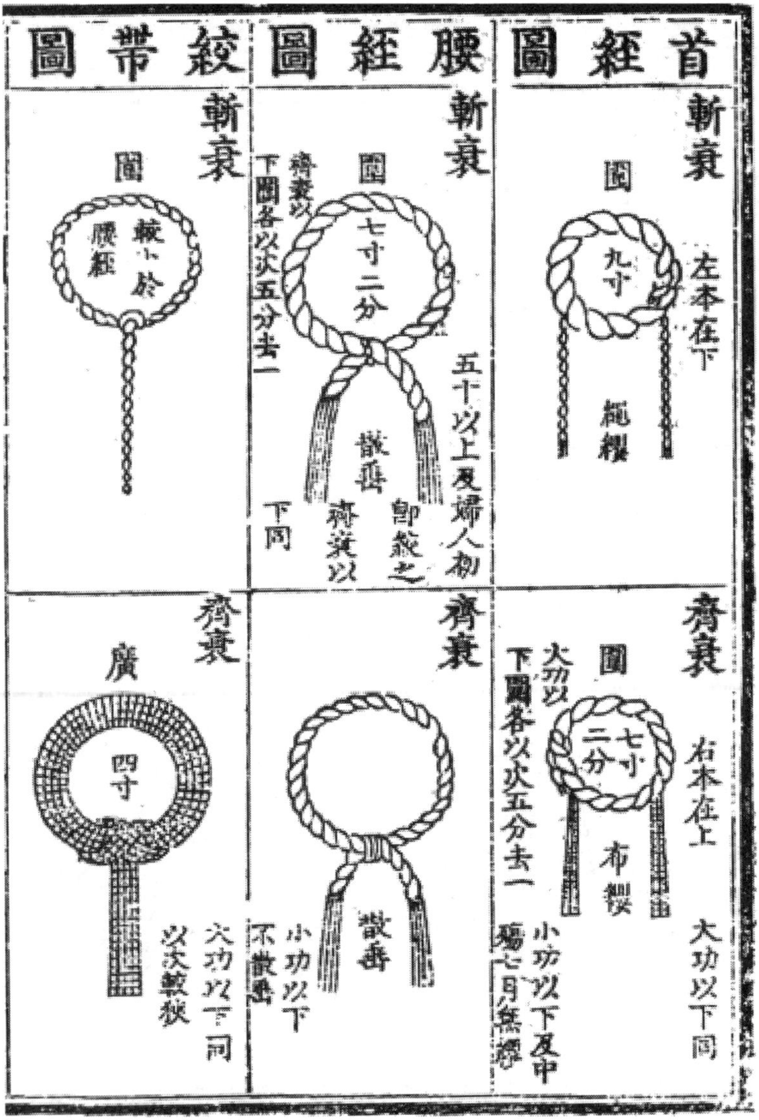
首絰圖
斬衰
圖
左本在下
九寸
繩纓
齊衰
圖
大功以下圖各以次五分去一
七寸二分
右本在上
布纓
大功以下同
小功以下及中殤七月無纓
腰絰圖
斬衰
圖
齊衰以下圖各以次五分去一
七寸二分
散垂
五十以上及婦人初即絞之
齊衰以下同
齊衰
散垂
小功以下不散垂
絞帶圖
斬衰
圖
較小於腰絰
齊衰
廣
四寸
大功以下同
以次較狹

四禮便覽卷之四圖式

杖屨圖

斬衰

苴杖 高齊心

菅屨

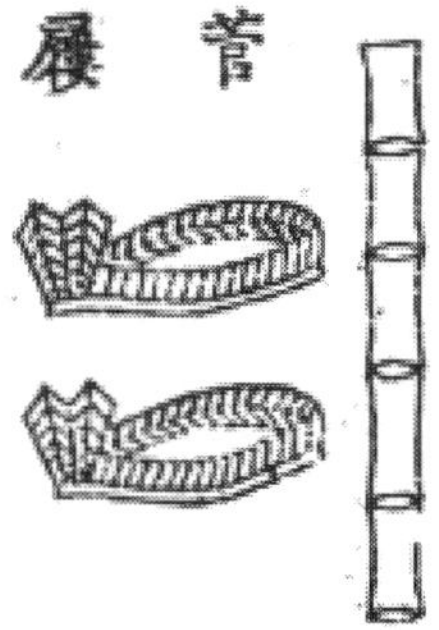

齊衰

削杖 高同斬衰

疏屨

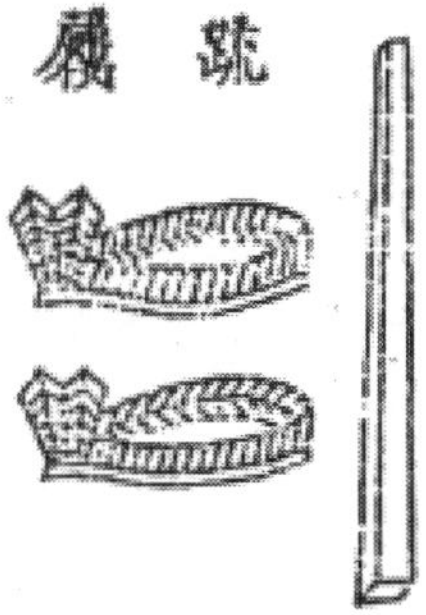

環絰圖

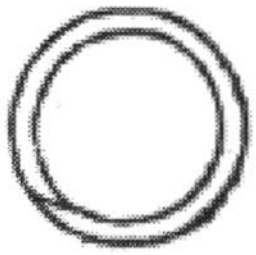

以麻單股環而圍之兩端相交處繫之

四脚巾圖

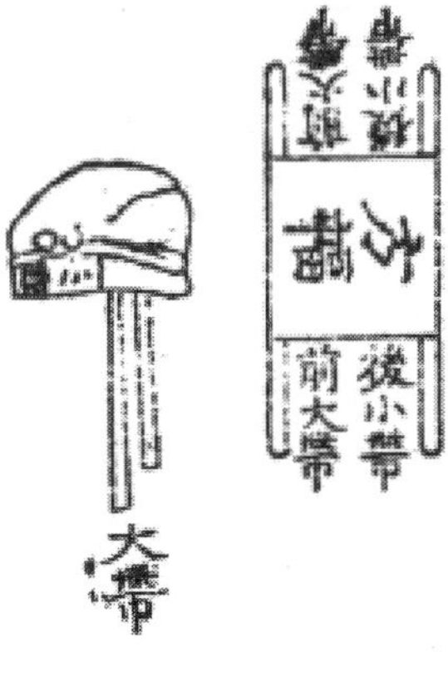

四禮便覽卷之四

喪禮二

成服

厥明，

大歛之明日，死之第四日也。

《備要》楊氏曰：人子不忍死其親，故不忍遽成服，必四日而後成服。據此，大斂與成服不可同日并行也。世人或以斂具未備，過三日而大斂，仍以其日成服，殊失禮意。

五服之人，各服其服，入就位，然後朝哭，相吊如儀。

《儀節》是日夙興，五服之人，各服其服。去括髮免，著喪冠，以孝巾承之，加首絰。服衰裳，承以中衣，帶絞帶腰絰，著屨，杖，期以上執杖。婦人去髽，亦著冠、衰裳、絰帶、屨、杖。○《雜記》爲長子杖，則其子不以杖即位。男位於柩東，西向；女位於柩西，東向。各以服爲序，舉哀相吊。諸子孫就祖父及諸父前，跪，哭盡哀。又就祖母及諸母前，亦如之。女子就祖母及諸母前哭，遂就祖父及諸父前，如男子之儀。賓至拜之。

按古之成服必於朝哭，朝哭則無拜。而今俗多兼行於朝奠而成服，故有拜，實非禮也。

【諸具】成服

【布】用以制五服衰裳者。○《備要》斬衰極麤生布，齊衰次麤生布，期次等生布，大功稍麤熟布，小功稍細熟布，緦極細熟布。○五服，冠及孝巾、絞帶、纓武布，各於其服，用稍細者。婦人蓋頭、衰裳布，準男子冠裳之布。古者布廣必二尺二寸，而吾東布廣至狹，須連幅爲之。○《喪服傳》帶緣，各視其冠。○中衣亦依疏説，視冠布。【麻】用以爲五服經帶者。○《備要》斬衰用苴麻即有子麻，齊衰以下用枲麻即無子麻，緦用熟麻。【針】【線】並用以制服者。【冠】用厚紙糊爲材，廣五寸二分半，裹以布，布升比衰稍細。三年之喪，鍛而勿灰，期以下用灰鍛。襞積爲三梁，其法：從一方，計七分半之外，又中摺七分半爲梁，如是者凡三。所餘又爲七分半，襞積之則爲廣三寸，或以廣五寸二分半之材，分識作七，以第二分、第四分、第六分中摺之，爲梁則如法。而大功以上皆向右，小功以下皆向左，用線縱縫其梁，長足跨頂前後。斬衰以麻繩爲武，齊衰以下用布夾縫廣一寸許，從額上約之，至項後交向前，各至耳邊結之，垂其餘爲纓，使結於頤下，屈冠兩頭，入武内，向外反屈之縫於武，所謂外畢。○按今之喪冠太狹，似未安。就考《三才圖會》所畫喪冠，其廣恰覆人首，豈華人所著，不似我東所著之狹耶。朱子於造主尺式云非如律尺，得一書爲據足矣。如神主之重大，而猶以得一書爲據爲足，則《家禮》喪冠下既無用指尺之語。今若度用布帛尺，則可與《圖會》所畫合矣。朱子於喪冠之制，考之政和禮而始知之，或以政和所用之尺言之，而東人未之考耶。【孝巾】《備要》○用以承冠者，其制用布裹首，合縫在後之，中摺其兩旁，藏在裏縫合其上，從前後望之，如方冠，俗稱頭巾。【衣】用布二幅各長四尺六寸，指尺中屈下垂，前後各長二尺三寸，除縫餘一寸，則長二尺二寸，兩肩上中屈處四寸之下，疊前後兩葉，左右幅各裁入四寸訖。分摺所裁者向外，各加兩肩上，以爲左右適，即辟領也。既摺所裁者向外，其前後左右虚處各方四寸，即闊中也。（大功以下無辟領，其分摺向外者即翦去之。）以後兩葉聯合背後縫，凡五服衣縫皆向外，下並同。【袂】用布二幅各長四尺六寸，中屈之縫聯於衣身之左右，又縫合其下際，除縫餘一寸，則亦各二尺二寸，又於袂端縫合其下一尺爲方袂，留其上一尺二寸爲袂口，即袪也。【加領】别用布長一尺六寸許闊八寸許，縱摺而中分之，其下一半，兩端各裁斷方四寸，除去不用，只留中間八寸，以加後之闊中，從項上分左右對摺向前垂下，以加於前闊中。【袷】即加於領裏者，用布一條長一尺六寸許，廣一尺四寸，分作三條。二條疊縫於領，以加於前闊中；一條橫摺爲二重，加於後闊中，並加領乃三重也。【帶下尺】用縱布廣一尺一寸，上屬於衣，橫繞於腰，以腰之闊狹爲度，除縫餘一寸則高一尺。【衽】用布二幅各長三尺五寸，每幅上於左旁一尺之下裁入六寸，下於右旁一尺之上亦裁入六寸。便於盡處相望斜裁，以廣頭向上疊之，布邊在外，交暎垂之，如燕尾狀，沓綴於衣兩旁腋下。斬衰前掩其後，齊衰以下後掩其前。【衰】用布長六寸廣四寸，綴於衣外衿之前當心處，大功以下不用。【負版】用布方尺八寸，綴於領下，當背垂之，大功以下不用。【衣繫】四，即小帶，二各綴於内外衿旁，一綴於衣外右腋下，一綴於衣内左腋下，使相掩結。【裳】用布七幅，長短隨宜，縫合爲前三後四，每縫除左右縫餘各一寸，前後不連，每幅作三輒，其作輒則於每幅上頭，用指提起小許，摺向右，又提起小許，摺向左兩相揍著，用線綴住而空其中以爲輒，相揍在外，與幅巾輒不同，如是者三。又以布一條廣四五寸縱摺之，綴前後七幅而前後相當處，疊複小許而夾縫之，約圍於腰。又交掩小許，兩端皆有小帶，後帶短，向前，前帶長，向後，使重圍而相結於前。○《備要》五服，衣裳斬衰不緝邊，齊衰以下緝邊。○《家禮》本注衣縫向外，裳縫内向。○《備要》用線綴住。○【金貢亨】曰：喪禮衰衣圖無内外衿，與《儀禮》不合。《儀禮·喪服》云衰長六寸博四寸。注云廣袤當心。疏云綴於外衿之上，故得廣袤當心。觀此，衰衣有衿明矣。今圖無衿，而衰綴於衣之左，殊失當心之義。○【王廷相】曰：衽，《注疏》謬誤之大莫甚於此。《問喪》曰親始死，扱上衽。若在裳之兩旁，安謂之上？《大記》曰：

小斂、大斂，祭服不倒，皆左衽。《論語》曰：被髮左衽。謂左掩其衿也。若在裳之兩旁，謂之左衽何居？許氏《說文》曰：衽，衿交也。若在裳之兩旁，安有交義？當別用布交解裁之，綴於衣身之旁，以承領，以一爲上衽，以一爲下衽，黄氏所謂領下施衿是也。近世丘氏有《注》云《疏》有綴衰於外衿上之文，既曰有外衿，則必有内衿矣。今之衰衣制只有衣身，而繫帶於兩旁，如世俗所謂對衿衣者。衣着之際，遂使衰不當心，殊失古制。今擬綴繫帶四條，以外衿掩於内衿之上，則具服之際，衰正當心矣。丘氏雖有是論，然不知以衿施於袷下，續於衣正幅之旁，雖欲以外衿掩内，然領止於領下，安得斜掩於脇，亦不通之論也。惟四明黄氏論云衽二尺五寸，言用布一幅長二尺五寸，斜尖裁，施於領下，作内外衿。乃爲得之。蓋衣必有衿而後可以掩其胸體，若如鄭、賈之説，是衣皆無衽，如對衿比甲之制矣。當心正中，其膚體暴露，豈事理之順適，聖人制衣之善哉！〇黄宗羲曰：鄭、賈之説，衽綴於衣兩旁，以掩裳旁際。此與深衣之曲裾其義同。蓋以深衣之裳，一旁連一旁不連，故曲裾兩條重沓而掩於一旁，喪服前後不連，故衽分綴於兩旁也。夫既同是一物，不應在彼爲鈎邊在此爲衽。知彼曲據之非，則知此衽之制未爲得矣。且衣既對衿，則前綴之衰不能居中。鄭所謂廣衰當心者，亦自牴牾矣。今用布二尺五寸，交解裁之爲二，狹頭向上廣頭向下，綴於衣身之旁，上以承領下與衣齊，在左爲外衽在右爲内衽，此定制也。喪服之制，惟黄潤玉爲得之。〇按《儀禮器服記》具著喪服制度，其曰衣帶下尺者，謂束帶之下一尺，則衣通長足以掩裳上際也；其曰衽二尺五寸者，謂前衿二尺五寸，則其廣足以交掩而結於腋下，而兩領之交自方也；其曰袂屬幅衣二尺有二寸者，謂衣袂相屬處，足以運肘也；其曰袪尺二寸者爲袂口，足容并兩手也。聖人制衣，皆以人身爲度，取便而止，非有巧法。而若其曰負曰適曰衰者皆是衣外之别物，綴於衣身之前後左右，義各有取，其文義本非難曉，而注疏家艱險求之，傅會已甚，欲得巧法，其説多鑿，不必盡信。是故朱子於《家禮》著其制，而不言衣尺寸幾何，但曰衣長過腰足以掩裳上際，盡棄《注疏》之説，此蓋朱子深有得於聖人制作之意也。以其衣者，人之所常服，其制不必更著，而惟長短則有許多般，不可不明言。故以人身爲準，只據《喪服記》所謂衣帶下尺之長曰過腰而掩裳上際，其意甚簡易矣。有領有衿，衣之所必然，雖不各著其制，而人自知之。故不別言而包在一衣字之中矣。非謂有巧法也，又非謂無是也。於負版辟領之下，泛云綴於領下，則可知領無別般制也。於衰下云綴於左衿之前，則可知其有左右衿矣。而楊氏拾取疏説，於朱子所棄之餘，乃列用布尺寸之數，詳録裁領綴領之法，必於衣身中裁成辟領爲左右適，巧則巧矣，而未必是聖人制衣之意，乃曰吉凶異制，喪服領與吉服領不同，是果有見於經傳乎？同一衣也，而吉凶之所以不同者，如内削幅外削幅之異，及吉服則有黼黻文章，以明其等威，凶服則有衰適負版，以表其哀戚而已。上下經傳衣領不同之説，不少概見。凡經傳中言領者，只有《玉藻》袷二寸及《深衣》曲袷如矩，則喪服領與吉服領不同者，楊氏何證而取此説也？尤可疑者，作爲無衿之衣若果無衿，則所謂左衿者，是何物也？是故後儒論説不止。金氏以圖爲與《儀禮》不合，黄氏、王氏以衽爲衿，丘氏則綴四繫相掩。《備要》亦取丘説，是不過欲使衰當心，而如是則衰雖當心，衣前牽引不正，格反當胸，亦非恰好之制。徐氏《通考》，以黄氏王氏説爲最善，至以得此數説，而衰裳之式無遺憾爲言。夫《注疏》之説，若果是正當之制，則朱子何不取録於《家禮》之中，而只以一衣字了當也。朱子之意又有可證者，《語類》因論喪服，朱子曰：禮，時爲大。某嘗謂，衣冠本以便身，古人亦未必一一有義。若要行，須是酌古之制，去其重複，使之簡易，然後乃可。此正《家禮》不從《注疏》説之意也，又於君臣服護，引用冕服朝服口，皆直領垂之，則如今婦人之服，交掩而束帶焉，則如今男子之服。《語類》又答人問衰服領曰：古制直領，如今婦人服。以今考之，冕服朝服領衿之制，與東俗所謂直領衣之領衿無異，且宋之婦人服即大衣，而大衣領衿，亦與今常服之衣無異。以彼以此，無一合於疏家之制。而又於《家禮》斬衰注曰旁及下際皆不緝，齊衰注曰旁及下際皆緝。若如疏家之制，則其將指何邊謂旁而可緝不可緝耶？以是知疏家之制，非朱子之所取也。楊氏説載於《家禮附注》，故即今仍襲既久，有難廢革。而以朱子改楊氏，恐爲當然。今以《家禮》爲正而參之，以《大全》《語類》之意，證之以朝服大衣之制，兼採王氏、黄氏之説，質之曲袷如矩之文，略倣丘氏新制深衣衿領之樣，著其制于下方。而《家禮》又無帶下尺，别用布之文，明儒又以别用布爲謬妄無據，不成法制，故亦依《家禮》不用别布而衽，則王廷相所引衽字來歷，皆有可據。黄宗羲所云知曲裾之非則知衽之制未爲得者，足破注疏家衽與曲裾義同之語矣。朱子晚年去深衣曲裾不用，則喪服之衽，亦安知不在當去之中，而既無朱子不用之證，則今不敢擅爲除去，當仍存之，而姑録諸儒説，以竢知者。

○今擬釐正喪服之制，用布二幅各長六尺八寸，指尺中屈下垂，前後各長三尺四寸，兩肩上各裁入五寸，縫合背後直縫，除縫餘各一寸則兩肩上裁入，合爲八寸，此衣身正幅也。又於衣身兩旁，自中屈處，留接袖二尺三寸之下，疊前後兩葉，左右各裁入八寸，（布狹則隨宜。）留一尺四寸，反摺至衣下，翦去之。縫合兩旁除兩邊縫餘，則每幅廣各一尺二寸，接袖處除袂下合縫一寸，則摺翦處長一尺二寸，除絰帶之廣二寸，（斬衰腰絰，圍七寸二分，徑一圍三，徑二寸四分故舉大數云二寸。）則其下一尺，此所謂帶下尺也。又用布一幅長二尺五寸，交解裁之爲二，一頭廣一頭狹，廣頭爲一尺四寸，狹頭爲八寸。以狹頭向上，各綴於衣前左右正幅之旁，除縫餘一寸則下廣一尺三寸，上廣七寸。下與正幅齊，上以備承領，此即衿也。衣正幅四，各廣一尺二寸，左右衿各廣一尺三寸，衣前通廣二尺五寸，所謂衽二尺五寸者，似指此也。齊衰以下，兩衿旁各緝邊一寸，則圍七尺二寸。又自兩肩上裁入處，至衿上斜摺，又自衿上屬正幅處，至衿邊上，於六寸之下斜摺，皆剪去之，或摺向裏藏在。又用布一條長四尺八寸廣八寸，自項後摺轉向前，綴於肩上左右裁入處，至兩衿上斜摺處，表裏各四寸夾縫之，如婦人衣領，此即領也。又用布二幅各長四尺六寸，中屈之縫聯於衣身之左右。又縫合其下際，除縫餘一寸則長各二尺二寸，此所謂袂屬幅衣二尺有二寸也。又於袂端縫合其下一尺爲方袂，留其上一尺二寸爲袂口，此所謂袪尺二寸也。又用布四條縫合爲衣繫四，二各綴於内外衿旁領末，一綴於衣外右腋下，一綴於衣内左腋下，使相掩結。凡五服衣縫皆向外，但斬衰旁及下際皆不緝；齊衰以下旁及下際皆緝之，展出外，用線綴住。負版同前衰同前。適，即辟領，左右有辟領，用布各方八寸，屈其兩頭，相著爲廣四寸，綴於領下。在負版兩旁，各攙負版一寸，大功以下無負版、辟領、衰，袵同前，裳同前。○又按《儀禮》負廣，出於適寸，適，博四寸，出於衰。凡言長又言博者，廣也。單言博則方也。《書儀》云辟領方四寸。亦以此也。似當用布兩片各方四寸，分綴於領下左右，搭在肩上。後在負版兩旁，各攙負版内一寸，使負版左右各出於適外一寸。適，前出於衰上左右，而《家禮》改《書儀》方四寸爲方八寸，屈其兩頭，相著爲廣四寸者，必有意義。故不敢遽改而復從《書儀》，姑依《家禮》本文録之，博識者宜詳考之。【中衣】用以承衰服者，用布生熟同衰服，布升比衰稍細，制同深衣。斬衰亦以布緣邊。○或用中單衣，制如俗周遮衣，袂端不圓殺，袂端及衿裔末皆緣之，一名汗衫。【行纏】即《家禮》所謂勒帛，《小學》所謂縛袴，禮雖不見於喪服，今人皆用布爲之，固不可廢，布升當如中衣。○冠以下男子服。【蓋頭】用以障身者，用布稍細者。凡三幅，長與身齊，或五尺。布帛尺斬衰不緝邊，齊衰緝邊，今俗羅匹即其遺意。【冠】齊衰以上用素。【簪】即上括髮時所用者。【衣裳】衣，布升及裁制，並同男子，但無帶下尺，又無袵。裳用布六幅，交解爲十二幅，如深衣之裳連綴於衣。○蓋頭以下婦人服。【首絰】用以加於冠上者，用麻兩股相交，其大斬衰九寸，齊衰七寸二分，大功五寸七分，小功四寸六分，緦三寸五分。○《士喪禮疏》大拇指與大巨指，搤圍九寸。○《喪服疏》齊衰以下皆以五分去一，絰帶之等倣此推之。○《儀節》長一尺七八寸。○斬衰麻本在左，從額前向右圍之，以其末加於本上而繫之；齊衰以下麻本在右，從額前向左圍之，以其末繫於本下。斬衰以麻繩爲纓而垂之，結於頤下，齊衰以下用布，小功以下無纓，中殤七月亦無纓。【腰絰】用以申束絞帶上者，用麻兩股相交，五分首絰去一以爲腰絰。其圍，斬衰七寸二分，齊衰五寸七分，大功四寸六分，小功三寸五分，緦二寸八分。其長，中取圍腰而相結處，左右各綴小帶，以備固結。斬衰用麻繩，齊衰以下用布，絰相交之下左右，各散垂三尺不絞，至卒哭後絞之。年五十以上者及小功以下及婦人不散垂，初即絞之，亦垂三尺，兩頭用麻繩結之，使不解散。【絞帶】用以束於腰絰下者，斬衰用麻繩一條長十八九尺，中屈之爲兩股各一尺餘，結合爲彄子，然後合其餘，順目相糾四脚積而相重，即三重四股，其大較小於腰絰，通長八九尺，圍腰從左過後至前，乃以其右端穿彄子而反插於右。齊衰以下用布廣四寸許，夾縫之爲二寸，大功小功緦以次較狹，皆屈其右端尺許，用線綴住以爲彄，布升各如其冠，牛熟各如其服。【杖】《家禮》本注 斬衰用竹，高齊心，本在下；齊衰以桐爲之。附注 削之，使下方，取象於地。○《小記》大如絰。《注》腰絰。○無桐用柳。【屨】《喪服》斬衰菅屨。《疏》齊衰疏屨，不杖，麻屨。○《小記》齊衰三月與大功，繩屨。《注》小功以下吉屨，無絇。○《儀節》小功用白布爲之。○首絰以下，男子婦人通服。【童子服】制同長者服，但無冠巾首絰。○按 古禮雖云童子不杖，惟當室者杖，而《家禮》不言，當依《家禮》，雖庶子服三年者，亦皆杖。【侍者服】《備要》生布衣，制如俗，直領，或中單、孝巾、環絰、絞帶。○齊衰布帶。【妾婢服】生布背子、竹木簪、絞帶。

【諸具】朝哭 ○夕哭同。

見上初終設靈牀條。

其服之制，一曰斬衰三年，

其正服，則子爲父也。《喪服》女子子在室，嫁反在室。《小記》女爲父母喪，未練而出，則三年。既練而出則已，未練而反則期，既練而反則遂之。其加服，則適孫父卒爲祖，若曾、高祖承重者也，父爲適子，當爲後者也。《備要》不解官。○《喪服疏》繼祖禰通已三世，即得爲斬，雖承重不得三年，有四種：一、正體不得傳重，謂適子有廢疾，不堪主宗廟也；二、傳重非正體，庶孫爲後是也；三、體而不正，立庶子爲後是也；四、正而不體，立適孫爲後是也。○《小記注》將所傳重，非適，服之如庶子。《疏》養他子爲後者。其義服，則婦爲舅也。夫承重則從服也，《小記》屬從、所從雖没，也服。爲人後者爲所後父也，爲所後祖承重也，《備要》曾高祖承重同。夫爲人後，則妻從服也，妻爲夫也，妾爲君也。《備要》妾爲君之父也。《喪服圖》妾爲君之黨服，得與女君同。

朱子曰：禮經敕令，子爲父，適孫承重爲祖父，皆斬衰三年。蓋適子當爲父後，以承大宗之重。而不能襲位執喪，則適孫繼統而代之執喪，義當然也。○《通解》宋敏求議曰：子在父喪而亡，適孫承重禮令無文。大凡外襄終事，内奉靈席，爲練祥禫祭，可無主之者乎？當因其葬而再制斬衰，服三年。詔如敏求議。○又曰：今服制令，適子未終喪而亡，適孫承重，亡在小祥前者，則於小祥受服；在小祥後者則伸心喪，并通三年而除。○沙溪曰：《通解》之説可據，但亡在練後則只伸心喪云者，未知恰當否也。○尤庵曰：老先生以只伸心喪之説，爲大不安。蓋代父承重，是禮經之大節目，且祖喪練後不可不祭，如祭則當服何服？故必如老先生之説，然後節節理順矣。父喪成服後服祖服者，非鄙説，乃老先生之説也。且父喪成服之後，值朔望則可以服祖。若朔望遠則其間祭祖時，當服何服？以此，知服父服後，不待朔望而即服祖之説，爲得也。

按代服一節，自是變禮，故《家禮》不載。而人家之遭此變者，當哀遑急遽之際，未易善處。玆附先儒説數段於此，以備參考。蓋喪不可一日無主，父或廢疾未能執喪，或未終喪而亡，其子之爲父代服，斷不可已。《通典》賀氏雖有父死未殯而祖亡，則服祖以周之説，而其後因宋敏求議，以再制斬衰爲令，父喪中祖死者，亦可代服，則祖喪中父死者，尤豈有可論耶。○爲人後者爲所後者親戚，服之如子，既有《喪服傳》之文，則凡爲所後黨服，皆當一如正服。故不爲一一載録於各條，而惟此所後父一段，依本文録之，以見其例焉。

二曰齊衰三年，

其正服，則子爲母也，父在降，嫁降，出降。《備要》女子子在室，及嫁反在室者同。庶子爲其母同，爲父後，則降。（見緦麻條。）也。其加服，則適孫父卒爲祖母，《通典》被出無服。若曾、高祖母承重者也，《備要》祖若曾高祖在，則降。母爲適子，當爲後者也。《喪服疏》不問夫之在否。○《備要》此亦繼三世長子。其義服，則婦爲姑也。《備要》舅在則降。夫承重則從服也，爲繼母《備要》父在則降。出則無服。《通典》所後母被出無服。也，《備要》婦爲夫之繼母同，妾子爲適母同，妾子之妻爲夫之適母同。爲慈母，謂庶子無母，而父命他妾之無子者慈己也，父在降。○父不命則降。（見小功條。）繼母爲長子也，妾爲君之長子也。《備要》亦繼三世者。《備要》妾爲君之母。《國制》爲養父母。《備要》謂三歲前收而養育者，己之父母在者，及父没長子則降。○《備要》士大夫於賤人，亦降。（見緦麻條）。○張子曰：族屬之喪不可有加，若爲族屬之親有恩而加等，則待己無恩者，可不服乎。

《喪服》父卒則爲母。《疏》父卒三年之内母卒，仍服期，要父服除而母死，乃得伸三年。○《備要》父死未殯而母死，則未忍變在，猶可以《通典》所云父未殯服祖周之説推之，而服母期也。若父喪將竟而又遭母喪，則亦以父喪三年内而仍服期，似未安。○尤庵曰：此年父死明年母死者，母之期尚在父喪未没之前，則猶有壓屈之義矣。若明日父喪當畢，而今日母死則亦當期，而期盡之後便爲無服之人耶？此不可不深思也。

按父喪中母死者，其服最爲可疑。兹附《儀禮》及先儒説數條於此，以備參考。蓋《儀禮》父卒則爲母之文，本自明白，而賈氏因一則字，曲爲解釋，以爲父服除而母卒，然後乃伸三年。沙溪、尤庵兩先生既以爲可疑，與其泥滯於可疑之疏説，無寧直依經文之爲寡過。若一依經文，則父先卒而母後死者，雖一日之間亦可以伸三年，未知果如何也。

杖期，

其正《尤庵》曰：正字，加之誤。服，則適孫父卒祖在爲祖母也。《備要》曾高祖母承重同。其降服，則《喪服》父在爲母。繼母、適母、慈母同義服。爲嫁母出母爲父後則無服。也。其義服，則《備要》婦舅在爲姑夫承重同。爲父卒，繼母嫁，而已從之者也。《開元禮》不從則不服。夫爲妻也。

問《小記疏》爲妻不杖則不禫。尤庵曰：妻喪實具三年之體段，故練杖祥禫只是一串事。《小記疏》説，恐不得爲定論。

按《雜記》有父在爲妻不杖之文，而《家禮》不論父在父亡，通爲杖期，當以《家禮》爲正。

不杖期，

其正服，則爲祖父母，女雖適人不降也，庶子之子爲父之母为祖後則不服。也，爲伯叔父也，爲兄弟也，爲衆子也，長子不當斬者，子爲人後者同。爲兄弟之子也，爲姑姊妹女在室及適人而無夫與子者也，《備要》已嫁被出同。婦人無夫與子者爲其兄弟姊妹及兄弟之子也，已嫁被出同。妾爲其子也。其加服，則爲適孫，若曾玄孫當爲後者也，《喪服傳》有適子者，無適孫。女適人者爲兄弟之爲父後者也。父在則同衆昆弟。其降服，則嫁母出母爲其子，子雖爲父後猶服也。其義服，則《備要》繼祖母。繼母嫁而爲前夫之子從己者也，爲伯叔母也，爲夫兄弟之子也，繼父同居父子皆無大功之親者也，妾爲女君也，《喪服注》女君於妾無服。妾爲君之衆子也，舅姑爲適婦也。長子當斬者之妻。《國制》父母在爲養父母，父母雖没，長子則期而除。

楊氏曰：爲人後者爲其父母報，女子子適人者爲其父母，此是不杖期大節目，何以不書也。蓋此條在後凡男爲人後，女適人者，爲其私親皆降一等中，故不見於此。

五月，

其正服，則爲曾祖父母，女適人者，不降也。《備要》繼曾祖母同。（義服。）

三月，

其正服，則爲高祖父母，女適人者不降也。《語類》自四世以上，凡逮事者，皆當齊衰三月。其義服，則《備要》繼高祖母。繼父不同居者謂先同今異，或雖同居而繼父有子，已有大功以上親者。也。其元不同居者則不服。《喪服》丈夫婦人，爲宗子宗子之妻。（《傳》宗子之母在，則不爲宗子之妻服。）《大傳》陳注凡大宗族人與之爲絶族者，五世外皆爲之齊衰三月，母妻亦然。爲小宗者則以本親之服服之。

三曰大功九月，

其正服，則爲從父兄弟姊妹謂伯叔父之子。也，爲衆孫男女也。《備要》孫女已嫁被出同，爲庶孫承重者。（適子在爲長孫，支子爲適孫同。）其義服，則爲衆子婦也，長子不當斬者之妻，出後子婦同。爲兄弟子之婦也，爲夫之祖父母、《備要》繼祖母同。伯叔父母、兄弟子之婦也，夫爲人後者，其妻爲本生舅、姑也，爲同母異父之兄弟姊妹也。

鄭玄曰：以月數者，數閏。

按《家禮》同母異父兄弟姊妹一段在小功條，而附注據先生《儀禮經傳》補服條，以爲當添於大功，而《備要》亦採之，故移置于此。

四曰小功五月，

其正服，則爲從祖祖父、從祖祖姑謂祖之兄弟姊妹。也，爲兄弟之孫，爲從祖父、從祖姑謂父之從父兄弟姊妹。也，爲從父兄弟之子也，爲從祖兄弟姊妹謂從祖父之子，所謂再從兄弟姊妹。也，爲外祖父母謂母之父母。也，《喪服傳》出妻之子，爲外祖父母，無服。爲舅謂母之兄弟。也，爲甥謂姊妹之子。也，爲從母謂母之姊妹。也，《備要》女爲姊妹之子。外親雖適人不降。其義服，則爲從祖祖母也，爲從祖母也，爲夫從兄弟之子也，爲夫之姑姊妹適人者不降。也，女爲兄弟姪之妻已適人亦不降。也，爲娣、姒婦謂兄弟之妻相名，長婦謂次婦曰娣婦，娣婦謂長婦曰姒婦。也，庶子爲適母之父母、兄弟姊妹適母死則不服。也，《小記》爲母之君母，母卒則不服。母出則爲繼母之父母、兄弟姊妹也，虞氏曰：雖有十繼母，當服次其母者之黨。爲庶母之慈己者謂庶母之乳養己者。也，爲適孫，若曾玄孫之當爲後者之婦其姑在則否。也，爲兄弟之妻也，爲夫之兄弟也。

問《喪服疏》既爲君母父母，其己母之父母或亦兼服之，若馬氏義，君母不在，乃可申矣。尤庵曰：妾子爲君母之黨，只是從服也，寧有因此而遂不服其外親之理乎？

按《通典》云出母之黨無服，嫁母，父不命出，何得同出母乎？嫁母之黨自應服之。愚意則嫁母雖無父命出之節，既與父絶，則同於出母矣。沙溪亦於嫁出母黨之或服或不服，爲未可知，《通典》説恐不必從也。

五曰緦麻三月。

其正服則爲族曾祖父、族曾祖姑謂曾祖之兄弟、姊妹。也，爲兄弟之曾孫也，爲族祖父、族祖姑謂族曾祖父之子。也，爲從父兄弟之孫也，爲族父、族姑謂族祖父之子。也，爲從祖兄弟之子也，爲族兄弟姊妹謂族父之子，所謂三從兄弟姊妹。也，爲曾孫玄孫也，爲外孫也，《通典》子雖不服外祖，（謂出妻之子，爲外祖父母無服者。）外祖猶爲服。爲從母兄弟姊妹謂從母之子。也，爲外兄弟謂姑之子。也，爲内兄弟謂舅之子。也。尤庵曰：姑之子舅之子，只言兄弟而不言姊妹者，省文也。其降服，則庶子爲父後者爲其母爲其母之父母、兄弟、姊妹則無服。也。其義服，則爲族曾祖母也，爲夫兄弟之曾孫也，爲族祖母也，爲夫從兄弟之孫也，爲族母也，爲夫從祖兄弟之子也，爲庶孫之婦也，適孫婦其姑在者，支子爲適孫婦，出後孫婦同。爲庶母謂父妾之有子者。也，《通典》兩妾之子相爲庶母。爲乳母也，爲婿也，爲妻之父母妻亡而別娶亦同，即妻之親母，雖嫁出猶服。（尤庵曰：適母繼母之不嫁出者，同於親母。）也，爲夫之曾祖高祖也，爲夫之從祖祖父母也，《儀節》爲夫之從祖姑。（即夫之從祖祖姑。）爲兄弟孫之婦也，爲夫兄弟孫之婦也，爲夫之從祖父母也，《國制》爲夫之從祖姑。爲從父兄弟子之婦也，爲夫從父兄弟子之婦也，《國制》爲從父兄弟之妻，爲夫從父兄弟。爲夫從父兄弟之妻也，爲夫之從父姊妹適人者不降。也。《備要》女適人者，爲其從父兄弟之妻。爲夫之外祖父母也，爲夫之從母及舅也，爲外孫婦也，女爲姊妹之子婦也，爲甥婦也。《國制》爲舅之妻。（沙溪曰：甥爲舅，妻既有服，則舅妻當爲之報。）楊儀爲同爨。《通典》兩妾相爲服。《國制》爲養父母，即士大夫於賤人。

《問喪》童子不緦，惟當室緦。

凡爲殤服以次降一等，

凡年十九至十六爲長殤，十五至十二爲中殤，十一至八歲爲下殤。應服期者，長殤降服大功九月，中殤七月，下殤小功五月，應服大功以下以次降等。不滿八歲，爲無服之殤，哭之以日易月，馬融曰：以哭之日，易服之月，殤之期親，則旬有三日哭，緦麻之親，則以三日爲制。生未滿三月則不哭也。男子已娶，女子許嫁，皆不爲殤。

《小記》丈夫冠而不爲殤，婦人笄而不爲殤。○《國制》男子受職，亦不爲殤。○《通典》吴徐整問射慈曰：八歲以上爲殤者服，未滿八歲爲無服。假令以元年正月生，七年十二月死，此爲七歲則無服也。或以元年十二月生，八年正月死，以但踐八年，計其日月，適六歲耳。然號爲八歲，日月甚少，全七歲者日月爲多。答曰：凡制數，自以生月計之，不以歲也。

按 禮緣人情，而骨肉之情無關於長幼，此殤服之所由起也。今世服之者，於同室之喪之外，鮮有行者，豈非禮教不明之致耶，甚可歎也。然長幼之分不同，故詳略之制亦殊。《備要》雖據《儀禮》而録之，亦欠詳備，然苟欲行之，以《家禮》本文推之，可見矣。不復條列但存其大體如此。○又按《備要》言服必相報，長者於童子，有三殤遞減之制，則童子於長者，亦當遞減其服云，而考之古禮未有明據，且禮之不爲未成人制服，以其用心不能一也。其能勝者不禁。劉智云童子八歲則制服，射慈曰六七歲雖未爲童，其姊死，宜服布深衣。今童子八歲以上者，哀戚親黨之喪，如成人者有之，又況年十八九者於五服之喪，豈可以己爲童子而遞減其服乎？《備要》説恐難遽從。

凡男爲人後，女適人者，爲其私親，皆降一等，私親之爲之也亦然。

女適人者降服，未滿被出，則服其本服，已除則不復服也。○凡婦服夫黨，當喪而出，則除之。○凡妾爲其私親，則如衆人。

《通典》兩女各出不再降，兩男各爲人後亦如之。○尤庵曰：出繼人子孫復出繼亦不再降，惟出繼而出嫁然後得再降。○又曰：出後者既降其私親，則其子從而亦降一等。○《通典》雖外親，無二統。○賈氏曰：既爲所後母黨服，又爲生母黨服，是二統也。○同春問：妻從夫服皆降一等，禮也；爲人後者之妻，於夫本親，又降一等乎？沙溪曰：降二等無疑。

按《喪服》曰：爲人後者爲其父母報。疏曰：報者，兩相爲服；既言報則爲人後者爲其父母期，其父母亦當爲之期。《家禮圖式》本生父母亦爲不杖期之説，蓋本於此。以此推之，則本生祖父母當報以大功，曾祖父母亦當報以緦。○又按沙溪曰：爲人後者爲所生母黨，降一等爲是。以故今俗多用之，然《通典》有雖外親無二統之文，此於禮律極嚴正，恐當以此爲準。

心喪三年，《備要》

《檀弓疏》爲師。（直行三年。）《喪服》父在爲母。《備要》適母繼母同，（慈母同。）爲出母嫁母，父母在爲養父母，適孫祖在爲祖母，曾高祖母（謂曾高祖在者。）同，爲本生父母、婦、舅在，爲姑、（妾子之妻爲夫之適母同。）夫承重同，爲其父母，（以上服期而伸一年。）庶子爲父後者，爲其母。（服緦而伸三年。）○爲父後者，爲出母嫁母，雖無服，亦伸三年。）

《檀弓注》身無衰麻之服，心有哀戚之情。○《檀弓》孔子之喪，門人疑所服。子貢曰昔者夫子之喪顔淵，若喪子而無服，喪子路亦然，請喪夫子若喪父而無服。○《補服》曰：孔子之喪，弟子皆家于墓，行心喪之禮。○程子曰：師不立服，不可立也，當以情之厚薄，事之大小處之。如顔、閔於孔子，雖斬衰三年可也。其次各有淺深，稱其情而已。豈可一概制服？○尤庵曰：師服，以單股環絰白布巾並著白布衫，謂之吊服加麻，帶則或布或綿皆無所妨。

按此條《家禮》所無，而依《備要》添入。○婦爲夫之本生父母及嫁母出母，及庶子爲父後者之妻爲夫所生母，見於《備要》，而此於古禮無所見。蓋子於本生父母及嫁母出母，及庶子爲父後者於其母，服雖盡而心伸其私者，未忘生育之恩故也。若婦之於姑則無生育之恩，故其爲服本是義服，而今既無可服之義，則又安有心喪之可言？且凡婦之服皆從夫降一等，而於心喪則必令比同於其夫，不亦過乎？《備要》之添入，恐不可從也。退溪嘗以爲夫之本生父母心喪，謂之不可，而曰亦不必二鼎而烹飪，對案而飲啖，自有隨時之宜。沙溪又論此無許伸心喪之語，而但曰當從禮，爲大功，不可加服，若居處飲食則不必以大功爲斷。據此兩説則於夫之嫁母出母，及庶子爲父後者之妻爲夫所生母，恐亦當推此而處之。

【諸具】心喪。

【環絰】加於巾上者，用熟麻一股纏之，其大視緦絰。【白布巾】制如孝巾。【白布衫】如今道袍直領之類。

【帶】用白布爲之。○以上爲師服。○父在爲母以下詳見下禫服條。

吊服加麻。《補服》

《奔喪》婦人降而無服者。《注》族姑姊妹嫁者也。《喪服記》朋友。《喪服疏》士，僕隸等爲之。

尤庵曰：爲朋友吊服加麻，吊服似以今之素衣當之，麻者，以練麻單股爲環絰，而加於首矣。今世有難行者，只素帶三月，亦可以伸情。○朱子曰：朋友之喪，但云麻，不言日數，亦當以厚薄長少爲之節，難以一定論也。○栗谷曰：朋友雖最重，不過三月。

按此一條《家禮》所無，而採《通解》添入。

【諸具】吊服

同上心喪爲師條。

成服之日，主人兄弟始食粥。

諸子食粥。妻妾及期九月，疏食水飲，不食菜果；五月三月者，飲酒食肉，不與宴樂。自是無故不出，若以喪事及不得已而出入，則乘樸馬布鞍，素轎布簾。

《備要》出入時，方笠、生布直領，雖非古制，從俗亦可。

按 方笠、直領載於《備要》，而世俗所通行者。然好古禮者往往以制服出入，恐亦不可以駭俗爲嫌。○期服人出入，著黲布笠爲可。

【諸具】出入

【方笠】【直領】《備要》○慎齋曰：直領雖俗制，然斬衰當斬下齊。○帶杖履已見上各服其服條。【樸馬】布鞍具。【素轎】布簾具。【黲布笠】皂纓具。

凡重喪未除而遭輕喪，則制其服而哭之，月朔設位，服其服而哭之，既畢返重服，其除之也，亦服輕服；若除重喪，而輕服未除，則服輕服，以終其餘日。

按 喪出月晦而成服於次月者，大功以下除服月數，以死月計，不以成服計，已有沙溪正論。南溪雖舉鄭氏以月數之說以難之，然要當以死月爲準。

朝奠，

每日晨起，主人以下皆服其服入就位。尊長坐哭，卑者立哭。即朝哭。侍者設盥櫛之具于靈牀側，奉魂帛出就靈座，徹盥櫛之具。《儀節》侍者入靈牀，斂枕被。然後朝奠。執事者《士喪禮注》徹大斂奠。（此從成服日說，自後作前奠看。）設蔬果、脯醢。盞盤。祝盥手焚香斟酒。主人以下再拜，哭盡哀。出就次，侍者巾之。

《檀弓》朝奠日出，夕奠逮日。《注》逮日，及日之未落也。○劉氏曰：朝奠將至，徹夕奠，夕奠將至，徹朝奠，各用罩子。若暑月恐臭敗，則食頃去之，只留酒果。

【諸具】朝奠○夕奠同。

同上初終小斂奠條。

食時上食，

如朝奠儀。但徹酒不徹奠，設上食饌品及匕筯楪，斟酒，啓飯蓋，扱匕正筯，食頃徹羹進熟水，小閒徹。

【諸具】上食

【飯】【羹】【饌】【匕筯楪】【盤】【茶】俗用熟水。○餘並同上初終小斂奠條，但不別具果品。

夕奠，

如朝奠儀。

夕哭，《備要》

《儀節》侍者先入靈牀，鋪被安枕出。奉魂帛入就靈座，《補注》作牀。主人以下，哭盡哀。出就次。

沙溪曰：《儀禮》朝夕哭與奠節次各異，而或者以哭奠誤認爲一項，非是。○問朝哭則竢日出，夕哭則竢日暗，似合定省之儀？尤庵曰：《禮記》夕奠建日，《家禮》夕奠畢，奉魂帛入靈牀，哭盡哀。合二禮觀之，則似不至暗矣。○又曰：奉魂帛置于衾枕之間，雖似猥屑，然朝夕設奉養之具如平生，則如此恐亦無妨。○又曰：朝夕哭時，雖葬前燃燭，非禮也。

按《家禮》哭與奠不分言，而今依《備要》別之。

哭無時。

朝夕之間哀至，則哭於喪次。

《檀弓》穆伯之喪，敬姜晝哭，文伯之喪，晝夜哭。孔子曰知禮矣。《注》哭夫以禮，哭子以情，中節矣。

朔日則於朝奠設饌，

饌用肉魚麵米，食羹飯各一器，禮如朝奠之儀。

《士喪禮》月半不殷奠。《疏》大夫以上，月半又奠。○高氏曰：朔望節序，則具盛饌，比朝奠差衆，士則惟朔奠而已。○《士喪記》朔月不饋于下室。○同春問三年内俗節。沙溪曰：俗節因朝奠兼上食行之，似太盛，朝上食後，別設無妨。

按士之月半奠不見於經，而東俗設饌甚盛，與月朔無別，殊非禮意。然狃於習俗，猝難變改，則依沙溪差減行之之説，或不至大悖耶。○又按馮氏生忌之祭，實非禮之禮，先儒已斥之。三年之内則有象生之義，於朝上食後，別設數品饌，而儀如朝夕奠，恐亦不妨否？

【諸具】朔日○俗節生日附。

【蔬菜】【清醬】【米食】即餅。【麵食】【飯】【羹】【肉】【魚】【匕筯楪】【盤】【熟水】○餘并同上初終小斂奠條，俗節生日則參用時食，不設飯羹。

有新物則薦之。

如上食儀。

劉氏曰：五穀百果一應新熟之物，必以薦之。

按栗谷論祠堂薦新，有曰若五穀可作飯者，則當具饌數品同設，儀如朔參，若魚果之類及菽小麥等，不可作飯者，則於晨謁時，啓櫝而單獻。以此推之，三年内薦新，五穀之可作飯者，作飯用於上食，其餘於上食及奠，同設爲宜。

【諸具】薦新

【新物】與下祭禮俗節條參看。

吊

凡吊皆素服，

幞頭衫帶，皆以白生絹爲之。退溪曰：素冠雖不可爲，白衣白帶甚可。

奠用香茶、燭、酒果，國俗不用茶。

有狀，或用食物，即别爲文。

温公曰：奠貴哀誠，酒食不必豐腆。○頤庵曰：今俗致奠，争相侈靡，以爲不若是，不足以行禮，或未易辦到，遂不行之，惑矣。

【諸具】吊奠

【白衣】【白帶】【香】【燭】【果】或【食物】即饌多少隨宜，隻雞亦可。【酒瓶】【盞盤】【盥盆】【帨巾】並吊奠者所盥洗。

【狀式】

具位姓某。某物若干。右謹專送上某人《儀節》某官某公，内喪云某封某氏。靈筵，聊備奠儀，伏惟歆納。謹狀。

年　月　日，具位姓某狀。

【皮封式】

狀上

某官《備要》有某公二字。○内喪云某封某氏。靈筵。具位姓某謹封。

【謝狀式】三年之喪，未卒哭，只令子姪發謝書。（《備要》無子姪，以族人代。）

具位姓某。某物若干。若伏蒙尊慈。平交，改尊慈爲仁私；降等，去伏蒙尊慈四字。以某發書者名。某親違世，特賜平交以下，改賜爲貺。奠儀，襚賻隨事。下誠平交，不用此二字。不任哀感之至，謹具狀上平交以下，改上爲陳。謝。謹狀。

年　月　日，具位姓某狀。

【皮封式】

狀上某官。《備要》有座前二字。　　　　具位姓某謹封。

【祭文式】《儀節》

維年號幾年歲次某年某月干支朔某日干支。忝親《備要》隨所稱。某官姓某，謹以清酌庶羞之奠，致祭于某親某官某公之柩，云云。別爲文字，以叙情意。尚饗。

賻用錢帛，

有狀，惟親友分厚者有之。

【諸具】賻

【錢】【帛】即布屬。○並多少隨宜。【衣服】即襚斂時所助。

【狀式】同上奠狀式，但改奠儀爲賻儀。

【謝狀式】同上奠狀謝式。

具刺通名，

賓主皆有官，則具門狀，否則名紙。（《備要》榜子。）先使人通之，與禮物俱入。

【門狀式】

某位姓某

右某謹詣

門屏平交，去此四字。祇慰

某位平交，云某官。伏聽
處分平交，去此四字。謹狀
年號　月　日，某位姓某狀。

【榜子式】[《備要》]

某官姓某　慰。

入哭奠訖，乃吊而退。

既通名，喪家炷火燃燭，布席[《儀節》]主人以下各就位。（靈座東南。）皆哭以俟。護喪出迎賓，賓入至廳事，進揖曰：竊聞某人傾背，不勝驚怛，敢請入酹，[河西]曰：酹當作奠。○[《備要》]不奠則改酹爲哭。並伸慰禮。護喪引賓入靈座前，哭盡哀，再拜焚香，跪[《儀節》]若衆賓，則尊者獨詣。酹酒，[《備要》]執事者跪，奉盞與賓，賓受之，還授執事，置靈座前。俯伏興。護喪止哭者。祝西向。跪讀祭文奠賻狀，於賓之右。畢，興。賓主皆哭盡哀。賓再拜。[《儀節》]焚祭文。主人哭出[《輯覽》]阼階下。西向，稽顙再拜，賓亦哭，東向答拜，進曰：不意凶變，某親某官，奄忽傾背，若亡者官尊，即云捐館；生者官尊，則云奄棄榮養；存亡俱無官，即云色養。伏惟哀慕，何以堪處。主人對曰：某罪逆深重，禍延某親，伏蒙奠酹，並賜臨慰，[《備要》]不奠則無奠酹並賜四字。不勝哀感。又再拜。賓答拜，[胡儀]孝子尊吊，人卑則側身避位，候孝子伏次，卑者即跪，還須詳緩去就，無令跪伏，與孝子齊。又相向哭盡哀。賓先止，寬譬主人曰：脩短有數，痛毒奈何，願抑孝思，俯從禮制。乃揖而出。主人哭而入，護喪送至廳事。主人以下止哭。出就次。

《曲禮》知生不知死，吊而不傷。知死不知生，傷而不吊。○曾子曰：朋友之墓，有宿草而不哭焉。○《曲禮》臨喪不笑，望柩不歌，入臨不翔。○《檀弓》吊於人，是日不樂，不飲酒食肉。○又曰：死而不吊者三：畏、厭、溺。○又曰：有殯，（注：三年之喪。）聞遠兄弟之喪，雖緦必往，非兄弟異姓，雖鄰不往。○《雜記》三年之喪，不吊。有服而將往哭之，則服其服而往。○《少儀》尊長於已踰等，竢事，不特吊。○《雜記》凡喪服未畢，有吊者，則爲位而哭，拜。○《廣記》路遠或有故不及赴吊者，爲書慰問。

【慰人父母亡疏式】適孫承重者同

某頓首再拜言，平交，云頓首言；降等，止云頓首。不意凶變，亡者官尊，云邦國不幸。先某位，無官，云先府君；母，云先某封；無封，云先夫人；（《備要》改夫人爲孺人。）承重，云尊祖考某位，尊祖妣某封。（《語類》問妾母之稱。曰：五峰稱妾母爲小母，南軒亦然。）奄棄榮養。亡者官尊，云奄捐館舍；生者無官，云奄違色養。承訃驚怛，不能已已。伏惟平交，云恭惟；降等，云緬惟。孝心純至，思慕號絶，何可堪居？日月流邁，遽踰旬朔，经時，云已忽經時；已葬，云遽經襄奉。卒哭、小祥、大祥、禫，隨時。哀痛奈何，罔極奈何，不審自罹荼毒，父在母亡，云憂苦。氣力何如？平交，云何似。伏乞平交，云伏願；降等，云惟冀。强加餐粥，已葬，云疏食。俯從禮制。某役事所縻，在官，云職業有守。未由奔慰，其於憂戀，無任下誠。平交以下，但云未由奉慰，悲係增深。謹奉疏，平交，云狀。伏惟鑑察。平交以下，去此四字。不備。謹疏。平交，云不宣謹狀。

年號 月 日，具位降等云某郡。姓某疏平交云狀。上某官大孝。母亡，云至孝。（承重，則大孝、至孝上當加承重二字。）苫前。平交以下，云次。（既葬，改苫爲哀。）

疏隨改同前。上某官大孝。隨改同前。苫前。隨改同前。具位降等同前。姓某謹封。

【皮封式】重封同。

【慰人祖父母亡狀式】謂非承重者，伯叔父母、姑、兄姊弟妹、妻、子、姪、孫同。

某白：不意凶變，子孫，去不意凶變四字；亡者官尊，改云邦國不幸。尊祖考祖母，曰尊祖妣；（伯叔父母姑隨改，兄、姊、弟、妹，改尊爲令；降等，改爲賢。）妻，則云賢閤；某位，內喪，云某封；無官，云府君；姑、姊、妹，則稱以夫姓，云某宅尊姑令姊妹。○子即云伏承令子幾某位。姪、孫並同。（降等改令爲賢。）奄忽

違世，亡者官尊，云奄捐館舍。承

訃驚怛，不能已已。妻，改怛爲愕；子、孫，（去承訃以下八字。）但云不勝驚怛。伏惟平交，云恭惟；降等，云緬惟。

孝心純至，伯叔父母、姑，云親愛加隆。兄、姊、弟、妹，云友愛加隆。妻，云伉儷義重。子、姪、孫，云慈愛隆深。哀慟摧裂，伯叔父母、姑、兄、姊、弟、妹，云哀慟沈痛。妻，云悲悼沈痛。子、姪、孫，云悲慟沈痛。何可勝任。伯叔父母以下，改勝任爲堪勝。孟春猶寒，寒溫隨時。不審尊體何似？稍尊，云動止何如。降等，云所履何似。伏乞平交，云伏願；降等，云惟冀。

深自寬抑，以慰

慈念。其人無父母，即云遠誠，連書不上。某事役所縻，在官，云職業有守。未由趨平交以下，改趨爲奉。

慰，其於憂想，無任下誠。平交以下，去其於以下八字，但云悲係增深。謹奉狀，伏惟
鑑察。平交以下，去伏惟鑑察四字。不備。平交以下，改備爲宣。謹狀。

年號　月　日，具位降等，云某郡。姓名狀上

某位服前。平交以下，改前爲次。

【皮封式】重封同。

狀上某位服前。隨改同前。　具位降等同前。姓名謹封。

【祖父母亡答人慰狀式】謂非承重者，伯叔父母、姑、兄、姊、弟、妹、妻、子、姪、孫同。

某白：家門凶禍，伯叔父母、姑、兄、姊、弟、妹，云家門不幸。妻，云私家不幸。子、姪、孫，云私門不幸。先祖考祖母，云先祖妣。伯叔父母，云幾伯叔父母。姑，云幾家姑。兄、姊，云幾家兄、幾家姊。弟、妹，云幾舍弟、幾舍妹。妻，云室人。子，云小子某。姪，云從子某。孫，曰幼孫某。奄忽棄背，兄、弟以下，云喪逝。子、姪、孫，云遽爾夭折。痛苦摧裂，伯叔父母、姑、兄、姊、弟、妹，云摧痛酸苦。（妻，云悲悼酸苦。子、姪、孫，云悲念酸苦。）不自勝堪。伯叔父母以下，改勝堪爲堪忍。伏蒙尊慈，平交云仰承仁恩。特賜平交，改賜爲垂；降等，去伏蒙以下六字，但云特垂。

慰問，哀感之至，不任下誠。平交，改哀感以下八字，爲其爲哀感，但切下懷。降等，但云哀感良深。孟春猶寒，寒温隨時。伏惟平交，云恭惟。降等，云緬惟。某位尊體起居平交，不用起居。降等，（去某位以下六字。）但云動止。萬福。某即日侍奉，無父母，不用此句。幸免他苦，未由面

訴，徒增哽塞。謹奉狀上平交以下改上爲陳。謝。不備。平交以下，改備爲宣。謹狀。

年號　月　日，某郡姓名《翰墨大全》祖父母喪云縗服姓某，妻喪云期服姓某。狀上

某位座前。謹空。平交以下，去謹空二字。

【皮封式】重封同。

狀上

某位座前。　縗服人或期服人，隨改。姓名謹封。

聞喪

始聞親喪，哭，

親，謂父母也。以哭答使者，問故，又哭盡哀。

易服，

《儀節》男子去冠及上服，婦人去首飾及華盛之服，被髮徒跣，不食，哭擗無數。裂布爲四脚，《備要》斂髮，（爲髻。）著四脚巾。白布衫，繩帶麻屨。

遂行。

日行百里，不以夜行，《奔喪》惟父母之喪，見星而行，見星而舍。雖哀戚，猶避害也。

孔子曰：婦人，不百里而奔喪。

【諸具】易服遂行

【四脚巾】《大全》用布一方幅，前兩角各綴一大帶，後兩角各綴一小帶，覆頂四垂，因以前邊抹額，而繫大帶於腦後，復收後角而繫小帶於髻前，亦名幞頭。【白布衫】道袍直領之類。【繩帶】【麻屨】【惡車】若病不堪步則乘之。

道中，哀至則哭，

哭避市邑喧繁之處。○司馬温公曰：今人奔喪及從柩行者，遇城邑則哭，過則止，是飾詐之道也。

望其州境、其縣境、其城、其家，皆哭。

家不在城，望其鄉哭。

入門詣柩前，再拜，再變服，就位哭。

《奔喪》入門左，升自西堦。《儀節》詣柩前，且拜且哭。初變服，如初喪。《儀節》就東方，被髮徒跣，不食。柩東，西向坐，哭盡哀，又變服如大小斂。《奔喪注》西面坐哭，括髮，袒。

【諸具】變服

【括髮麻】即麻繩。【免布】【布巾】並同上初終括髮條。

後四日成服，

與家人相吊，賓至拜之。

【諸具】成服

同上本條。

若未得行，則爲位不奠。

設椅以代尸柩，左右前後設位，哭如儀。但不設奠。若喪側無子孫，此中設奠如儀。

【諸具】未得行爲位

【椅】【席】【奠】即朝夕奠，同上初終始死奠條。

變服。《備要》變字，成之誤。

亦以聞後之第四日。

【諸具】成服

同上本條。

柱道至家，皆如上儀。

喪側無子孫，則在道朝夕爲位設奠，至家但不變服，其相吊、拜賓如儀。

若既葬，則先之墓哭拜，

之墓者，望墓哭，至墓哭，拜，如在家之儀。未成服者變服於墓，歸家，詣靈座前，哭，拜。四日成服如儀。已成服者亦然，但不變服。

《備要》奔喪，既除喪而後歸，亦括髮。據此，成服而奔喪者，恐當有括髮。○《奔喪注》齊衰、大功、小功、緦服之親，奔在除服之後者，惟首免腰麻絰於墓所，哭罷即除。○《儀節》戴白布巾。

【諸具】之墓哭

【括髮麻】【免布】並同上初終括髮條。【白布巾】同上成服心喪條。【腰絰】同上成服條。○免布以下、齊衰以下除服後奔喪者所服。

齊衰以下聞喪，爲位而哭。

尊長於正堂，卑幼於別室。

《奔喪》哭父之黨於廟，母、妻之黨於寢，師於廟門外，朋友於寢門外，所識於野張帷。○又曰：無服而爲位者，惟婦人降而無服者。

若奔喪，則至家成服；

奔喪者釋去華盛之服，裝辦即行。既至，齊衰望鄉而哭，大功望門而哭，小功至門而哭。《奔喪》緦麻即位而哭。入門詣柩前，哭再拜，成服就位，哭吊如儀。

《雜記疏》小功以下值主人成服之節，與主人皆成之，大功以上必竟日數而後成服。

若不奔喪，則四日成服。

不奔喪者，齊衰三日中朝夕爲位會哭，四日之朝成服亦如之；栗谷曰：降大功者亦同。大功以下，始聞喪爲位會哭，四日成服亦如之。皆每月朔爲位會哭，月數既滿，次月之朔乃爲位會哭而除之，其閒哀至則哭可也。栗谷曰：師喪，欲行三年期者，不能奔喪，則當朝夕設位而哭，四日而止。情重者不止此限。○又曰：師友雖無服，月朔會哭亦同。

尤庵曰：喪服當從聞訃日計之。

按爲位哭除之文，此則指不在喪側者而言，其去喪側不遠者，自當哭於靈座而除之。

【諸具】齊衰以下聞喪爲位成服

【椅】【席】

四禮便覽卷之五圖式

發引之圖

賓客

緦服之親

尊長

主人以下哭步從

大轝

功布

輓章

靈車

銘旌

者

僕

方相

靈車圖

方相圖

喪轝圖

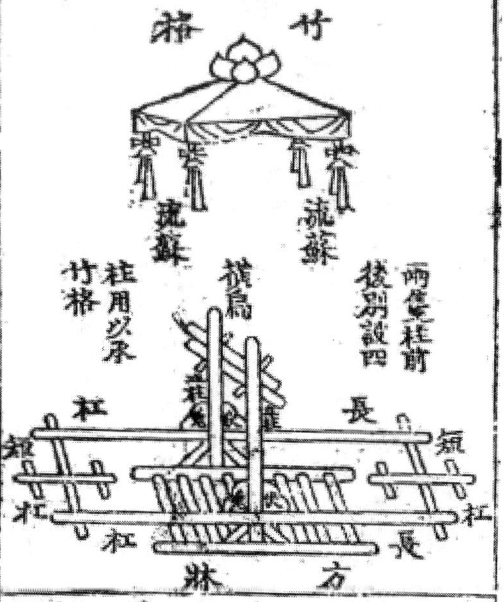

黻翣圖

大夫用黻翣雲翣各一雙

雲翣圖

士只用雲翣一雙

俗制小轝圖

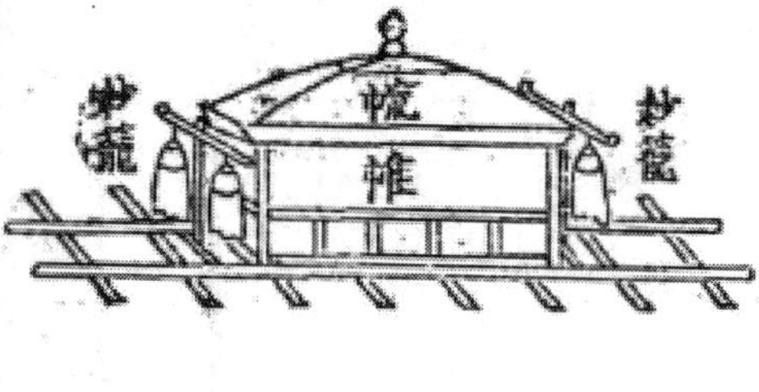

功布圖

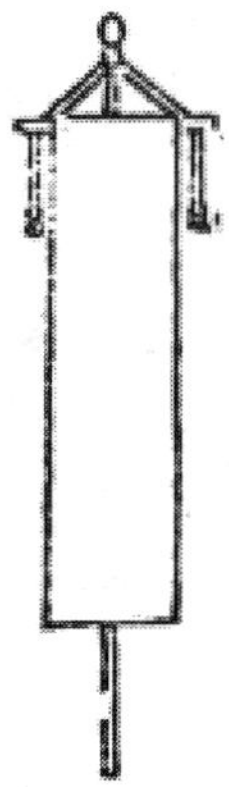

神主全圖

神主後圖

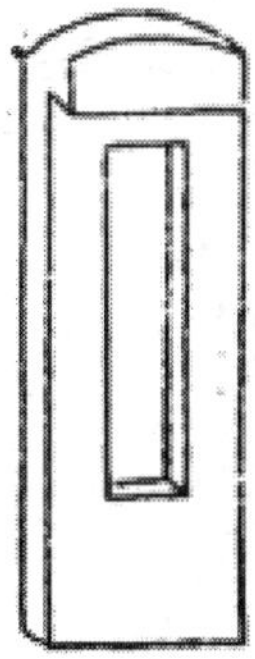

輓詞圖

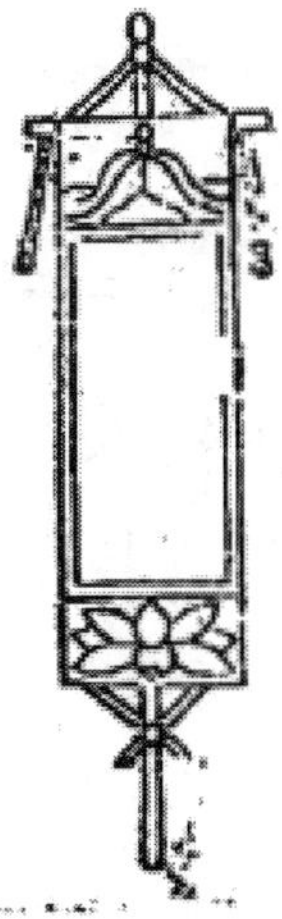

神主前圖

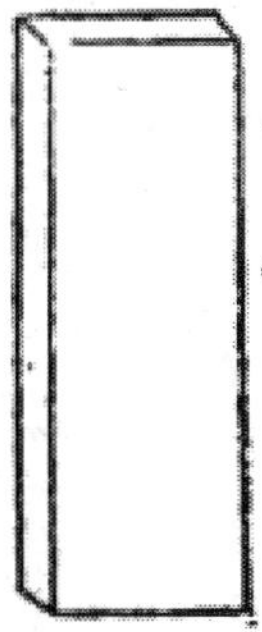

趺圖

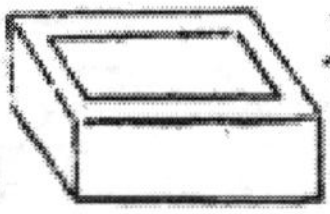

藉圖

韜圖

與主身齊式如斗
帳白上而下韜之

櫝蓋圖

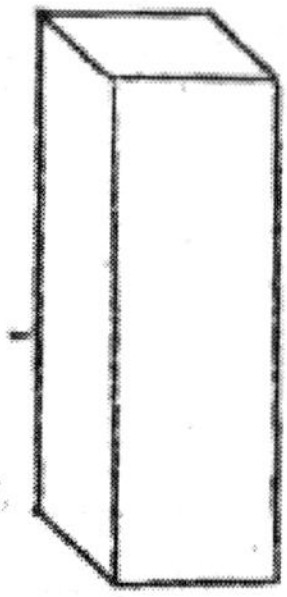
四向韜下

窓櫝圖

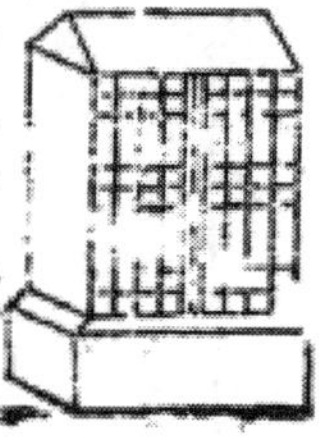
平頂四直
前作兩窓
下作平底臺座

櫝座圖

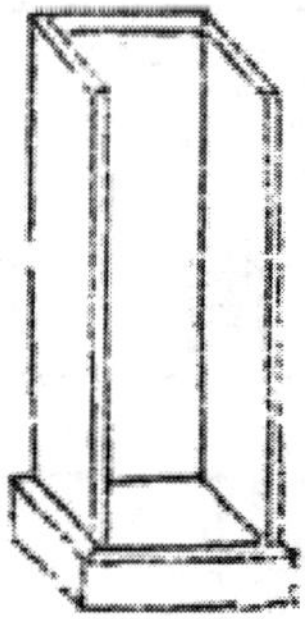
面頂俱虛

玄纁圖

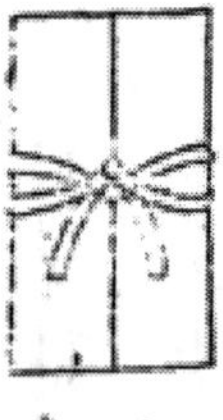

轆轤圖

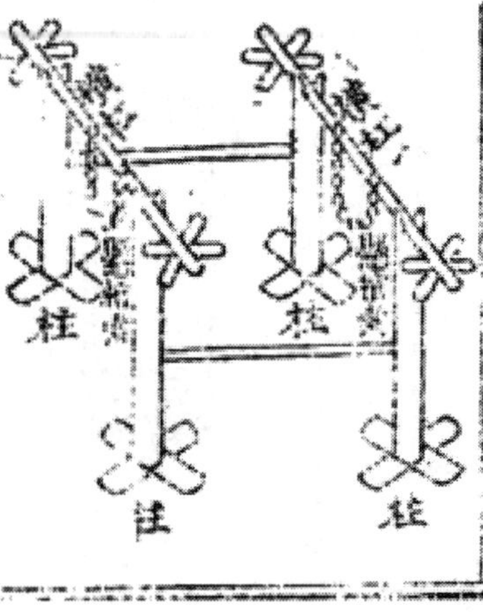

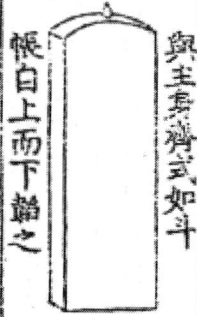

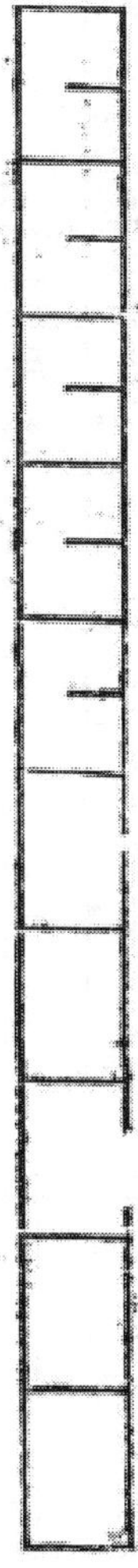

周尺

轆轤下棺之圖

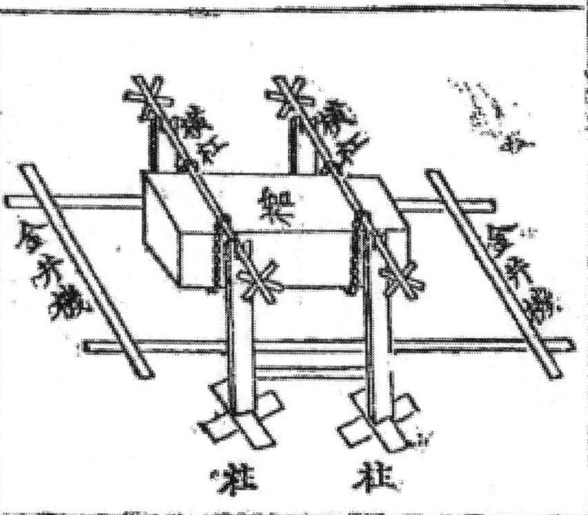

金井上去横杠下棺之圖

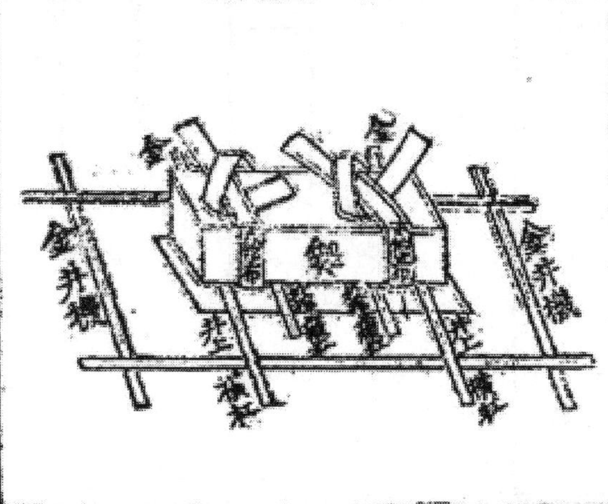

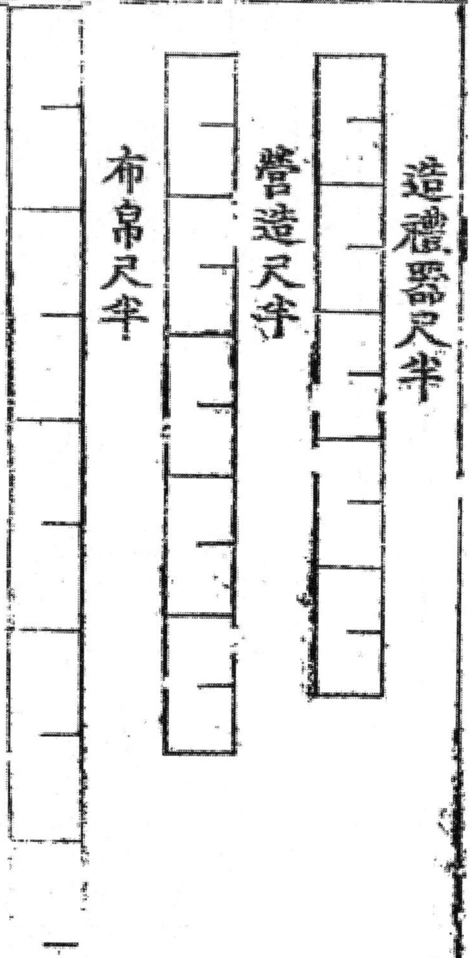

四禮便覽卷之五圖式

四禮便覽卷之五

喪禮三

治葬

三月而葬，先期擇地之可葬者。

司馬温公曰：古者大夫三月，士踰月而葬。今皆三月而葬。然世俗信葬師之説，以爲子孫貧富貴賤，賢愚壽夭，盡繫於此，而争論紛紜，無時可決，正使殯葬實能致人禍福，爲子孫者，其悖禮傷義，無過於此！然孝子之心，慮患深遠，必求土厚水深之地而葬之也。○程子曰：卜其宅兆，卜其地之美惡也，非陰陽家所謂禍福者也。拘忌者或以擇地之方位，決日之吉凶，甚者不以奉先爲計，而專以利後爲慮，非孝子安厝之用心也！惟五患不得不謹，須使他日不爲道路、城郭、溝池、貴勢所奪、耕犂所及也。一本云所謂五患者，溝、渠、道路、村落、井窑。《既夕禮》啓期告于賓。（《儀節》既得地則擇日，預先以啓期，告于親戚姻婭僚友之當會葬者。）

按 得地擇日後，祝亦當因朝奠告于靈筵。

【諸具】治葬

【祝】【司書】發書告期者。【祝板】

【告辭式】新補

今已得地於某郡某里，祔葬先塋，則此下當添先塋下三字。某坐之原將以某月某日襄奉，合葬則不言得地某所，但云將以某月某日合窆于某親某官府君，或某親某封某氏之墓。敢告。妻弟以下云茲告。

【書式】新補

某親某人葬禮，將以某月某日行於某郡某里，某月某日當啓殯，謹專人不專人，則改人爲書。告期。

某位座前。

年號　月　日，護喪姓名上

【皮封式】新補

狀上

某位座前。

擇日開塋域，祠后土。

主人既朝哭，帥執事者，於所得地掘穴，四隅 皇朝制 塋地一品九十步，每品減十步，七品以下不得過三十步，庶人止於九步。外其壤，掘其中南其壤，不問何向背，但以前爲南。各立一標，當南門立兩標，擇遠親，或賓客一人，告后土氏。丘氏曰：改后土氏爲土地之神。祝帥執事者，設位用新潔席於中標之左，南向，設盞注、酒果、脯醢於其前，席之南端。又設盥盆帨巾於其東南。告者吉服，入立於神位之前，北向，主人於告者之右，去杖脱絰，西向立，不與祭。執事者在其後，沙溪曰：西上。皆再拜。告者與執事者皆盥帨。告者進跪位前。執事者一人取酒注西向跪，一人取盞東向跪。告者取注。斟酒反注取盞，酹于神位前。《儀節》傾酒于地，復斟酒置神位前。俯伏興，少退。跪。祝執板立於告者之左，東向跪，讀云云。訖，復位。告者再拜。祝及執事者皆再拜。徹出。主人歸，則靈座前哭，再拜。

沙溪曰：祔葬先塋，使服輕者用酒果告之，亦當有參降之節。○《備要》合葬則又告先葬之位。

【諸具】開塋域 祠后土

【祝】【執事者】【董役者】如葬師之類。【役夫】【新潔席】【祝板】【果】【脯】【醢】【酒注】【盞盤】二一用以酹酒者。【吉服】告者及祝及執事者所服，見下祭禮墓祭條。【拜席】【盥盆】【帨巾】【器用】如斧鎌鍤及加乃 廣耳之類。【指南鐵】用以審葬方位者。【細繩】俗用以度塋域步數者。【標木】七 一立中央，四立四門，二立南門。○同春曰：《家禮》后土祀無焚香一節，后土地神，故只求之於陰而不求之於陽，義似如此。

【祝文式】

維年號幾年歲次干支幾月干支朔幾日干支，某官姓名敢昭告于土地之神，今爲某官姓名，《書儀》主人也。○按若以主人名，則文勢欠詳。《士喪禮》哀子某，爲其父某甫云云。以此推之，此下當添爲其父某官某公，或爲其母某封某氏。營建宅兆。合葬，則改營建宅兆爲合窆于某封某氏，或某官某公之墓。神其保佑，俾無後艱，謹以清酌脯醢，祗薦于神，尚饗！

【諸具】告先塋

【新潔席】有石牀則不具。【香爐】【香盒】【祝板】【果】【脯】【醢】【酒注】【盞盤】二一用以酹酒者。○若合窆位則加具一。【拜席】【盥盆】【帨巾】

【告辭式】《通解》

維年號幾年歲次干支幾月干支朔幾日干支，某親某敢昭告于顯某親某官府君或某封某氏，合窆位則列書。之墓。今爲孫隨屬稱。某官内喪，云某封某氏。營建宅兆。此下當添于某所三字。○若有先葬而合窆，則改營建宅兆爲合窆于某親某封某氏，或某親某官之墓。謹以酒果，用伸虔告，謹告。

同上告先塋條。

【諸具】合葬告先葬

【告辭式】新補 ○親喪合祔，使人告于舊墓，似或有未恔於心者，告辭用孤哀名，而奠酹則使人爲之可也。

○始至及告畢，主人兄弟當有哭拜之節。

維年號幾年歲次干支幾月干支朔幾日干支，孤哀子承重，稱孤哀孫；旁親卑幼隨屬稱。某，弟以下不名。敢昭告于弟以下，但云告于。顯考母先葬，云顯妣；承重，云顯祖考或顯祖妣；旁親卑幼隨屬稱，卑幼改顯爲亡。某官府君或某封某氏。卑幼，去府君二字。之墓，某罪逆凶釁，旁親卑幼喪，去某罪以下五字。先妣母先葬，云先考；承重，云先祖考，或先祖妣；旁親卑幼隨屬稱。見背，卑幼，改見背爲喪逝。日月不居，葬期已届。

將以某月某日祔母先葬，改祔爲合封；旁親卑幼喪，皆推此。于墓左。母先葬，改左爲右；旁親卑幼喪，皆推此。昊天罔極，旁親卑幼喪，改昊天罔極四字以他語。謹以弟以下，云茲以。酒果，用伸虔告，謹告。弟以下，改用伸以下六字爲用告厥由。

遂穿壙。

穿地直下爲壙。

問 合葬夫妻之位，恐男當居右？朱子曰：祭以西爲上，則葬時亦如此方是。○程子曰：合葬以元妃。○朱子曰：繼室，別營兆域。

按 今俗品字之制，非禮之正也。元配祔，繼配葬於別岡，有先賢定論，而鮮有行之者，可歎。

【諸具】穿壙

【莎土匠】【墓上閣】俗稱甕家，用以覆壙上，蔽雨日者。【棺樣】即漆棺後樣出者。【金井機】《備要》○用以安於地上，穿其內爲壙者，用木四條爲匡，匡外各留尺許，如井字形，匡內取棺樣，先度其長短廣狹，又量四墻灰廣幾寸，及棺樣外上下左右各剩廣寸，合計得幾尺，營造尺以定內樣。其四隅相交處，箸木釘使不動搖，又於機之縱橫四木正中，并標以墨，以審正方位。【金井蓋】俗稱掩壙愡鑰具，停役時用以閉鎖壙口者，或用薄板聯封如門扇，機與蓋左右相當處，施鐵樞鐵環，排目以備開鎖。【曲尺】《備要》所以度金井機者。【地平尺】俗用二條木，作丁字形，當中柱面著繩墨，柱頭垂絲，絲末懸錘，安於壙底，視絲之當墨而驗其地平。○穴深隨宜，若合葬則依舊壙。【細繩】《備要》所以度壙者。【器用】《備要》○如曲鍤畚簣及直廣耳之類。【布巾】【布裳】【布襪】並俗以爲莎土匠所著，至灰隔皆仍。

作灰隔，

穿壙既畢，布石灰、細沙、黄土拌匀者，築實爲灰隔，築底厚二三寸，然後攤平其上，即於中間容棺之處，先布以净灰，務取方正，以識底平，乃於四旁，納三物拌匀者，以二三寸爲度，中實净土亦如之，并杵踏築至八九度或十餘度，視棺高加四五寸，然後攤平其上，即於正中，安内金井機，掘去所實净土，盡净灰而止，初築底者即爲地灰。《語類》以薄板布于下，用油灰布其縫。如槨之狀，墻高於棺一寸許。○若用槨則先築地灰，然後下槨，而躡實泥灰於槨外四墻。《語類》仍用糯米汁調净灰，遍灰四方。（薄塗，如俗屋壁塗沙。）

問 考妣二柩不無長短之差，則齊其上乎？齊其下乎？沙溪曰：當齊其上。

按 瀝青炭末之制，載於《家禮》，而今俗無用之者，且先儒已多所論，故於本注並删之。○棺之有槨，古禮也，而《家禮》不用，豈以灰隔成石之後，已是無使土親膚而然耶？今人或有用之者或有不用者，兹並著其制，以備參考。

【諸具】作灰隔

【三物幕】【石灰】多少隨宜，四墻灰廣各六七寸許，天灰約厚數三尺。營造尺【黄土】於石灰用三分之一。【細沙】於石灰用三分之二，或倍用之。○三物或相等。【净土】作灰隔時用以實於净灰上者，俗稱母土。【内金井機】用以安於築灰上，掘去其中净土者，制同金井機，而小匡内四旁視棺樣各剩半寸許，以定内樣，機面標墨一依外金井機，以備内外機照看。【薄板】用以鋪地灰上者，長廣視棺樣稍剩，厚一寸許。【油】俗稱法油，用以調净灰彌薄板縫者。【糯米】煎取汁，用以調浄灰，塗壙内四旁者。○或用榆汁。【紙】用以塗壙内四旁不築灰處，以辟塵土者。【灰隔蓋】即[橫臺]用橫板五片或七片，厚約三四寸，長廣取足以加於衣隔四旁上各二寸，[營造尺]每板相聯處，交翦生屑約二三分，使相胳合，俗稱[治翦]。【槨】即外棺，制同内棺，厚二三寸，槨内四旁及高，視内棺各剩半寸許，板狹則聯板爲之。○若用槨則先審地平，次安槨，槨内當腰處上下撑以[同發伊]，勿令旁板内縮。次築灰，以槨高爲準，亦以橫臺爲蓋。【器用】箒以除地不潔，竹簁以簁三物，斗以量三物，木桶以汲水，甕以盛水，瓠以勺水，杵以搗灰，畚以運三物，鏝以削平灰面。○冬月用釜煖水，以便調和三物。

刻誌石，

用石二片，葬之日，埋之壙前近地。

[按]誌今用燔瓷，制極精好，從俗爲宜。且依俗制，用片灰刻字亦可。○造明器：下帳、苞、筲、甖，《家禮》既有不用亦可之文，朱子答陳安卿問曰某家不曾用，今從朱子定論，並下文言明器等處，删之。

【諸具】[刻誌石]

【刻工】【石】二一爲蓋一爲底，用珉石爲之，長廣隨宜，用沙石砥礪，磨治令滑，刻大字於蓋石上面，又刻小字文於底石上面。或【燔瓷】用以代石誌者，隨文多少，燔造幾片，其一書誌蓋所書大字，其餘細書其文。每片各填次第於一隅，皆用[回回青]或以[石間朱]書之，加水土重燔。【片灰】亦用以代石誌者，用木爲匡，用灰沙土三物拌匀者，泥擣築其中，然後撤去木匡。造幾片如甎甓狀，倣誌蓋誌底式。每片各書一大字而深刻之，用炭屑灰末和法油填滿其畫令平，細字則於各片書三四字，亦於各片書其第次如上。

【誌蓋式】

某官無官則隨所稱。某公此下當添諱某二字。之墓。崇禎以後，我東士大夫家多以有明朝鮮國五字，首揭於某官之上。

【誌底式】

某官某公諱某字某，某州某縣人，考諱某某官，母《備要》此下有某字。氏某封，某年月日生，叙歷官遷次，某年月日終，某年月日葬于某鄉某里某處，娶某氏某人之女，子男某某官，女適某官某人。

【婦人誌蓋式】

某官姓名夫亡，則云某官某公。此下當添諱某二字。某封某封上當添配字，夫無官，則但云妻。某氏某氏上或書某郡二字。之墓。

【婦人誌底式】

叙年若干，適某氏，因夫子《輯覽》謂夫及子也。致封號。其餘措語與男子誌底式參用。

造大轝翣。

古者柳車制度甚詳，今不能然，但從俗爲之，取其牢固平穩而已。《儀節》大夫用黻翣雲翣，士用雲翣。按大轝之制固好，而有非貧家所能辦者，從俗制，用喪轝無妨。

【諸具】造大轝

【大轝】《家禮》本注用兩長杠，杠上加伏兔，附杠處爲圓鑿，别作小方牀以載柩，足高二寸，旁立兩柱，柱外施圓枘，令入鑿中，長出其外。枘鑿之間須極圓滑，以膏塗之，使其上下之際柩常適平。兩柱近上，更爲方鑿加横扃，扃兩頭出柱外者更加小扃。杠兩頭施横杠，横杠上施短杠，短杠上或更加小杠，仍多作新麻大索以備扎縛。以竹爲之格，以彩結之，上如撮蕉亭，施帷幔，四角垂流蘇，而不可太高，不須太華。若道路遠，決不可爲此虚飾，但多用油單裹柩，以防雨水而已。【小轝】馬木具，即今俗上下通用者，其制略倣大轝，但不用小方牀，只用帷蓋，上施仰帳，前後設四紗籠，以備明燭。【黻翣】二大夫所用，以木爲匡，方二尺，周尺 兩角高，角廣二寸高四寸，合高二尺四寸。衣以白布或厚紙，用紫色畫爲亞形，其緣畫雲氣。【畫翣】二大夫、士所用，制同黻翣，但畫爲雲氣，緣亦如之。○並以竹爲杠，長五尺，俗刻木爲荷葉狀而緑漆，設於杠頭，以承翣。

作主

用栗，櫝用黑漆。

【諸具】作主

【執事者】子弟一人監造。【木工】【新潔席】【卓】用以安主材者。【主材】《家禮》本注 趺方四寸，厚寸二分，周尺 鑿之洞底，以受主身，身高尺二寸，博三寸，厚寸二分，剡上五分爲圓首，寸之下勒前爲頷而判之，四分居前，八分居後，頷下陷中，長六寸，廣一寸，深四分，合之，植於趺下齊，竅其旁以通中，圓徑四分，竅居三寸六分之下，下距趺面七寸二分。【粉】用以塗主面者。【鹿角膠】《備要》○用以煎取汁和粉者。【木賊】《備要》○用以磨滑主身者。○粉以下用餘留置，以備題主時改書誤字之用。【韜】《書儀》考紫妣緋。○用以韜主者，制如斗帳，方闊視主樣，用厚紙貼褙令堅剛，裹之以帛，合縫居後之中，方四寸許，長尺二寸許，自上而下韜之，與主身齊，俗於頂之中央著團樞，以便闔合。【藉】《書儀》○用以藉櫝內者，紫緋同韜，方闊與櫝內同，疊布加厚，裹之以帛。【櫝座】用板爲之，黑漆之，丹漆其內，內方四寸許，稍寬於趺，高尺二三寸，比主身稍高，面頂俱虛底板，四方各出半寸許，以受蓋。底板下四隅有跗，高寸許。又於前面下，橫貼板，如闕高與趺齊。【櫝蓋】四向直下，容韜櫝座，但後面下虛。【箱】用以盛主者。或【兩牕櫝】《家禮圖》平正四直，前作兩牕，下作平底臺座。【布巾】【布裳】並俗以爲木工所著。

遷柩

發引前一日，因朝奠以遷柩告。《備要》發引上有啓殯二字。

《儀節》五服之親皆來會，各服其服，入就位。《既夕禮》外內不哭。設朝奠。祝斟酒訖，北面跪，告：云云。俯伏興。主人以下哭盡哀，再拜。

《備要》今人有塗殯者，則當用古禮，奠如小斂。○《小記》久而未葬者，惟主喪者不除，其餘以麻終月數者，除喪則已。《注》期以下至緦之親，至月數足而除，猶必收藏，以竣送葬也。

按《小記》兄弟，既除喪，及其葬，反服其服，報虞、卒哭則免，如不報虞則除之。據此則反服而送葬者，當卒哭而除。若依古禮，以慢葬而不報虞，則當葬訖即除。

【諸具】遷柩

【祝】【執事者】【祝板】【饌】即朝奠饌。○若塗殯，則啓殯時別設奠。

【告辭式】

今以吉辰遷

柩，敢告。妻、弟以下，云茲告。

奉柩朝于祖，

將遷柩，《儀節》祝跪告云云。俯伏興。役者入，婦人退避。主人及衆主人輯杖，《儀節》舉之不拄地。立視。祝以箱奉魂帛前行，詣祠堂前，執事者奉奠及椅卓次之，銘旌次之，役者舉柩次之。主人以下哭從。男子由右，婦人由左，重服在前，輕服在後，服各爲序。侍者在末。無服之親，男居男右，女居女左，皆次主人主婦之後。婦人皆蓋頭，至祠堂前。《備要》中門當開。（非宗子則不當開。）執事者先布席，兩階間當中。役者致柩於其上，北首而出。婦人去蓋頭。祝帥執事者設靈座及奠于柩西，東向。主人以下就位立，哭盡哀，止。○《儀節》人家狹隘，難於遷轉。今擬奉魂帛以代柩，則奉奠椅卓前行，銘旌次之，魂帛又次之，至祠堂前，置魂帛於席上，北向。

尤庵曰：古人謂廟曰祖，雖繼禰之家，亦可謂之祖矣。○又曰：宗家遠則朝祖不得已，似當闕之矣。

【諸具】朝祖

【執事者】五人。【役夫】八人，以魂帛代柩則不備。【新潔席】【蓋頭】制見上成服條。

【告辭式】《儀節》

請　朝

祖。

遂遷于廳事，

執事者設帷於廳事。役者入，婦人退避。祝奉魂帛道柩右旋，主人以下男女哭從如前，詣廳事，執事者布席，役者置柩于席上，南首而出。祝設靈座及奠即朝祖時執事所奉。于柩前，南向。主人以下就位坐哭。

○《儀節》今人家未必有廳又有堂，其停柩之處即是廳事，略移動可也。（若以魂帛代柩朝祖，則朝祖後舉魂帛奉安于靈座，即於停柩處略加移動，以存遷柩之意。）

【諸具】遷于廳事

【帷】即幃，用以設於堂，以障柩者。【席】

乃代哭。

如未斂之前，以至發引。

親賓致奠賻。

如初喪儀。

丘氏曰：初喪，奠用香茶燭酒果，至是，親厚者用牲可也。

【諸具】奠賻

同上成服奠賻條。

【狀式】同上成服奠賻條本式。

【祭文式】同上成服奠賻條本式。

陳器。

方相在前；次銘旌，去跗執之；次靈車；次大轝，《儀節》轝前有功布。轝傍有翣。黻前雲後。

《既夕禮疏》朝祖之日已陳器，夜斂藏之，至厥明更陳之。

【諸具】陳器

【役夫】用以載轝者。【轝夫】用以擔轝者，多少隨宜。【擔夫】用以奉靈車旌布翣輓者【方相】《家禮》本注狂夫爲之，冠服如道士，執戈揚盾。四品以上，四目爲方相，以下，兩目爲魌頭。○《周禮》四人蒙熊皮，黄金四目，玄衣朱裳。【腰轝】《開元禮》○即靈車，馬木長尺，以奉魂帛者。○轝及黻翣畫翣，已見上造大轝條。【紼】《檀弓》○《疏》引棺索。○至下棺仍之。【銘旌】俗於杠頭刻木爲龍鳳頭，塗以彩。口含圓環，垂以流蘇，上下有軸。【功布】用以拂去柩上塵者，發引時，祝執此以指麾役夫。用白熟布稍細者三尺布帛尺爲之，以竹爲杠，長五六尺營造尺。飾如銘旌之杠，但不設下軸。【輓詞】親戚知舊作詞以哀之者，以厚紙爲旌書其文，上下用小軸，以竹爲杠，杠頭略有飾。原執紼者輓歌，當在大轝之前。○丘氏曰：《左傳》公孫夏命其徒歌虞殯，杜預注云虞殯，送葬歌也。則執紼者輓歌，其來遠矣。【鐸】《備要》○用以齊衆者，俗稱摇鈴。【雨具】《備要》○用油單或油紙爲之，大轝、靈車、旌布、翣、輓皆有備。【布巾】俗以爲轝夫所著。○所陳之器各有所守，預申戒飭，發引時使不失次。

日晡時，設祖奠。

饌如朝奠。《書儀》如殷奠。祝斟酒訖，北向跪告云云。俯伏興。餘如朝夕奠儀。《既夕禮》宵，爲燎于門内之右。〇司馬温公曰：若柩自他所歸葬，則《儀節》啓行前一日，因朝奠，祝跪告云云。行日但設朝奠，《儀節》納大轝於庭，祝跪告云云。哭而行，至葬乃備此及下遣奠禮。

【諸具】祖奠

沙溪曰：脯，申時也。夕上食後設奠，而兼行夕奠爲是。以厥明徹奠之文觀之，可見。

【饌炬】

【告辭式】

永遷之禮，靈辰不留，今奉柩車，式遵祖道。

厥明，遷柩就轝。

轝夫納大轝於中庭，南向。執事者徹祖奠，祝北向跪告云云。遂遷靈座置傍側，載轝於大門外，則祝奉魂帛先行，侍者各執椅卓香案隨之，至載轝處。婦人退避。召役夫遷柩就轝，乃載，《輯覽》尸首在南。以索維之，令極牢實。主人從柩哭降視載，婦人哭於帷中，載畢，祝帥執事者遷靈座于柩前，南向。祝安魂帛箱于靈座。

【告辭式】

今遷柩就轝，敢告。妻、弟以下，云兹告，下同。

附【自他所返柩前一日告辭式】《儀節》

今擇以某日將還故鄉，敢告。

【行日告辭式】《儀節》

今日遷柩就轝，敢告。

乃設遣奠，

饌如朝奠。惟婦人不在。高儀 祝斟酒訖，跪告云云。《儀節》主人以下哭拜。遂徹奠。

按 本注有奠畢，執事者徹脯納苞中，置舁牀之文，而既不用明器，則納苞中已無所施，故今刪之。然神道依於飲食，孝子之心，雖須臾之頃，何忍使神無憑依之所乎？或問於曾子曰：既奠而包其餘，猶既食而裹其餘，君子既食，則裹其餘乎？曾子曰：吾子不見大饗乎？夫大饗，既饗，卷三牲之俎歸于賓館。父母而賓客之，所以爲哀也！子不見大饗乎！以此觀之，其意甚微，恐不可全廢。世之好禮者，或有裹遣奠餘脯納于靈車而行者。此雖涉於義起，而蓋原於徹脯納苞中之禮，從之恐亦無妨耶。〇今人例於遣奠前先行上食，或遣奠時兼設上食，蓋爲路中難於設食也，然奠與食自有先後之序，且於發引條，明言食時上食，則不可從俗行之也。

【諸具】遣奠

【席】即地衣之類，用以設於大轝前，以安靈座者。【饌】如朝奠。【紙】或油紙，用以裹遣奠餘脯者。【盥盆】【帨巾】

【告辭式】高儀

靈輀既駕，往即幽宅，載陳遣禮，永訣終天。

祝奉魂帛升車，焚香。

奉魂帛香火，别以箱盛主置帛後。婦人乃蓋頭出帷，降階立哭。守舍者哭辭盡哀，再拜而歸。尊長則不拜。

按奉魂帛香火一句，《家禮》在陳器條，今移置于此。○婦人從柩似不便，依守舍者哭辭，恐無妨。

【諸具】奉魂帛

【侍者】《喪服疏》僕隸爲之。○俗稱行者，二人或四人。【女僕】俗稱哭婢，二人或四人。布羅匹爲其所著。【主箱】【脯】○此時當以靈座之具隨之。

發引

柩行，

方相等前導，如陳器之序。椅卓在靈車之前。

【諸具】柩行

【執事者】護引行者。【炬】即燎，多少隨宜，日昏則用之。又道遠經宿，則於所止，設於庭及門。【燭籠】《備要》○多少隨宜。○餘並見上陳器條。

主人以下哭步從，

如朝祖之序。

《開元禮注》墓遠及病不堪步者，主人及諸子皆乘惡車，去塋三百步皆下。

按 婦人不從爲優，故白幕之制並正文男女二字而删之。必欲依禮臨壙，則迨後直到幄次似當。

【諸具】哭步從

【惡車】或樸馬。【素轎】婦人所乘。

尊長次之，無服之親又次之，賓客又次之。

皆乘車馬，親賓或先待於墓所，或出郭哭拜辭歸。

《開元禮》：出郭，若親賓還者權停柩車，尊行者皆下車馬，親賓以次就柩車之左，向柩立哭。卑者再拜而退。親賓既還，皆乘車馬。

親賓設幄於郭外，道傍駐柩而奠，

如在家之儀。

【諸具】親賓奠

【幄】俗用遮日揮帳之類。○餘並同上成服弔奠條。

【祭文式】同上成服奠賻條，本式。

塗中遇哀則哭。

若墓遠，則每舍《周禮注》所，解止之處。《集説》舍，三十里。設靈座於柩前，朝夕哭奠。食時上食。夜則主人兄弟皆宿柩傍，親戚共守衛之。設燎于中庭及門。

及墓

未至，執事者先設靈幄，

在墓道西，南向，有椅卓。

【諸具】設靈幄

【幄】俗於壙傍，架數間假家，以備停柩奉奠。【屏席】【席薦】用以爲主人以下位者。

親賓次，

在靈幄前十數步，南向。

【諸具】親賓次

【白幕】俗用遮日。【幃】【席】

婦人幄。

在靈幄後壙西。

【諸具】婦人幄

【布幕】【幃】【席薦】

方相至，

以戈擊壙四隅。

靈車至，

祝奉魂帛就幄座，主箱亦置帛後。

遂設奠而退。

酒果脯醢。遣奠餘脯至是乃徹。

【諸具】奠

【果】【脯】【醢】【酒注】【盞盤】【筯楪】【盥盆】【帨巾】

柩至，

執事者先布席於壙南，柩至，脱載置席上，北首。先置兩凳，去所裹油單及索，祝以功布拭柩，幠用侇衾。執事者取銘旌，去杠置柩上。

主人男女各就位哭，

主人、諸丈夫立於壙東，西向；主婦、諸婦女立於壙西幄内，東向。皆北上。

賓客拜辭而歸。《既夕禮》在贈幣之後。

《儀節》賓客詣柩前哭，再拜。主人拜之，賓答拜。

《近思録》：程子葬父，使周恭叔主客，客欲酒，恭叔以告，先生曰勿陷人於惡。

[按]程子之説可謂嚴矣。近來鄉俗具盛饌接賓客，或有賓客之供多於葬需，而甚者乘醉喧笑，或鬪門作拏少無臨喪哀色之意，其違禮敗俗，一至此哉。

乃窆。

主人兄弟徹哭臨視，下柩最須詳審用力，不可誤有傾墜動揺。先用木杠短者二，横置灰隔上。又用長杠二，横置壙口，不令動揺。徹銘旌柩衣置傍側。別用長杠二，横舉于柩上兩頭。用布二條摺之，兜柩底兩頭，以其布四端，直上懸繫於所横舉之杠腰。每一杠繫布兩端，齊舉其杠四頭，遷柩置壙口兩杠上。正其四旁，乃微舉所舉杠，而去壙口兩杠，漸漸放下所舉杠，安柩於短杠上。更量懸柩布長，可到壙底然後復繫如初，令二人分立灰隔上下，以手按柩四隅，令不偏倚。而又微舉杠，去短杠，仍漸下之。○[《備要》]或用兩柱轆轤。已下。解布去杠，抽出其布，用素絲長與棺同，縱置柩上中央，正當横紙標墨處，用蠟粘絲兩頭，令不動。又於金井機面標墨處，以一條細繩，引著而照看，令絲與繩相當，以審其正。然後去絲繩及柩上下標紙，用雪綿子拭柩上塵。整柩衣、銘旌，令平正。[《開元禮》]翣倚於壙内兩廂。黻上雲下。只用雲翣則當中。

【諸具】[乃窆]

【執事者】六人或十人。四人舉懸棺兩杠，或每頭二人舉之，則爲八人，二人立於灰隔上下隅，按棺以下，仍整柩衣銘旌。【短杠】二。【長杠】四。【測日器】俗用以測時刻者。○或用時繩。【下棺布】[《備要》]○用二條，廣全幅，長各十尺許。[布帛尺]【紙】俗用二條，於棺上下，各準其廣而中摺之，墨標糊封者。【素絲】俗用以蠟粘棺上下頭者。【細繩】俗用以引著金井機者。【雪綿子】俗用以拭棺者。【柩衣】【銘旌】【翣】柩衣以下，今俗用絹紗之類，别製以用，制並依前。【轆轤】先於金井機左右，各竪上下兩柱。凡四柱，每頭作圓鑿，如半月形，以受轆轤之杠。俾容轉環，取二長杠堅實者，横設其上，杠兩頭之出柱外處鑿孔，以小木横貫。又以小木交貫於其旁，作十字形，用熟麻或白布，合作大索，分繫於杠腰之上下。纏杠數匝，以其兩端聯繫下棺布。令健丁每柱各二人，分執小木兩端，一心用力，徐徐轉下，務極審慎。○大索即綍，《備要》二十把許。

主人贈。

《開元禮》奉玄纁授主人，（執事者授也。）主人受以授祝，祝奉以入奠於柩東。（尤庵曰：置棺槨之間。○沙溪曰：上玄下纁。）主人再拜稽顙，在位者皆哭盡哀。

【諸具】贈

【玄】【纁】《家禮》本注：玄六纁四，各長丈八尺。家貧不能具，則玄、纁各一可也。周尺 每段卷畢，用色絲重束其上下。【盤】用以盛玄纁者。【盥盆】二、【帨巾】二並主人及祝及執事者所盥洗。

加灰隔蓋，

用横板聯鑰灰隔上，令脗合。

按《家禮》本文云灰隔内外蓋，而《備要》云若不用瀝青，只用外蓋。今既不用瀝青，則無内外之可言，故正文中内外二字删去。

實以灰，

三物拌勻者，以酒灑而躡實之。恐震柩中，故未敢築，但多用之，以竢其實耳。

按 若用片灰刻字，則於躡實之後，從壙内以次鋪奠，如誌蓋文。

【諸具】實灰

【執事者】子弟一人監視。【油紙】俗用以蒻作長條，鋪於横臺縫者。【酒】【布巾】【布襪】並俗以爲躡實泥灰者所著，多少隨宜。

乃實土而漸築之。

下土每尺許，即輕手築之。

祠后土於墓左

如前儀。

【諸具】祠后土

同上開塋域本條中祭具。

【祝文式】

維年號幾年歲次干支幾月干支朔幾日干支，某官姓名，敢昭告于土地之神。今爲某官封謚，《書儀》亡者也。○此下當添某公二字。○内喪，云某封某氏。窆兹幽宅，神其保佑，俾無後艱。謹以清酌脯醢，祇薦于神，尚饗。

下誌石，

墓在平地，則於壙内近南先布甎一重，置石其上。又以甎四圍之，而覆其上。若墓在山側峻處，則於壙南數尺間掘地深四五尺，依此法埋之。

按 若用燔誌，則盛以石函而埋之；或盛以木櫃，以石灰拌勻者塗其上下四方尤好。

【諸具】下誌石 【鐵束】用以束誌石者，以二石相向而疊之。【甎】六即甓，用以包誌石者。【石函】石蓋具。或【木櫃】俗用三物泥搗，既掘地築其底，以櫃盛燔誌，置其上。又用三物築其四方，與櫃高同。又用薄板以覆之，又用三物築之。

復實以土而堅築之。

下土亦以尺許爲準，但須密杵堅築。

題主，

執事者設卓於靈座東南，西向，置硯筆墨，對卓置盥盆帨巾如前。主人立於其前，北向。祝盥手出主，去趺判之。卧置卓上。使善書者盥手，西向立，或坐書便於事。先題陷中，粉面，題畢，祝合主植趺。奉置靈座，而藏魂帛於箱中，以置其後，炷香斟酒，執板出，於主人之右跪主人亦跪。讀，云云。畢，《儀節》：不焚。懷之，興，復位。主人以下。再拜，哭盡哀止。

頤庵曰：《家禮》題主，不別設奠，只於題了，令炷香斟酒，讀祝纔畢，奉以昇車，其意可知也。而世俗不能深究，仍設別奠，以爲大禮，豈非昧義理哉。○尤庵曰：題主祝文，終不可不焚也。

按 題主在實土之後，文勢使然，非謂必待實土而後題之。形歸窀穸，則神魂飄忽，無所湊泊，固當即速題主。俾有所憑依，觀於下文留子弟監視實士者，可知矣。

【諸具】題主

【善書者】【新潔席】【卓】【井間】俗施於粉面，使行正字均者，用紙塗蠟爲之。或用色絲，纏繞分井。【硯】【筆】【墨】【竹刀】即刮去粉，而以備改書者。○粉盞、鹿膠、木賊，已見上作主條。【盥盆】【帨巾】

【陷中式】

故某官無官，則隨常時所稱，如學生、處士、秀士、别號之類。粉面同。某公諱某字某本有第幾二字，而東俗不用。○退溪曰：今人生時無第幾之稱，神主不用，恐無不可。神主。

【粉面式】

顯《家禮圖》用顯字，而《備要》從之，後倣此。考承重，云顯祖考；旁親卑幼隨屬稱，卑幼改顯爲亡。某官封謚府君卑幼，去府君二字。神主。

【旁題式】

孝子承重，稱孝孫。某奉祀書于原行下旁，寫者之左。○朱子曰：旁注施於所尊，以下則不必書。○《備要》旁親雖尊，不書。

【婦人陷中式】

故某封無封，亦稱孺人，此下或添某貫，粉面同。某氏諱某本有字某第幾四字，而東俗不用。神主。

【婦人粉面式】

顯妣承重，云顯祖妣；　妻，云亡室；　旁親卑幼隨屬稱；　卑幼，改顯爲亡。○《大全》庶子之所生母，稱亡母。

某封某氏神主。

【婦人旁題式】同前式。

【祝文式】

維年號幾年歲次干支幾月干支朔幾日干支，孤子《備要》母喪，稱哀子；　俱亡，稱孤哀子；　承重，稱孤孫、哀孫、孤哀孫。○妻喪，稱夫，旁親卑幼隨屬稱。某，弟以下不名。敢妻去敢字。昭告于弟以下，但云告于。○《備要》告弟只云兄告于弟某，告子只云父告于子某，姪孫倣此。○按弟某子某之某字，官號與名，似當并包於其中，凡祭皆同。顯考母，云顯妣；　承重，云顯祖考，或顯祖妣；　妻，云亡室；　旁親卑幼隨屬稱，卑幼改顯爲亡；　庶子於所生母，云亡母。某官封謚府君，内喪，云某封某氏，卑幼去府君二字。形歸窀穸，神返室堂，神主既成，伏惟尊靈，妻弟以下，但云惟靈。舍舊從新，是憑是依。

祝奉神主升車，

魂帛箱在其後。《備要》韜藉櫝，當於此用之。

按此時宜有焚香而無其文，當與上文奉魂帛升車焚香互看。

【諸具】奉主

同上奉魂帛條，但無餘脯。

執事者徹靈座，遂行。

主人以下哭從，如來儀。但留子弟一人，監視實土以至成墳。

墳高四尺，立小石碑於其前，亦高四尺，趺高尺許。

《備要》平土後，即於金井機内鋪炭屑或石灰小許，以備他日修墓，或合葬之時取考。乃於正中立標木，又以繩一端繫於標木，執其一端而環之。隨植小木爲標。其徑十六七尺，合葬則二十餘尺，營造尺以爲成墳之基，（又於塋域前後，各立一標，以正向背。徹金井機及墓上閣，成墳既畢，並去標木，加莎草於墳上及塋域。）別立小碑。婦人則竢夫葬乃立。

《備要》石人、石牀、望柱石亦置墳前。（俗置魂遊石於石牀之北，香案石於石牀之南。）

按《家禮》墓無他石物，只有小碑。後人尚文，必欲侈大而後已。故貧不能備者，只設牀石等物，而碑則闕焉，甚失輕重之義。今之豎碑者，只當依《家禮》立小碑，其他石物，徐圖亦不妨。

【諸具】成墳

【石工】【莎草】【炭屑】或石灰。【標木】三、【細繩】【小標】多少隨宜。【小石碑】用美石長三尺許，闊尺以上，其厚居三之二。若闊爲尺二寸則厚爲八寸，以此推之，其制倣圭首。用沙石砥礪，磨治令滑，刻大字於其面。乃略述其世系名字行實，而刻於左，轉及後右而周焉。不能，則只刻碑面，大字亦可。碑下有趺，並趺高四尺。【趺】高尺許，植碑其上，俗稱龍臺。【階砌】【石】【石牀】【魂遊石】【香案石】【石人】二、【望柱石】二○凡象設，視其品秩及家力而爲之。

【墓表式】新補○同誌蓋式。○合葬，則別行書某封某氏祔左。

反哭

主人以下奉靈車在塗徐行哭。

其反，如疑爲親在彼，哀至則哭。

問 反魂具鞍馬，雖象生之意，而禮無可據，如何？尤庵曰：　既有靈車，其外鞍馬不亦虚乎。

至家哭。

望門即哭。

祝奉神主入，置于靈座，

執事者先設靈座於故處。《雜記》無柩者不帷。祝奉神主入就位，並出魂帛箱置主後。

【諸具】置靈座

【屏】【席】【椅】【大卓】【帕】用以覆主櫝者。【香案】【燭臺】【拭巾】○ 問 祭牀、椅子等物，葬後用黑漆？同春曰：　《家禮》不用金銀鏤器，以主人有哀素心故也。恐當通三年看。

主人以下，哭于廳事，

主人以下升自西階，哭于廳事。婦人先入哭於堂。

遂詣靈座前哭。

盡哀止。

退溪曰：漢唐以下，未有居廬之名。其中或有廬墓者，表旌其閭，由是廬墓成俗，而反魂之禮遂廢，甚可歎也。但末世禮法壞亂，反魂于家者，多有不謹之事，反不若廬墓之免於混雜也。

按守舍者入哭時，當有拜禮。

有吊者，拜之如初。

謂賓客之親密者，既歸，待反哭而復吊。

《檀弓》殷，既封而吊；周，反哭而吊。孔子曰：殷已慤，吾從周。

按今俗於反哭之時，賓客多出郭外，迎慰於路傍紛擾之處。拜未成儀，哭不終聲，此何禮也！孔子之惡野哭者，以郊野道路非可哭之地也。昔齊莊公襲莒，杞梁死焉，其妻迎其柩於路，哭之哀，莊公使人吊之，辭曰：猶有先人敝廬在，下妾不得與郊吊。齊侯吊諸其室。今之讀書知義理者，反爲女子之所不爲，寧不愧乎！雖或迎於郭外，切勿行吊禮於路側，只當隨後還喪次，待反哭而後吊，可也。

期九月之喪者，飲酒食肉，不與宴樂。小功以下，大功異居者可以歸。

《喪大記》期終喪，不食肉，不飲酒，父在爲母，爲妻。

四禮便覽卷之六圖式

虞卒哭陳器設饌之圖

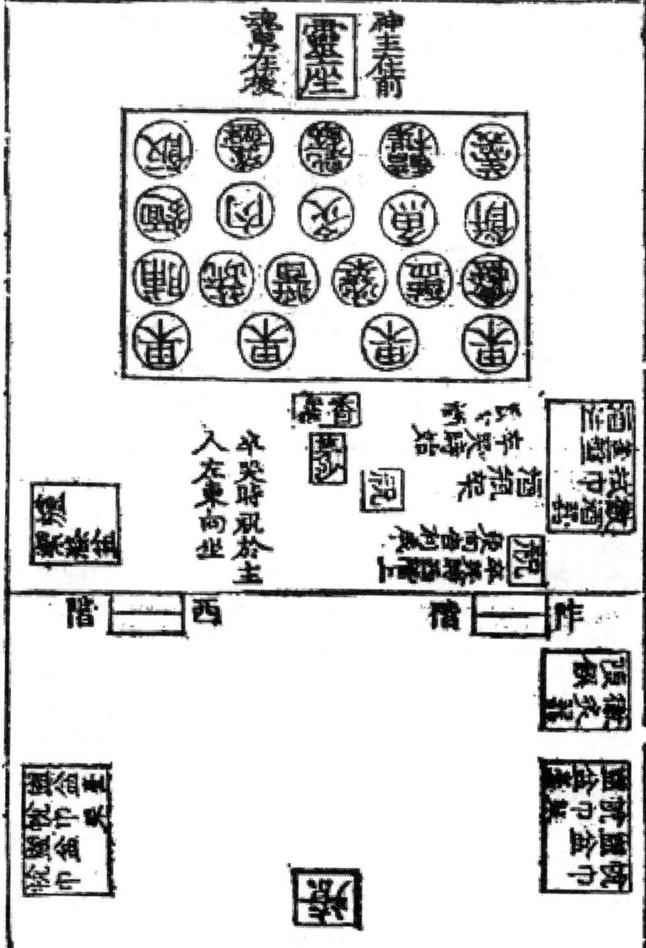

四禮便覽卷之六圖式

祔祭于祠堂之圖

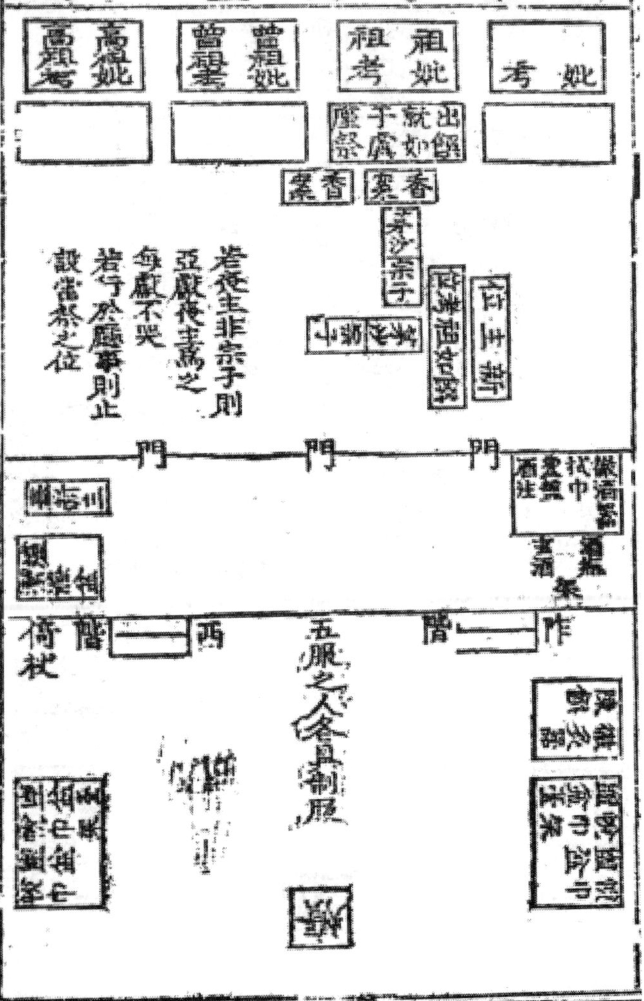

四禮便覽卷之六

喪禮四

虞祭

初虞《備要》

葬之日，日中而虞。或墓遠，則但不出是日可也。若去家經宿以上，則於所館行之。

主人以下皆沐浴，

《士虞記》沐浴不櫛。（注 期以下櫛。）或已晚不暇，即略自澡潔可也。

【諸具】沐浴

【沐浴盆】二【帨巾】二並主人、主婦所沐洗，至祔祭皆仍。

執事者陳器，具饌。

盥盆、帨巾於西階西，南上。東，盆有臺，巾有架，西者無之。酒瓶並架於靈座東南，置卓於其東，設注及盞盤於其上。又置空器以備退酒。火爐於靈座西南，置卓於其西，設祝板於其上。炷火於香爐，束茅聚沙於香案前。《備要》若日昏則設燭。具饌如朝《備要》朝疑朔。奠，《備要》又設陳饌大牀。陳於堂門外之東。阼階東南。

沙溪曰：膏煎之物不用，出於《儀禮》。今俗必用蜜果油餅以祭，恐不合於古禮也。

【諸具】陳器

【祝】【執事者】【茅束】【茅盤】【卓】二【祝板】【酒瓶】【酒架】【酒注】【盞盤】用以降神者。【徹酒器】亞、終獻時用以退酒者。【拭巾】用以拭瓶口者。【大牀盤】多少隨宜。【潔滌盆】【勺】【拭巾】並用以洗盞盤及器楪者。【火爐】用以煖祭饌者。【炬】用以設燎於庭者。【盥盆】四二有臺，主人、主婦及內外親賓所盥；二無臺，祝及內外執事者所盥。【勺】四【帨巾】四二有架，二無架。

【諸具】具饌

【內執事】【果】六品或四品，或兩品。【脯】凡乾魚肉皆謂之脯。【醢】食醢，魚醢。【蔬菜】熟菜沈菜之屬。【清醬】【醋】【盞盤】【匕筯楪】【米食】即餅。【麵食】如饅頭及俗所謂昌麵、酸麵、匊羞之類。【飯】【羹】肉羹或菜羹。【肉】一器。【魚】一器。並或殽、或膾、或軒、或乾、或炒。○魚肉用湯，則羹當用菜。【酒】【炙】肝一弗，肉二弗。【茶】俗代以熟水。【祭器】○並詳見下祭禮時祭本條。

設蔬果。《備要》

設蔬果盞盤於靈座前卓上，匕筯具楪。居內當中，酒盞在其西，醋楪居其東，即第一行。果居外，即第四行。蔬脯醢居果内，即第三行。實酒于瓶。熾炭于爐。

按《家禮》正文無設蔬果一節，而只見於具饌下注，故依《備要》添入，而移置本注於此。

祝出神主于座，主人以下皆入哭，

主人及兄弟倚杖於室外，今中門外之西。及與祭者皆入，哭於靈座前。其位皆北面，以服爲列，重者居前，輕者居後，尊長坐，卑幼立。丈夫處東，西上；婦人處西，東上。逐行各以長幼爲序，侍者在後。

按 祝將出主時，當有盥洗之節。

降神，

祝止哭者。主人降自西階，盥帨，詣靈座前，焚香，再拜。執事者皆盥帨，一人開酒，實于注，西面，《備要》立於主人之右；一人奉卓上盞盤，東面，跪《備要》作立。於主人之左。《備要》主人及執事者皆跪，執注者授注。主人斟酒，以注授執事者，執事者反注於卓上，復位。左手取盤，右手執盞，酹之茅上，以盞盤授執事者，執事者反盞盤於卓上，復位。俯伏興，少退，再拜，復位。

祝進饌，

執事者佐之。《備要》以盤奉魚肉、炙肝、麵食、米食、飯羹，從升至靈座前，肉奠于盞盤之南，麵食奠于肉西，魚奠于醋楪之南，米食奠于魚東，（即第二行。）飯奠于盞盤之西，羹奠于醋楪之東。（炙肝奠于匕楪之南，祝及執事者皆復位。）

初獻，

主人進詣注卓前，執注北向立。執事者取靈座前盞盤立於主人之左。東向。主人斟酒，反注於卓上，詣靈座前，北向立。《備要》執事者奉盞隨之。（立於主人之左，東向。）主人跪，執事者亦跪，進盞盤，主人受盞，三祭於茅束上。（以盞授執事者。）俯伏興。執事者受盞奉詣靈座前，奠於故處。《備要》乃啓飯蓋置其南，（復位）主人稍退，跪，以下皆跪。祝執板出，於主人之右，西向跪，讀，云云。○反板於卓上興。復位。主人哭，再拜，復位，哭。《儀節》以下皆哭，少頃，上。（執事者以他器徹酒，置盞故處。）

【祝文式】凡告祝，以《家禮》爲主，而如年月干支，改皇爲顯等句語，多從《備要》書之。

維年號幾年歲次干支幾月干支朔幾日干支，孤子母喪，稱哀子；俱亡，稱孤哀子；承重，稱孤孫、哀孫、孤哀孫；妻喪，稱夫；旁親卑幼隨屬稱。某弟以下不名。敢昭告于妻，去敢字；弟以下，但云告于。顯考，母，云顯妣；承重，云顯祖考，或顯祖妣；妻，云亡室；旁親卑幼隨屬稱，卑幼改顯爲亡。某官此下當有封謚二字，下同。府君，内喪，云某封某氏，卑幼，去府君二字。日月不居，奄及初虞，《備要》再虞云再虞，三虞云三虞。夙興夜處，哀慕不寧，《備要》告子，云悲念相屬，心焉如燬。告弟，云悲痛猥至，情何可處。告兄，云悲痛無已，至情如何。告妻，云悲悼酸苦，不自勝堪。謹以妻弟以下，云兹以。清酌庶羞，哀薦旁親云薦此，妻弟以下云陳此。袷事，《備要》再虞云虞事，三虞云成事。尚饗。

亞獻，

主婦爲之，主婦及内執事皆盥洗。禮如初，但不讀祝，四拜。

終獻，

親賓或男或女爲之禮，如亞獻。但不徹酒。

侑食。

執事者執注，就添盞中酒。反注卓上。《備要》扱匙飯中，西柄，正筯。（正置楪上，復位。）

主人以下皆出，祝闔門。《備要》無門處降簾。

主人立於門東，西向，卑幼丈夫在其後，重行，北上。主婦立於門西，東向，卑幼婦女亦如之。尊長休於他所，如食閒。《士虞記注》一食九飯之頃。

丘氏曰：若於所館行禮，恐不能備，可略去闔門、啓門、噫歆、告利成四節。

祝啓門，主人以下入哭辭神，

祝進當門北向，噫歆三，乃啓門。主人以下入就位。執事者徹羹。點茶。奠于徹羹處。祝立于主人之右，西向，告利成，執事者下匕筯于楪中，合飯蓋，復位。斂主匣之。復位。主人以下哭，再拜，盡哀止，《備要》祝揭祝文而焚之。（並焚題主祝。）出就次。執事者徹。

問日中行虞，夕時復上食，或以爲一日三上食非禮。尤庵曰：虞與上食，自是二事，而今人例於夕時行虞，故不復上食矣。若於日中行虞，則夕時自當上食矣。

祝埋魂帛，

祝取魂帛，帥執事者埋於屏處潔地。

《儀節》若於所館行禮，必須至家埋之。○尤庵曰：發引時，主箱在帛後，反魂時，帛箱在主後。其微意可知，恐不可埋於葬地也。○沙溪曰：復衣，若並魂帛埋之，則不可。

【諸具】埋魂帛

【祝】【執事者】【器用】如畚鍤之類。

罷朝夕奠。

朝夕哭。哀至，哭如初。

遇柔日再虞，

乙丁己辛癸爲柔日，其禮如初虞。惟前期一日陳器具饌，厥明夙興，設蔬果酒饌，質明行事。若墓遠，途中遇柔日，亦於所館行之。

遇剛日三虞。

甲丙戊庚壬爲剛日，其禮如再虞。若墓遠，途中遇剛日且闕之，至家乃行此祭。

尤庵曰：再虞，若於道中遇柔日，則當於所館行之，至家之後，隨值剛日而行三虞，不可以至家日爲斷也。

卒哭

三虞後遇剛日卒哭。

《小記注》既疾葬，亦疾虞以安神，不可後也。惟卒哭，則必竢三月。

按 近俗無貴賤，皆三月而葬。而古禮，惟大夫三月，士則踰月。假令人死於晦閒，而葬於來旬前，則謂之踰月者，苟也。若此者，三月而後當行卒哭。大抵所謂踰月者，必過三十日可也。

前期一日，陳器，具饌。

並同虞祭，惟設玄酒瓶於酒瓶之西。

【諸具】陳器 具饌

【玄酒瓶】○餘並同上虞祭本條。

厥明夙興，設蔬果酒饌。

並同虞祭。惟取井華水《備要》即平朝第一汲水。充玄酒。

質明，祝出主，主人以下皆入哭，降神，

並同虞祭。

主人主婦進饌，

主人奉魚肉，主婦盥帨，奉麵米食，主人奉羹，主婦奉飯以進，如虞祭之設。執事者進炙肝。

初獻，

並同虞祭，惟祝執板出於主人之左，東向，跪讀。云云。

【祝文式】

維年號幾年歲次干支幾月干支朔幾日干支，孤子屬稱隨改，見上虞祭祝式。某，敢昭告于告妻及弟以下，見上虞祭祝式。顯考某官府君。屬稱隨改，見上虞祭祝式。日月不居，奄及卒哭，夙興夜處，哀慕不寧，妻子兄弟改措語，見上虞祭祝式。謹以清酌庶羞，哀薦旁親及妻弟以下改措語，見上虞祭祝式。成事，來日隮祔于祖考亡者之祖在，則云高祖考，内喪亦推此。某官府君，内喪云祖姑某封某氏，姑、姊、妹以下喪，云祖妣某封某氏。尚饗！

亞獻，終獻，侑食，闔門，啓門，辭神，

並同虞祭。惟祝西階上東面，告利成。

[按] 古禮小斂後，絰帶散垂，至成服乃絞，啓殯復散，卒哭易葛。此書既本《家禮》，成服始絰而散垂。而《家禮》卒哭既不易葛，又無還絞之文。故尤庵曰：腰絰散垂，終無結之之文。豈有因此而終三年不結之理乎？云云。而《備要》卒哭條有啓殯散垂者，至是當還絞之語。推此則成服散垂者，亦當於此時還絞也。

自是朝夕之閒，哀至不哭，

猶朝夕哭。

主人兄弟，疏食水飲，不食菜果，寢席枕木。

[《雜記》] 飲水漿，無鹽酪不能食，食鹽酪可也。以書吊者，須答之。

[《喪大記》] 諸父兄弟之喪，既卒哭而歸。○[栗谷]曰：凡三年之喪，古禮則廢祭。而朱子曰：古人居喪，衰麻之衣不釋於身，哭泣之聲不絕於口，其出入居處，衣服飲食，皆與平日絕異。故宗廟之祭雖廢，而幽明之間，兩無憾焉。今人居喪，與古人異。而廢此一事，恐有所未安。朱子之言如此，故未葬前準禮廢祭，而卒哭後，則於四時節祀及忌祭墓祭，使服

輕者行薦，而饌品減於常時，只一獻可也。朱子喪中，以墨衰薦于廟。今人以俗制喪服當墨衰，若無服輕者，則喪人恐可以俗制喪服行祀。○又曰：期大功，則葬後當祭如平時，但不受胙。未葬前時祭可廢，忌祭墓祭略行如上儀。緦小功，則成服前廢祭，雖忌日亦不可行。成服後則當祭如平時，但不受胙。服中時祀，當以玄冠素服黑帶行之。○問 妻喪已葬，當祭否？朱子曰：恐不得祭。某家廢四時正祭，猶存節祀，忌者喪之餘，祭似無嫌，然正寢已設几筵，無祭處，恐可暫停。○尤庵 曰：最長房之奉祧主，其事體與宗家有異。只欲權奉祭祀，而復三年廢祭，有所未安。最長房死，則其所奉神主，當即遷于次長，不必待三年喪畢。○問 最長房葬後，遷奉次長房則當以酒果告遷，抑告遷時改題而遷奉耶？尤庵曰：凡祧主改題，自是遷奉者之事，既遷之後，似亦當有酒果告由之禮，其時改題似宜矣。

按 喪中入廟服，栗谷以俗制喪服當之，俗制喪服即孝巾直領，而龜峰難之以免冠拜先祖，栗谷答以謹改而《要訣》無改，或未及釐正耶？今以平凉子、別製布帶、直領入廟似宜。○妻喪是主婦之喪，而几筵已設於正寢，未除服前，雖忌祭，恐不可備儀，饌品減於平時，一獻不讀祝，而行於廳事似當。○最長房葬後，遷奉祧主於次長房，雖無古據，揆以人情誠爲合宜，且既有尤庵定論，今當遵行矣。

【諸具】既卒哭

【席】【木枕】【平凉子】【布直領】【布帶】並主人衆男祭先時所服。

【祧主遷奉次長房後改題告辭式】新補

維年號幾年歲次干支幾月干支朔幾日干支，玄孫某官某，敢昭告于顯高祖考某官府君，顯高祖妣某封某氏。今以玄孫某喪葬已訖，某當以次長奉祀神主。今將改題，謹以酒果，用伸虔告，謹告。

【答人慰疏式】適孫承重者同。

某稽顙再拜言：降等，云叩首，去言字。某罪逆深重，不自死滅，禍延先考。母，云先妣；承重，云先祖考、先祖妣。攀號擗踊，五内分崩，叩地叫天，無所逮及。日月不居，奄踰旬朔，卒哭、小祥、大祥、禫，隨時。酷罰罪苦，父在母亡，云偏罰罪深，父先亡，則母與父同。無望生全。即日蒙恩，平交以下，去此四字。祇奉几筵，大祥後，去祇奉几筵四字。苟存視息。伏蒙尊慈，平交，云仰承仁恩。俯賜平交，改賜爲垂，降等，去伏蒙以下六字，但云特承。慰問，哀感之至，無任下誠。平交，改哀感以下八字爲其爲哀感，但切下懷。降等，但云哀感良深。未由號訴，不勝隕絶。謹奉疏，降等，云狀。荒迷不次。謹疏。降等，云狀。年號幾年某月某日，孤子母喪，稱哀子；俱亡，稱孤哀子。承重，稱孤孫哀孫孤哀孫。（《翰墨大全》心喪，云心喪，禫服，云居禫。）姓名疏降等，云狀。上

某位座前。謹空。平交以下，去此二字。

【皮封式】重封同。

疏隨改同前。上

某位。座前　　孤子隨改同前。姓名，謹封。

祔

卒哭明日而祔。卒哭之祭既徹，即陳器，具饌。

器如卒哭。惟陳之於祠堂。堂狹，即於廳事設亡者祖考妣位於中，南向西上，設亡者位於其東南，西向。母喪，則不設祖考位。酒瓶、玄酒瓶於阼階上；火爐於西階上。《儀節》在祠堂，則設一卓在西階上，盛新主。若在他所，設二卓，一盛祖考妣櫝，一盛新主櫝。具饌如卒哭而三分，母喪則兩分。祖妣二人以上，則以親者。《小記注》：謂舅所生母也。

《士虞禮》以其班祔。○沙溪曰：祔從昭穆，祖父母在，則當間一代，而祔於高祖。○《雜記》王父死，未練祥，而孫又死，猶是祔於王父。○《小記》妾無妾祖姑者，祔於女君可也。注女君，謂適祖姑也。○朱子曰：妾母不世祭，則永無妾祖姑矣。

【諸具】設位 陳器 具饌

並同下祭禮時祭本條，但只具三位，若祖妣有二人以上，則隨位加設，内喪，則只設祖妣親者位。○亡者位亦設茅沙。

沐浴、櫛、搔、翦《士虞禮》

《備要》丘氏曰：今網巾與纚頗相似，但古禮只言其去纚之節，而不言其還施之時。至祔祭，主人以下沐浴、櫛髮，則此時似當用纚而無明文。《開元禮》及杜氏説，雖與古禮不同，喪人當斂髮之義，則似有據。

【諸具】沐浴

【布網巾】

厥明夙興，設蔬果酒饌。

並同卒哭。

質明，主人以下哭於靈座前，

主人兄弟皆倚杖於階下，西階之西。入哭盡哀止。○繼祖宗子之喪，其世適當爲後者主喪，乃用此禮。

若喪主非宗子，則皆以亡者繼祖之宗主此祭。

尤庵曰：宗子有故，以攝主行之。○又曰：祔祭時五服之人，各服其服。

詣祠堂，奉神主出，置于座。

祝軸簾，啓櫝，奉所祔祖考之主置于座，内執事者奉祖妣之主置于座，西上。母喪，則只奉出祖妣一位。若在他所，《儀節》跪告云云。奉其櫝以行。置于西階上卓上，啓櫝。奉主置于座如儀。○若喪主非宗子，而與繼祖之宗異居，則宗子爲告于祖，而設虚位《備要》用紙牓。以祭。陳氏曰：只設虚位，則當先降而後參。祭訖，除之。

同春問：宗子告祠堂，當前期一日，以酒果只告于所祔之龕耶？沙溪曰是。

按《儀節》行禮於他所，則奉櫝時有跪告之文。雖行於祠堂，將出主，恐當有告，若在他所則告時又當焚香。

【諸具】奉主

【笥】用以盛主櫝而奉之者。【香案】只設本龕前。

【告辭式】新補 ○《儀節》有告，欠詳。今參酌時祭，出主告辭。

孝曾孫承重，稱孝玄孫。妻旁親卑幼喪，則屬稱隨亡者，當祔位。○若喪主非宗子，則隨宗子屬稱。某，今以隮祔先考，母喪，云先妣，承重，云先祖考或先祖妣； 妻旁親卑幼喪，則隨屬稱。有事于顯曾祖考母喪，云顯曾祖妣； 承重，云顯高祖考或顯高祖妣； 妻喪，云顯祖妣； 旁親卑幼喪，則屬稱隨亡者當祔位。某官府君。内喪，云某封某氏。敢請顯曾祖考、顯曾祖妣有前後配，則列書； 内喪，只請祖妣，若祖妣二人以上，則親者位。神主，出就于座。若在他所，則改于座爲正寢或廳事。

【諸具】與宗子異居，宗子告于祖。

同下祭禮有事則告條。

【告辭式】新補

維年號幾年歲次干支幾月干支朔幾日干支，某親屬稱隨亡者當祔位。某，敢昭告于顯某考某官府君。内喪，云顯某妣某封某氏。○屬稱隨亡者當祔位。今以孫某官，内喪，云孫婦某封某氏或第幾孫女。禮當隮祔，而所居異宮，不得行祭於祖廟，將以某日，謹用紙牓薦于其家，謹以酒果，用伸虔告，謹告。

【諸具】紙牓

【紙】用厚白紙，長廣隨宜，以真楷細書於紙中央，臨祭貼於椅上，隨位各書。【硯】【筆】【墨】【盥盆】

【帨巾】

【紙牓式】新補

顯某考屬稱隨亡者當祔位，下同。某官府君神位，顯某妣某封某氏神位。祖妣二人以上，別具紙各書，内喪，則不設祖考位。

還，奉新主入祠堂，置于座。

主人以下還詣靈座所，哭。祝奉主櫝，詣祠堂西階上卓上。主人以下哭從，如從柩之序，至門止哭。祝啓櫝出主，如前儀。〇若喪主非宗子，則惟喪主、主婦以下還迎。

按 奉新主時，似當有焚香告之節。

【諸具】奉新主

【笥】

【告辭式】新補

請　主詣　祠堂。正寢廳事，隨所設。

序立，

如虞祭之儀。〇若喪主非宗子，則宗子主婦分立兩階之下，喪主在宗子之右，喪主婦在宗子婦之左，長則居前，少則居後。

參神，

在位者皆再拜參祖考妣。

降神。

並同卒哭。〇若喪主非宗子，則宗子行之。

祝進饌，

並同虞祭。但先詣祖考妣位前進饌，次詣新主前進饌。

按 喪主非宗子，則宗子宗婦當進饌于祖考妣位，使喪主喪主婦進饌于新主，而儀同卒哭。

初獻，

並同卒哭。但酌獻先詣祖考妣前，《備要》祝執板立於主人之左，東向跪讀云云，祝興，主人再拜。次詣亡者前，《備要》祝立於主人之左，南向跪讀云云，祝興，主人再拜。皆不哭。○若喪主非宗子，則宗子行之。若亡者於宗子爲卑幼，則不拜。

【祖考位祝文式】

維年號幾年歲次干支幾月干支朔幾日干支，孝曾孫屬稱隨改，見上出主告式。某，謹以清酌庶羞，適于顯曾祖考某官府君，屬稱隨改，見上出主告式。隮祔孫某官，內喪，云孫婦某封某氏，姑、姊、妹以下，云第幾孫女。尚饗！

【新主祝文式】

維年號幾年歲次干支幾月干支朔幾日干支，孝子承重，稱孝孫；妻，稱夫；旁親卑幼隨屬稱。○若喪主非宗子，則隨宗子屬稱。某，弟以下不名。謹以妻、弟以下，云玆以。清酌庶羞，哀薦旁親，云薦此；妻、弟以下，云陳此。祔事于顯考母，云顯妣；承重，云顯祖考或顯祖妣；妻，云亡室；旁親卑幼隨屬稱，卑幼，改顯爲亡。某官府君，內喪，云某封某氏；卑幼，去府君二字。適于顯曾祖考某官府君，屬稱隨改，見上出主告式。

尚饗！

亞獻，終獻，

並同初獻，惟不讀祝。○若喪主非宗子，則喪主爲亞獻，主婦宗子婦也。爲終獻。終獻不徹酒。

侑食，闔門，啓門，辭神，

並同卒哭，但不哭。

祝奉主各還故處。

祝先納祖考妣神主于龕中匣之，次納亡者神主西階卓上匣之，奉之反于靈座，出門。主人以下哭從，如來儀，盡哀止。○若喪主非宗子，則哭而先行，宗子亦哭送之，盡哀止。若祭於他所，則祖考妣之主亦如新主納之。奉歸祠堂如來儀，安于故處。降簾、闔門而退，還詣祭所，奉新主反于靈座。

按 喪主非宗子，則祖考妣神主出納，宗子宗婦當爲之，而新主出納則祝當爲之。

小祥

期而小祥。

自喪至此，不計閏，凡十三月。古者卜日而祭。今止用初忌。

《雜記》期之喪，十一月而練，十三月而祥，十五月而禫。《注》此言父在爲母。○《備要》爲妻同。○張子曰：大功以下，算閏；期以上，以期斷。○《備要》父在，爲母與爲妻，實具二年之體，故十一月而練者，正當期正之數也。不可謂以月計，而算閏也。○尤庵曰：凡人練祥，皆從聞訃日計之。○《備要》《大全》練祥之禮，却當計日月實數爲節，但其間忌日，却須別設祭奠，始盡人情。按此，適子爲然，庶子聞喪在後，則變除之節，亦計日月之數哭而行之，不敢祭耳。○尤庵曰：聞訃若在亡月，則只計月數而行練祥於亡日，以應十三月廿五月之文。○又曰：國恤卒哭前，私家練祥不敢行者，以殷祭故也。當待卒哭後擇日追行，而忌日則略行祭奠。○《雜記》父母之喪將祭，而昆弟死，既殯而祭，如同宮，則雖臣妾葬而後祭。注將祭，將行大小祥祭也。○沙溪曰：夫爲妻小祥，其祭日，卜如禫儀而先命以下旬之日。

按聞訃在後月，於忌日別設祭奠，則當單獻無祝，如朔奠之儀，而前一日，不可不因上食告由。

前期一日，主人以下沐浴，陳器，具饌，

主人帥衆丈夫灑掃滌濯，主婦帥衆婦女滌釜鼎，具祭饌。他皆如卒哭之禮。

按今俗或於小大祥及忌日，支子孫別具饌酒，謂以加供。侑食之後，雜陳於卓前。其爲黷褻，孰甚於此。如欲伸情，則以物助具饌之需，似合於古禮獻賢之義矣。

【諸具】沐浴

同上虞祭本條。

【諸具】陳器　具饌

並同上卒哭本條。

設次陳練服。

丈夫、婦人各設次於别所，置練服於其中。男子去首絰。《備要》婦人腰絰除之。應服期者改吉服。然猶盡其月，不服金珠錦繡紅紫。

《備要》今依圖式，冠與中衣練之，而衰裳則以大功七升布改製而不練。恐無違於古禮，而與疏家正服不變之文相合矣。然横渠用練之説，圖式引之，而不以爲非。《家禮》亦謂大功用熟布，小祥换練布，則雖并練衰裳，亦不爲無據。○牛溪曰：練時葛絰，即俗所謂青忽致是也。○尤庵曰：練帶用葛，去其外皮則潔白光鮮，不宜於喪服。○又曰：絞帶之用布，出於《儀禮》，好古之家從之。○又曰：《家禮》既云練布爲冠，則武與纓似當并在其中矣。○又曰：練時衣裳，見於《備要》圖式，而《家禮》《儀禮》皆無斬衰緝邊之文。若於小祥，緝邊則更無斬衰終三年之意。

按《家禮》只云陳練服，而無某服不練之文。正服不練，雖是疏説，既練冠及中衣，不練衰裳，則上下表裏，甚不相稱。並練衰裳，恐得宜。○斬衰練冠之武纓，先儒説不同，而既變繩絞爲布絞，則繩武之仍存，甚不相稱。且衣裳之布與制，皆同大功，則冠亦當一如大功，當以尤庵説爲正。○練後絰帶，世多用熟麻，而熟麻只見於《備要》，葛絰與布帶則出於經多矣，只當以古禮爲準。○葛絰之葛，沙溪以爲疑用麤皮。尤庵以用麤爲不可易，至以全者爲言，而以無葛之鄉用潁之義推之。潁即俗所謂於作外，其光鮮甚於精葛，牛溪青忽致之説似是，而尤翁以不宜於喪服駁之，既無明證，則不可遽用潔白者，以皮葛略加漚治爲之，似得宜。

【諸具】陳練服

【執事者】【丈夫次】設于東序之東。【婦人次】設于西序之西。【冠】用稍細練布鍛爲之，右縫布纓，如大功。【孝巾】用稍細練布鍛爲之，○並制見上成服各服其服條。【網巾】用稍細練布鍛爲之。【衣】【裳】並用稍麤練布鍛爲之，斬衰猶不緝邊，但去負版、辟領、衰，如大功。【中衣】用稍細練布鍛爲之。○衣以下並制見上成服各服其服條。【腰絰】用葛爲之，四股糾之，積而相重，即二重四股。其圍，五寸七分，齊衰四寸六分。其長，中取圍腰絰兩端，垂餘三尺。斬衰亦當布纓。【行纏】用稍細練布鍛爲之，制見上成服各服其服條。○冠以下男子服。【首絰】用葛爲之，其圍七寸二分，齊衰五寸七分，斬衰亦當布纓。【簪】仍舊。【蓋頭】用稍細練布鍛爲之。【衣】【裳】用稍麤練布鍛爲之。○並制見上成服各服其服條，斬衰猶不緝邊，但去負版、辟領、衰。○首絰以下婦人服。【絞帶】用稍細練布鍛爲之，布如冠升，制見上成服各服其服條。【杖】仍舊。【履】用漚麻爲之。○絞帶以下，男子、婦人通服。○童子服，並制同長者，但無冠巾。○爲人後者爲本生父母服，制同下禫服。【侍者妾婢服】用練布，見上成服各服其服條。【吉服】期服人所服。祭訖，還著素服，如忌日服，明日反著吉服。

厥明夙興，設蔬果酒饌。

並同卒哭。

質明，祝出主，主人以下入哭。

皆如卒哭。但主人倚杖於門外，寢門外之西。與期親各服其服而入。若已除服者來預祭，亦釋去華盛之服，皆哭盡哀止。

乃出就次，易服復入哭。

祝止之。男女有服者皆出就次，易練服，期親換吉服。惟父在爲母爲妻十一月而練者，易服與服三年者同，復入哭少頃，祝止之。

降神，三獻。侑食，闔門，啓門，辭神。降神下當有進饌二字。

皆如卒哭之儀。

【祝文式】

維年號幾年歲次干支幾月干支朔幾日干支，孝子屬稱隨改，見上虞祭祝式。某，敢昭告于告妻及弟以下，見上虞祭祝式。顯考某官府君。屬稱隨改，見上虞祭祝式。日月不居，奄及小祥，夙興夜處，哀慕不寧。妻子兄弟改措語，見上虞祭祝式。謹以妻弟以下，云兹以。清酌庶羞，哀薦旁親及妻弟以下，改措語，見上虞祭祝式。常事，尚饗！○按祝式中，雖載「小心畏忌，不惰其身」八字，而士大夫家不用者居多，鄙人曾亦不敢用矣。

止朝夕哭，

惟朔望，未除服者即期以下，在外聞喪追服者。會哭。

《備要》小祥後，雖止朝夕哭。至於上食，則當有哭拜之節。○退溪曰：晨昏，當展拜几筵。○同春問：大小祥日，親賓之來見者，似當哭拜。沙溪曰：客來，則主人先哭待之，可也。

按子事父母，有定省之節。自喪至練，有朝夕之哭。喪畢入廟，則有晨謁之禮。豈獨於小祥後全無晨昏之禮？退溪之説深得禮意，但三年内有常侍之義。祥前不拜而拜於祥後，似未安。晨昏入几筵侍立，移時而退，恐當。以禮言之，則所謂贍禮者是也。

始食菜果。

《喪大記》婦人喪父母，既練而歸。○《語類》親喪，兄弟先滿者先除，後滿者後除，以在外聞喪有先後。

按 古禮練祥之月，卜日而祭，而先滿先除之文，出於《儀禮》，恐非指同月聞訃者而言。庶子聞喪，若與適子同月，則適子練祥時，偕除似當。先正意皆如此。

【諸具】既練

【堊室】主人衆男所居，制見上初終喪次條。【薦】【蒲席】並施於堊室者。

【主人聞喪在後月其亡日前一日告辭式】新補

某罪逆凶釁，不克敬孝，昨年聞訃，在於某月某日，將以是日退行小祥，而明日諱辰，且行一奠之禮，彌增罔極，謹告。

【諸具】亡日行奠

【饌】多少隨宜。

【諸具】夫爲妻，十一月而練卜日

與下時祭本條參看，但不盛服。

【命辭式】新補

某將以來月某日，即下旬或丁或亥，不吉則復命以中旬，又不吉則直用上旬日。陳常事于亡室某封某氏，尚饗！

【告辭式】新補

夫某將以來月某日陳常事于亡室某封某氏，卜既得吉，用上旬日，則去卜既得吉四字。茲告。

大祥

再期而大祥。

自喪至此，不計閏，凡二十五月，亦止用第二忌日。若夫爲妻，十三月而祥，只用初忌日。

前期一日，沐浴，陳器，具饌，

皆如小祥。

《備要》有事則告，今新主祔廟，不可不先告祠堂。○尤庵曰：前期告廟，而翌日祥祭畢後，即入祔之爲順。

【諸具】沐浴

同上虞祭本條。

【諸具】陳器　具饌

並同上卒哭本條。

【諸具】前一日告祠堂

【平凉子】【布直領】【布帶】并即見上既卒哭祭先服條者。○餘並同下祭禮有事則告條。

【告辭式】《備要》○承重，則父雖祔位，亦當有告。

維年號幾年歲次干支歲月干支朔幾日干支，五代孫承重，稱六代孫；繼曾祖以下之宗，隨屬稱。○若喪主非宗子，而宗子告，則稱孝玄孫某官。某，敢昭告于顯五代祖考某官府君，顯五代祖妣某封某氏，高祖考妣至祖考妣列書；承重，則自六代祖考妣至曾祖考妣列書。父先亡母喪，則自高祖考妣至考列書，祔位不書。○若宗子告，則自高祖考妣以下至亡者祖先位。茲以先考母，云先妣；承重，云先祖考或先祖妣，妻，云亡室。○若宗子告，則隨屬稱。某官，内喪，云某封某氏。大祥已屆，禮當祔於顯曾祖考屬稱隨改，見上祔祭出主告式。某官府君，内喪，云某封某氏。不勝感愴，謹以酒果，用伸虔告，謹告。

【支子異居始爲禰廟妣位告辭式】新補

維年號幾年歲次干支幾月干支朔幾日干支，孝子某，敢昭告于顯妣某封某氏，父先亡，云顯考某官府君。茲以先考先父亡，云先妣。喪期已盡，禮當入廟，謹以酒果，用伸虔告，謹告。

陳祥服 皇朝制

《儀節》白直領布帶。《五禮儀》白笠、白靴，婦人用素衣履。（内外各設次陳之。）

《檀弓》祥而縞。○《書傳》純白之色曰縞，大祥則服乎縞也。○《間傳》大祥，素縞麻衣。

按《家禮》此條云陳禫服，而不無古今之異，且在萬曆年間，鄭松江赴京，問於禮部，則郎中胡僖答曰：禫而陳禫服，序也。今當薦此祥事之日，而先陳禫服，人無不微疑其間。我朝議禮考文，祥禫服參酌時宜，大祥日，用細熟麻布爲冠服，及至禫祭，即服禫服承祭云。而今文獻無徵，故但以陳祥服三字爲大文，注以皇朝制，以丘儀與《國制》，開録于下。而禫服一段，移置禫條。

【諸具】陳祥服

【執事者】【丈夫次】【婦人次】并同上陳練服條。【白笠】裹以白細布。【網巾】用白細布爲之。○按《家禮》大祥，直用禫服，故於網巾，先儒皆從禫服説。沙溪以爲用黑白麤騣雜造爲之。而今移禫服於禫條。而大祥，純用素服，則獨於網巾，不當用黲色。問解同春問目，亦以爲黑網巾甚不稱於縞素之服，欲以白布爲之。又有人問於尤庵曰：宋龜峰答鄭松江，則以爲當用白布。尤庵答曰：笠既白，則巾亦白無妨。其後所論，多以黲爲言，蓋主禫服説也。今於祥服不用黲色，故以尤庵初説爲正，先輩亦有行之者矣。【直領】【帶】并用白細布爲之。【白靴】今俗代以麻履。○白笠以下男子服。【簪】仍舊。【衣裳】如布深衣、白大衣、長裙之類。【履】簪以下婦人服。

厥明行事，皆如小祥之儀。

按《家禮》無吉祭，故此條上有告遷祠堂之文。而今行吉祭，則當在吉祭時，兹依《備要》移置。○虞卒哭及小祥無遷主之事，故先斂主而後辭神，祔祭則有奉還之節，故先辭神而後斂主。大祥既當奉入祠堂，則亦如祔祭而先辭後斂爲是。

【祝文武】

維年號幾年歲次干支幾月干支朔幾日干支，孝子屬稱隨改，見上虞祭祝式。某，敢昭告于告妻及弟以下，見上虞祭祝式。顯考某官府君，屬稱隨改，見上虞祭祝式。日月不居，奄及大祥，夙興夜處，哀慕不寧，妻子兄弟改措語，見上虞祭祝式。謹以清酌庶羞，哀薦旁親及妻弟以下改措語，見上虞祭祝式。祥事，尚饗！

畢，祝奉神主入于祠堂，

《備要》祝跪告云云。主人以下哭從，如祔之序。至祠堂前哭止。詣祖龕，軸簾，祔于正位東南，西向。皆再拜，降簾、闔門而退。

《大全》既祥而徹几筵，其主且當祔於祖廟，竢祫畢後遷。○《備要》父雖先入廟，母喪畢，且祔於曾祖妣，竢祫時配于父。

按 若始爲大宗及非宗子，而與宗子異居，則大祥前新立祠堂，祭訖入廟。與宗子同居，則祔于祖廟，至吉乃別立廟，似合禮意。

【諸具】奉主

【小卓】斂主時用以安櫝者。【笥】【帕】用黑緞爲之。

【告辭式】《備要》

請入于

祠堂。

徹靈座，斷杖棄之屏處。

《理窟》喪服必於除日毁，以散諸貧者或守墓者可也。《喪大記》食醯醬。

《雜記》有父之喪，未没喪而母死，其除父之喪也。服其除服，卒事，反喪服。

按《家禮》此條下，有埋主飲酒、食肉復寢等文，而據古禮及丘儀，皆非祥後事，故移置下文，并如《備要》。

禫祭

大祥之後，中月而禫。

間一月也。自喪至此，凡二十七月。若夫爲妻，則十五月。《理窟》閏月亦算之。（謂祥禫之間。）

《小記》爲父母、妻、長子禫。《疏》妻爲夫，亦禫。〇《備要》前後有喪，則前喪禫祭，不可行於後喪中，亦不忍於凶時行吉禮之意也。又不可追行於後喪畢後，蓋過時不祭也。〇尤庵曰：國喪卒哭前，不可行禫，卒哭後，不可追行，只於當禫之月，設虛位哭。

前一月，下旬，卜日。

下旬之首，擇來月三旬各一日，或丁或亥，設卓于祠堂門外，置香爐、盒、环珓、盤于其上，西向。主人服祥服。西向；衆主人次之，少退，北上；子孫在其後重行，北上；執事者北向，東上。主人炷香薰珓，兩手執之，薰於爐上。命以上旬之日，云云。即以珓擲于盤，以一俯一仰爲吉，不吉更命中旬之日，又不吉則用下旬之日。下旬則不卜。主人乃入祠堂本龕前，再拜。在位者皆再拜。主人焚香。祝執辭立於主人之左，東向。跪告，云云。主人再拜，降，與在位者皆再拜。祝闔門，退。

尤庵曰：环珓之制，既非難備者，今俗無端不用，未可曉也。

【諸具】卜日

同下祭禮時祭本條，但不盛服。

【命辭式】

某將以來月某日，即三旬內，或丁或亥。祇薦妻、子，改祇薦爲陳。禫事于先考母，云先妣；承重，云先祖考或先祖妣；妻，云亡室；子，云亡子。某官府君，內喪，云某封某氏；子，去府君二字。尚饗！

【當位告辭式】

孝子承重，稱孝孫；妻，稱夫。某，告子，但云父。將以來月某日，祇薦妻、子，改措語，見上命辭式。禫事于先考某官府君，屬稱隨改，見上命辭式。卜既得吉，用下旬日，則去此四字。敢告。妻、子，云兹告。

前期一日，沐浴設位，陳器，具饌。

【諸具】沐浴 設位 陳器 具饌 並同下祭禮忌祭本條。

設神位於靈座故處，他如大祥之儀。《儀節》設卓於西階上。

設次陳禫服。

司馬溫公曰：丈夫垂脚黲紗幞頭，今俗代用黲布笠。黲布衫，布裹角帶。當代用白布帶。婦人冠梳，以鵝黃青碧皂白爲衣履，其金珠紅繡，皆不可用。

《間傳》禫而纖。《疏》黑經白緯曰纖。○《書傳》中月而禫，則服乎纖也。

【諸具】陳禫服

【執事者】【丈夫次】【婦人次】並同上陳練服條。【黲布笠】皂纓具，俗用墨布笠。○今世不用垂脚幞頭，故代之以此。【網巾】用黑白麤鬉雜造，或用淡皂布爲之。【黲布衫】衫用直領或深衣爲可，如深衣則以黲布緣之。○按 黲是黑白兼之色，《間傳》：禫而纖，黑經白緯者。今世無用之者，用水墨染作黲淡之色可也。又《説文》：黲，淺青黑色。淺青即葱白玉色之類，淺黑即灰色，所云黲淡色是也。又《要訣》：父母忌祭服，有官無官，通用玉色團領。蓋《家禮》忌祭服，與禫服同。○禫時冠服，並仍留作忌祭服似好。【白布帶】布裹角帶不可常服，故代之以此，如深衣則帶亦布緣。○按 若不能具黲衫而用素服，則帶用黲布亦可。蓋古禮禫訖，著素端。沙溪曰：雖著素端，白帶則似過。今人多從此説矣，然當以《家禮》禫服爲正。【皂靴】或白靴。○黲布笠以下男子服。【冠】制見上冠禮笄陳服條。【淡黄帔】制見上昏禮醮女條。【白大衣】制見上朔參條。【屨】冠以下婦人服。○並用鵝黄青碧皂白爲之，鵝黄即兒鵝色，青即藍色，碧即玉色。

厥明行事，皆如大祥之儀。

但主人以下詣祠堂。本龕前軸簾，皆再拜。祝《儀節》焚香跪告云云。奉主櫝主人以下從之。置于西階卓上，出主置于座。主人以下皆哭再拜。盡哀。出就次，易服。三獻不哭，至辭神，乃哭盡哀。拜畢，奉主就西階卓上，櫝之。送神主，至祠堂不哭。《備要》猶祔祖龕。（降簾、闔門而退。）

【諸具】奉主

並同上祔祀出主本條。

【告辭式】《儀節》

孝子屬稱隨改，見上卜日告式。某，告子，見上卜日告式。將祇薦妻子，改措語，見上命辭式。禫事，敢妻子，去敢字。請

先考屬稱隨改，見上命辭式。神主出就正寢。行祭于靈座故處，則改正寢爲靈座故處。

【祝文式】

維年號幾年歲次干支幾月干支朔幾日干支，孝子屬稱隨改，見上卜日告式。某，告子，見上卜日告式。敢昭告于妻，去敢字，告子，但云，告于。顯考母，云顯妣；承重，云顯祖考或顯祖妣；妻，云亡室；子，云亡子。某官府君，屬稱隨改，見上命辭式。日月不居，奄及禫祭，夙興夜處，哀慕不寧，妻，改夙興以下八字，爲悲悼酸苦，不自勝堪。子，云悲念相續，心焉如燬。謹以妻子，云兹以。清酌庶羞，哀薦妻、子，云陳此。禫事，尚饗！

始飲酒食肉。

《間傳》始飲酒者，先飲醴酒，始食肉者，先食乾肉。

吉祭《士虞記》

禫之明日，卜日。《備要》○下同。

擇來月三旬各一日，或丁或亥。禫在中月，則就是月内卜日。主人禫服，帥衆兄弟及子孫、執事，立於祠堂中門外，西向。焚香薰珓，並如禫祭卜日儀。既得日，告如時祭卜日而告之儀。

《士虞記》是月也吉祭，猶未配。《注》是月禫月也，當四時之祭月則祭，猶未以妃配。○《備要》踰月而祭，是爲常制，而禫祭若當四時正祭之月，則即於是月而行之。蓋三年廢祭之餘，正祭爲急故也。祭時考妣異位，祝用異板。祭後合櫝，若踰月則祭時合位。○尤庵曰：吉祭實喪餘之祭，則雖行於孟月，亦無嫌也。○慎齋曰：七月行吉祭，則秋祭已行，不當再行於八月。○《備要》父先亡已入廟，則母喪畢後，固無吉祭遞遷之節矣。然其正祭，似當倣此而行之。

【諸具】卜日

同下祭禮時祭本條，但不盛服。

【命辭式】引用下時祭本式，下同。

某將以來月某日，即上旬，或丁或亥。不吉則復命以中旬，又不吉則直用下旬日。諏此歲事，適其祖考，始爲禰宗，但云考，下同。尚饗！

【告辭式】

孝孫始爲禰宗，云孝子，下同。某，將以來月某日，祇薦歲事于祖考，卜既得吉，用下旬日，則去卜既得吉四字。敢告。

【祝命執事辭式】

孝孫某，將以來月某日，祗薦歲事于祖考，有司具脩。

前期三日，齊戒。

主人帥衆丈夫，致齊於外。主婦帥衆婦女，致齊於內，皆沐浴。

【諸具】齊戒

同下祭禮時祭本條。

告遷于祠堂。《備要》告遷上有前一日三字。

前一日，夙興詣祠堂，以酒果告。如朔參之儀，但別設一卓於香案之東，置浄水、粉盞、刷子、竹刀、木賊、帨巾、硯筆墨於其上。主人斟酒再拜，訖，立於香卓之前。祝執板立於主人之左，主人以下皆跪，祝東向跪讀云云。若承重祖喪畢後，改題考位神主，則主人又就考位所祔龕前跪，祝就主人之左，跪讀云云。告畢，祝降復位，主人再拜，進奉所當改題最尊之主，卧置卓上。執事者先以帨巾漬水，沾潤粉面，次以竹刀刮去舊字，次以刷子梳去舊粉，又以帨巾拭之，又以木賊磨之使滑，乃別塗以粉，竢乾。命善書者盥手西向坐，改題之，陷中不改，洗水，以灑祠堂之四壁。主人奉主置故處，改題諸位如前。曾祖考妣，改題爲高祖考妣；祖考妣爲曾祖考妣；考妣爲祖考妣。旁題皆以其屬書之，祔位皆倣此例，不書旁題。親盡當埋之主，則不復改題，當遷長房之主亦同。若有不遷之位，改題以幾代祖，旁題亦改書，乃降復位，與在位者皆再拜，辭神納主，徹降簾，闔門而退。

【諸具】告遷

同下祭禮有事則告條，但不盛服。○承重祖父喪畢，或母先亡父喪畢，則祝用二板。

【諸具】改題

【浄水】【刷子】【巾】○餘并同上治葬題主條

【告辭式】《備要》

維年號幾年歲次干支幾月干支朔幾日干支，五代孫承重稱六代孫，繼曾祖以下之宗隨屬稱。某，敢昭告于顯五代祖考某官府君，顯五代祖妣某封某氏，高祖考妣至祖考妣列書，承重，則自六代祖考妣至曾祖考妣列書。茲以先考承重，云先祖考。某官府君，喪期已盡，禮當遷主入廟，承重，則此下云先考某官府君，已於某年某月祔于祖龕，亦當遷主入廟。顯五代祖考某官府君，顯五代祖妣某封某氏，承重，則先書六代祖考妣。親盡，神主當祧，顯高祖考某官府君，顯高祖妣某封某氏至祖考妣列書，承重，則至曾祖考妣列書。神主。今將改題，祔位有改題者，則此下當云某親某官府君或某親某封某氏，神主亦當改題。○卑幼，不書府君。世次迭遷，不勝感愴，謹以酒果，用伸虔告，謹告。

【母先亡父喪畢改題妣位告辭式】新補○祖母先亡，承重祖父喪畢，改題祖妣位告辭同，但改屬稱。

維年號幾年歲次干支幾月干支朔幾日干支，孝子某，敢昭告于顯妣某封某氏，當初題主時，先考某官府君爲主，故以其屬書之，今先考喪期已盡，禮當遷主入廟，顯妣神主亦當合享。某將以顯妣改題，世次迭遷，彌增罔極，謹以酒果，用伸虔告，謹告。

【承重祖父喪畢改題考位告辭式】新補

維年號幾年歲次干支幾月干支朔幾日干支，孝子某，敢昭告于顯考某官府君，俱亡，則顯妣某封某氏列書，下同。當初題主時，先祖考某官府君爲主，故以其屬書之。今先祖考喪期已盡，禮當遷主入廟，顯考神主亦入正位。某將以顯考改題，世次迭遷，彌增罔極，謹以酒果，用伸虔告，謹告。

設位《備要》○下同。

主人帥衆丈夫及執事者，灑掃正寢，洗拭椅卓，務令蠲潔。設五代祖考妣位於堂西北壁下，南向，考西妣東，各用一椅一卓而合之。高祖考妣、曾祖考妣、祖考妣以次而東，皆如五代祖考妣之位。設考妣位於東壁下，西向，考北妣南。禫月行祭，則新主考妣異位。世各爲位，不屬祔位，皆於東序，西向北上，或兩序相向，尊者居西，妻以下則於階下。○若繼曾祖以下之宗，則計世數設位，并新主皆南向如儀。若始爲繼禰之宗，則只設新主位於堂中北壁下，南向。

沙溪曰：世數若已滿，而又陞新主，則是五世，似未安。當以新主，姑位於東壁下，祭畢遷祧後，始入正位，恐當。然則未滿四世者，直爲正位，無妨。

【諸具】設位○若承重喪畢，則祖考及考位當並姑設於東壁下，西向。

【合櫝】蓋座如初制，但闊其廣，取足以容考妣之主。若祔位無吉祭者，則禫之後，月朔參時，乃具。○餘並同下祭禮時祭本條，而設五位。

陳器、省牲、滌器、具饌。

並如時祭儀。

設次，陳吉服。

陳氏曰：至吉祭，平常所服之物無所不佩。

按此一節，《備要》在禫條，而今移置于此。○若是祔位而無吉祭者，則當於禫祭後，月朔參而服吉矣。○父在母喪，持心制以終禫月，禫月既盡，來哭於墓前除之，亦似穩當。

【諸具】陳潔服

同下祭禮朔參條，盛服。

厥明夙興，設蔬果。

如時祭儀。

質明，奉主就位。

主人以下各就次，易盛服，盥帨詣祠堂前，餘並同時祭儀。

【諸具】奉主

同下祭禮時祭本條。

【告辭式】《備要》

五代孫承重，則稱六代孫。某，今以遞遷，父先亡母喪畢，云孝玄孫某，今既免喪；　若始爲禰宗，云孝子某，今以妥享；　母喪畢，改妥享爲合享。有事于顯五代祖考某官府君，顯五代祖妣某封某氏，高祖考妣至考妣列書，承重則自六代祖考妣至考妣列書。父先亡母喪畢，自高祖考妣至考妣列書，若始爲禰宗，則止云顯考某官府君；俱亡，則顯妣某封某氏列書。以某親某官府君，卑幼，去府君二字。某親某封某氏祔食，敢請神主出就正寢，恭伸奠獻。

參神，降神，進饌。

並如時祭儀。

初獻，

如時祭儀，但先詣五代祖位前獻祝，以次詣考位前如初。○若禫月行祭，則考位獻祝畢，復就妣位前獻祝。○若承重喪畢，則祖位獻祝畢，復就考位前獻祝。

【親盡祖考妣位祝文式】《備要》○承重，則六代祖考妣位祝同，但改屬稱，祝亦異板。

維年號幾年歲次干支幾月干支朔幾日干支，五代孫某，敢昭告于顯五代祖考某官府君，顯五代祖妣某封某氏，茲以先考屬稱隨改，見上改題告式。某官府君，喪期已盡，禮當遷主入廟，承重，則改措語，見上改題告式。先王制禮，祀止四代，心雖無窮，分則有限，神主當祧，埋于墓所，不遷之位，則改埋爲遷；族人有親未盡者，將徙于其房，則改埋于墓所爲遷于某親某之房。不勝感愴，謹以清酌庶羞，百拜告辭，本龕有祔位，則此下云某親某官府君，某親某封某氏，神主亦當並埋。若正位，祧遷于長房而不埋，則云亦當並埋四字，某氏神主下，云埋于本墓。尚饗！

【高祖考妣至祖考妣位祝文式】高儀○《備要》代各異板。

維年號幾年歲次干支幾月干支朔幾日干支，孝玄孫繼曾祖以下之宗，隨屬稱。某，敢昭告于顯高祖考某官府君，顯高祖妣某封某氏，曾祖考妣、祖考妣，隨屬稱。某罪逆不滅，歲及免喪，世次迭遷，昭穆繼序，先王制禮，不敢不至，父先亡母喪畢，及祖先亡承重祖母喪畢，此下去世次以下十六字，改云時維仲春(隨時)，追感歲時，不勝永慕。謹以清酌庶羞，祗薦歲事，以某親某官府君，卑幼云云，見上出主告式。某親某封某氏祔食，尚饗！

【新主位祝文式】《備要》○承重，則祖考妣位祝同，但改屬稱。

維年號幾年歲次干支幾月干支朔幾日干支，孝子某，敢昭告于顯考某官府君，母先亡，顯妣某封某氏列書。喪制有期，母先亡，改喪制有期爲顯考喪期已盡。追遠無及，今以吉辰，式遵典禮，隮入始爲禰宗，改隮入爲妥享。于廟，母先亡，此下當添配以先妣四字。謹以清酌庶羞，祗薦歲事，尚饗！

【父先亡母喪畢考妣位祝文式】《備要》○祖先亡，承重祖母喪畢，祖考妣位祝同，但改屬稱。

維年號幾年歲次干支幾月干支朔幾日干支，孝子某，敢昭告于顯考某官府君，顯妣某封某氏，顯妣喪期已盡，禮當配享，時維仲春，隨時。追感歲時，昊天罔極，承重，改昊天罔極爲不勝永慕。謹以清酌庶羞，祗薦歲事，尚饗！

【父先亡母喪畢禫月行祭考位祝文式】《備要》○祖先亡，承重祖母喪畢，祖考位祝同，但改屬稱。

維年號幾年歲次干支幾月干支朔幾日干支，孝子某，敢昭告于顯考某官府君，某罪逆不滅，歲及免喪，母先亡，改某罪以下九字爲喪制有期，追遠無及。今以吉辰，式遵典禮，母先亡，此下當添隮入于廟四字，而若始爲禰宗，則改隮入爲妥享。將配以先妣某封某氏，時維仲春，隨時。追感歲時，昊天罔極，改措語，見上考妣位祝式。○母先亡，去時維以下十二字。謹以清酌庶羞，祗薦歲事，尚饗！

【妣位祝文式】《備要》○承重，則祖妣位祝同，但改屬稱。

維年號幾年歲次干支幾月干支朔幾日干支，孝子某，敢昭告于顯妣某封某氏，喪制有期，追遠無及，母先亡，改喪制以下八字爲某罪逆不滅，歲及免喪。今以吉辰，式遵典禮，將配于先考某官府君，謹以清酌庶羞，祗薦歲事，尚饗！

【承重祖父喪畢考位祝文式】新補

維年號幾年歲次干支幾月干支朔幾日干支，孝子某，敢昭告于顯考某官府君，俱亡，則顯妣某封某氏列書，下同。某罪逆不滅，歲及免喪，今以吉辰，式遵典禮，先祖考某官府君，祖母先亡，則顯祖妣某封某氏列書。隮入于廟，先考亦以次入正位，世次迭遷，昭穆繼序，追感彌新，昊天罔極，謹以清酌庶羞，祗薦歲事，尚饗！

亞獻，終獻，侑食，闔門，啓門，受胙，辭神，

並如時祭儀。

【嘏辭式】引用下時祭本式，歸胙以下同。

祖考命工祝，承致多福于汝孝孫，來音釐汝孝孫，使汝受祥于天，宜稼于田，眉壽永年，勿替引之。

納主，

主人、主婦皆升，各奉主納于櫝。考妣有先亡者，至是合安于櫝。先奉親盡神主，安於夾室，以笥斂高祖以下之櫝，奉歸祠堂如來儀。以次遞升，新主亦入正位，降簾闔門而退。

徹，餕。

並如時祭儀。

【歸胙所尊書式】

某惶恐平交以下，去惶恐二字。白，今月某日有事于祖考，謹降等，改謹爲今。遣歸降等，改歸爲致。胙于執事，平交以下，去于執事三字。伏惟尊慈俯賜平交，去尊慈俯賜四字。容納，平交，改容納爲留納；降等，去于執事以下十一字。某惶恐再拜平交，去惶恐二字；降等，改惶恐再拜爲白。某人執事。平交，改執事爲左右。

【皮封式】新補

狀上

某官執事。　　姓某謹封

【所尊復書式】

某白，降等，云惶恐白。○降等、平交云云，皆指復書者而言，下同。吾子平交以下，云伏承某人。孝享祖考，不專有其福，降等，云欲廣其福。施降等，改施爲辱。及老夫，平交，云賤交；降等，云賤子。感慰良深，平交，云不勝感戢；降等，云過蒙恩私，不勝感戴之至。某白某人。平交，云某再拜某人左右；降等，云某惶恐再拜某人執事。

【皮封式】同前式

【獻者祝辭式】

祀事既成，

祖考嘉饗，伏願

某親備膺五福，保族宜家。

【尊長酢長少祝辭式】

祀事既成，五福之慶，與汝曹共之。

奉遷主，埋于墓側。

親已盡則埋。○若有親盡之祖，而其別子即始祖，凡不遷之位皆同。也，則遷于墓所不埋。尤菴曰：墓所有祠堂，奉安神主。其支子也，而族人有親未盡者，則遷于最長之房，使主其祭。《備要》神主以主祭者所稱改題，而旁題不稱孝，凡祔位之主，本位出廟，則當埋于墓所。

尤菴曰：祧主埋於本墓之右邊，既掘坎，以木匣先安於坎中，然後以主櫝安于木匣中。子孫皆再拜，而辭畢，閉匣門而掩土。堅築後，加以莎草。或云盛以瓷缸，則不朽，或云瓷缸入水則永無乾時，不若木匣之爲善云矣。○問埋主時，似當有告墓之節。尤菴曰：以酒果告之，似宜。

按此條注說，《家禮》在告遷條下，故今移置于此。○祧主埋安時，無子孫舉哀之文，而今俗多有行之者，情禮俱得。

【諸具】埋于墓側

【祝】【要轝】擔夫具。【遺衣】用以裹主埋安者，有復衣則並用之。【木匣】即櫝屬，用以盛主卧安者。

【莎草】

【諸具】告墓

同上治葬告先塋條。

【當位告辭式】新補　○承重，則六代祖考妣位告辭同，但改屬稱。

維年號幾年歲次干支幾月干支朔幾日干支，五代孫某官某，敢昭告于顯五代祖考某官府君，顯五代祖妣某封某氏之墓，世次迭遷，神主已祧，情雖無窮，分則有限，式遵典禮，埋于墓側，不勝感愴，謹以酒果，用伸虔告，謹告。

【諸具】不遷之位，遷于墓所

【祠堂】立於墓所者。【要舉】【祭器】

【諸具】遷于最長房

【要舉】【祭器】

【諸具】改題

同上告遷條。

【告辭式】新補

維年號幾年歲次干支幾月干支朔幾日干支，玄孫曾孫或孫，隨屬稱。某官某，敢昭告于顯高祖考某官府君，顯高祖妣某封某氏，曾祖考妣或祖考妣，隨屬稱，下同。今以孝玄孫某，喪制已畢，其子親盡，顯高祖考、顯高祖妣神主已祧，某當以次長奉祀神主，今將改題，謹以酒果，用伸虔告，謹告。

復寢。

按 吉祭，《家禮》所無，而《備要》既採古禮補入。故今亦從之，而《備要》所載則猶欠詳備。故就其中，更加添修，俾便於考閱。

四禮便覽卷之七

喪禮五

附 改葬《儀節》

將改葬，先擇地之可葬者，治棺，具斂牀，布絞衾衣。《備要》○下同。治棺如初喪之儀，大小據初喪時見樣。無則啓墓後，取樣於舊棺。具斂牀、席、褥、絞、衾衣，如大斂儀。又別具紟及雪綿子，新綿、白紙、片竹、細繩、翦板。待啓墓後審視，如不易棺，則並不用。

《備要》古者改葬，爲墳墓以他故崩壞，將亡失尸柩也。世俗惑於風水之說，有無故而遷葬者，甚非也。○尤庵曰：遷葬時，凡百一如初喪。

【諸具】治棺

同上初終本條。

【諸具】斂牀

【執事者】經歷幹事者。【侍者】【牀】【席】【褥】【卓】【衾】【絞】【上衣】【散衣】並同上初終大斂條。

【紟】即單衾，用白布五幅爲之，用以承藉于斂下，以舉尸者。【雪綿子】俗用以鋪於骸上者。【新綿】用以補空者。【白紙】俗用以間於鋪綿者。【清酒】俗用以灑於綿紙上，使相黏著者。【盥盆】【帨巾】

治葬，具制服。

葬具一如始葬儀，男子、婦人應服三年者皆制緦，孫、曾玄爲後者，及其妻亦同，應有服之親，皆具吊服加麻，夫爲妻亦同。

《喪服記》改葬緦。注 臣爲君，子爲父，妻爲夫。疏 父爲長子，子爲母。○《通典》孫爲祖後，亦緦。○尤庵曰：三年内遷葬者以原服行之，不必改制緦也。○沙溪曰：父喪中改葬母者，父未葬，不敢變服。若父既葬，則恐當依重喪未除遭輕喪之例，服母改葬之緦以終事，杖亦當去。

按 父在母喪者，雖壓屈而不能自伸，其間猶能具三年之體，緬禮之時，恐當服緦。

【諸具】制服

【冠】【巾】【首絰】【衣】【裳】【帶】【腰絰】【屨】並制見上成服緦服條。○以上應服三年者所服，首絰以下婦人同具。【白布巾】【環絰】【白布衫】【帶】並制見上成服吊服加麻條。○以上應有服之親所服，婦人則用白大衣長裙之類，制見下祭禮朔參條。

擇日，開塋域，祠土地，遂穿壙，作灰隔。刻誌石。**皆如始葬之儀。**

【諸具】開塋域，祠土地 同上治葬本條。

【祝文式】《儀節》○若合窆或繼葬，則告先葬及告先塋祝文，與治葬本條祝式參看。

維年號幾年歲次干支幾月干支朔幾日干支，某官姓名，敢昭告于土地之神，今爲此下當添某官姓名之五字，主人自告，則當添某之二字。某親某官，主人自告，則此下當添府君二字，卑幼，則否。○或某封某氏。宅兆不利，將改葬于此，合窆，則改宅兆以下九字，爲改兆合窆于某官某公，或某封某氏之墓。神其保佑，俾無後艱，謹以清酌脯醢，祗薦于神，尚饗！

【諸具】穿壙 作灰隔

同上治葬本條。

【諸具】刻誌石 ○若移用舊墓所埋者，則添刻某年某月某日，因某事改葬于某鄉某里某向等字。

同上治葬本條。

前期一日，告于祠堂。

夙興詣祠堂，就所當遷葬之位，別設香卓於龕前，束茅聚沙於其前，以酒果告如有事則告之儀。○若道遠，則臨行預告。

○若三年內改葬，則就靈座，因上食告。

問 父喪未葬遷葬母者，告祠堂時，上香斟酒可自行否？尤庵曰：使祝行之，如新喪靈座之禮。

【諸具】告祠堂

同下祭禮有事則告條，但不盛服。

【當位告辭式】《儀節》

維年號幾年歲次干支幾月干支朔幾日干支，某親某官某，弟以下不名。敢昭告于妻，去敢字，弟以下，但云告于。顯某親某官府君，或某封某氏，同遷合葬，則列書。妻、弟以下，改顯爲亡；卑幼，去府君二字。體魄托非其地，恐有意外之患，驚動先靈，旁親，改先爲尊；妻、弟以下，去驚動先靈四字。不勝憂懼，將卜以是月某日，改葬于某所，合窆，則改體魄以下三十二字爲將以某月某日，改兆合窆于某親某官府君，或某封某氏之墓。謹以妻弟以下，云茲以。酒果，用伸虔告，謹告。妻弟以下，改用伸以下六字爲用告厥由。

執事者於舊墓所張白布幕。張於墓西，南向，布席，有椅卓。

【諸具】舊墓張白幕

同上治葬靈幄條。

爲男、女位次。男子於墓東，西向北上；婦人於墓西幄内，東向北上。

【諸具】男女位次

同上治葬親賓次條。

厥明，内外諸親皆至，各就次。主人服緦，餘皆素服，就位哭盡哀。

尤庵曰：子孫之不得來會者，素服望哭，情理之不可已者，况國朝已成典禮者耶？

祝祠土地。

將啓墓，先以酒果祠土地於墓左，如始葬之儀。

尤庵曰：啓墓之時，祖先墓同處一岡，則如此重事，何可不告耶？此雖無明文，然以祔葬時告于先墓推之，則遷改時，當告無疑矣。○又曰：兩墓同岡而一遷一否，則兩告之。

【諸具】舊山祠土地

【祝】【執事者】【新潔席】【祝板】【果】【脯】【醢】【酒注】【盞盤】二一用以酹酒者。【拜席】【盥盆】【帨巾】

【祝文式】《儀節》

維年號幾年歲次干支幾月干支朔幾日干支，某官姓名，敢昭告于土地之神，茲有添措語，見上祠土地祝式。某親某官，添措語，見上祠土地祝式。上宅茲地，恐有他患，若爲合窆而改葬，則改恐有他患四字爲今爲合祔。將啓窆遷于他所，謹以清酌脯醢，祗薦于神，神其佑之，尚饗！

【諸具】舊岡告先塋

【香爐】【香盒】○餘並同上舊山祠土地條，若合窆位，則盞盤加具一。

【告辭式】新補

維年號幾年歲次干支幾月干支朔幾日干支，某親某官某敢昭告于顯某親某官府君或某封某氏，合窆位則列書。之墓，曾以某親某官府君或某封某氏，同遷合葬則列書；卑幼，去府君二字。祔葬于此，恐有他患，將啓窆遷于他所，若在局内，則云某方。○若爲合窆而改葬，則改恐有以下十一字爲將以某月某日，改兆合封于某親某官府君，或某封某氏之墓。謹以酒果，用伸虔告，謹告。

【諸具】兩墓同岡一遷一否，告不遷之墓

同上舊岡告先塋條。

【告辭式】新補

維年號幾年歲次干支幾月干支朔幾日干支，某親某官某，弟以下不名。敢昭告于告弟以下，見上當位告式。顯某親某官府君或某封某氏，卑幼改顯爲亡，去府君二字，下同。之墓，曾以顯某親某封某氏，或某官府君。同葬于一岡，恐有他患，今將啓窆遷于他所，此下叙不能同遷之由。追感彌新，考妣此下，當添昊天罔極四字，弟以下，改追感彌新以他語。謹以弟以下，云茲以。酒果，用伸虔告，謹告。弟以下，改用伸以下六字爲用告厥由。

啓墓。

用新潔席陳於墓前，設盞盤、酒果、脯醢於其上，有石牀則設於其上。設香爐、盒於其前，主人以下叙立舉哀，哀止再拜。主人焚香、酹酒、奠酒，再拜復位。祝噫歆三聲，北面跪告云云，興，復位。主人以下哭再拜，乃徹。

【諸具】啓墓

同上舊岡告先塋條。

【告辭式】《儀節》

維年號幾年幾次干支幾月干支朔幾日干支，某親某官某，敢昭告于告妻及弟以下，見上當位告式。顯某親某官府君，屬稱隨改，見上當位告式。葬于兹地，歲月滋久，體魄不寧，今將改葬合窆，則改葬于以下十六字，爲將以某月某日，合封于某親某官府君，或某封某氏之墓，今方啓墓。伏惟尊靈，妻弟以下，但云惟靈。不震不驚。

役者開墳。

破墳至天灰，又掘開四旁灰隔外土，至天灰旁灰交縫處。乃於交縫處，用鐵抹作穴，次用大小鐵抹或木抹俗稱地乃漸次劈開。納兩長杠，杠下枕大塊木，撑舉天灰。細審壙内，然後以兩松板縱置於左右旁灰上面，松板上横排大小散輪。又於前面灰隔盡處，拓開地道，縱置兩長杠，杠上排散輪。高與墻灰齊，用大索兜天灰上頭，從下頭引索兩端，齊力退出。男女各就位哭如初，訖，掘退三面灰隔外土，乃劈去灰隔，以便出柩。

【諸具】開墳

【役夫】【器用】如木抹、鐵抹、長杠、松板、散輪、大索、斧鍤及廣耳加乃之類。

舉棺，出，置幕下席上。

婦人退避帷中，執事者用布二條摺之，兜柩底兩頭。舉棺，衆扶助之，出置幕下席上，南首。主人以下哭從。

祝以功布拭棺，覆以衾。衾即俠衾。

設帷於柩南，主人以下，男女爲位而哭如初喪。祝取銘旌，設跗于柩東。

【諸具】舉棺 拭棺

【侇衾】【銘旌】跗具，並制見上初終條。【功布】制見上治葬陳器條。【幃】

設奠于柩前。

設椸覆以帕，或設屏於柩南幃外，置椅卓其前，置遺衣服於椅上，設酒果、脯醢於卓上，設香案於卓前，置香爐、盒。祝盥手詣香案前，焚香斟酒。主人以下再拜，哭盡哀。○食時上食及朝夕哭奠，皆如初喪儀。○執友、親厚之人，至是入哭可也。

遂吊主人，主人拜之。

尤庵曰：三年内遷葬之家，每以饋奠當於何處爲疑，而第禮宜從厚，兩處並奠，似無大害。

【諸具】設奠

【遺衣】無則只設虛位。○餘並同上初終靈座及小斂奠條，但無魂帛箱。

【諸具】朝夕奠　上食

並同上成服本條。

役者舁新棺於幕門外，南向。遂詣幕所，執事者設斂牀於新棺之西。執事者開棺舉尸，置于斂牀，遂斂如大斂之儀。

設新棺及斂牀於幕門外之西，施席褥於牀上。執事者先遷靈座及奠於幕下西廂，主人及親者袒，舉斂牀，置于柩南，少東。先鋪紟，次鋪絞衾衣於其上，如大斂儀。役者舉新棺入，置于柩西，承以兩凳。役者出，執事者鋪秫衣，下七星板，鋪褥枕，皆如儀，乃開舊棺徹四旁板，用片竹插於七星板地板之間，其密如簀，用翦板二，縱置七星板外。用細繩，編結竹端於翦板，極牢固。侍者洗手，共舉翦板四頭，舁尸遷于斂牀上。解去翦板，拔片竹。乃斂，衣衾結絞，皆如大斂之儀，而微緩其結，使衣衾不散而已。子孫、侍者俱盥手，共舉紟之四裔，納于新棺中。斂衾四裔，覆于尸上。棺中有空缺處，則用新綿充實，而毋敢壓得太重。覆天衾，主人、主婦以下，憑哭盡哀。婦人退入幕中，乃召匠加蓋而漆棺，徹斂牀及舊棺。覆柩以侇衾，設靈座於古處，皆如儀。主人及親者襲所袒衣，乃設奠，如大斂之儀。○若不改棺，則但開棺審視。若空缺，則鋪新綿充實而加蓋。若不至於當改而甚朽敗，動柩下棺，有難支之慮，則用薄板爲棺，匣於舊棺而漆其外。若略朽則用布，浸于漆中，裹棺四旁而漆其外。

退溪曰：改墓，古人皆以喪禮處之。若父母同時改葬，則其斂窆先後，似當比類於并有喪之禮也。○尤庵曰：內外喪異殯，明有禮文，雖朝夕上食之時，亦當各服其服。

按改棺改斂，不可輕易，萬一少忽，使骨節錯誤，則孝子之痛，當如何哉。必須預擇便習更事之人，使之改斂而極其詳審。勿之有□□舊棺腐爛，至於無可奈何，而後不得已改之，□□可堪之勢，則不當改，隨其朽敗之如何哉。□□或漆布爲可，玆並著其缺使當之□□□□用焉。

【諸具】改棺

【舉棺布】用二條，廣全幅各十尺許布帛尺。【拔衽刀】俗用以刻去舊棺衽者。【片竹】俗刳大竹爲片，各廣寸許，治之令滑，長於棺廣，多少隨宜。【細繩】【翦板】二俗用木堅固者爲之，其長，取足以剩於棺樣。○以上出柩時所用。○若棺朽甚，則用片竹，橫插於七星板之下，秫灰之上。其密如簀，用翦板二，置七星板外片竹兩端。用細繩編結極牢固，舉翦板四頭以出。【薄板】四上下長廣，取足以容七星板。○或説七星板四旁，黏薄板如棺狀，先用白紙一重，鋪骸上，灑以清酒，次鋪雪綿子。又灑以酒，重重相間，令黏著於骸上，緊緊填補，然後舉而出之。乃去四旁板及片竹翦板，斂衣衾結絞如儀。○餘並見上初終納棺條。

【諸具】漆棺

【薄板】用以匣於棺者。【漆布】用以黏裹棺四縫者。○餘並同上初終本條。

【諸具】結裹

同上初終本條。

遷柩就轝。《儀節》有乃設奠三字。

陳器如始葬之儀，納大轝於幕門外。執事者徹奠，祝北向跪告云云。遂遷靈座置傍側，婦人退避幕中，召役夫遷柩就轝。乃載，載畢，執事者遷靈座及卓於柩前，南向。乃設奠於卓上，祝盥帨、焚香、斟酒、跪告云云。俯伏興，主人以下哭，再拜。遂徹奠，納遺衣於靈卓，焚香。無遺衣，則只置爐盒於靈車而焚香。

按庚蔚之曰：若墓遠，至家復葬，則當有祖奠、遣奠。今若還家，則用自他所歸葬例，行日，但設朝奠，告以還家之意。至葬時，乃設祖奠、遣奠爲可。○婦人從柩不便，始葬儀既依守舍者哭辭，則此時亦哭辭而歸無妨。

【諸具】陳器

同上治葬本條。

【告辭式】《儀節》

今日遷

柩就轝，敢告。

【諸具】設奠

同上治葬遣奠及奉魂帛條，但神主箱代以遺衣。

【告辭式】《儀節》

靈輀載駕，往即新宅。

附【發引還家者因朝奠告辭式】新補

今日將還

柩就轝還歸室堂，敢告。

【諸具】至家復葬者，前一日祖奠

同上治葬本條。

【告辭式】引用治葬本式。

永遷之禮，靈辰不留，今奉

柩車，式遵祖道。

【遣奠告辭式】新補

靈輀載駕，往即新宅，載陳遣禮，永訣終天。

發引如始葬之儀，未至，執事者先設靈幄、靈座，爲男女位次。柩至，主人男女各就位哭。

乃窆，一如始葬之儀。

按 靈座之設，爲尸柩所在故也。既窆，則形歸窀穸神已在廟，靈座似當即徹。

【諸具】發引

同上治葬柩行條。

【諸具】靈幄　幄次　設奠　乃窆　贈　實灰　下誌石　成墳

並同上治葬本條。

祠土地於墓左。

如始葬之儀。

【諸具】祠土地

同上舊山祠土地條。

【祝文式】《儀節》

維年號幾年歲次干支幾月干支朔幾日干支，某官姓名，敢昭告于土地之神，今爲此下當添某官姓名之某親七字，主人自告，則當添某之某親四字。某官，添措語，見上祠土地祝式。建兹宅兆，合窆，則改建兹宅兆爲今已葬畢。神其保佑，俾無後艱，謹以清酌脯醢，祗薦于神，尚饗！

葬畢，奠而歸。《語類》〇下同

用新潔席陳於墓前，設盞注及饌。祝盥帨，炷香斟酒，北面跪告云云。興，復位。主人以下哭，再拜，盡哀，徹而歸。

按《語類》，問：王肅以爲既虞而除之，若是改葬，神已在廟久矣，何得虞乎？曰：便是如此，而今都不可考。看來也須當反哭於廟，蓋改葬之虞始於丘儀，而尤庵以爲失朱子之意，而云只於葬畢，奠於墓而哭之而已。故虞祭一節删去，且依《語類》添入奠而歸及告廟哭二段。○遭新喪遷舊葬合窆者，當其懷祝反虞之時，不可以參墓奠，急宜反哭，行虞於新喪而復至墓所，待事畢，奠而歸爲可。

【諸具】奠而歸

【饌】餅麪魚肉隨宜。○餘並同上舊岡告先塋條。

【祝文式】新補

維年號幾年歲次干支幾月干支朔幾日干支，某親某官某，敢昭告于告妻及弟以下，見上當位告式。顯某親某官府君屬稱隨改，見上當位告式。之墓，新改幽宅，事畢封塋，伏惟尊靈，改措語，見上啓墓告式。永安體魄。

【遭新喪遷舊葬合窆先亡位祝文式】新補

維年號幾年歲次干支幾月干支朔幾日干支，孝子承重，稱孝孫，旁親卑幼隨屬稱。某，敢昭告于告弟以下，見上當位告式。顯考母先亡，云顯妣；承重，云顯祖考或顯祖妣；旁親卑幼隨屬稱；卑幼，改顯爲亡。某官府君或某封某氏，卑幼，去府君二字。之墓，新改幽宅，合祔以先妣承重，云先祖妣。某封某氏，母先亡，改以合祔于先考某官府君；承重及旁親卑幼亦推此。事畢封塋，伏惟尊靈，弟以下，但云惟靈。永安體魄。

告廟哭，而後畢事，祭告時，出主於寢。

主人緦服，餘人皆以改葬時所服。及執事者，灑掃正寢，洗拭椅卓，設椅於堂中北壁下。置卓於其前，設香案於卓前，具香爐盒、束茅、聚沙於其前，陳器如祠堂參禮之儀。設饌於卓上如朔奠之儀，又設一卓於西階上。主人以下俱詣祠堂，主人盥帨，升詣本龕前，軸簾、焚香、跪告云云。俯伏，興，出神主，置于笥，祝奉之。主人前導，主婦及卑幼從後，至正寢置于西階卓上。主人奉神主，出就位，序立再拜，舉哀，哀止，降神、斟酒皆如儀。啓飯蓋，扱匕正筯。主人立於香卓前，跪，祝執板，立於主人之左，東向跪讀云云，畢，興，復位。主人再拜，降，復位。食間，執事者徹羹進熟水，少頃下匕筯，合飯蓋，辭神，焚祝文。斂主，奉歸祠堂如來儀，納主，降簾闔門而退，徹。○若三年内改葬，則就靈座祭告，如朔奠之儀。

尤庵曰：葬後除服前服色，只如凡干緦服人服色。慎齋先生以爲與凡緦略異，當三月不肉，別處云矣。○問改葬未除服時上墓，則哭如何？尤庵曰：南軒先生雖尋常時，若至墳墓，則必哭。本朝鄭松江亦然，況既遷改，則朱子所謂墳土未乾者。如來示而行之，豈不合於人情乎。

【諸具】設位　陳器　具饌　奉主

並同下祭禮忌祭條，若考妣同遷，則具二分之饌。

【出主告辭式】新補

今以顯某親某官府君，屬稱隨改，見上當位告式。改葬事畢，敢妻弟以下，去敢字。請神主出就正寢，恭伸妻弟以下，改恭伸爲伸此。奠告。

【祝文式】新補

維年號幾年歲次干支幾月干支朔幾日干支，某親某官某，敢昭告于告妻及弟以下，見上當位告式。顯某親某官府君，屬稱隨改，見上當位告式。新改幽宅，禮畢反哭，夙夜靡寧，啼號罔極，祖以上，改啼號罔極四字以他語；旁親妻弟以下，改夙夜以下八字以他語。謹以妻弟以下，見上當位告式。清酌庶羞，恭伸妻弟以下，見上出主告式。奠告，尚饗！

【諸具】**三年内改葬，就靈座祭告**

同上成服朔日條。

【告辭式】同上告廟祝。

三月而除服。**《備要》**

自破墳第四月之朔，設虚位，服其服哭而除之。○吊服加麻者，祭告訖，即除之。

尤庵曰：吊服加麻者，當葬訖除之。至於主人除緦之日，與主人會哭，亦可以伸情矣。

按改葬，《家禮》所無，而《備要》依丘儀補入。故今亦從之，而《備要》所載，則節目之間，頗欠詳備。兹取本條并採經歷慣熟者之言，參互録之，而正之以先儒説，另加添修，俾便於據而行之。

【諸具】**除服**

【椅】【席】

四禮便覽卷之八圖式

祠堂全圖

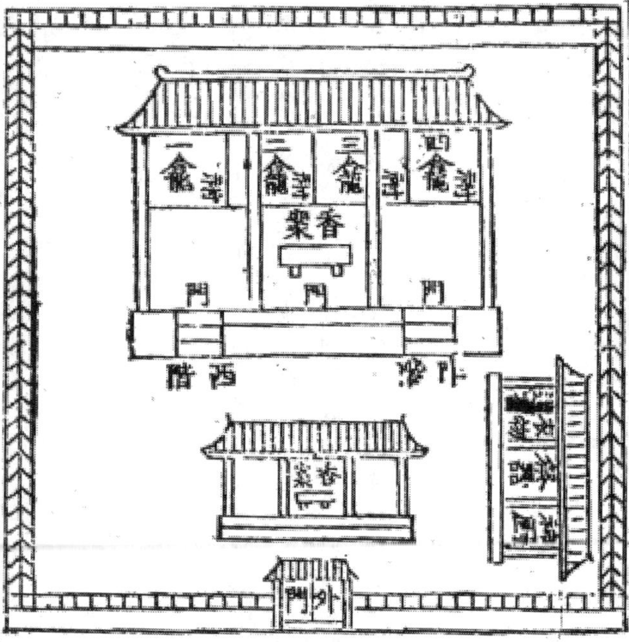

若家貧地狹止為一間則祠內東西壁下置兩櫝西藏遺書衣物東藏祭器亦可

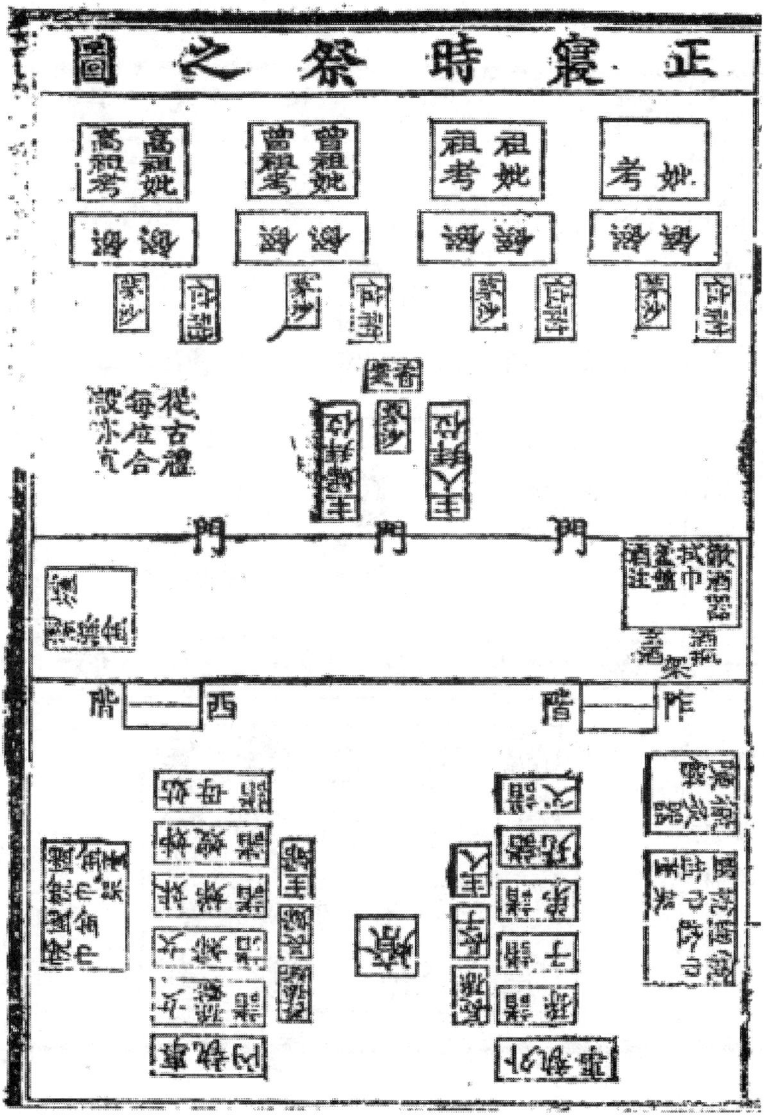
正寢時祭之圖
高祖妣
高祖考
曾祖妣
曾祖考
祖妣
祖考
妣
考
香案
門
門
門
西
階
阼
階

時祭卜日之圖

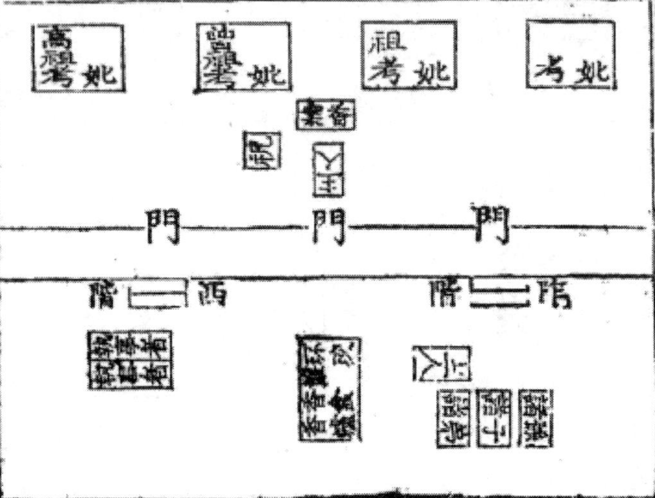

時祭陳饌之圖

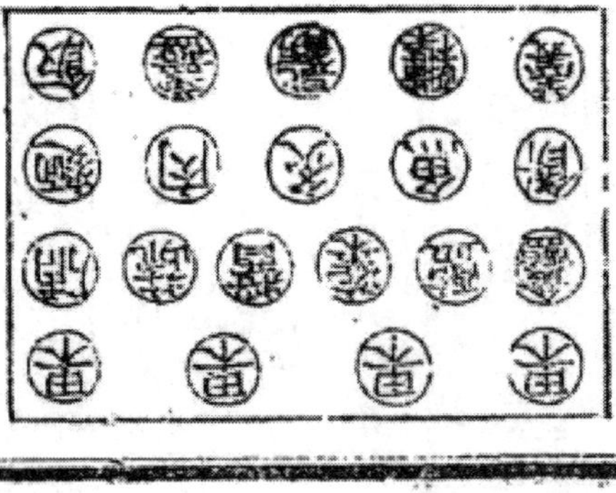

四禮便覽卷之八

祭禮

祠堂

君子將營宫室，先立祠堂於正寢之東。

祠堂所在之宅，宗子世守之，不得分析。

【諸具】祠堂

【祠堂】五架屋三間内鋪甓，或作板樓，用席鋪陳，中間前庋下爲門，爲之中門。俗於每間前庋下，立四扇門，使之開闔，謂之分闔。門外爲兩階，在東楹之東曰阼階，在西楹之西曰西階，階皆三級。〇《家禮》本注不問何向背，但以前爲南，後爲北。若家貧地狹，則止立一間。【序立屋】《家禮》本注祠堂階下，隨地廣狹以屋覆之，令可容家衆序立。〇按沙溪曰：其制當與祠堂前檐相接。今陵寢丁字閣亦其制也。四龕下，注香卓設於兩階之間。然則香卓豈可設於雨暘之下乎？沙溪説雖如此，然丁閣之制，不獨有嫌於僭，以本注推之，亦似未然。既爲家衆序立而作，則當用家衆之位矣。爲子孫者或至數十百人之多，將何以分内外位於丁閣縱屋之下乎？本注不曰隨地長短，而曰隨地廣狹，則其爲横屋明矣。尤庵亦以横屋爲是。若慮兩階間香卓之設於雨暘之下，則置香卓於横屋中間，亦自爲兩階間，何必當階然後爲兩階間也。禮書言兩楹間者，亦多不與楹相當，而直以東西之間言之者矣。【厨庫】繼立三間於序立屋之東，西向，其北一間藏遺書衣物；中一間藏祭器；南一間爲神厨，以備作祭需，或臨祭更煖之處。【大櫃】二若立一間祠，不得立厨庫，則於祠堂内東西壁下，各置一櫃，西藏遺書衣物，東藏祭器。【周垣】祠堂及厨庫，繚以方垣，前作外門。【外門】在祠堂庭南，當祠堂中門，其東西屬以周垣。

爲四龕，以奉先世神主。

祠堂之内，以近北一架爲四龕，每龕内置一卓。神主皆藏於櫝中，置於卓上，北端。南向。高祖居西，即第一龕。曾祖次之，即第二龕。祖次之，即第三龕。父次之。即第四龕。龕外各垂小簾，簾外設香卓於堂中，置香爐盒於其上。爐西盒東。兩階之間，又設香卓亦如之。○繼曾祖之小宗，則虚其西龕一。繼祖，則虚其二。繼禰，則虚其三。大宗世數未滿，則亦虚其西龕，如小宗之制。○主式見喪禮。

【諸具】四龕

【龕】祠堂内近北一架，四分而以板隔之。【大卓】四用以置各龕者，其北端以奉神主，東西端以奉祔主，南端容設饌。【坐褥】即方席，用以鋪於卓上者，隨位各具。【座面紙】俗用□□隨卓各具。【拭巾】隨卓各具。【簾】四用以垂於龕前者。【席】即地衣用以鋪於堂内者。【香案】二　設於堂内，一設於兩階間，用以陳爐盒匕筯者。【香爐】二【香盒】二【香匕】二【火筯】二旁親之無後者，以其班祔。

伯叔祖父、母祔于高祖。伯叔父、母祔于曾祖。妻若兄弟，若兄弟之妻，祔于祖。子姪子婦、姪婦同。祔于父。孫若孫婦，中一而祔于祖。皆西向。卓上東端，正位東南。○程子曰：無服之殤不祭。下殤之祭，終父母之身。中殤之祭，終兄弟之身。長殤之祭，終兄弟之子之身。成人而無後者，祭終兄弟之孫之身。

《小記》庶子不祭殤與無後者，殤與無後者，從祖祔食。○又曰：妾母，不世祭。注 於子祭，於孫止。○程子曰：庶母不得入廟，子當祀於私室。

按 龕中班祔，今之説難行者，未始不以狹窄爲辭。然時祭設位條，有祔位東序西向北上，或兩序相向，尊者居西之文，倣此而通變之，則一龕中，東西各履位，亦無難容之慮矣。何可滯泥於本注西向之語，以狹窄爲憂，而遽廢孫祔祖之正禮也。

置祭田。

計見田，每龕取其二十之一以爲祭田，以給祭用。親盡則以爲墓田。詳見下遞遷注。祔位皆倣此，初未置田，則合墓下子孫之田，計數而割之，皆立約聞官。不得典賣。

具祭器。

牀、席、椅、卓、酒食之器，貯於庫中封鎖之，不得他用。無庫，則貯於櫃中，不可貯者，列於外門之内。

《王制》大夫，祭器不假，祭器未成，不造燕器。○《曲禮》有田禄者，先爲祭服。君子雖貧，不鬻祭器；雖寒，不衣祭服。○又曰：祭服敝，則焚之；祭器敝，則埋之。

【諸具】祭器

【椅】俗稱交椅隨位各具。【坐褥】長廣與椅板同，隨位各具。【大卓】即祭牀，隨位各具。【座面紙】隨卓各具。【小卓】二即東西卓。【大牀】即中排床。【拭巾】隨卓各具。【香案】【香爐】【香盒】【香】【香匕】【火筯】【燭臺】每位各一，若合設，則具一雙。【燭】【帟幕】《周禮注》帟，平帳也；幕之小者。在幄內承塵者，上及四旁，皆有帷。【屏】或【簾】【席】即地衣，又有主人主婦拜席。【笥】隨櫝各具。【蓋座】忌祭時一位奉出者。【茅束】五《家禮》附注截茅八寸餘周尺作束，束以紅，立于盤內。○《備要》一搤。【茅盤】五《家禮》附注用瓷匾盂，廣一尺餘，周尺，或黑漆小盤。○《備要》用椀。【祝板】四《家禮》本注長一尺高五寸。○《備要》周尺。○魏氏曰：祝板非有法象，稍大不妨。【祝文紙】長、廣與板同。【硯】【筆】【墨】【环珓】《書儀》取大竹根，判之。○《備要》長二寸周尺。○或用貝，磨作圓二片。【环珓盤】【酒瓶】【酒架】【酒注】【盞盤】每位各一，又有酹酒者，盤即盞臺。【拭巾】【玄酒瓶】【醋楪】【匕】【筯】【匕筯楪】【果器】【脯器】【醢器】【蔬菜器】並即大楪。【醬器】即鍾子【飯器】蓋具。【羹器】蓋具。【魚肉器】椀或楪。【餅器】即大楪。【麪器】即椀。【炙器】即大楪。【徹酒器】即椀。【徹炙器】即大楪○醋楪以下，隨位各具。【受胙盤】即楪。【受胙匕】【受胙席】【分胙盒】【潔滌盆】【拭巾】【釜】【甑】【匕】【勺】【筐】【篚】【俎板】【椀】【盎】【盤】【刀】【火爐】【炙鐵】之屬釜甑以下，即備饌時所用。【祭服】見下朔參條及忌日變服條。【炬】【盥盆】四【盆臺】二【勺】四【帨巾】四【巾架】二【沐浴盆】二【帨巾】二

主人晨謁於大門之內，

主人深衣，焚香於兩階間香卓。再拜。

栗谷曰：雖非主人，隨主人同謁，不妨。○沙溪曰：無主人，則不可獨行。

【諸具】晨謁

【深衣】緇冠、幅巾、大帶條履具。

出入必告。

主人、主婦近出，則入大門瞻禮而行，歸亦如之。經宿而歸，則焚香於兩階間香卓。再拜。遠出經旬，則再拜焚香，跪告云云。又再拜而行，歸亦如之。經月而歸，則開中門，立於階下，再拜，升自阼階，焚香跪告云云。畢，再拜，降，復位，再拜。餘人亦然，但不開中門。○凡升降，惟主人由阼階，主婦及餘人雖尊長亦由西階。凡拜，男子再拜，婦人四拜。

【出入告辭式】

某將適某所，敢告。

某今日歸自某所，敢見。

正至、朔望則參，

前一日，灑掃齊宿。厥明夙興，開門，軸簾。每龕設新果盤於卓上。每位盞盤，於神主櫝前，茅沙於香卓前。別設卓於阼階上，置酒注盞盤於其上，酒瓶於其西。盥盆、帨巾於阼階下東南。又設主婦內執事盥盆帨巾於西階下西南，凡祭同。主人以下盛服，凡言盛服者，有官則幞頭、公服、帶、靴；進士則幞頭、襴衫、帶；處士則幞頭、皂衫、帶；無官者通用帽子、衫、帶；又不能具，則深衣或凉衫；有官者亦通服帽子以下，但不爲盛服。婦人則（冠與帔。）大衣、長裙。女在室者，冠子、背子，衆妾假髻、背子。（【特牲饋食禮】主婦宵衣。）入門就位。主人北面於阼階下，主婦北面於西階下。主人有母，則特位於主婦之前。主人有諸父諸兄，則特位於主人之右，少前，重行西上。有諸母、姑、嫂、姊，則特位於主婦之左，少前，重行東上。諸弟在主人之右，少退。子孫、外執事在主人之後，重行西上。弟之妻及諸妹在主婦之左，少退。子孫婦女、内執事在主婦之後，重行東上。立定。主人盥帨升，啓櫝，櫝蓋置於櫝座東，近北。奉諸考神主置於櫝前。主婦盥帨升，奉諸妣神主置于考東。次出祔主，亦如之。命長子、長婦或長女盥帨升，分出祔主之卑者，亦如之。皆畢，主婦以下，先降復位。主人詣香卓前，降神，焚香再拜，少退立。執事者盥帨升，開瓶實酒于注。一人奉酒，詣主人之右；一人執盞盤，詣主人之左。主人跪，執事者皆跪。主人受注斟酒，反注取盞盤奉之。左執盤，右執盞，酹于茅上。以盞盤授執事者。執事者皆降，復位。俯伏興，少退再拜，降復位。與在位者皆再拜，參神。主人升，執注斟酒，先正位，次祔位。次命長子斟諸祔位之卑者。先降，謂長子降。復位。主人立於香卓之前，再拜，降復位。少頃。與在位者皆再拜，辭神主人、主婦升，斂主櫝之，如啓櫝儀，降復位，執事者升，徹酒果，降簾闔門，降。而退。○望日不設酒，不出主。餘如上儀。【栗谷】曰：不出主只啓櫝，不酹酒只焚香。

【栗谷】曰：若正朝冬至，則別設饌數品。冬至，則加以豆粥；正朝，湯餅。若冬至，行時祭，則不行參禮。

【按】茶是中國所用，而國俗不用。故設茶、點茶等文，一并删去。若別有饌品，則設筯楪於每位考妣盞盤之間。主人斟酒訖，主婦升，正筯，主人主婦分立於香卓之前東西，皆北向拜，爲可。

【諸具】朔望參

【執事者】外内子弟婦女親戚。【果】每龕各一大盤，祔位同。【酒】【盞盤】每位各一，祔位同。【茅束】用以立於沙上者。【茅盤】用以盛沙者。【卓】【酒瓶】【酒注】【盞盤】用以酹酒者。【盤】用以奉祭饌者。【幞頭】今用紗帽。【公服】即團領。【帶】即品帶。【靴】幞頭以下有官者盛服。【幞頭】今用軟巾。【襴衫】【帶】即銙帶。【靴】軟巾以下，進士盛服。【幞頭】亦軟巾。【皂衫】即上衣染黑者。【帶】即革帶。【鞵】即革鞋。○軟巾以下，處士盛服。【帽子】即笠子。○軟巾以下，制見上冠禮陳冠服條。【衫】道袍直領之類。【帶】即常時所帶。○帽子以下，無官者所服。【凉衫】即白衫。○帽子以下，凡不能具盛服者所服。【深衣】緇冠、幅巾、大帶、條履具，有官無官者通服，制見上冠禮陳冠服條。【冠】女在室者通服，制見上冠禮笄陳服條。【帔】制見上昏禮醮女條。【大衣】裁用色紬，制如俗唐衣而寬大，長至膝，但袖大，袖長二尺二寸周尺，團袂，一名大袖或稱圓衫，即《五禮儀》本國長衫。【長裙】制用六幅交解爲十二幅，聯而爲裙，長拖地，即《五禮儀》本國裳，用常服帷裳亦可。【宵衣】制見上昏禮醮女條袡衣注，但不施緣。【帶】制見上昏禮醮女條。【背子】女在室者通服，制見上冠禮笄陳服條。○冠以下，婦人盛服。【假髻】衆妾所服。【盥盆】四，一有臺，主人親屬所盥，一無臺，執事者所盥。一有臺，主婦親屬所盥，一無臺，内執事所盥。【盆臺】二【勺】四【帨巾】四，二有架，二無架。○龜峰曰：男女盥巾必異。【巾架】二○凡器用之重出而易知者，不復懸注，惟制度儀文之可考者，逐處懸注，以見某條。

俗節則獻以時食，

節如清明、寒食、重午、重陽栗谷曰：正月十五日，三月三日，五月五日，六月十五日，七月七日，八月十五日，九月九日及臘日。之類，凡鄉俗所尚者，；食，凡其節之所尚者，栗谷曰：藥飯、艾餅、水團之類，若無俗尚之食，則當具餅果數品。薦以大盤，間以蔬果。禮如正至、朔日之儀。

栗谷曰：有新物則薦，須於朔望俗節並設五穀可作飯者，則當具饌數品同設，禮如朔參之儀，雖望日亦出主酹酒。若魚果之類，及簌小麥等不可作飯者，則於晨謁之時，啓櫝而單獻，焚香再拜。單獻之物，須得即薦，不必待朔望俗節。凡新物未薦前，不可先食，若在他鄉，則不必然。

按《家禮》本注有中元，而是佛家所尚。朱子晚年，亦自不行，故今删之。

【諸具】俗節

【湯餅】【藥飯】【艾餅】【角黍】即菰葉裹糯米作粽者，五月五日時食，東俗不尚角黍，但以俗稱端午草爛搗，和作青餅。【蒸餅】【水團】【霜花】【棗栗餻】【蘿葍餻】【豆粥】【煎藥】【臘肉】鹿、豕、雉、雁之類，凡田獵所獲。○以上國俗四節時食。【蔬菜】用宜於時節者。○湯餅以下每龕各一器，酒果外加設。【匕筯楪】或止具筯，隨位各設。○餘並同上朔參條。

有事則告。

如正至、朔日之儀。但獻酒訖，主人立於香卓之南，祝執板立於主人之左，東向。跪主人以下皆跪。讀之，云云。畢，置板於香案上。興。降復位。主人再拜，降復位。餘並同。《儀節》焚祝文。○告授官，云云。貶降，云云。告追贈，則只告所贈之龕。別設香卓於龕前，《儀節》録制書一通，以盤盛置香案上。又設卓於其東，置浄水、粉盞、刷子、竹刀、木賊、帨巾。硯、筆、墨於其上，餘並同。告畢，主人。再拜。《儀節》主人復位，跪，以下皆跪，祝東面立，宣制書畢，俯伏興。執事者奉所録制書，即香案前，並祝文焚之。主人進奉主，置卧置也。卓上。改題所贈官封，儀並見吉祭改題條。主人奉主置故處，乃降復位。後同。○主人生適長子，則滿月滿三月。而見，如上儀。但不用祝，主人立於香卓之前，跪告云云。畢，立於香卓東南，西向。主婦抱子進，立於兩階之間，《儀節》以子授乳母。再拜，主婦四拜。主人乃降復位。後同。○冠昏則見本篇。○告事之祝，止告正位，不告祔位。酒則並設。

栗谷曰：凡神主移安還安，或奉遷他處等事，則告祭用朔參之儀。若廟中，改排器物鋪陳，或修雨漏處，則告祭用望儀，告辭則臨時製述。

按家有喪，當告之儀見喪禮初終條，改葬則見本條。

【諸具】有事告

【祝】【盤】用以奉教旨者，無則不具。【祝板】四代共一板。○餘並同上朔參條。

【授官告辭式】凡告祝，以《家禮》爲主，而如年月干支，改皇爲顯等句語，多從《備要》書之，餘倣此。○若官者之母已没，雖在祔位，亦當有告。

維年號幾年歲次干支幾月干支朔幾日干支，孝玄孫繼曾祖以下之宗，隨屬稱。某官某，敢昭告于顯高祖考某官府君，顯高祖妣某封某氏，曾祖考妣至考妣列書，祔位不書。○非宗子，則只告官者祖先之位。某非宗子，則此下當添之某親某四字。以某月某日，蒙恩授某官，《要訣》告及第，則曰授某科某第及第；告生進，則曰授生員或進士某等入格。奉承先訓，獲霑禄位，《要訣》及第，則曰獲參出身；生進，則曰獲升國庠。餘慶所及，不勝感慕。貶降，則（改蒙恩以下二十一字。）言貶某官，荒墜先訓，皇恐無地。（《備要》若諸父諸兄，則荒墜以下改以他語。）謹以酒果，用伸虔告，謹告。

【諸具】追贈改題

【香案】○餘並同上吉祭改題條。

【告辭式】若因事特贈，則別爲文，以叙其意。

維年號幾年歲次干支幾月干支朔幾日干支，某親某官某，弟以下不名。敢昭告于妻，去敢字；弟以下，但云告于。顯某親某官府君，顯某親某封某氏，妻弟以下，改顯爲亡，下同。○卑幼，去府君二字。奉某月某日制書，當改以教旨。贈顯某親某官，顯某親某封。某奉承先訓，竊位于朝，祗奉恩慶，有此褒贈，禄不及養，摧咽難勝，《儀節》此下有敬録以焚，益增哀殞八字，當採用，又當云所贈官封，今將改題神主。○祖以上位，改禄不以下八字爲敬録以焚，不勝感愴；妻，改褒贈以從贈，改禄不以下八字以他語；弟以下，改某奉以下二十五字以他語。謹以酒果，用伸虔告，謹告。○朱子曰：焚黄，近世行之墓次，不知於禮何據。張魏公贈謚，只告于廟，疑爲得體。但今世皆告墓，恐未免隨俗耳。

【適子生告辭式】

某之婦某氏，以某月某日生子名某，敢見。

或有水火盜賊，則先救祠堂，遷神主遺書，次及祭器，然後及家財。

《檀弓》有焚先人之室宗廟也，則三日哭。○退溪曰：神主火焚，則於前日安神之所，即設位改題，焚香告祭，或云正寢爲當。

易世則改題主而遞遷之。

改題遞遷禮，見《喪禮》。吉祭條。大宗之家，始祖親盡則藏其主於墓所，而大宗猶主其墓田，以奉其墓祭，朱子曰：始基之祖，只存得墓祭。○楊氏曰：藏其主於墓所而不埋，則墓所必有祠堂以奉祭。歲帥宗人一祭之，百世不改。其第二世以下親盡，及小宗之家親盡，則遷其主而埋之，見吉祭條。其墓田則諸位迭掌，而歲帥其子孫一祭之，于墓前。亦百世不改也。

四時祭

時祭用仲月前旬卜日。

孟春夏、秋、冬同。下旬之首，擇仲月三旬各一日，或丁或亥，主人盛服立於祠堂中門外，西向。兄弟立於主人之南，少退，北上。子孫立於主人之後，重行，西向，北上。置卓於主人之前，設香爐、盒、环珓及盤於其上。主人焚香薰珓，而命以上旬之日，云云。即以珓擲于盤，以一俯一仰爲吉。不吉更卜中旬之日。又不吉，則不復卜，而直用下旬之日。既得日，祝開中門，主人以下，北向立，如朔望之位，皆再拜。主人升，焚香，再拜。跪，祝執辭，東向。跪于主人之左，讀，云云。興，復位。主人再拜，降，復位，與在位者皆再拜。

祝闔門，主人以下復西向位。執事者立于門西，皆東面，北上。祝立于主人之右，命執事者，云云。執事者應曰諾。乃退。

溫公曰：若不暇卜日，則用分至，亦可。○栗谷曰：前期三日告廟，若有故則退定，不出三日，以退定之故告廟。○《曾子問》君子，過時不祭。○沙溪曰：仲月有故，季月亦可祭。○退溪曰：國恤卒哭前，時祭宜停廢。

【諸具】卜日

【祝】【執事者】【卓】【香爐】【香盒】【祝板】【环珓】用以卜日者。【盤】用以盛环珓者。【盛服】見上朔參條。

【命辭式】

某將以來月某日，即三旬內，或丁或亥。諏此歲事，適其祖考，繼禰之宗，但云考，下同。尚饗！

【告辭式】

孝孫繼禰之宗，稱孝子，下同。某，將以來月某日，祇薦歲事于祖考，卜既得吉，用下旬日，則不言卜既得吉。敢告。

【祝命執事辭式】

孝孫某將以來月某日，祇薦歲事于祖考，有司具脩。

前期三日齊戒。

主人帥衆丈夫致齊于外；主婦帥衆婦女致齊于內。沐浴，更衣。飲酒，不得至亂；食肉，不得茹葷。不吊喪。不聽樂。凡凶穢之事，皆不得預。

【諸具】齊戒

【沐浴盆】二【帨巾】二【新潔席】外内更衣者。

前一日，設位，

主人帥衆丈夫深衣，及執事灑掃正寢，洗拭椅卓，務令蠲潔。設高祖考妣位於堂西北壁下，南向。考西妣東，各用一椅一卓而合之。曾祖考妣、祖考妣、考妣以次而東，皆如高祖之位。世各爲位，不屬祔位，皆於東序，西向北上，或兩序相向，尊者居西，妻以下則於階下。

問 考妣各卓，禮也。而有再娶，或三娶，則正寢雖廣，亦難容十餘卓，如何？尤庵曰：考妣各卓，禮有明文，何可違也，不若小其牀卓，使可容排也。

【諸具】設位

【帟幕】用以設於正寢者。【屏】用以設於椅後者。【席】用以鋪陳者，又具主人、主婦拜席及受胙席。

【椅】八用以設位者，如有前後配及祔位，則加設大卓，亦然。【坐褥】用以藉於椅上者，隨位各具。【小卓】四出主時用以安櫝者。【大卓】八用以設於椅前而陳饌者。【座面紙】用以鋪於卓上者，隨卓各具。【拭巾】隨卓各具。【屏】或簾，用以闔門者，寢有門則不具。【深衣】緇冠、幅巾、大帶、條履具，主人以下所服，制并見上冠禮陳冠服條。

陳器，

設香案於堂中，置香爐、盒於其上，設燭臺於每位卓上。束茅聚沙於香案前，及逐位卓前。《集説》祔位不設。設酒架於東階上，別置卓於其東，設酒注、酹酒、盞盤、下有以他器徹酒之文，此時亦當設空器。受胙盤、匕巾、醋瓶於其上，火爐、香匕、火筯於西階上，別置卓於其西，設祝板於其上，盥盆、帨巾於阼階下之東，其西者有臺架，又設陳饌大牀于其東。

【諸具】陳器

【香案】【香爐】【香盒】【香匕】【火筯】【燭臺】【茅束】五【茅盤】五 一設於香案前，四各設於每位前，祔位則不設。【卓】二【祝板】四【酒瓶】【酒注】【盞盤】用以酹酒者。【玄酒瓶】取祭日平朝第一汲水，盛之。【酒架】用以安瓶者。【拭巾】用以拭瓶口者。【徹酒器】亞終獻時用以退酒者，每位各一。【徹炙器】亞終獻時用以退炙者，每位各一。【大牀】用以先排祭饌者，又置徹炙器於其上。【受胙盤】匕具【受胙席】【盤】多少隨宜。【潔滌盆】【拭巾】並用以洗盞盤及器楪者。【火爐】用以煖祭饌者。【炬】用以設燎於庭者。【盥盆】四 二有臺，主人主婦及內外親屬所盥，二無臺，祝及內外執事者所盥。【勺】四【帨巾】四 二有架，二無架。

省牲，滌器，具饌。

主人帥衆丈夫深衣省牲莅殺，主婦帥衆婦女背子滌濯祭器，潔金鼎，具祭饌。務令精潔，未祭之前，勿令人先食及爲猫犬蟲鼠所污。

【諸具】省牲 滌器、具饌

【內執事】【牲】按 大夫以羊豕，士以豚犬，庶人無常牲。見於禮書者，有卵、魚、豚、雁、鷄、鵝、鴨。今士夫之祭無牲，只庶羞而已。故祝辭亦皆不稱牲，而稱庶羞，澤堂以炙，當古之牲云爾。今不能全殺，未免貿於市，則雖牛肉，亦不可謂之饡也。【果】《家禮》本注六品。○凡木實之可食者，無不用。○孔子曰：果屬，桃爲下，祭祀不用。○沙溪曰：若難備，四品或兩品。【脯】尤庵曰：《要訣》脯即佐飯，二者恐是一物。○又曰：凡乾魚肉，皆謂之脯。【醢】食醢魚醢。【蔬菜】熟菜沈菜之屬。【清醬】按醬是食之主，似不可闕。《家禮》只有醋楪，而無用醬之文。栗谷、沙溪始以清醬，據古禮添入於蔬菜脯醢之中。今以清醬代醢一品，用之爲宜。【醋】【盞盤】【匕筯楪】【米食】即餅。【麵食】如饅頭及俗所謂昌麵、酸麵、匊羞之類。【飯】【羹】按古者大羹，即肉羹不致五味者；鉶羹，即肉和菜調五味者；菜羹，即純用菜者。今湯用魚肉，則羹當用菜，湯不用魚肉，則羹當用肉。【肉】《家禮》本注肉魚各一盤。○家畜及山澤之族可食者，無不用。【魚】凡水族之可食者，無不用。○黃氏曰：鯉魚不用於祭祀云。○栗谷曰：魚肉當用新鮮生物。○按魚肉，或殽或膾或軒或乾或炒，凡羞之以魚肉爲之者，俱無不可。肉帶骨曰殽，腥細切爲膾，大切爲軒。【酒】【炙】《家禮》本注肝一弗，肉二弗。○肝進於初獻，肉分進於亞、終獻，各盛于盤。○《要訣》又有魚雉等物。○少牢禮魚，右首。○尤庵曰：三獻各用一物，多少隨宜。【茶】《備要》國俗代以水。○即熟水。○果以下隨位各具。【祭器】備饌時所用，並見上本條。【背子】或【長衣】主婦以下所服，背子制見上冠禮笄陳服條，長衣即長襖子，制見上喪禮陳襲衣條。○朱子曰：凡祭肉臠割之餘，及皮毛之屬，皆當勿令殘穢褻慢。

厥明夙興，設蔬果酒饌。

主人以下深衣，及執事者俱詣祭所，燃燭，竢明乃滅。盥手。設果楪於逐位卓南端，即第四行。蔬菜、脯醢相間次之。即第三行。設盞盤、醋楪于北端，盞西楪東，匕筯居中。即第一行。設玄酒及酒瓶於架上，玄酒在西。熾炭于爐。主婦背子炊煖祭饌，皆令極熱，以盒盛出置東階下大牀上。

質明，奉主就位，

主人主婦。以下各盛服，盥手帨手，詣祠堂前，序立，如朔望之位。立定。開門軸簾。主人升自阼階，焚香，跪告，云云。俯伏興。斂櫝。正位祔位，各置一笥，各以執事者一人奉之，主人前導，主婦從後，卑幼在後，至正寢置于西階卓上。主人啓櫝，奉諸考神主出就位，主婦升，奉諸妣神主亦如之。其祔位則子弟一人奉之。既畢，主人以下，皆降復位。

陳氏曰：子路質明，而始行事，晏朝而退。孔子取之，此周禮也。然與其失於晏也，寧早，則雖未明之時，祭之可也。○《語類》先生侵晨，已行事畢。○張子曰：五更而祭，非禮也。

【笥】隨櫝各具。【盛服】見上朔參條。○栗谷曰：服中時祭，當以玄冠、素服、黑帶行之。

【諸具】奉主

【告辭式】

孝孫屬稱隨改，見上卜日告式。某，今以仲春夏、秋、冬隨時。之月，有事于顯高祖考某官府君，顯高祖妣某封某氏，曾祖考妣至考妣列書，繼曾祖以下之宗，亦以最尊位爲主而隨屬稱。以某親某官府君，卑幼，去府君二字。某親某封某氏祔食，敢請神主出就正寢，或廳事。恭伸奠獻。

參神，

主人以下序立，如祠堂之儀。立定再拜。若尊長老疾者，休於他所。

降神，

主人升，焚香，《備要》再拜。少退立。執事者一人開酒，取巾拭瓶口，實酒于注；一人取東階卓上盞盤，立于主人之左；一人執注立于主人之右。主人跪。奉盞盤者亦跪，進盞盤，主人受之。執注者亦跪，斟酒于盞，主人左手執盤，右手執盞，灌朱子曰盡傾。于茅上。以盞盤授執事者。執事者反注及盞盤於故處，先降復位。俯伏興，再拜，降，復位。

進饌，

主人升，主婦從之。執事者一人以盤奉魚肉，一人以盤奉米麵食，一人以盤奉羹飯，從升。至高祖位前，主人奉肉，奠于盞盤之南；主婦奉麵食，奠于肉西。主人奉魚，奠于醋楪之南；主婦奉米食，奠于魚東。即第二行。主人奉羹，奠于醋楪之東；主婦奉飯，奠于盞盤之西。以次設諸正位，使諸子弟婦女各設祔位。皆畢，主人以下皆降，復位。

初獻，

主人升，詣高祖位前。執事者一人，執酒注立于其右，冬月既先煖之。主人奉高祖考盞盤位前，東向立。執事者西向，斟酒于盞，主人奉之，奠于故處。次奉高祖妣盞盤，亦如之執事者反注故處。位前，北向立。執事者二人，奉高祖考妣盞盤，立于主人之左右。主人跪，執事者亦跪。主人受高祖考盞盤，左手執盤。右手取盞，祭三祭。○《要訣》少傾。之茅上。以盞盤授執事者，反之故處，受高祖妣盞盤，亦如之。

俯伏興，少退立。執事者炙肝于爐，以楪盛之，兄弟之長一人奉之，奠于高祖考妣前匕筯之南。《備要》啓飯蓋置其南。（降復位。）祝取板立於主人之左，東向。跪《儀節》主人以下皆跪。讀云云。畢，置板於卓上。興。降復位。主人再拜，退詣諸位獻祝如初。每位讀祝畢，兄弟衆男之不爲亞終獻者，以次分詣本位所祔之位，酌獻不祭酒。如儀。但不讀祝。《開元禮》不拜。獻畢，皆降復位。執事者以他器徹酒及肝，置盞故處。降復位。

【祝文式】代各異板。○凡告祝，以《家禮》爲主。而如年月干支，改皇爲顯，清酌庶羞等句語，多從《備要》書之。

維年號幾年歲次干支幾月干支朔幾日干支，孝玄孫孝曾孫、孝孫、孝子，隨屬稱。某官某，敢昭告于顯高祖考某官府君，顯高祖妣某封某氏，曾祖考妣、祖考妣考妣，隨屬稱。氣序流易，時維仲春，隨時。追感歲時，不勝永慕，《家禮》本注考改不勝永慕爲昊天罔極。敢以清酌庶羞，祗薦歲事，以某親某官府君，卑幼云云，見上告式。某親某封某氏祔食，《家禮》本注如本位無，即不言，凡祔倣此。尚饗！

亞獻，

主婦爲之。諸婦女奉炙肉及分獻，如初獻儀。但不讀祝。

朱子曰：未有主婦，則弟得爲亞獻。

終獻，

兄弟之長或長男或親賓爲之。衆子弟奉炙肉及分獻，如亞獻儀。但不徹酒及炙。

侑食，

主人升，執注就斟諸位之酒，祔位不斟。皆滿，反注故處。立於香案之東南。主婦升，扱匕飯中，西柄，正筯，沙溪曰：正之於楪中。立于香案之西南。皆謂主人、主婦。北向，再拜，主婦四拜。○祔位扱匕正筯，諸子弟婦女行之而不拜。降，復位。

問主婦不參祭，則扱匕，主人爲之否？退溪曰當然。

闔門，

祝闔門。無門處，降簾。（或屏幛。）主人以下皆升階。立於門東，西向，衆丈夫在其後。主婦立於門西，東向，衆婦女在其後。尊長，則少休於他所。

按孔子曰：攝主不厭祭，不假嘏，不歸肉。若主人遠遊或疾病，使子弟代之。則可略去闔門、啓門、受胙等節。

啓門，

祝聲三噫歆，乃啓門。主人以下皆降，復位。尊長先休于他所者，入就位。主人主婦升，徹羹。奉茶，代以水。分進于諸位考妣之前；奠于徹羹處。祔位，使子弟、婦女進之。主婦以下先降，復位。

受胙，

執事者設席于香案前，主人就席，北面。祝詣高祖考前，舉酒盞盤，詣主人之右。主人跪，祝亦跪。主人受盞盤，祭酒于席前。啐酒。祝取匕並盤，抄取諸位之飯各少許，奉以詣主人之左，嘏于主人。云云。主人置酒于席前，俯伏興，再拜，跪受飯，嘗之，實于左袂，掛袂于季指，取酒卒飲。執事者跪受盞，自右置注旁，受飯自左亦如之。主人俯伏興，立於東階上，西向。祝立於西階上，東向。告利成，降復位，與在位者皆再拜。主人不拜，降復位。【栗谷】曰：執事者升詣諸位，合飯蓋，降復位。○合飯蓋時，先下匕筯于楪中。

【嘏辭式】

祖考屬稱隨改，見上命辭式。命工祝，承致多福于汝孝孫，屬稱隨改，見上卜日告式，下同。來音釐。汝孝孫，使汝受祿于天，宜稼于田，眉壽永年，勿替引之。

辭神，

主人以下皆再拜。【《儀節》】焚祝文。

納主，

主人、主婦皆升，各奉主納于櫝。主人以笥斂櫝，奉歸祠堂，如來儀。各安于故處，降簾闔門而退。

徹，

主婦還監徹，酒之在盞注他器中者皆入于瓶，緘封之；果蔬、肉食並傳于燕器，滌祭器而藏之。

餕。

是日，主人監分祭胙品，取少許置于盒，並酒皆封之，遣僕執書云云。歸胙於親友，遂設席。男女異處，尊行自爲一列，南面，自堂中東西分首。若止一人，則當中而坐，其餘以次相對，分東西向。尊者一人先就坐，衆男序立，尊者前北向。世爲一行，以東爲上，皆再拜。子弟之長者一人少進立。執事者一人執注立于其右，一人執盞盤立于其左。獻者跪。弟獻，則尊者起立；子姪，則坐。受注斟酒，反注受盞，祝云云。授執盞者，置于尊者之前。尊者舉酒，畢，長者俯伏興，退復位，與衆男皆再拜。尊者命取注及長者之盞置于前，自斟之。祝云云。命執事者以次就位，斟酒皆遍。長者進跪受飲畢，俯伏興，退立。衆男進揖，退立飲。長者與衆男皆再拜。諸婦女獻女尊長於內，如衆男之儀，但不跪。既畢，乃就坐，東西相向，下同。薦肉食。諸婦女詣堂前，獻男尊長壽，男尊長酢之如儀。衆男詣中堂，獻女尊長壽，女尊長酢之如儀。《坊記注》：男女同姓，則親獻，異姓，則使人攝之。乃就坐，薦麵食。內外執事者，各獻內外尊長壽如儀，而不酢，遂就斟在坐者遍，族皆舉，乃再拜退，遂薦米食，然後泛行酒，間以祭饌酒饌，不足，則以他酒他饌益之。將罷，主人頒胙于外僕，主婦頒胙于內執事者，遍及微賤，其日皆盡，受者皆再拜，乃徹席。

按 主人若有故，使人代之則不歸胙於親友，餕止會食，不行慶禮爲可。

【諸具】徹 餕

【燕器】即常用之器。【盒】用以分胙者。

【歸胙所尊書式】《書儀》

某惶恐平交以下，去惶恐二字。白，今月某日有事于祖考，謹降等，改謹爲今。遣歸降等，改歸爲致胙于執事，平交以下，去于执事三字。伏惟尊慈，俯賜平交，去尊慈俯賜四字。容納，平交，改容納爲留納；降等，去伏惟以下八字。某惶恐再拜，平交，去惶恐二字；降等，改惶恐再拜爲白。

某人執事。平交，改執事爲左右。

【皮封式】新補

狀上

某官執事，　　　姓某謹封。

【所尊復書式】《書儀》

某白，降等，云惶恐白。○降等平交云云，皆指復書者而言，下同。吾子平交以下，云伏承某人。孝享祖考，不專有其福，降等，云欲廣其福。施降等，改施爲辱。及老夫，平交，云賤交；降等，云賤子。感慰良深，平交，云不勝感戢；降等，云過蒙恩私，不勝感戴之至。某白

某人。平交，云某再拜某人左右；降等，云某惶恐再拜某人執事。

【皮封式】同前式

【獻者祝辭式】

祀事既成，祖考嘉饗，伏願某親，備膺五福，保族宜家。

【尊長酢長少祝辭式】

祀事既成，五福之慶，與汝曹共之。

凡祭，主於盡愛敬之誠而已，貧則稱家之有無，疾則量筋力而行之，財力可及者，自當如儀。

《祭統》祭也者，必夫婦親之。○又曰：君子之祭也，必身親莅之。有故則使人可也。○朱子曰：同居，同出於

曾祖，便有從兄弟及再從兄弟，祭時適孫，當一日祭其曾祖及祖及父，餘子孫與祭；　次日却令次位子孫，自祭其祖及父；又次日却令次位子孫，自祭其父。此却有古宗法意，古今祭禮，這般處皆有之。○【栗谷】曰：朱子居家，有土神之祭，四時及歲末皆祭土神。今雖未能備舉，例於春冬，别具一分之饌，家廟祭畢，乃祭土神，似爲得宜。降神、參神、進饌、初獻、亞獻、終獻、辭神乃徹，祭土神之所，宜於家北園内浄處，除地爲壇。

按 時祭乃正祭，祭莫重於時祭。而近世行之者甚尠，誠可寒心，其不識禮義則已矣。亦有欲行之而患其貧者，《易》曰：東鄰殺牛，不如西鄰之禴祭。苟能盡其愛敬之心，則雖以一簞食一豆羹，因俗節而薦之，恐亦不妨。

【諸具】祭土神

【祝】【執事者】【新潔席】【燭臺】【祝板】【饌】如祭先之饌一分。【酒注】【盞盤】二一用以酹酒者。【徹酒器】【潔滌盆】【拭巾】【盛服】【拜席】【盥盆】二【帨巾】二並主人及祝及執事者所盥洗。○不設爐盒茅沙，只酹酒於地。

【祝文式】《大全》

維年號幾年歲次干支幾月干支朔幾日干支，某官姓名，敢昭告于土地之神，維此仲春，歲功云始，夏，改維此以下八字，云仲夏應期，時物暢茂；　秋，云維此仲秋，歲功將就；　冬，云維此仲冬，歲功告畢；　歲，云歲律將更，幸兹安吉。若時昭事，秋冬歲，改昭事爲報事。敢有不欽？蘋藻雖微，庶將誠意，惟神監享，永奠厥居，歲，改永奠厥居爲介以春祺。尚饗！

禰

季秋祭禰。前一月下旬卜日。

如時祭之儀。惟告于本龕之前。餘並同。

朱子曰：某家祭禰，用某生日祭之，適值某生日在季秋九月十五日也。

【諸具】卜日

同上時祭本條。

【命辭式】

某將以來月某日，即上旬，或丁或亥。不吉則復命以中旬。又不吉，則直用下旬日。諏此歲事，適其考妣，

母在，止云考。（下同。）尚饗！

【告辭式】

孝子某，將以某月某日，祗薦歲事于考妣，卜既得吉，用下旬日，則去卜既得吉四字。敢告。

【祝命執事辭式】

孝子某，將以來月某日，祗薦歲事于考妣，有司具脩。

前三日齊戒。前一日，設位，陳器，具饌。

如時祭之儀，但於正寢止設兩位於堂中，西上。

【諸具】齋戒 設位 陳器 具饌

並同上時祭本條，但止具二位。

厥明夙興，設蔬果酒饌。質明，盛服，詣祠堂，奉神主出就正寢。

並如時祭儀，但詣祠堂前，序立再拜。開門，設香案於本龕前，軸簾。主人升，焚香跪告云云，俯伏興。斂櫝，置于笥，以執事者一人奉之。主人前導，主婦從之，諸子弟婦女以次隨後至正寢，後同。

【諸具】奉主

【香案】○餘並同上時祭本條，但止具一笥。

【告辭式】

孝子某，今以季秋成物之始，有事于顯考某官府君，顯妣某封某氏。《儀節》此下云敢請神主出就正寢，恭伸奠獻。

參神，降神，進饌，初獻，亞獻，終獻，侑食，闔門，啓門，受胙，辭神，納主，徹餕。

並如時祭之儀。

【祝文式】

維年號幾年歲次干支幾月干支朔幾日干支，孝子某官某，敢昭告于顯考某官府君，顯妣某封某氏，今以季秋成物之始，感時追慕，昊天罔極，敢以清酌庶羞，祗薦歲事，尚饗！

【嘏辭式】參用上時祭本式。

考命工祝，承致多福于汝孝子，來音釐。汝孝子，使汝受祿于天，宜稼于田，眉壽永年，勿替引之。

忌日

前一日齊戒，設位，

如祭禰之儀。但止設一位。《補注》父之忌日，止設父一位；母之忌日，止設母一位。祖以上及旁親皆然。

尤庵曰：國葬前，私家忌祭不用祝。一獻，以示變於常時也。○栗谷曰：五服未成服前，雖忌祭，亦不可行。

按只設一位，禮之正也。蓋忌日乃喪之餘，值其親死之日，當思是日不諱之親而祭於其位。不宜援及他位，只祭所祭之位，而不爲配祭，非薄於所配祭，以哀在於所爲祭者故耳。然則當以只祭一位爲正，考妣並祭雖有先儒之説，恐不可從。○如外黨妻黨之服，則未成服之前，使家中無服者代行亦可。代行，則似當單獻無祝。

陳器，具饌。

如祭禰之饌，一分。

【諸具】齊戒 設位 具饌

並同上時祭本條，但止具一位。

厥明夙興，設蔬果酒饌。

如祭禰之儀。

質明，主人以下變服。

禰則主人兄弟黲紗幞頭，黲布衫，布裹角帶。祖以上則黲紗衫。旁親則皂紗衫。主婦特髻去飾，白大衣，淡黃帔。餘人皆去華盛之服。

按 寒門留禫服一襲，遇忌日服之之問。退溪雖以爲太過，然好禮君子，行之爲好。

【諸具】變服

【黲布笠】【布深衣】【白布帶】【皂靴】或白靴。○以上見上喪禮陳禫服條，父母忌所著。【黑笠】【素帶】【皂靴】黑笠以下，祖以上及旁親忌所著。○黲紗幞頭，黲布衫，布裹角帶，黲紗衫，皂紗衫，今俗不用，故并代以此。【淡黃帔】制見上昏禮醮女條。【白大衣】制見上朔參條。○父母忌婦人所服。【玄帔】【玉色裳】玄帔以下，祖以上忌婦人所服。【帶】凡忌皆當用白。○旁親忌，婦人只去華盛之服。

詣祠堂，奉神主出就正寢。

如祭禰之儀。

尤庵曰：祭一位，則雖合櫝，何嫌於以空櫝奉出一位耶？

【諸具】奉主

【蓋座】【笥】【香案】只設本龕前。

【告辭式】

今以顯某親某官府君，或某封某氏。妻，云亡室；卑幼，改顯爲亡，去府君二字。遠諱之辰，《備要》妻弟以下，云亡日。敢《備要》妻弟以下不用敢字。請神主出就正寢，《備要》或廳事。恭伸追慕。《備要》妻弟以下，云追伸情禮。

參神，降神，進饌，初獻。

如祭禰之儀。若考妣，則主人以下哭盡哀。《備要》逮事祖考妣同。

《語類》問：忌日當哭否？曰：若是哀來時，自當有哭。

【祝文式】

維年號幾年歲次干支幾月干支朔幾日干支，某親某官某，弟以下不名。敢昭告于妻，去敢字，弟以下，但云告于。顯某親某官府君，屬稱隨改，見上出主告式。歲序遷易，諱日復臨，《備要》妻弟以下，云亡日復至。追遠感時，不勝永慕，考妣，改不勝永慕爲昊天罔極；旁親，（去追遠以下八字。）云不勝感愴。（妻弟以下，當改感愴爲他語。）謹以，妻弟以下，云茲以。清酌庶羞，恭伸奠獻，《備要》妻弟以下，云伸此奠儀。尚饗！

亞獻，終獻，侑食，闔門，啓門，

並如祭禰之儀。但不受胙。

辭神，納主，徹。

並如祭禰之儀。但不餕。

是日不飲酒，不食肉，不聽樂，黲巾素服，素帶以居，夕寢于外。

《語類》問：人在旅中遇私忌，於所舍設卓炷香，可否？曰：若是無大礙於義理，行之亦無害。

按古者忌日無祭，只行終身之喪而已。有宋諸賢特起奠薦之禮。今人但知忌祭之爲大，不知忌日之爲重。已祭之後，應接賓客，不異平時。或有謂已罷齊，出入如常者。甚不可也，當節其酬應，致哀示變，以終是日也。

【諸具】旅中遇忌

【椅】用以設位者。【香案】

墓祭

三月上旬，擇日。前一日，齊戒。

如家祭之儀。

按墓祭非古也。朱子隨俗一祭，而南軒猶謂之非禮，往復甚勤，然後始從之。然則墓廟事體之殊別可知矣。今於廟行四時祭，又於四節日上墓，則是墓與廟等也。烏可乎哉！四節墓祭，國俗行之已久，有難頓變。故栗谷《要訣》，略加節損，然猶未免過重。終不若以《家禮》爲正，而三月一祭也。蓋古所謂祭，即時祭也。祭莫重於時祭，今人不知其爲重，或全然不行，而又廢三節日墓祭，則尤爲未安，此亦不可不知也。世之只行墓祭不行時祭者，須移祭墓者行之於廟，而於墓則一祭之爲宜。

具饌。

墓上每分如時祭之品，更設魚肉米麵食，以祭后土。

厥明灑掃。

主人深衣，栗谷曰：玄冠素服，黑帶。帥執事者詣墓所，再拜。奉行塋域，内外環繞，哀省三周，其有草棘，即用刀斧鋤斬芟夷，灑掃訖，又除地於墓左，以祭后土。

【諸具】灑掃

【執事者】【刀】【斧】【拭巾】有石牀，則用以洗净者。【深衣】緇冠、幅巾、大帶、絛、履具。或【玄冠】【素服】【黑帶】【拜席】

布席，陳饌。

用新潔席陳於墓前，設饌，有石牀則陳饌於其上。如家祭之儀。置香爐盒於席前，若設香案石，則置於其上。

按家祭儀，先設蔬果，降神後又進饌，而墓祭無進饌一節。當於此時同設，蓋原野之禮差略，故家祭兩節，並包於陳饌二字矣。

【諸具】陳饌

【祝】【新潔席】又別用一席，以代陳饌大牀。【香爐】【香盒】【祝板】【饌】同上時祭條，但具一分。合葬則具二分，叅則三獻不各具。【酒瓶】【酒注】【盞盤】二一用以酹酒者。○合窆位則加具一。【匕筯楪】合窆位則匕筯加具一。【徹酒器】【潔滌盆】【拭巾】【湯瓶】用以盛熟水者。○並設別席與火爐，陳於墓前之西。

【盥盆】二【帨巾】二并主人及祝及執事者所盥洗，設於墓前之東。

參神，降神，

沙溪曰：設位而無主，則先降後參，墓祭亦然。《家禮》先參後降，未知其意，《要訣》墓祭先降，恐爲得也。

初獻。

如家祭之儀。栗谷曰：扱匕正筯。

【祝文式】

維年號幾年歲次干支幾月干支朔幾日干支，某親某官某，敢昭告于告妻及弟以下，見上忌祭祝式。顯某親某官府君或某封某氏，合窆位則列書。妻，云亡室；卑幼，改顯爲亡，去府君二字。之墓，氣序流易，雨露既濡，瞻掃封塋，不勝感慕，考妣，改不勝感慕爲昊天罔極；旁親爲不勝感愴；妻弟以下，當改感愴以他語。謹以妻弟以下，改措語，見上忌祭祝式。清酌庶羞，祗薦旁親，云薦此；妻弟以下，云陳此。歲事，尚饗！

按《大全》祭子墓文：氣序流易，雨露既濡，念爾音容，永隔泉壤，一觴之酹，病不能親，諒爾有知，尚識予意。於告卑幼則之墓之下，遵用此文。若躬奠，則改一觴之酹，病不能親爲清酌庶羞，伸此奠儀似可。

亞獻，終獻。

並以子弟親朋薦之。栗谷曰：終獻後，進熟水。

辭神，乃徹。

松江曰：三年内墓祀，叔獻及礪城皆以單獻爲是。（墓祀指新喪。）

按三年内異几，明有禮文，神主未合位之前，墓所並祭甚未安。凡合葬之墓，須各行。而並有喪，則先重後輕，而各服其服，哭而行事。若父先亡母喪，三年内則以平凉子直領不哭而先祭父，改以衰服哭而祭母。若母先亡父喪，三年内則祭父畢，但去杖脱絰，不哭而行母祀，似爲合宜。○親盡祖墓祭，見上遞遷條，依韓魏公禮，十月一日祭之恐得宜。

【親盡祖墓祭祝文式】新補

維年號幾年歲次干支十月朔日干支，幾代孫某官某，敢昭告于始祖考或先祖考，或幾代祖考，或始祖妣，或先祖妣，或幾代祖妣。某官府君或某封某氏，合窆位則列書。之墓，今以草木歸根之時，追惟報本，禮不敢忘，瞻掃封塋，不勝感慕，謹以清酌庶羞，祗薦歲事，尚饗！

遂祭后土。布席，陳饌。

四盤于席南端，設盞盤匕筯于其北，餘並同上。

【饌】肉魚餅麵各一大盤。○餘並同上時祭祭土神條，但不設燭。

【諸具】祭后土

降神，參神，三獻，辭神，乃徹而退。

【祝文式】

維年號幾年歲次干支幾月干支朔幾日干支，某官姓名，敢昭告于土地之神，某恭妻弟以下，去恭字。修歲事于某親某官府君或某封某氏，卑幼，去府君二字。之墓，維時保佑，實賴神休，敢以酒饌，敬伸奠獻，尚饗！

四禮便覽跋

繼《家禮》而言禮者，在我東惟《喪禮備要》爲最切，今士大夫皆遵之。然而《家禮》則節文未或盡備，《備要》則專主乎喪祭。未可并行於古今，而通用於吉凶也。是故陶菴李先生以《家禮》爲綱，其例倣《備要》而增之以冠昏二儀，並據古禮及先儒説，酌其繁簡，訂其異同。作爲一部禮書，名曰《四禮便覽》。蓋亦《備要》源於《家禮》，《家禮》源於《儀禮》，冠、昏、喪虞饋徹咸具之義，而綱舉節該，靡有底蘊，可以質聖人也。凡原書中雙書而不言出處者，與雙書而加按字者，爲先生定論也。其按説冠爲十有一則，昏爲六則，喪爲一百則，祭爲十有九則，按字下加圈者，又通爲二十有七則。而每段注解不與焉。不其詳且博哉？先生既没，傳寫之藁尚有所照撿未到者，不能與原集並布。好禮家爲遲之先生之孫華泉公，蓋嘗積校讎之功，遂爲定本。華泉公之兩胤，文簡公、尚書君繼其未卒而修述之，及鋟諸梓附以圖式，即又尚書君分司華都時也。是書首尾纔八篇耳，閱四世百年而後始克成，編書之難有如是矣。寅永俗儒也，何敢爲論禮言，而竊聞爲禮之方，有體有用，體也者本也，如「林放問」是也。用也在儀物度數之末也，如《曲禮》《内則》《曾子問》諸篇是也。苟不因其用以達其本，則烏足爲徹上徹下之道哉。然則其命以「便覽」者，寔先生自謙之也。謹因尚書君之託，略識緣起如右，以竢夫後之爲恭儉莊敬之教者云爾。

崇禎四甲辰上之十年孟冬，後學豐壤趙寅永謹跋。

家禮輯要

〔朝鮮〕鄭重器　撰
郭建中　整理

《家禮輯要》解題

［韓］張東宇　撰　林海順　譯

鄭重器（一六八五—一七五七），字道翁，號艮巢、梅山，本貫迎日。英祖三年（一七二七）文科及第，歷任成均館典籍、禮曹佐郎、兵曹佐郎、咸鏡都事、刑曹參議等。他是李玄逸（一六二七—一七〇四）的門人鄭碩達（一六六〇—一七二〇）之子，鄭萬陽（一六六四—一七三〇）、鄭葵陽（一六六七—一七三二）的從弟，受業於李衡祥（一六五三—一七三三）。鄭重器是屬於自李滉（一五〇一—一五七〇）去世後，金誠一（一五三八—一五九三）、張興孝（一五六四—一六三三）、李徽逸（一六一九—一六七二）、李玄逸等前後相繼的密庵〔一〕門派學者。他修正了鄭萬陽、鄭葵陽合著的《改葬備要》和《疑禮通考》，完成了鄭碩達的《家禮或問》，還著有《朱書節要集解》，以及後由次男鄭一鑽整理，於一七九〇年以木板刊行的《梅山集》。

〔一〕譯者注：李玄逸的第三個兒子李栽（一六五七—一七三〇），號密庵。在退溪李滉去世後，其後學分爲學峰金誠一和西厓柳成龍兩大派系。密庵門派則是學峰金誠一派系下的一個分支。

六五)的校訂,七卷三册的木板印本才得以初刊,之後是否重刊尚未確認。第一册有序、通禮(卷一)、冠禮(卷二)、昏禮(卷三); 第二册有喪禮一(卷四)、喪禮二(卷五); 第三册有喪禮三(卷六)、祭禮(卷七)。喪禮一(卷四)收録了《家禮》從「初終」到「聞喪、奔喪」的内容; 喪禮二(卷五)收録了從「治葬」到「反哭」的内容; 喪禮三(卷六)收録了從「虞祭」到「禫祭」,根據《喪禮備要》而補充的「吉祭」以及根據《家禮儀節》而補充的「改葬」等相關内容。

《家禮輯要》雖然完成於一七五二年,但直到十九世紀中葉,經過鄭裕昆(一七八二—一八

《家禮輯要》是繼承金長生(一五四八—一六三一)《喪禮備要》的成果,並加以批判性補充的著述。雖然被限定於喪禮和祭禮,但爲了便於據《家禮》行禮,《喪禮備要》以獨立的專案整理和收録了各儀節所需的器具、祝文、祝辭、書式,補充了《家禮》中雖然遺漏,但古禮中明文規定的儀節,因此是試圖提高行禮完整性的著作。

《家禮輯要》聚焦於復元《家禮》所謂《通禮》《冠禮》《昏禮》《喪禮》《祭禮》的五禮體制,抑制根據古禮的補充過剩以及修正《喪禮備要》的謬誤。首先把從《通禮》分離出來移動到《祭禮》前面的《喪禮備要》的「祠堂之儀」,重新挪回到本來位置的卷首,然後運用《喪禮備要》的小注來構成,並將「深衣制度」和「居家雜儀」整理配置在其後。通過援用《疑禮通考》(鄭萬陽、鄭葵陽)的《冠儀》《昏儀》來構成《喪禮備要》没有涉及的《冠禮》和《昏禮》,再通過參考古禮和先

賢之説補充了不完善的内容。《喪禮》和《祭禮》雖然全部運用了《喪禮備要》，但削除了煩雜部分，修正了謬誤之處。

《家禮輯要》關於「抑制根據古禮的改補過剩」的問題意識體現了如何將《喪禮備要》作爲對象加以貫徹，這是對《家禮》本文的再構成。《家禮輯要》批判性地受容了《喪禮備要》所補充的《家禮》内容。受容體現了三種樣相。第一，在《喪禮備要》中，根據古禮所補充的内容匯總反映在本注的層位，而不是本文的層位。第二，在所謂「反映朱子定論以及確保《家禮》的内在整合性」的原則下受容《喪禮備要》對《家禮》本文的補充。第三，積極反映了雖然是朱子的定論，但《喪禮備要》没能補充的内容。這三種樣相明顯體現了即便古禮有明文規定《家禮輯要》受容或拒絶補充《喪禮備要》的原則，但對《家禮》本文的改補「只有當《家禮》的内在整合性或朱子的定論有根據時，才有可能」。

從十六世紀後半期正式開始的《家禮》研究以祭禮和喪禮爲中心，進行了行禮標準指針的準備工作。《喪禮備要》從行禮的側面總結了到十七世紀初爲止的成果，是提出研究方向的里程碑式的著述。這是因爲，以後刊行的行禮書無一例外都進行了以《喪禮備要》爲典範，其範圍擴大到冠禮和昏禮以及將内容精煉化的工作。《家禮輯要》既繼承了《喪禮備要》，又是以「復元《家禮》體制以及基於朱子定論的補充」爲目標的階段進展的作品。

本次整理，以韓國國立中央圖書館藏本爲底本。木板，共七卷三册。無目録，卷端題「家禮輯要」，半頁十一行，行二十二字，四周單邊，内向二葉花紋魚尾，中間記書名「家禮輯要」。圖書編號：古5213—102。

目録

家禮輯要卷之三

家禮輯要卷之四

家禮輯要卷之五

家禮輯要卷之六

家禮輯要卷之七

家禮輯要序

昔我元聖，制禮立教，三百三千，優優乎極其大，譬如日星高揭，有目皆覩，而一經秦火，蕩然無遺，雖漢晉諸儒掇拾於煨燼之餘，所存者特十之一耳。禮教之晦，殆千有五百年而莫之闡明焉。紫陽朱夫子惟是之𢘆然，參古今，酌情文，著爲《家禮》一書，規模節目，井井明備，雖聖人復作，亦無以加矣。而惜其初年爲童行所竊，未得再修，以嘉惠後人。此雖爲千古之恨，顧其大綱已舉，其間瑣節又有晚來定論，今於附注中，可班班考也。然而委巷之士，倉卒間未易尋考。瓊山氏作《儀節》發揮之，我東申、金兩家，又述《喪祭禮備要》，俾盡其慎終追遠之道，其用力勤矣，裨世教亦至矣。但《丘儀》紕繆處尚多，《備要》割《通禮》移合《祭禮》，已失《家禮》本旨。《喪禮》雖頗詳密，必欲盡用古禮，有違於夫子臨歿時摇首之意。於《冠》《昏》二禮却又全然拋置。我先君子洎塤、篪兩先生並治禮學，嘗竊病是焉，欲一釐正而竟未果。篪先生草《冠》《昏》儀若干條，蓋將補《備要》之缺而未得脱藁。至於《備要》，則又未及梳沐，豈非後學之不幸歟？重器矇騃無聞，何敢與議於儀度之間？而幸於過庭登門之際，得聞緒餘。及此衰暮，日覺荒墜，謹取先君子洎兩先生所編禮書，俯讀仰思，略窺影響。敢就《家禮》全書，一依舊目而序次之，還置《祠堂》章於卷首，用《備要》注脚而補其闕略，繼之以《深衣制度》，《居家雜儀》稍加裁節，《冠》《昏》禮則用篪先生遺儀，而間有未備處，輒敢以古禮及先賢説益之。《喪禮》則全用《備要》，而删其繁，正其誤，於《祭禮》亦依《備要》，略爲修潤。工既訖，名之曰《家禮輯要》，凡三册。夫然後篇章得其序而無割裂之弊，儀文盡其節而無闕漏之失。吾夫子謹名分、崇愛敬、略浮文、敦本實之意，至是而可復見矣。然是役也，非敢誇多衒奇，竊附於纂述之末，衹欲掇取舊聞，追述遺志，一以備暮境遺忘之患，一以資私家急卒之用。同志之士，盍相與辨證而針砭之哉。抑愚於此又有所深懼者，《備要》乃前輩已成之書，而今以咫識管見，妄加雌黄，知其必不免於僭猥之譏矣。世之揩大眼、秉公心者，其或不以爲罪否？况又其書以《家禮》爲綱，而未免有得半失半之恨，抑或當時姑先難後易而未得畢其業歟？若以此意就質於當時，則二老亦必莞爾而點頭矣。雖然，愚於今日得蒙渠成之利，二老之功又曷可少之哉？姑書編輯之意，以俟夫習禮者之評騭云爾。歲壬申八月下澣，後學烏川鄭重器謹識。

家禮輯要卷之一

通禮

祠堂

君子將營宫室，先立祠堂於正寢之東。

祠堂之制，三間外爲中門，中門外爲兩階，皆三級。東曰阼階，西曰西階，階下隨地廣狹，以屋覆之，令可容家衆叙立。又爲遺書、衣物、祭器庫及神厨於其東，繚以周垣，别爲外門，常加扃閉。若家貧地狹，則止立一間，不立厨庫，而東西壁下置立兩櫃，西藏遺書、衣物，東藏祭器亦可。祠堂所在之宅，宗子世守之，不得分析。○凡屋之制，不問何向背，但以前爲南，後爲北，左爲東，右爲西。

爲四龕，以奉先世神主。

祠堂之内，以近北一架爲四龕，退溪李先生曰：士大夫祭三代乃時王之制，而祭四代亦大賢義起之禮，今世孝敬之家往往行之，國家之所不禁也。每龕内置一卓，大宗及繼高祖之小宗，則高祖居西，曾祖次之，祖次之，父次之。繼曾祖之小宗，則不敢祭高祖，而虛其西龕一。繼祖之小宗，則不敢祭曾祖，而虛其西龕二。繼禰之小宗，則不敢祭祖，而虛其西龕三。若大宗世數未滿，則亦虛其西龕，如小宗之制。神主皆藏於櫝中，司馬公曰：府君、夫人，共爲一櫝。朱子曰：考妣主同匣。○《唐會要》：嫡母無先後，皆當合祭。退溪曰：先妣共一櫝，後妣別櫝，同入一龕。鄭寒岡曰：父有三娶，則四位合一櫝未安，考與先室爲一櫝可矣。○《備要》：坐式，司馬公制兩窗櫝，韓魏公制《家禮圖》，並存之。今人有具用者，恐非是。○按：《家禮圖》因《書儀》説有韜藉，而《家禮》不言之，未知何意？用與不用，當各隨其家法而處之矣。置於卓上，南向。龕外各垂小簾，簾外按：每龕前當各設一卓。設香卓於堂中，置香爐、香合於其上。兩階之間，又設香卓亦如之。○主式見《喪禮・治葬章》。寒岡曰：立廟一間，四龕難容，則高祖居中南向，而曾祖、禰坐東西向，祖坐西東向，曾見中朝禮文如此。

旁親之無後者，以其班祔。

伯叔祖父母祔于高祖。伯叔父母祔于曾祖。妻若兄弟，若兄弟之妻，祔于祖。子姪祔于父。皆西向。按：古禮如此，而今廟狹龕小，難以容祔。《時祭》「設位」條云：祔位皆於東序西向北上，或兩序相向，尊者居西。蓋祔位若只一二，則祔東壁下，若至四五，則分祔東西壁，而尊者居西，似不失朱子意。妻與弟，則朱子答陳安卿之問雖有各一所之語，朱子内子已祔祖妣之旁，依此行之無疑。若妻與弟同祔，則鄭愚伏以爲嫂叔不可同祔一室。金沙溪以爲本注及小注是定論，雖嫂叔同龕，何嫌之有？愚意以爲分置兩壁好矣，若西壁已有他祔位，則同祔東壁，隔版或隔帳爲善。主櫝並如正位。

○程子曰：無服之殤七歲以下。不祭；下殤十一至八歲。之祭，終父母之身；中殤十五至十二之祭，終兄弟之身；長殤十九至十六。之祭，終兄弟之子之身；成人丈夫冠，婦人許嫁。而無後者，其祭終兄弟之孫之身。

置祭田。

計見田，每龕取其二十之一，〔《王制》〕：祭用數之仂。鄭注以仂爲十二，國制取七分之一。〔退溪〕曰：國俗既有奴婢相傳，與田宅無異，置承重奴婢亦可。以爲祭田，親盡則以爲墓田。祔位倣此，宗子主之，以給祭用。皆立約聞官，不得典賣。

具祭器。

牀、席、倚、卓、盥盆、有臺。火爐、酒食之器，隨其合用之數，〔《儀節》〕：燭檠、茅沙盤、酒注盞並盤、酒尊、帨巾，並架、椀、楪、匙、筯。皆具貯於庫中而封鎖之，不得他用。無庫則貯於匱中。不可貯者，列於外門之內。〔《曲禮》〕：祭器敝則埋之。

主人晨謁於大門之內。

主人，謂宗子，主此堂之祭者。晨謁，深衣，焚香再拜。或問：逐日晨謁，或未潔，則奈何？〔退溪〕曰：若欲計此，便是周澤長齋，恐無是理。蓋晨謁但行庭拜，非有薦獻故也。〔李栗谷《祭儀》〕：雖非主人，隨主人同謁不妨。○〔朱子〕曰：禮，宗子成人而死，當爲之立後。〔《通典》〕：戴聖云：大宗不可絶，族無庶子，已有一嫡子，則當絶父以後大宗。〔程叔子〕曰：禮，長子不得爲人後，若無兄弟，又繼祖之宗絶，亦當繼祖。〔陳北溪〕曰：大宗無子，則以族人之子續之。一氣相通，嗣續無間，又不可恃同姓爲憑，須擇近親有來歷分明者立之。〔退溪〕曰：長子無後而死，爲長子立後，乃正當道理。而父母多牽愛次子而欲與之，爲次子者亦不知爲兄立後之爲義，而欲自得之，卒歸於不善處者，比比有之，尤可歎也。○〔栗谷《立後議》〕曰：既立後，則與親子無毫髮之殊，當以兄弟之次定其奉祀。故宋賢胡安國有親子，而以繼後子奉祀。父子如此，則祖孫之倫亦定矣。如靈川副正侹，既奉楊原君長子壽璿之祀，則其奉楊原之祀無疑。今若歸重於楊原次子，則先王立後之意不明，而倫氣紊錯矣。金慎獨曰：仁祖朝禮曹判書崔鳴吉建議，請據《禮經》令繼後孫奉祖先祀如所生。上允之，遂爲定式。○按：今人或有以庶子奉祀之家，古禮雖有庶子爲父後之説，而天子、諸侯之庶子皆可以爲天子、諸侯，大夫、士之庶子亦得爲大夫、士。今之士大夫，則庶子不得爲士大夫。古制今典，庶人無廟，只祭考妣於寢。若支子無嗣者，只付自己祀於庶子，則猶或可也。若是繼累世之宗，則決不可也。我朝國典：長子只有庶子，則令弟子奉祀。此蓋謂長兄之祀付其庶子，先世之祀付於弟子。而如是，則乃是次子奉祀，揆以古者重宗之義，大相乖戾。須依胡文定繼後子奉祀之意，以弟子爲長兄後，以奉先祀可也。況庶子身地卑微，禮法頹廢，終至於殘破覆滅者甚多，可不懼哉？至於外孫奉祀，則尤甚悖理。《春秋》以莒人滅鄫，書之以正滅人祀之罪；晉太常秦秀以昏亂大倫譏賈充，請謚爲荒，是祖與外孫俱有罪矣。必也爲祖者依《禮經》取同宗爲後，爲外孫者亦遵朱子論宋公外家祀之訓爲外氏立後，然後可免爲聖經之罪人矣。

出入必告。

主人、主婦主人之妻。近出，則入大門，瞻禮而行，歸亦如之。經宿而歸，則焚香再拜。遠出經旬以上，則再拜焚香，告云：「某將適某所，敢告。」又再拜而行，歸亦如之，但告云：「某今日歸自某所，敢見。」經月而歸，則開中門，立於階下，再拜，升自阼階，焚香告畢，再拜，降，復位，再拜。餘人亦然，但不開中門。○凡升降，唯主人由阼階，主婦及餘人雖尊長亦由西階。○凡拜，男子再拜，婦人四拜。

參禮之具 新果，多少隨宜。盞盤，每位各一，又有一，所以備酹茅者。酒注一 酒瓶一 茅沙 盥盆二，一有臺。帨巾二，一有架。

正、至、朔、望則參。

正、至、朔、望前一日，灑掃齊宿。厥明夙興，開門軸簾，按：夙興下無拜禮，至降神，主人始拜，至參神，家衆皆拜。退溪曰：是日之禮爲參而設，故先降後參，此固然矣，而但主人以下入門序立，在於陳設之後。若然，則開門陳設，主人不入，而使執事爲之邪？執事不拜，陳設未安，不待主人而先拜，亦未安。曾以此意質于先師塤、篪先生，則以爲主人晨謁，自是逐日常行之禮，故參禮下不再言。以此觀之，主人夙興，率一二執事行晨謁，而開門陳設畢，與家衆序立，行事如儀歟？更詳之。每龕設新果一大盤于卓上。《月令》：麥、黍、稷、麻、稻，皆薦寢廟。《書儀》：月朔具茶酒常食數品。又曰：有新物則薦于影堂。呂東萊《宗法》：新麥出，設湯餅；新米出，設飯。唯正月朔設湯餅。《儀節》：以盤盛新果，而殽菜之類隨宜。又曰：俗節亦薦新。晦齋李先生《奉先雜儀》：有新物，則晨謁時薦之。栗谷曰：新物須於朔望俗節並設，若五穀可作飯者，則當具饌數品同設。若魚果之類，則隨得即薦，晨謁時啓櫝單獻，焚香再拜。退溪曰：一大盤，盤中所設不止一器。又曰：未嘗不食新，在禮當然，而若出遊遠方，則難以膠守。每位茶盞托、按：東俗不用茶，勿設可也。酒盞、盤各一于神主櫝前。設束茅、聚沙於香卓前。別設一卓於阼階上，置酒注盞盤一於其上，酒一瓶於其西。盥盆、帨巾各二於阼階下東南。有臺架者在西，爲主人親屬所盥；無者在東，爲執事者所盥。巾皆在北。主人以下，盛服入門就位。主人北面於阼階下，主婦北面於西階下。主人有母，則特位於主婦之前。主人有諸父諸兄，則特位於主人之右少前，重行西上。有諸母姑嫂姊，則特位於主婦之左少前，重行東上。諸弟在主人之右少退。子孫外執事者在主人之後，重行西上。主人弟之妻及諸妹在主婦之左少退。子孫婦女内執事者在主婦之後，重行東上。《儀節》：每一世列爲一行。立定，主人盥，帨，升，搢笏，啓櫝，奉諸考神主，置於櫝前。主婦盥，帨，升，奉諸妣神主置于考東。次出祔主，亦如之。命長子、長婦或長女盥，帨，升，分出諸祔主之卑者，亦如之。皆畢，主婦以下，先降復位。主人詣香卓前，降神，搢笏，焚香，再拜，少退立。執事者盥，帨，升，開瓶，實酒于注。一人奉注，詣主人之右，一人執盞盤，詣主人之左。主人跪，執事者皆跪。主人受注，斟酒，反注，取盞盤奉之。左執盤，右執盞，酹于茅上。以盞盤授執事者，出笏，俯伏，興，少退，再拜，降，復位，與在位者皆再拜，參神。主人升，搢笏，執注斟酒，先正位，次祔位，次命長子斟諸祔位之卑者。主婦升，執茶筅，執事者執湯瓶隨之，點茶如前。命長婦或長女亦如之。按：東俗不用茶，此條當闕。子、婦、執事者先降，復位。主人出笏，與主婦分立於香卓之前，東西再拜，按：主婦當四拜。降，復位。與在位者皆再拜，辭神而退。○望日不設酒，不出主。主人點茶，長子佐之，先降。主人立於香卓之南，再拜乃降，餘如上儀。張旅軒曰：國恤卒哭前，私家當廢祭，若正朝則從簡，素薦似不可已矣。○凡言盛服者，有官則幞頭、公服、帶、靴、笏；進士則幞頭、襴衫、帶；處士則幞頭、皂衫、帶；無官者通用帽子、衫、帶。又不能具，則或深衣，或凉衫。婦人則假髻、大衣、長裙。女在室者，冠子、背子。衆妾假髻、背子。《奉先雜儀》：有官則公服、帶、笏，無公服則黑團領、紗帽、品帶；無官者黑團領、黑帶；婦人則大衣、長裙。○《曲禮》：

祭服敝則焚之。

俗節則獻以時食。

節如清明、寒食、重午、中元、朱子曰：七月十五日，某不用。重陽之類，凡鄉俗所尚者，呂東萊《宗法》：立春日、元宵、春秋社日、七夕。《儀節》：十月朔、臘日、除夕。栗谷曰：正月十五日、三月三日、五月五日、六月十五日、七月七日、八月十五日、九月九日及臘日。食如角黍。凡其節之所尚者，《大全》：端午食粽，重陽飲茱萸酒。呂東萊《宗法》：立春薦春餅，元宵薦焦䭔，社日薦社飯，寒食薦稠餳、冷粥，端午薦團粽，七夕薦果食，重陽薦萸菊糕。栗谷曰：如藥飯、艾餅、水團之類。若無俗尚之食，當具餅果數品，如朔參之儀。寒岡曰：冬至豆粥，望日香飯，初出於辟瘟飼烏，而遂以成俗。人情於是日不能不思其祖考，而以其物享之耳。薦以大盤，間以蔬果，禮如正、至、朔日之儀。退溪曰：國恤卒哭前，如俗節之禮，有官者恐不可行。

告事之具

並同參禮。祝，用執事者一人。祝版，用版長一尺，高五寸，以紙書文黏於其上。《儀節》：用木版一方。寒岡曰：尺當是造禮器尺。曹芝山曰：高字以厚言，但寸字疑分字之誤。《會成》：祝版太小，則字多之文書不得，稍高大不妨。《五禮儀》：以松木爲之，長一尺二寸，廣八寸。

有事則告。

如正、至、朔日之儀。但獻茶酒，祔位並設之。再拜；按：此茶酒爲告而設，奠訖不拜，告畢再拜，恐當。訖，主婦先降，復位。主人立於香卓之南，祝執版立於主人之左，按：主人俯伏，跪。跪讀之，畢，興。主人再拜，降，復位。餘並同。畢則揭祝文而焚之。○告授官、貶官，祝文並見下。餘同。《擊蒙要訣》：若介子孫之事，則主人亦告，而其詞曰：介子某或介子某之子某，隨宜變稱。告畢，主人西向立，當身進于兩階間再拜。

授官告辭四代共爲一版，止告正位，不告祔位。

維年號幾年幾次干支幾月干支朔幾日干支，孝玄孫於高祖考自稱「孝元孫」，於曾祖考稱「孝曾孫」，於祖考稱「孝孫」，於考稱「孝子」，非宗子不言孝。自稱以其最尊者爲主。《儀節》：宋朝諱「玄」爲「元」，今悉改從「玄」。某官某敢昭告于顯高祖考《圖注》：《禮經》及《家禮》舊本於「高祖考」上皆用「皇」字，大德年間省部禁之，用「顯」可也。《儀節》：舊本加「皇」字，今本改「故」字，不如用「顯」字，蓋「皇」與「顯」皆明也。某官封謚府君、顯高祖妣某封某氏、顯曾祖考某官府君、顯曾祖妣某封某氏、顯祖考某官府君、顯祖妣某封某氏、顯考某官府君、顯妣某封某氏：某若弟子，則云「某之某親某」。以某月某日蒙恩授某官，奉承先訓，獲霑禄位，餘慶所及，不勝感慕。謹以酒果，用伸虔告。謹告。栗谷曰：告及第，則曰「蒙恩授某科某第及第，奉承先訓，獲參出身」，告生進入格，則曰「蒙恩授生員或進士某等入格，奉承先訓，獲升國庠」云云。

貶官告辭

前同。貶某官，荒墜先訓，皇恐無地。《備要》：若諸父諸兄，則「荒墜」以下改以他語。按：當云「譴罰至此，闔門惶悚」。謹以。後同。

告贈之具

並同前。卓子二、净水、刷子、粉盞、筆、墨、硯、善寫者、黄紙。

出主告辭

今依本注及《儀節》略加添補。

孝子某，今奉某月某日制書：按：我國不稱制，當曰「教書」或「教旨」，此下當添以「某叨坫崇秩，推恩所生」，並贈三代，則云「推恩三代」。若參勳，則云「猥參某功臣」。若以弟子貴，則云「某之子某」。若因事特贈，則「教書」下云「以顯某親某官府君忠烈可尚」，或「行誼可尚」，隨事實稱之。贈《儀節》：如再贈，則云「加贈」。按：若因事特贈，則「可尚」之下只云「特贈某官」。顯某親某官書舊銜。府君爲某官，顯某親某封某氏爲某封。按：若贈三代，則列書，而每代考位上各書「贈」字。敢請神主出就正寢，改題官封。

祝文

年月日，孝子某敢昭告于顯某親某官所贈之官。府君，按：若並贈三代，則當列書。顯某親某封某氏：某奉承先訓，竊位于朝，《儀節》：外官則云「叨有禄位」。按：參勳則云「猥參勳禄」。祗奉恩慶，有此褒贈。《大全》《焚黄祭文》云：獲被恩慶，迢榮禰廟。按：若非特贈，當云「榮贈」。禄不及養，摧咽難勝。《儀節》：音容日遠，追養靡從，祗奉命書，且喜且悲，敬録以焚，益增哀殞。謹以酒果，若備饌品，當云「酒羞」。後同。《大全》《焚黄祭文》云：尚饗。○右設祭祝文。○按：《儀節》請改題及祭告之文，並言某日贈某官，而一事再告反涉煩瀆，今加節删。若因事特贈，則別爲文以叙其意。○告追贈則止告所贈之龕，別設香卓於龕前，又設一卓於其東，置浄水、粉盞、刷子、硯、筆、墨於其上，餘並同，但祝版云云。祝文見上。告畢，再拜，主人進，奉主置卓上。執事者洗去舊字，別塗以粉，俟乾，命善書者改題所贈官封，陷中不改。洗水以灑祠堂之四壁。主人奉主置故處，乃降，復位。後同。按：繼禰之宗只贈禰，或繼曾祖之宗並贈三代以下，依此注改題於廟中可矣。而若繼高祖之宗，則請出所贈之主，改題於正寢，有合於《語類》「改葬祭告時出主於寢」之訓矣。且只以酒果預先告贈，而改題後奉主還故處，更無慰安之儀。若以告遷明日合祭之意觀之，恐似未備。《儀節》乃設酒果於改題之後，而告贈請改之時無酒果之獻，又異於以酒果告遷之意。愚以爲子孫授官貶官既皆有告，況此追贈乃是大慶，豈可不遍告於諸位乎？其日並設酒果於廟内諸位，告以某考因某事贈某職，當位則用出主告辭。改題後稍備饌品，止一獻，讀祝焚黄，祭畢入廟，則亦不失慰安之節。今添損《儀節》，補入于左。

補《儀節》：前一日齊宿，净掃，正寢設位，布席，陳倚卓。命善書者以黄紙録制書一通，以盤盛置香案上正中。其日夙興，設盤盞果脯於櫝前，諸位當並設。序立，盥帨，啓櫝，出主，復位，詣香案前，跪，焚香。酹酒，降神，復位，參神，升，斟酒諸位前，再拜訖，主人詣所贈位香案前。○若繼高祖之宗，則斟酒再拜後，先詣高祖位前，自告曰：「孝玄孫某今奉某月某日教旨，因某事贈顯某親某官府君爲某官，顯某親某封某氏爲某封，餘慶所及，不勝感愴，敢告。」次詣所贈位前，自告云云。若特贈祖或禰一位，則告曾祖曰「孝曾孫某，今奉」云云。若特贈曾祖一位而告祖禰，則曰「孝孫或孝子，今奉」云云。「餘慶」二字改以「恩慶」而上一字。自告曰云云。告辭見上。再拜，奉主詣正寢位，洗字塗粉依本注。命善書者改題，主人奉置櫝前，倚上。復位。陳設果脯。降神，再拜，復位，參神，主人以下皆再拜。陳設饌品。主人詣神位前，祭酒奠酒讀祝。祝文見上。主人再拜，復位，跪，以下皆跪。祝東面立，宣制書畢，俯伏，興。執事者奉所録制書黄紙即香案前，並祝文焚之，畢，辭神，皆再拜，奉主入櫝。入廟還故處。○《儀節》：此蓋在官行之者。若請告焚黄，則恭奉恩命，千里還鄉，光榮父母，而所行之禮止於一獻，無乃太簡乎？準時祭禮爲之。按：三獻之禮在《時祭》篇。

○主人生嫡長子，則滿月而見，如上儀，但不用祝。主人立於香卓之前，《儀節》：主人跪。告曰：「某之婦某氏，以某月某日生子，名某，敢見。」告畢，立於香卓東南，西向。主婦抱子進，立於兩階之間，再拜。按：「再」字疑「四」字之誤。主人乃降，復位。後同。○冠昏則見本篇。○《大全》：《遷居告家廟文》曰：熹祗奉遺訓，往依諸劉，卜葬卜居，亦既累歲，乃眷此鄉，實亦祖考所嘗愛賞而欲卜居之地。今既定宅，敢伸虔告，伏惟降鑑，永奠厥居。《擊蒙要訣》：凡神主移安還安或奉遷他處，則告祭用朔參之儀。若廟中改排器物鋪陳，或暫修雨漏處而不動神主，則告祭用望參之儀，告辭則臨時製述。寒岡：《移安文》曰：卜居二載，奄遭火災，且緣井涸風勁，不安仍寓，遂謀重遷。爰得泗水之陽，茅棟已成，草祠亦就。兹奉神主，敢請移安，謹具酒果，用伸虔告。謹告。又《慰安文》曰：座後外壁，意外仆破，致驚神位，不任惶駭之至。倉卒罔措，謹即移安外房。今將修葺，謹以。後同。○《備要》：家有喪，亦當告也。蓋君薨，祝取群廟之主藏諸祖廟。注：象爲凶事而聚也。以此推之，可知其必告也。

或有水火、盜賊，則先救祠堂，遷神主、遺書，次及祭器，然後及家財。

《檀弓》：有焚其先人之室，則三日哭。注：室，宗廟也。燒其宗廟，哭者，哀精神之有虧傷。《綱目》：漢宣帝甘露元年，太上皇太宗廟火，帝素服五日。退溪曰：神主火燒，則即於前日安神之所設虛位，改題焚香設祭，使飄散之神，更作於神主可也。又曰：慰安則倣虞禮而用素服行之，似當。寒岡：《火延祠宇修掃慰安文》曰：家運不幸，意外失火，焰爇之變，上及祠宇。蒼黄顛倒，致驚尊靈，略既修掃，遂即還安。謹以酒果，用伸虔告。○按：祠宇火而神主得保，則移安正寢或他室，而用酒果慰安可也。若神主不保，則當即哭臨，就祠宇舊墟，設靈幄，置虛位，揭紙榜，朝夕哭，設奠不徹，三日内造主改題，設盛饌。如《虞祭祝文》曰：年月日，孝子某敢昭告云云。家運不幸，火災孔酷，燒盡祠宇，禍及神座，驚號莫逮，痛隕罔極。謹已改成神主，伏惟尊靈，是憑是依。謹以清酌庶羞，祗薦慰事，尚饗。但不告利成，祭畢焚紙榜，奉安於正寢，建祠宇還安。若三日内改題，則哭而行祭，但序立，哭盡哀止，三獻辭神，並不哭。過三日而祭，則不哭，素服五日，而後除之。若改題在五日後，則仍素服，設奠不徹，慰安祭畢而除。

易世則改題主而遞遷之。

改題遞遷，禮見《喪禮・大祥章》。按：朱子晚年定論，詳在本章附注，《備要》別修吉祭儀，附於禫祭後。大宗之家，始祖親盡則藏其主於墓所。而大宗猶主其墓田，以奉其墓祭，歲率宗人一祭之，百世不改。○《大祥章》告遷注：若有親盡之祖而其別子也，則祝版云云。告畢而遷于墓所，不埋。楊氏復曰：藏其主於墓所而不埋，則墓所必有祠堂。《國朝五禮儀》：若有親盡之祖，始爲功臣，而百世不遷者，則三代外別立一龕祭之。退溪曰：不遷之主當書「幾代祖某官府君，幾代孫某」。沙溪曰：稱先祖可也，或稱幾代祖亦可。按：今有一故家五代以上皆自稱孝玄孫，蓋倣國朝太廟祝孝曾孫之例也。○沙溪曰：雖有連四代策勳者，《大典》只言始爲功臣，則第二以下祧遷可知也。《備要》：國家待功臣甚厚，使子孫不遷其主，則祭四代之家並不遷之位乃五代，據禮，人臣不可祭五代，不得已高祖當出而祭于別室耶？沙溪曰：吾宗家有不遷之位，高祖出安別室。按今俗有不遷位，則禰位奉于東壁下。其第二世以下祖親盡，及小宗之家高祖親盡，則遷其主而埋之。其墓田則諸位迭掌，而歲率其子孫一祭之，亦百世不改也。

朱子曰：《禮記》「藏於兩階間」，今不得已，只埋於墓所。按：遷主詣墓所，先以酒果告之曰：年月日，五代孫某敢昭告于顯五代祖考妣之墓，祀典有限，親盡乃止，敢遷神主，將瘞墓側。分雖難越，心竊悲愴，謹以酒果，用伸虔告。謹告。遂掘坎于墓南，深尺許，以帛裹主，藏于櫃中，納于坎，實土平之。埋畢，當有慰安祭，設酒果脯醢，或設殷奠，隨力爲之。告辭曰：年月日云云，神主既埋，廟享永輟，追遠莫及，不勝感愴。謹以酒羞，敬薦慰儀，尚饗。辭神而退，出隧外，食餘饌。

○《大祥章》告遷注：其支子也，而族人有親未盡者，則祝版云云。告畢遷于最長之房，沙溪曰：古人同居者，一門之內，各有私房。按：房猶言家也。使主其祭。

《備要》：既遷于最長房，則神主當以主祭者所稱改題，而旁題不稱孝。沙溪曰：改題一節，當在遷奉之日。寒岡曰：長房既奉遷主，則立祠以祭，恐無不可。又曰：奉禰廟者，又奉曾祖遷主，則曾祖當安於西之第二龕，考妣當安於東之最下龕，第一龕、第三龕虛之矣。又曰：祧主共安祠堂，適在仲月時事之時，則具飯羹盛祭爲當，不然，則用酒果以告。

然具三獻盛祭，亦何甚妨？○【按】：宗家吉祭後，若長房有故，未即遷奉，姑安別室，則依寒岡説，待時事遷奉固好，時祭前一日遷奉于長房正寢，設酒果改題，又以酒果告于禰廟而奉安祧主於當龕，翼日共行時事可也。而但宗家吉祭，祝文既曰將遷于某親某之房，則祭畢當即遷奉，一日之内再行盛祭，恐涉煩瀆。只於遷來之日，奉安于正寢，序立參謁，設酒果，焚香降神，斟酒奉獻，跪告曰「宗玄孫某歿已喪畢，禮宜祧遷。某以支孫最長，當爲奉祀」。若孫行獨存，則去「最長」二字。若曾孫，則云「某以曾孫最長，謹以奉遷神主，將以改題，敢告」。若自長房遷來而不同行，則云「最長支孫或曾孫歿已喪畢，某以曾孫之長或玄孫之長，當爲奉祀。謹以」，以下同。若自同行長房遷來，則「顯祖考」字不必盡改，只依《儀節》洗旁題改之。「歿已喪畢」下云「某以次長，當爲奉祀」，「將以改題」四字代以「將改旁注」，告畢，洗主改題，如追贈改題之儀。題畢，奉主置倚上，稍備饌品，陳設復位，降神奠酒，讀祝曰「年月日，孫某敢昭告于顯祖考妣云云。奉遷祧主，改題禮畢，追遠如在，愴慕深切。謹以酒羞，用伸慰儀，尚饗」。主人再拜復位，與在位者皆再拜辭神，奉主入廟。若無廟之家，新立祧廟，則奉安於正中之位。若是繼禰之宗，則先以酒果告于禰廟曰「年月日，孝子某敢昭告云云，伏以顯祖考妣神主，以宗孫親盡，準禮祧出。某在孫最長，當爲奉祀。今將奉安于廟内，謹以酒果，用伸虔告，謹告」。若自長房遷于次長房而不同行，則云「伏以顯某親神主，久在祧廟，某以曾孫或玄孫最長，當爲奉祀」，以下同。若同行遷來，則只云「某以次長，當爲奉祀」云云。祭田則長房次次主之，以給祭用爲宜。而但寒家世守者，少設令保守，累代執持，一朝遷動，亦多難便，就其中除出若干，入于長房，親盡埋主，則以爲墓田，歲一祭之可也。○【退溪】曰：最長不能遷奉，則權安宗家別室，只春秋設祭，似爲處變之宜。【寒岡】曰：最長者貧且不慧，則次長之權宜奉祀，勢所不得已。蓋最長房不比宗子之截然難犯也。

【按】：今俗或有立別廟於宗家之旁以奉祧主者，而殊失親未盡奉祀之意，不如依禮遷奉矣。

深衣制度

裁用白細布，度用指尺。

中指中節爲寸。《儀節》：屈指節向内，兩紋尖相距處即《鍼經》所謂同身寸也。

衣全四幅，其長過脇，下屬於裳。

用布二幅，中屈下垂，前後共爲四幅，如今之直領衫，但不裁破腋下。其下過脇而屬於裳處，約圍七尺二寸，每幅屬裳三幅。《圖注》：衣身二尺二寸。按：中屈之如此，全數爲四尺四寸。《儀節》加針縫前三寸後一寸而似太剩，當從《備要》前後各加一寸。

裳交解十二幅，上屬於衣，其長及踝。

用布六幅，每幅裁爲二幅，一頭廣，一頭狹，狹頭當廣頭之半。以狹頭向上而連其縫，以屬於衣。其屬衣處約圍七尺二寸，每三幅屬衣一幅。其下邊及踝處，約圍丈四尺四寸。

圓袂。

用布二幅，各中屈之，如衣之長。屬於衣之左右，而縫合其下，以爲袂。其本之廣如衣之長，而漸圓殺之，以至袂口，則其徑一尺二寸。

方領。

兩襟相掩，袵在腋下，則兩領之會自方。〔補注〕：衣之兩肩上各裁入三寸，反摺即剪去之，別用布一條自項後摺轉向前綴。左右摺剪處表裏各二寸，《玉藻》所謂「袷二寸」是也。

曲裾。

《禮記·深衣》：續袵鈎邊。〔鄭注〕：續，猶屬也。袵在裳旁者也，屬連之，不殊裳前後也。〔楊氏復〕曰：鄭康成注文義甚明，特疏家亂之耳。鄭意蓋謂凡裳前三幅後四幅，既分前後，則其旁兩幅分開而不相屬，唯深衣續連裳旁兩幅，不殊裳前後也。先師知疏家之失而未及修正，晚歲所服深衣，去《家禮》曲裾之制而不用。〔《儀節》〕：裳兩旁前後相交處皆合縫之，使相連續不開，是謂續袵。又覆縫其邊，如俗所謂鈎針者，是謂鈎邊。

黑緣。

緣用黑繒，領表裏各二寸，袂口、裳邊表裏各一寸半，袂口布外，別此緣之廣。〔《儀節》〕：按《玉藻》，袷二寸，緣寸半。宜如古禮袷二寸，加緣寸半，庶全衣制。

大帶。

帶用白繒，廣四寸，夾縫之。其長圍腰而結於前，再繚之爲兩耳，乃垂其餘爲紳，下與裳齊。以黑繒飾其紳，復以五采條廣三分，約其相結之處，長與紳齊。

緇冠。

糊紙爲之武，高寸許，廣三寸，袤四寸。上爲五梁，廣如武之袤而長八寸，跨頂前後，下着於武。屈其兩端各半寸，自外向內，而黑漆之。武之兩旁半寸之上竅以受笄，笄用齒、骨，凡白物。

幅巾。

用黑繒六尺許，《備要》：用指尺。中屈之。右邊就屈處爲横㡇，左邊反屈之，《大全》：刺一邊爲巾額，當中屈摺，畫而記之，即伸屈平鋪。就右邊屈處，先於其左用指提起小許，摺向右；又於其右提起小許，摺向左。兩相摻着用線綴住而空其中間，以爲小横㡇子。又飜轉反屈。自㡇左四五寸間斜縫向左，圓曲而下，遂循左邊，至于兩末。復反所縫餘繒，使之向裏。《大全》：又將翻轉，使所縫餘繒藏在裏。以㡇當額前裹之，《補注》：幅巾㡇與衰裳㡇不同。幅巾㡇相摻在裏，衰裳㡇相摻在外。至兩鬢旁，各綴一帶，廣二寸，長二尺，自巾外過頂後，相結而垂之。

黑履。

白絇。《士冠禮》注：絇者，拘也，狀如刀衣鼻，在屨頭。劉氏垓孫曰：履頭以條爲鼻，或用繒，所以受繫穿貫者也。《儀節》：用皂絲條尺三四寸許，當中交屈之，以其屈處綴履頭。近底處立起，出履頭一二寸，歧爲二，復綴其餘條於履面上，雙交分其兩梢，綴履口兩邊緣處。繶。劉氏曰：繶謂縫中紃音旬也，以白絲爲下緣。《儀節》：於牙底相接處，用一細絲條圍綴於縫中。純。劉氏曰：純者，飾也。《儀節》：於履口納足處，周圍皆緣以皂絹，廣一寸。綦。《士喪禮》疏：綦繫于履者，《經》云「繫于踵」，則綦當屬于跟後，以兩端向前，與絇相連于脚跗踵足之上合結之，名爲「繫于踵」也。《語類》：綦，鞋口帶也。古人皆旋繫，今人只從簡易綴之於上，如假帶然。《儀節》：履後跟綴二皂帶。○《事物記原》：皮曰履，三代皆以皮。《書儀》：近世惟赤、黑二舄，赤貴而黑賤，今黑履白緣從下也。《圖注》：深衣用白屨。《儀節》：屨順裳色，深衣裳白，則屨亦合用白。又《禮》，黑屨以青爲絇繶純，白屨以黑爲絇繶純，深衣用白屨，則當用黑爲飾。若黑屨，又當以青爲飾。

居家雜儀

司馬氏所著，今略爲刪節。

凡爲家長，必謹守禮法，以御群子弟及家衆。分之以職，謂倉廩、廄庫、庖厨、舍業、田園之類。授之以事，謂朝夕所幹及非常之事。而責其成功。制財用之節，量入以爲出，稱家之有無，以給上下之衣食及吉凶之費，皆有品節，而莫不均壹。裁省冗費，禁止奢華，常須稍存贏餘，以備不虞。

《集説注》：凡理財，先輸貢賦，供徭役，後及家事。按：貢賦爲先，祭料次之，家事又次之。

凡諸卑幼，事無大小，毋得專行，必咨禀於家長。雖非父母，當時爲家長者，亦當咨禀而行之。則號令出於一人，家政始可得而治矣。

凡爲子、爲婦者，毋得蓄私財。俸禄及田宅所入，盡歸之父母、舅姑。當用則請而用之，不敢私假，不敢私與。若父子異財，互相假借，則是有子富而父母貧者，父母饑而子飽者。賈誼所謂：「借父耰音憂鉏，慮有德色。母取箕箒，立而誶音碎語。」不孝不義，孰甚於此。

凡子事父母，孫事祖父母同。婦事舅姑，孫婦亦同。天欲明，咸起，盥漱，櫛總，具冠帶。昧爽，適父母、舅姑之所省問。丈夫唱喏，婦人道萬福。仍問侍者：「夜來安否？何如？」侍者曰：「安。」乃退；其或不安節，則侍者以告。此即禮之晨省也。父母、舅姑起，子供藥物，婦具晨羞。供具畢，乃退，各從其事。將食，婦請所欲於家長，謂父母、舅姑，或當時家長也。退具而供之。尊長舉筯，子婦乃各退就食。丈夫婦人各設食於他所，依長幼而坐，其飲食必均壹。幼子又食於他所，亦依長幼席地而坐，男坐於左，女坐於右，及夕食亦如之。既夜，父母、舅姑將寢，則安置而退。丈夫唱喏，婦女道安置。此即禮之昏定也。居閒無事，則侍於父母、舅姑之所，容皃必恭，執事必謹。言語應對，必下氣怡聲；出入起居，必謹扶衛之。不敢涕唾、喧呼於父母、舅姑之側。父母、舅姑不命之坐，不敢坐；不命之退，不敢退。

河燕泉曰：揖相傳曰唱喏，古人相揖必作聲，唱喏者，引氣之聲也。揖不作聲，名曰「啞揖」。芝山曰：「唱喏」二字蓋當時俗語。朱子曰：恭只是低頭唱喏時便看，然則唱喏是低頭致恭若作揖然者，而兩字皆從口，必曰能言，教以唱喏，其義非但作揖而已。嘗聞中朝人以爲作揖時，口道「萬福」「安置」云矣。又曰：道，言也。萬福，問親夜來平安之意；安置，猶言安穩，置字亦有安義，欲親安穩過夜之意。

凡子受父母之命，必藉記而佩之，時省而速行之，事畢則返命焉。或所命有不可行者，則和色柔聲，具是非利害而白之，待父母之許，然後改之。若不許，苟於事無大害者，亦當曲從。若以父母之命爲非，而直行己志，雖所執皆是，猶爲不順之子，況未必是乎？

凡父母有過，下氣怡色，柔聲以諫。諫若不入，起敬起孝，悅則復諫；不悅，與其得罪於鄉黨州閭，寧熟諫。父母怒，不悦，而撻之流血，不敢疾怨，起敬起孝。

凡爲人子弟者，不敢以富貴加於父兄宗族。加，謂恃其富貴，不率卑幼之禮。

凡爲人子者，出必告，反必面。有賓客，不敢坐於正廳。有賓客，坐於書院。無書院，則坐於廳之旁側。升降不敢由東階。上下馬，不敢當廳。凡事不敢自擬於其父。

凡父母、舅姑有疾，子婦無故不離側，親調嘗藥餌而供之。父母有疾，子色不滿容，不戲笑，不宴遊，舍置餘事，專以迎醫、撿方、合藥爲務。疾已，復初。

凡子事父母，父母所愛，亦當愛之；所敬，亦當敬之。至於犬馬盡然，而况於人乎？

凡子事父母，樂其心，不違其志，樂其耳目，安其寢處，以其飲食忠養之。幼事長，賤事貴，皆倣此。

劉氏璋曰：樂其心者，謂左右侍養也，晨昏定省也，出入從遊也，起居奉侍也。必當賾討其心之所好者，所惡者何在？苟非悖乎大義，則蔑不可從，所以安固老者之志以適其氣也。樂其耳者，非聲音之末也，善言常入於親耳，善行常悦乎親目，皆所以樂之也。安其寢處者，謂堂室庭除必完潔，簟席、氈褥、衾枕、帳幄必修治之類。《小學注》：養之以物，止足以養其口體，養之以忠，則足以養其志矣。

凡子婦未敬未孝，不可遽有憎疾，姑教之；若不可教，然後怒之；若不可怒，然後笞之；屢笞而終不改，子放婦出，然亦不明言其犯禮也。子甚宜其妻，父母不悦，出；子不宜其妻，父母曰：「是善事我。」子行夫婦之禮焉，没身不衰。

凡爲宫室，必辨内外。深宫固門，内外不共井，不共浴堂，不共厠。男治外事，女治内事。男子晝無故不處私室，婦人無故不窺中門。男子夜行以燭，婦人有故出中門，必擁蔽其面。如蓋頭、面帽之類。男僕非有繕修及有大故，謂水火、盜賊之類。不入中門，入中門，婦人必避之；不可避，亦謂如水火、盜賊之類。亦必以袖遮其面。女僕無故不出中門，有故出中門，亦必擁蔽其面。雖小婢亦然。鈴下蒼頭，但主通内外之言，傳致内外之物，毋得輒升堂室，入庖厨。

凡卑幼於尊長，晨亦省問，夜亦安置。丈夫唱喏，婦人道萬福安置。坐而尊長過之，則起；出遇尊長於道，則下馬。不見尊長，經再宿以上，則再拜；若卑幼自遠方至，見尊長，遇尊長三人以上同處者，先共再拜，叙寒暄，問起居。

賀冬至、正朝、朔望，同居宗族聚於堂上。此假説南面之堂。丈夫處左，西上；婦人處右，東上。家長之左右。皆北向，共爲一列，各以長幼爲序。婦以夫之長幼爲序。共拜家長畢，長兄立於門之左，長姊立於門之右，皆南向。諸弟妹以次拜訖，各就列。丈夫西上，婦人東上，共受卑幼拜。若人人致拜，則不勝煩勞，故同列共受之。受拜訖，先退。後輩立，受拜於門東西，如前輩之儀。

《儀節》：是日昧爽，拜祠堂畢，設主人主婦坐席於廳事。按：主人坐東，主婦坐西，序立男左女右，男西上，女東上。主人之弟、弟婦並妹爲一行，子姪及其婦並女子爲一行，孫男、孫婦、孫女爲一行，共拜主人主婦。按：男再拜，女四拜，或從俗單拜長者。就次，主人諸弟中推其最長者一人，立主人左，其妻立主婦右，弟姪以下依前行次序立，拜之。拜訖，又以次推其長者，就次拜之，如前儀拜遍。諸子姪輩行同者分班對立，男左女右，互相拜。

凡受女婿及外甥拜，立而扶之。扶，謂搊策。外孫，則立而受之可也。

《爾雅》：姊妹之子曰甥。芝山曰：小垂手揖之謂之扶。扶者，扶起人之義也。搊，以手拘執之義。策即扶策之義，謂以手拘執而扶策以起。蓋不敢晏然受拜而辭之之義也。按：女婿謂之外甥，此蓋指姊妹子也，外孫則坐而受之可也。

凡節序及非時家宴，上壽於家長，卑幼盛服序立，如朔望之儀。先再拜，子弟之最長者一人進，立於家長之前。幼者一人搢笏，執酒盞，立於其左；一人搢笏，執酒注，立於其右。長者搢笏，跪，斟酒，祝曰：「伏願某官備膺五福，保族宜家。」尊長飲畢，授幼者盞、注，反其故處。長者出笏，俯伏，興，退，與卑幼皆再拜。家長命諸卑幼坐，皆再拜而坐。家長命侍者遍酢諸卑幼，諸卑幼皆起，序立如前，俱再拜。就坐，飲訖，家長命易服。皆退易便服，還復就坐。

《儀節》：是日行拜賀禮訖，子弟修具，請家長夫婦並坐于中堂。諸卑幼盛服序立世爲一行，男左女右，再拜。長者進立于家長之前，幼者一人執盞立於其左，一人執注立於其右，俱跪。長者受盞，幼者執注。斟酒訖，二幼起，長者舉手奉盞，祝曰：「伏願某親，履兹長至，正朝則改「長至」爲「歲端」，生朝則改云「對兹初度」。備膺五福，保族宜家。」祝畢，家長受盞，飲訖，以盞授幼者，反其故處。長者俯伏，興，復位，與卑幼俱再拜。拜訖，侍者注酒于盞，授家長。家長命長者至前，親以酒授之。長者受酒，置于席端，再拜，取酒跪飲。畢，興，長者命侍者以次酢。諸卑幼皆出位，跪飲畢，執事者舉食卓入，擺列，男席于外，女席于内。婦女辭拜入内席，家長命諸卑幼坐，唯未冠及冠而未昏者不得坐。諸卑幼俱再拜，而後各就席，以次行酒。或三行，或五行，子弟迭起，勸侑隨宜。畢，各出席，再拜，禮畢。

凡子始生，若爲之求乳母，必擇良家婦人稍温謹者。子能食食，教以右手。能言，教之自名及唱喏、萬福、安置。稍有知，教之以恭敬尊長；有不識尊卑長幼者，則嚴呵禁止。六歲，教之數與方名，男子始習書字，女子始習女工之小者。七歲，男女不同席，不共食，始誦《孝經》《論語》，雖女子亦宜誦之。八歲，出入門户及即席飲食，必後長者，始教之謙讓，女子不出中門。九歲，男子誦《春秋》及諸史，女子亦講《列女傳》《女戒》之類，略曉大義。今人或教女子以作歌詩，執俗樂，殊非所宜也。十歲，男子出就外傅，居宿於外，讀《詩》《禮》，傅爲之講解，使知仁義禮智信。自是以往，可以博觀群書。凡所讀書，必擇其精要者而讀之，如《禮記·學記、大學、中庸、樂記》之類。其異端非聖賢之書，傅宜禁之，勿使妄觀，以惑亂其志。觀書皆通，始可學文辭。女子則教以婉娩聽從，及女工之大者。女工，謂蠶桑、織績、裁縫及爲飲膳。不惟正是婦人之職，兼欲使之知衣食所來之艱難，不敢恣爲奢麗。至於纂組華巧之物，亦不必習也。未冠笄者，質明而起，總角、靧音悔。面，以見尊長。佐長者供養，祭祀則佐執酒食。若既冠笄，則皆責以成人之禮，不得復言童幼矣。

凡内外僕妾，鷄初鳴，咸起，櫛總、盥漱、衣服。男僕灑掃廳事及庭，鈐下蒼頭灑掃中庭，女僕灑掃堂室，設倚、卓，陳盥、漱、櫛、靧之具。主父、主母既起，則拂牀襞衾，侍立左右，以備使令。退而具飲食，得間，則浣濯、紉縫，先公後私。及夜，則復拂牀展衾。當晝，內外僕妾，唯主人之命，各從其事，以供百役。凡女僕，同輩謂兄弟所使。謂長者爲姊，後輩謂諸子舍所使。謂前輩爲姨，《內則》：雖婢妾，衣服飲食，必後長者。鄭康成曰：人，貴賤不可以無禮，故使之序長幼。務相雍睦。其有鬬爭者，主父、主母聞之，即訶禁之。不止，即杖之，理曲者杖多。一止，一不止，獨杖不止者。

凡男僕，有忠信可任者，重其祿；能幹家事，次之。其專務欺詐，背公徇私，屢爲盜竊，弄權犯上者，逐之。

凡女僕，年滿不願留者，縱之。勤舊少過者，資而嫁之。其兩面二舌，飾虛造讒，離間骨肉者，逐之。屢爲盜竊者，逐之。放蕩不謹者，逐之。有離叛之志者，逐之。

家禮輯要卷之二

冠禮

冠《士冠禮》：孔子曰：雖天子之元子，猶士也。天下無生而貴者故也。朱子曰：鄭玄謂「古者四民世事，士之子恒爲士」。竊想鄭意，似謂士之子雖未仕，亦得用此禮爾。

男子，年十五至二十，皆可冠。

司馬温公曰：自十五以上，俟其能通《孝經》《論語》，粗知禮義，然後冠之，其亦可也。

必父母無期以上喪，始可行之。

大功未葬，亦不可行。《禮記·曾子問》：「將冠子，冠者注：賓及贊者。至，揖讓而入，聞齊衰、大功之喪，如之何？」孔子曰：「内喪注：大門内之喪。則廢，外喪則冠而不醴，徹饌而掃，即位而哭。如冠者未至，則廢。」《雜記》：以喪冠者，雖三年之喪可也。既冠於次，注：居喪之次。入哭，踊三者三，乃出。《曾子問》注：齊衰以下，可因服而冠，斬衰不可。《雜記》：已雖小功，既卒哭，可以冠，下殤之小功，注：自期而降。則不可。按：大功未葬，據父母而言。

告祠之具並同參禮。

祝文式

年月日，孝玄孫某官某若族人以宗子之命自冠其子，祝版亦以宗子爲主，曰：「使介子某。」敢昭告于顯高祖考某官府君、顯高祖妣某封某氏：四代列書，如授官告辭。某之子某，若某親之子某，年漸長成，將以某月某日加冠於其首，謹以酒果，用伸虔告。謹告。若宗子自冠，則云：「某將以某月某日加冠於首。」

前期三日，主人告于祠堂。

古禮筮日，今不能然，但正月内擇一日可也。《會成》：《後漢志》：正月甲子若丙子，爲吉日，加元服。《夏小正記》：二月，謂冠子之時。禮，夏冠用葛屨，冬冠用皮屨。此又以四時皆可冠也。《曲禮》：内事以柔日。注：内事如冠昏之禮。《士冠禮》注：前期三日，空二日也。主人，冠者之祖、父，《儀節》：謂祖及父。自爲繼高祖之宗子者。若非宗子，則必繼高祖之宗子主之，有故，則命其次宗子。若其父自主之告禮，見《祠堂》章。○若宗子已孤而自冠，則亦自爲主人。

戒賓。

古禮筮賓，今不能然，但擇朋友賢而有禮者一人可也。[《禮記》注]：宗族無相賓客之道。是日，主人深衣，詣其門所，戒者出見如常儀。啜茶畢，戒者起，言曰：「某有子某，若某之某親有子某。將加冠於其首，願吾子之教之也。」對曰：「某不敏，恐不能供事，以病吾子，敢辭。」戒者曰：「願吾子之終教之也。」對曰：「吾子重有命，某敢不從。」[《士冠禮》]：主人戒賓，賓禮辭，許。主人再拜，賓答拜。主人退，賓拜送。地遠，則書初請之辭爲書，遣子弟致之。所戒者辭，使者固請，乃許，而復書曰：「吾子有命，某敢不從。」○若宗子自冠，則戒辭但曰：「某將加冠於首。」後同。[《士冠禮》]：若孤子，則父兄戒、宿。[注]：父兄，諸父諸兄。[疏]：諸父諸兄，非己之親父兄也。

[補]書式。見《儀節》。

某郡姓某再拜奉啓：[按]：本朝進御文字皆稱「啓」字，當以「白」字代之，後倣此。

某官執事稱號隨宜。某有子某，若某親之子某。年及成人，將以某月某日加冠於其首，求所以教之者。僉曰：以德以齒，咸莫吾子宜，至日不棄，寵臨以惠教之，則某之父子感荷無極矣。未及躬詣門下，尚祈照亮，不宣。若宗子自冠，則去「有子某」及「之父子」六字。[按]：若作《士冠禮》父兄戒賓，則「某有子某」四字當改曰「某家宗子某」，「父子」二字改曰「宗族」。年月日，具位姓某再拜。右請書。

某郡姓某再拜奉復某官執事：某無似，伏承吾子不棄，召爲冠賓，深恐不克供事，以病盛禮。然嚴命有加，敢不勉從，至日謹當躬造。治報不虔，餘需面既，不宣。年月日，具位姓某再拜奉復。右復書。

前一日，宿賓。

遣子弟以書致辭曰：「來日某將加冠於子某若某親之子某。之首，吾子將莅之，敢宿。某上某人。」答書曰：「某敢不夙興？某上某人。」《士冠禮》：賓如主人服，出門左，西面再拜。主人東面答拜，乃宿賓，賓許。主人再拜，賓答拜。主人退，賓拜送。○若宗子自冠，則辭之所改，如其戒賓。

補書式。

某上某官執事某，將以來日加冠於子某。若某親之子某。麗叟《疑禮通考》：宗子自冠，改「於子」作「於某」。吾子既許以惠臨矣，敢宿。按：本注云「如其戒賓」，則恐當曰「加冠於首」。若依《士冠禮》父兄宿賓，則當曰「某家宗子某，將以來日加冠於其首」。年月日，某再拜上。

某復某官執事：承命以來日行禮，既蒙見宿，敢不夙興。年月日，某再拜上。

補宿贊冠者。《士冠禮》文，《疑禮通考·冠儀》補入，今從之。

賓自擇其子弟親戚習禮者，爲贊冠者。本注文本在「賓至」條，今移于此。○朱子曰：佐賓雖輕，亦必擇其賢而習禮者爲之。不來則亦有闕，故並宿之，使必來也。《疑禮通考·冠儀》：《家禮》從簡，只令賓自擇贊者，而朱子晚年之論如此，若欲盡禮，宜與賓議定一人宿之，恐穩。○主人擇子弟親戚習禮者一人爲儐。亦本注文，本在「序立」條，今移于此。○《周禮》注：出接賓曰「儐」。○《儀節》：執事者用子弟爲之。禮生請習禮者一人爲之，引導唱贊如官府行禮之儀。先期演習，然後行之，庶幾無失。《疑禮通考·冠儀》：禮生，即今俗所謂執禮及東西唱之類，恐不可闕。

陳設之具

洗二，賓贊所用。《疑禮通考·冠儀》：設水用罍，沃盥用洗。洗，承其棄水之器也。温公云：今私家無罍洗，但用盥盆，當依此用之。帨巾二，賓贊所用。帷幕，所以障之爲房室者。大席二，一所以鋪廳事者，如今鋪陳之類；一所以鋪庭中者。小席二，所以設賓主位者。白土，所以畫爲東西階級者。《儀節》：用石灰。賓次，設於門外。

陳設。

設盥帨於廳事，《士冠禮》：設洗直音值于東榮屋翼也，南北以堂深如堂深二丈，洗亦去堂二丈。《儀節》：洗盆帨巾設於東階下東南。如祠堂之儀。《冠儀》：古者重冠，行之於廟，所以尊重事而不敢擅。温公曰：今人影堂褊隘，難以行禮，但冠於外廳，笄在中堂可也。以帟幕《周禮》注：在旁曰帷，在上曰「幕帟」，坐上承塵。爲房於廳事之東北，温公曰：無室無房，則以帟幕截其北爲室，其東北爲房，此皆據廳堂南向者言之。或廳事無兩階，則以堊白土。畫而分之。温公曰：分其中央，以東者爲阼階，西者爲賓階。《儀節》：無階級，用石灰畫東西階，皆三級。凡冠者席與賓主位次皆用灰依圖界畫。○按：廳事當以大席盡鋪之，賓主位亦當各陳一小席，又以大席鋪中庭以備賓命字之位。○補設賓次。《士冠禮》注：賓次門外，更衣處以帷幕簟席爲之。疏：次者，舍也。更衣者，以行禮衣服或與常服不同，故須入次更易也。《儀節》：於便室或用帷幕一處爲賓次。按：賓之入時更衣，出後憩息，皆不可無次，故今補入。

陳冠服之具。

櫛，所以理髮合紒者。纚，裂色繒爲之，所以總髮者。掠，所以斂髮者，今以網巾代之。簪，見《儀節》，所以固冠者，或骨或木爲之。緇布冠 幅巾 《疑禮通考·冠儀》：無則用程冠。深衣 大帶 履，無繫。右五者，初加所用，制見《通禮》。帽子 《儀節》：其制不可考，擬代以時樣帽子。《疑禮通考·冠儀》：笠子。皂衫 《儀節》：其制不可考，擬用直領衣。《疑禮通考·冠儀》：代以時樣紅團領。革帶 鞋，有繫。右四者，再加所用。幞頭 按：幞頭出於隋唐，朱子嘗言後周之制，而本非古冠。我東新及第所着亦名幞頭，而異於周制，《儀節》以爲今制幞頭唯有官者得用，當用儒巾，而但《士冠禮》用爵弁、皮弁，《家禮》亦用公服，則以時樣紗帽代之，恐無妨。公服 朱子曰：上領公服聯綴斜帛，湊成盤曲之勢，以爲圓領。《考證》：我國團領疑亦出此。《疑禮通考·冠儀》：用時樣黑紅團領。革帶，即品帶。靴 《儀節》：用皂色。右五者，三加所用。按：今俗或於再加用儒巾青道袍，三加用笠子、黑紅團領，以此拜母拜廟，此乃儒士常服，恐亦無害。笥 四，見《儀節》，所以盛櫛、纚、網巾及三加衣帶履者。盤 三，所以各盛冠巾者。帕 三，所以覆冠巾者。盞盤 酒注 脯楪 醢楪 兩楪，並《儀節》所補。右四者，所以醮者。卓子 三，一陳房中，置衣帶鞋櫛纚網巾者，一陳北壁下，置酒注盞盤脯醢楪者，一陳西階，置冠巾盤者。洗，贊者所以洗爵，陳房中。《冠儀》所補。席 二，一布冠位者，一布醮位者。

厥明，夙興，陳冠服。

有官者，寒岡曰：或謂有官即其父有官。芝山曰：宋時朝官或郊祀覃恩，或遺表恩澤，子孫雖在襁褓，得以授官，故有既官而冠者。公服、帶、靴、笏，無官者，襴衫、帶、靴，通用皂衫、深衣、大帶、程子曰：冠禮須用時服。朱子曰：若一如古人冠服之，畢，備其勢也，不得行。《儀節》：《家禮》始加用深衣、幅巾，再加三加以時服，亦是存古之意。《疑禮通考·冠儀》：襴衫、皂衫，本非古制，朱子只用當時之服，今亦用時服陳之恐便。履、《書儀》：黑履白緣，夏用繒，冬用皮。櫛、《士冠禮》：櫛實于簞。注：簞，笥也。纚、掠，《儀節》：陳衣帶履梳網巾，並用笥盛之。皆卓子陳于房中，《士冠禮》：陳服于房中西墉下。注：三屨或各在其裳之南。東領北上。《士冠禮》疏：喪禮，西領或南領，此東領者，嘉禮異於凶禮也。冠時先用卑服，北上便也。按：《士冠禮》陳服先言尊服，三加服當在北一行，再加服在次行，初加服在第三行，櫛纚掠在第四行。補 蒲筵二，在南。《士冠禮》文，今補入。○疏：曰二者，一冠一醴也。酒注、盞盤、脯醢楪，此三者，《儀節》所補。○《士冠禮》：側尊一甒醴，在服北。有篚實勺，觶、脯醢南上。注：南上者，篚次尊，籩豆次篚。温公曰：古者用醴，今以酒代之。按：《士冠禮》注：房中之洗直室東隅，篚在洗東北面盥。亦以卓子陳于服北。幞頭、帽子、冠笄巾，各以一盤盛之，蒙以帕，以卓子陳于西階下。執事者一人守之。《士冠禮》：爵弁、皮弁、緇布冠，各一匴，執以待于西坫南，南面，東上。注：匴，竹器。坫，在堂角。《疑禮通考·冠儀》：古禮，三人各執一，今一人守之，從簡也。長子則布席于阼階上之東，《冠儀》：冠於阼，以著代也。○按：下文迎賓條，儐者筵于東序，此乃布席也。所謂蒲筵在南者，陳二筵於房中衣履之南，以備冠醴時之用也。今此布席阼階者，蓋先定冠位，以試席形所占廣狹也。恐當布席占地用灰畫之，而卷陳於房中衣卓之南。少北，西向。衆子則少西，南向。《士冠禮》注：不於阼階，非代也。○宗子自冠，則如長子之席少南。按：《士冠禮》注：嫡子冠於阼，少北，避主人。今宗子自冠，則自爲主人，故少南。

主人以下序立。

主人以下，盛服就位。《士冠禮》：主人玄端，爵韠，兄弟畢袗玄。注：不爵韠，降於主人也。《疑禮通考·冠儀》：主人當着深衣，或玄團領，親戚雖降，主人亦當吉服。主人阼階下，少東，西向。子弟、親戚、《釋名》：父黨曰親，母黨曰戚。僮僕在其後，重行，西向，北上。儐立於門外，西向。將冠者雙紒、《儀節》：紒即是髻字，疑是作兩圓圈子也。四䙆衫、《書儀》：若無四䙆衫，只用衫。《儀節》：四䙆衫，不知其制，此非古服，不用可也。勒帛、采屐，《儀節》：勒帛，用以裹足者。采屐，疑是以采帛爲之，此蓋當時童子服，隨時用童子常服，代之無害。《疑禮通考·冠儀》：今只用行縢及時樣鞋恐便。在房中，南面。若非宗子之子，則其父立於主人之右。右恐當左。尊則少進，卑則少退。○宗子自冠，則服如將冠者，而就主人之位。

賓至，主人迎入，升堂。

賓、贊俱盛服至門外，《士冠禮》：賓如主人服，贊者玄端從之，立于外門之外。《儀節》：賓既至，宜暫於便處小憩，以待主人之出。東面立，贊者在右，少退。儐者入，告主人。《儀節》：禮生唱曰請迎賓。主人出門左，西向再拜，賓答拜。《儀節》：主東賓西。寒岡曰：主人先拜，賓答拜。主人揖贊者，贊者報揖。《儀節》：此「揖」乃「作揖」。主人遂揖而行，《儀節》：舉手作揖遜狀，非作揖之揖。賓、贊從之。入門，分庭而行，揖讓而《士冠禮》：每曲揖。注：曲者堂塗之曲處。至階，又揖讓而升。《士冠禮》：至于廟門，三揖，至于階，又三讓。主人由阼階先升，少東，西向。賓由西階繼升，少西，東向。[按]：西坫南執冠者，賓升則東面。贊者盥，帨，《士冠禮》：贊者盥于洗西。[疏]：賓盥於洗南北向，卑不可與賓並，故在洗西東向。由西階升，入於房中，西向。《士冠禮》：贊者西面，南上。[疏]：與主贊並立，敬賓之贊，故位在南。[朱子]曰：贊者負東墉，在將冠者之東矣。儐者筵于東序，《士冠禮》注：堂東西墻謂之序。少北，西面。《儀節》：儐按畫布席。○[按]：衆子及宗子自冠之席見上。將冠者出房，南面。《士冠禮》注：南面立于房外之西，待賓命。○若非宗子之子，則其父從出迎賓，入從主人，後賓而升，立於主人之右，右恐當左。如前。[按]：雖從主人出，入而拜，揖則不可爲也。○《士冠禮》：若孤子，則冠之日紒而迎賓，拜，揖，讓，立于序端，皆如冠主。禮於阼。[注]：冠主，冠者親父，若宗兄也。

祝辭

[《集説》]：凡祝辭，紅紙書之。[《疑禮通考》]：先以紙書祝辭，賓預置懷中，既加，讀之。

始加祝曰：「令月吉日，始加元服。棄爾幼志，順爾成德。壽考維祺，介爾景福。」[按]：本注作「吉月令日」，今從《士冠禮》改之。

再加祝曰：「吉月令辰，乃申爾服。敬爾威儀，淑慎爾德。眉壽萬年，永受胡福。」《儀節》按：《儀禮》及舊本皆作「胡」，今本作「遐」，改從舊。[按]：本注作「謹爾威儀」，今從《士冠禮》改之。

三加祝曰：「以歲之正，《士冠辭》：「正」猶善也。以月之令，咸加爾服。兄弟具在，以成厥德。黃耇無疆，受天之慶。」[按]：簡易《家禮》無「兄弟具在」一句。醮辭曰：「旨酒既清，[温公]曰：古者冠用醴，今私家無醴，以酒代之，但改醴辭「甘醴唯厚」爲「旨酒既清」。嘉薦令芳，拜受祭之，以定爾祥。承天之休，壽考不忘。」字辭曰：

「禮儀既備，令月吉日，昭告爾字。爰字孔嘉，髦士攸宜。宜之于嘏，永受保之。」

賓揖。將冠者就席，爲加冠巾。冠者適房，服深衣，納履，出。

賓揖。將冠者出房，立于席右，向席。按：上注既云「將冠者出房，南面」，此注「出房」二字必是衍文，立字上疑脱「進」字。蓋將冠者出房，南面，立於房外北壁下，賓揖之，然後進立席右歟？但《士冠禮》「出房南面」下只曰「贊者奠纚笄櫛于筵南端」，而無「賓揖，將冠者立席右」之語。《儀節》依古禮去此一節，甚當。贊者取櫛、纚、掠，置于席左，《士冠禮》：奠于筵南端。《儀節》：用笥盛之。興，立於將冠者之左。賓揖，將冠者即席，西向跪。贊者如其向跪。按：冠者立席右，而置櫛、纚、掠于席左者，以贊者當在冠者之左，櫛、纚之右也。爲之櫛，合紒，施掠。《儀節》：合紒包網巾訖，贊者降。按：贊者無降立之位，且古禮有「加冠後，贊者卒」之文，不降而興，少退立恐當。賓乃降，《儀節》：降階詣盥洗所。主人亦降。《士冠禮》：賓降，主人降，賓辭，主人對。注：主人降，爲賓將盥，不敢安位。賓盥畢，《士冠禮》疏：賓盥於洗南北向。主人揖，升，復位。執事者以冠巾盤進，賓降一等，受冠笄，執之，《士冠禮》：賓降西階一等，執冠者升一等，東面授賓。賓右手執項，左手執前，進容。正容徐詣將冠者前，向之祝曰。祝辭見上。乃跪加之。《儀節》：以冠笄簪子加將冠者之首，贊者代簪之。贊者以巾跪進，賓受加之，興，復位。《士冠禮》：贊者卒。注：卒謂設缺項結纓也。補冠者興，按：《儀節》依《士冠禮》補入。賓揖，冠者適房，釋四䙆衫，服深衣，加大帶，納履，出房。《儀節》：未即席。正容南向，立良久。○若宗子自冠，則賓揖之，就席，賓降，盥畢，主人不降。餘並同。

再加帽子，服皂衫，革帶，繫鞋。

賓揖，冠者即席《士冠禮》：賓盥如初。跪。執事者以帽子盤進，賓降二等，受之，執而詣冠者之前。《士冠禮》：執進如初。祝曰。祝辭見上。《儀節》：祝畢，贊者徹冠巾。乃跪加之，興，復位，《儀節》：冠者亦興。揖。冠者適房，釋深衣，服皂衫、革帶，繫鞋，出房立。南面。

三加幞頭，公服，革帶，納靴，執笏。

禮如再加，《書儀》：賓盥如初。《儀節》：賓揖，冠者即席，冠者跪。唯執事者以幞頭盤進，賓降，没階受。《疑禮通考·冠儀》：右執項，左執前，如初。祝曰。祝辭見上。贊者徹帽，賓乃加幞頭，《儀節》：贊者徹帽授執事者，賓跪加巾，興，復位。冠者興，賓揖，冠者適房。執事者受帽，徹櫛，入于房，《士冠禮》：徹皮弁、再加者、冠初加者、櫛、筵，入于房。疏：賓贊徹櫛，主贊徹筵。按：本注三加有徹帽、受帽之文，而再加無之。其或闕脱歟？古禮，皮弁及冠並徹於三加既畢之後，蓋再加時正纚如初，則其去初加之冠明矣，而無徹去之文。竊料再加時，贊者徹冠授執事者，待禮畢而並徹入于房矣。然則本注徹帽之徹，脱去於冠者之首也。古禮徹皮弁之徹，掃除於堂中也。餘並同。按：《士冠禮》三加後服纁裳、靺韐，如加皮弁之儀。冠者適房，釋皂衫，服公服，納靴，出房，南面立，當如再加。

乃醮。

長子，則儐者改席于堂中間，少西，南向。《郊特牲》：醮於客位，加有成。衆子，則仍故席。《士冠禮》注：不醮於客位，成而不尊。贊者酌酒于房中，《儀禮圖》：西向酌酒。《疑禮通考·冠儀》按：《士冠禮疏》房中有洗，而《家禮》從簡不言。《儀節》云：若人家窄狹，就堂下盥洗處，先洗酌入房，依此恐便。出房，立于冠者之左。賓揖，冠者就席右，《士冠禮》：筵西。南向，乃取酒，《士冠禮》：賓受醴于户東。就席前，北向，祝曰。祝辭見上。冠者再拜，升席南向，受盞。《儀節》：受而立。賓復位，東向答拜。補：贊者薦脯醢，《士冠禮》文，《儀節》補入。○《儀節》：贊者以楪盛脯，自房中出。冠者進席前，跪，《士昏禮》：冠者即筵坐，左執觶，右祭脯醢。《儀節》：右手執脯醢楪，置于席前空地。祭酒，《士冠禮》：祭三。《儀節》：傾酒少許于地。興，就席末，《鄉飲酒》：席西頭也。《儀節》：退就席末。跪，啐酒，《士冠禮》注：啐，嘗也。《鄉飲酒義》疏：祭酒敬主人之物，故在席上，啐酒入於已，故在席末。蓋席上祭酒是貴禮，席末啐酒是賤財也。興，降席，《考證》：當從席東頭降禮，升由下，降由上，就席右，再拜，升席，受盞，是升由下也。席前者，以向背言之。當爲南席末者，以上下言之，當爲西也。又按禮，席南向北向以西爲上，然《鄉飲酒禮》賓南向而以西爲下者，注以爲統於主人也。是則醮席雖曰南向，當以西爲下，以東爲上。授贊者盞，《儀節》：執事者徹脯醢楪。南向再拜，賓東向答拜。冠者遂拜贊者，《儀節》：冠者略側身西向拜贊者。贊者賓左東向，少退，答拜。《士冠禮》：不醴，則醮用酒。注：一加一醮。温公曰：醴則一獻，酒則三醮。《曾子問》疏：醴重而醮輕，醴則三加後總一醴之，醮則每一加而行一醮也。《疑禮通考·冠儀》：按《士冠禮》「三醮各有辭」，今既無醴，則當從三醮之儀。而《家禮》一醮，所以從簡。兩遵之，恐無妨。朱子曰：用醴與三醮爲適而加耳，庶子則一醮，以酒足矣。按：古禮如此，而《家禮》則長庶皆行一醮，所以從簡。○《士冠禮》：若孤子，則凡拜，北面于阼階上，賓亦北面于西階上答拜。

賓字冠者，

賓降階，東向。主人阼階，西向。《士冠禮》注：降復初至階讓升之位。冠者降自西階，少東，南向。賓字之曰。祝辭見上。曰：「伯某父。」《士冠禮》：「父」作「甫」。注：甫，是丈夫之美稱，如尼甫、嘉甫、孔甫之類。仲、叔、季，惟所當。〖《士冠禮》疏〗：若兄弟四人，則依此稱之。冠者對曰：「某雖不敏，敢不夙夜祇奉。」〖《儀節》〗：冠者再拜，賓不答。賓或別作辭命，以字之之意亦可。〖按〗：劉屏山、朱晦庵、吴草廬，皆别作辭命之，見《大全》及《儀節》，倣而爲之可也。

出就次。

賓請退，〖《儀節》〗：行禮畢，賓揖，主人曰：「盛禮既成，請退。」主人請禮賓。〖《儀節》〗：主人揖賓曰：「某有薄酒，敢醴從者。」賓辭曰：「某不敢當。」主人請曰：「姑少留。」賓曰：「敢不從命。」賓出就次。〖《士冠禮》〗：賓出，主人送于廟門外。〖注〗：不出外門，將醴之也。〖《儀節》〗：主人舉手揖賓，送出外，贊從之至客次，主人乃退，命執事治具。

告祠之具同前。

主人以冠者見于祠堂。

如《祠堂章》生子而見之儀，但改告辭，〖《儀節》〗：主人跪告有祝，則讀祝。〖按〗：若是長子，則不可草草口告，而止當依告授官之例。具祝文曰：年月日云云，某之子某今日冠畢，敢此祇見，謹以。後同。曰：「某之子某，若某親某之子某，今日冠畢，敢見。」〖按〗：《祠堂章》本注：主人告畢，立於香卓東南，西向，主婦抱子而拜，主人乃降，復位。而《儀節》告畢，主人興，復位，冠者見。恐當以本注爲正。冠者進，立於兩階間，再拜。餘並同。○若宗子自冠，則改辭曰：「某今日冠畢，敢見。」遂再拜，〖按〗：斟酒不拜，告畢乃再拜。降復位。餘並同。○若冠者私室有曾祖、祖以下祠堂，則各因其宗子而見，自爲繼曾祖以下之宗，則自見。《曾子問》：父殁而冠，則掃地而祭於禰，已祭而見伯父、叔父。按：此指支子之子而言，觀「伯父」二字可知。今以此本注觀之，當先見高祖以下之廟，而見禰廟。

冠者見于尊長。

父母堂中南面坐。諸叔父兄在東序，諸叔父南向，諸兄西向。諸婦女在西序，諸叔母姑南向，諸姊嫂東向。冠者北向拜父母，父母爲之起。溫公曰：冠儀，見於母，母拜之；見於兄弟，兄弟拜之，成人而與爲禮也。今則難行，但於拜時，母爲之起立可也。見諸父及兄，倣此。同居有尊長，則父母以冠者詣其室拜之，尊長爲之起。還就東西序，每列再拜，應答拜者答。《疑禮通考·冠儀》：姊嫂之類。若非宗子之子，則先見宗子及諸尊於父者於堂，乃就私室見於父母及餘親。○若宗子自冠，有母，則見于母，如儀。《疑禮通考·冠儀》：按，《士冠禮》醴禮纔畢，未字之前，冠者見于母，而《家禮》拜母在見祠堂之後，且《禮疏》曰「不見父與賓者，蓋冠畢則已見也」，而《家禮》具拜父母。此皆朱子參酌情文，隨時損益之意，當以《家禮》爲正。族人宗之者皆來見於堂上。宗子西向拜其尊長，每列再拜，受卑幼者拜。

乃禮賓。

主人以酒饌延賓及儐贊者，《士冠禮》：醴賓以一獻之禮。注：一獻之禮，有薦有俎，獻酢酬，賓主各兩爵而禮成。疏：主人進酒於賓曰獻，賓卒爵，又自酌以答主人曰酢，主人既卒，酢爵又酌，自飲復酌。進賓導飲曰酬。《儀節》：主人至客次迎賓，先行。儐贊禮生及諸親朋隨之，至階揖讓。主人先升，自東階。賓繼升，自西階。贊以下以序升就位。主人拱手，向賓前曰：「某子加冠，賴吾子教之，敢謝。」遂再拜。賓答拜。謝贊儐同，若卑幼不敢當，揖之，遂進饌。主人獻酒，賓酢酒，獻贊儐以下如常儀。酒遍，又令冠者及執事行酒，或三行，或五行。○按：本注太簡，《丘儀》太繁，今删節如右。或從俗，用常儀亦不妨。酧之以幣，《士冠禮》：主人酬賓束帛儷皮，贊者皆與音預，贊冠者爲介。按：此言賓贊主贊皆與，而賓贊爲賓之次也。而拜謝之。《儀節》：執事者以盤捧幣進，主人受以獻賓。賓受以授從者，以次奉贊儐幣。幣多少隨宜，《疑禮通考·冠儀》：貧不能備，則用紙幣亦可。賓贊有差。○補：賓出，主人送于外門外，再拜，歸賓俎。《士冠禮》文，《疑禮通考·冠儀》補入。○《士冠禮》注：使人歸諸賓家也。《疑禮通考·冠儀》：《家禮》慮人之窮不能備禮，故無歸俎一節。然今人行冠禮，若設酒饌，則送賓之際略倣此儀恐宜。

冠者遂出，見于鄉先生及父之執友。

冠者拜，先生執友皆答拜。若有誨之，則對如對賓之辭，且拜之，先生執友不答拜。

附《鄭氏别儀》：是日夙興，告祠堂，不用祝。先期擇親屬一人爲賓，子弟一人爲贊，一爲禮生。主人立堂上，東階上，賓立西階上，再拜。執事者、布冠者席于主人右少北，將冠者即席跪，梳髮合髻。賓盥，執事者奉進冠笄，賓受之。行至冠者前，祝以始加之辭，跪加巾，興，復位。冠者興，釋舊服，着時服，納靴，出降，階立，少東南向。賓主俱降階，祝用前辭，字曰某，冠者對辭再拜。禮畢，見于祠堂，尊長俱如上儀。如賓不能祝不用，冠者對辭亦不用。丘氏曰：《鄭氏家儀》有或因事故簡便行禮之儀，今恐人家有力不能備禮者，略倣其義，别爲儀節附于下。

笄

女子許嫁，笄。

年十五，雖未許嫁，亦笄。《士昏禮》注：許嫁，已受納徵禮也。《説文》：「笄，簪也。」其端刻鷄形。《補注》：婦人不冠，以簪固髻。按：禮，女子十有五年許嫁，笄而字；雖未許嫁，年二十而笄。

母爲主。

宗子主婦則於中堂；非宗子而與宗子同居，則於私室；與宗子不同居，則如上儀。《疑禮通考·冠儀》：指中堂。

前期三日，戒賓；一日，宿賓，

賓亦擇親姻，按：《考證》曰：親，己之親姻，夫之親恐未然。《爾雅》云：壻之父爲姻，婦之父爲婚。壻婦之父母，相謂爲婚姻。婦之黨爲婚，兄弟壻之黨爲姻。兄弟親蓋謂下文己之尊長卑幼，夫黨尊長卑幼也。姻是婚姻家之婦女也，下文非親戚而往來者是也。婦女之賢而有禮者爲之。朱子曰：許嫁笄，則主婦當戒外姻爲女賓，使之着笄而遂禮之。未許嫁而笄，則不戒女賓，而自以家之諸婦行笄禮也。以牋紙書其辭，使人致之。辭如冠禮，但「子」作「女」，「冠」作「笄」，「吾子」作「某親」或「某封」。按：稱於姻。○凡婦人自稱，於己之尊長則曰「兒」，卑幼則以屬。《考證》：或姑或姊之類。於夫黨，尊長則曰「新婦」，卑幼則曰「老婦」，非親戚而往來者各以其黨按：如《丘儀》所稱忝親辱交之類。爲稱，後倣此。

補 書式。見《儀節》。

忝親某氏非親則云「辱交」或「辱識」。拜啓某親某封妝次：笄禮久廢，兹有女年適可笄，欲舉行之。伏聞吾親非親則改夫人、孺人，隨所稱。閒於禮度，敢屈惠臨以教之，不勝幸甚。年月日，某氏拜啓。右請書。

忝親某氏拜復

某親某封妝次：蒙不棄，召爲笄賓，自念粗俗，不足以相盛禮。然既有命，敢不勉從。謹此奉復。年月日，某氏拜復。右復書。

陳設。

如冠禮，但於中堂布席，如衆子之位。

厥明，陳服。

如冠禮，但用背子、朱子曰：不着背子，則大衣。《疑禮通考·冠儀》：背子如今俗長襖子之類。冠笄。《考證》：婦人亦首有所着者，如副次，謂之冠蓋，冠而笄之也。《疑禮通考·冠儀》：如今女帽之類。

序立。

主婦如主人之位。《儀節》：主婦東階下，少東西向。女眷重行，在後北上。將笄者雙紒、衫子，《疑禮通考·冠儀》：用時制衣服。房中南面。

賓至，主婦迎入，升堂。

如冠禮，《儀節》：主婦出中門，見賓相拜，各就位。但不用贊者。《儀節》：用侍者代之。王氏曰：幼女多羞，不用贊決不能行。主婦升自阼階。

賓爲將笄者加冠笄，適房，服背子。

略如冠禮，按：《儀節》賓以手導將笄者即席，西向跪，而既是南向之席，則改爲西向無義，當南向。但祝用始加之辭，不能則省。

乃醮，

如冠禮，辭亦同。

乃字，

如冠禮，但改祝辭「髦士」爲「女士」。《疑禮通考·冠儀》：婦人字亦稱伯、叔。朱子：女名以癸巳，字曰叔。

按：《詩》摯仲氏任乃戴嬀之字。漢鮑宣之妻，字曰少君。

乃禮賓，皆如冠儀。

《儀節》：如冠儀而少省。○《疑禮通考·冠儀》：笄禮，今俗元無行之者，或有好古篤禮之人於昏禮前一二日行笄，則庶不敢怪於世，而仍爲復古之漸云。

家禮輯要卷之三

昏禮

議昏

男子年十六至三十，女子年十四至二十，

司馬温公曰：「古者，男三十而娶，女二十而嫁。今令文，男年十五，女年十三以上，並聽昏嫁。今爲此説，所以參古今之道，酌禮令之中，順天地之理，合人情之宜也。」王吉《上疏》曰：世俗嫁娶太早，未知爲人父母之道而有子，是以教化不明而民多夭。劉氏曰：女二十而不嫁，則爲非禮。

身及主昏者，無期以上喪，乃可成昏。

大功未葬，亦不可主昏。《雜記》：大功之末，可以冠子，可以嫁子。父小功之末，可以冠子，可以嫁子，可以娶婦。己雖小功，既卒哭，可以娶妻，下殤之小功，則不可。注：下殤小功，自期而降，本服重，故不可娶也。○朱子《君臣服議》曰：婚姻則一月之後許軍民，三月之後許吏士，復土之後許選人，祔廟之後許承議郎以下，小祥之後許中大夫以下，各借吉三日，其中大夫以上則併須禫祭後行吉禮。或問：「有官人婚娶在國恤祔廟後。」朱子曰：「只不可帶花，用樂少，示其變。」《疑禮通考·昏儀》：國恤祔廟前，雖士不當婚娶，更詳之。○凡主昏，如冠禮主人之法。但宗子自昏，則以族人之長爲主。《士昏禮》：宗子無父，母命之。親皆沒，己躬命之。支子則稱其宗。注：命之，命使者。疏：母使子之父兄師友命之，支子則當稱宗子以命之。大小宗皆然。李孝述問：「孝述議親，老母欲令今冬畢親，但先兄几筵未徹，老母乃齊衰三年之服，復有妨礙然，主昏却是叔父，欲姑從鄉俗就親，不知可否？」朱子曰：「若叔父主昏即可，娶婦無嫌，禮律可考。但母在而叔父主昏，恐亦未然。」李叔發問：「既無主昏之人，又無同姓近親，則外祖主之耶？抑其母親主之耶？」寒岡曰：「同姓遠族亦可主之，無則不免母親主之。」旅軒曰：「宗子主昏禮也。弟既出，繼爲宗孫，則其兄之昏弟主之可也。」

必先使媒氏往來通言，使女氏許之，然後納采。

司馬温公曰：「凡議昏，當先察其婿與婦之性行及家法何如，勿苟慕其富貴。」《家語》：同姓爲宗，有合族之道，雖百世，婚姻不得通。《坊記》：不娶同姓，以厚別也。國制：國家嘉禮及宗室昏娶姓字同，則雖異貫，不與爲昏。柳西厓曰：劉聰納劉殷女爲妃，所出絶異，而《綱目》書之以爲犬羊雜糅。唐宋以來，尚公主者，皆以異姓，唯唐昭宗取李茂貞子爲駙馬，此則迫於强臣，不可以爲法也。○堯卿問：舅姑子爲昏。朱子曰：律中不許，然自仁宗之女嫁李瑋家，乃是姑舅之子，故歐陽公曰：「公私皆已通行，又如魯與宋齊世爲昏，其間皆有姑舅之子者。從古已然，只怕位不是。」退溪曰：異姓七寸族義已盡，故通昏。但據禮律，猶計其尊卑之行，若不同行，則不許爲昏。同行謂兄弟姊妹之行，失此則以亂倫有禁。《疑禮通考·昏儀》：古今異宜，東俗且重外親八寸以上恐不可通昏，更詳之。○朱子曰：諸侯不再娶，大夫娶三，士娶二。《大全》：宋何兑凡四娶。國制：只許三娶。若無子，則令告官後四娶。○《喪服傳》：父必三年然後娶，達子之志也。疏：父雖爲妻期而除，然必三年乃娶。國制：若因父母之命，或年過四十而無子者，許期年後再娶。

納采《儀節》問名附。

納其采擇之禮，即世俗所謂言定也。古禮有問名、《昏義》注：問名者，將歸卜其吉凶。納吉，《昏義》注：得吉卜而納之也。今不能盡用，止用納采、納幣，以從簡便。按：雖不問母之名氏，女之生年不可不問。

納采之具

牋紙，長一尺許，裁用皮封，令善寫者書之。今俗又作外封。函，所以盛書者。無則用新袱裹之。使者一人，以子弟爲之。今俗用僕御，着吉冠、吉服，或乘馬進去，似合禮意。

補書式。見《儀節》。

某郡姓某不稱親者，方議而未成也。啓某郡某官執事：伏承尊慈不鄙寒微，曲從媒議，許以令愛貺室僕之男某。若某親之子某。茲有先人之禮，謹專人納采，因以問名。敢請令愛爲誰氏出，及其所生月日，將以加諸卜筮。按：今無問名納吉之禮，「因以問名」以下並删，只曰「因問令愛生年月日」。但今俗行禮於女家，故女家問婿年請期。婿家若與相議，問女年請期，則雖未行親迎，庶合古意。若從俗，女家問婿年請期，則「因以問名」以下盡刪去。伏惟尊慈，俯賜鑑念，不宣。年月日，某郡姓某啓。

主人具書。

主人即主昏者。書用牋紙，如世俗之禮。若族人之子，則其父具書，告于宗子。《疑禮通考·昏儀》：禮，婿家主人先發使者，而今俗必女家行之，殊失男先於女之義，依禮可也。

告祠之具並同告冠時。

祝文式

年月日，孝玄孫某官某敢昭告于顯高祖考某官府君、顯高祖妣某封某氏：四代列書如冠禮告辭。某之子某，若某親之子某。年已長成，未有伉儷，已議娶某郡某官姓名之女。今日納采，就以問名，若不問名，去此一句。不勝感愴。謹以。後同。冠禮若宗子自昏，則自告只曰：某年已長成。

夙興，奉以告祠堂。

如告冠儀。《疑禮通考·昏儀》：今人定昏不行告祠之節，以爲未納徵而先告，恐有背昏欺祖之失，直於親迎時告祠堂如儀，從俗似亦無妨。

乃使子弟爲使者如女氏，女氏主人出見使者。

使者盛服，《士昏禮》注：使者，夫家之屬，若群吏使往來者。疏：夫家之屬，如主人是上士，則屬是中士；主人是中士，則屬是下士；主人是下士，則屬亦當是下士。禮窮則同也。《儀節》：按《儀禮》用賓，而《家禮》本《書儀》用子弟，恐與女氏主人非敵，難於行禮。今擬兩家通往來者一人，如世俗保親者，用以代賓。退溪曰：使者以子弟固善，然他禮不能盡用，古禮則循俗用賤隸，或可乎？當與昏家議處。如女氏。《士昏禮》注：納采用雁。女氏亦宗子爲主，主人盛服《士昏禮》疏：如賓服。出見使者；非宗子之女，則其父位於主人之右，右恐當左。尊則少進，卑則少退。啜茶畢，《儀節》：主人出門外迎賓，揖遜，主人先升東階，賓升西階，升堂，東西相向。揖執事者，陳書幣于案上，賓主俱坐，啜茶，訖，賓興，主人亦起，執事以書授賓，賓以奉主人，主人受書以授執事，北向，再拜。使者起，致辭曰：《儀節》無致辭等節。「吾子有惠，貺室某也。《士昏禮》注：某，婿名。某之某親某官按：《士昏禮》云：某有先人之禮。注：某，婿父名。此則子弟爲使者，上某字使者名，某親某官指婿父也。婿父非宗子，則當以發書宗子稱之。有先人之禮，使某請納采。」從者以書進，使者以書授主人。主人對曰：「某之子若妹、姪、孫蠢愚，又不能教，吾子《士昏禮》注：謂使者。命之，某不敢辭。」北向再拜，使者避不答拜。《士昏禮》注：不答拜者，不敢當盛禮。使者請退俟命，出就次。若許嫁者於主人爲姑姊，則不云「蠢愚，又不能教」，餘辭並同。《疑禮通考·昏儀》：婿家以賤隸爲使者，則迎賓致辭等禮不可行，只令老僕待之。

告祠之具同前。

祝文式

並同前。某之第幾女某，若某親某之第幾女某。年漸長成，已許嫁某郡某官姓名之子。若某親某。今日納采，不勝感愴。謹以。後同。

遂奉書以告于祠堂。

如壻家之儀。

書式

某郡姓某啓某郡某官執事：伏承尊慈，不棄寒陋，過聽媒氏之言，擇僕之第幾女某，若某親之幾女某。作配令似。或作某親弟姪，隨稱。弱息蠢愚，又不能教。《疑禮通考·昏儀》：姑姊則去此八字。既辱采擇，敢不拜從。重蒙問名，謹具所出，及《疑禮通考·昏儀》：壻家若不問名，則去「重蒙問名所出及」七字。其生年月日，如別幅。伏惟尊慈，特賜鑑念，不宣。年月日，某郡姓某啓。按：若壻家從俗，只納采而不問年，則使者之歸，女家亦當遣使問年。此書「敢不拜從」之下云：「玆謹專人，仰請令似生年月日，下示如何？」壻家答書，只曰：「伏承嘉命，許以重禮。至賜問年，其何敢辭？謹具其生年月日，如別幅。」

名帖式

《疑禮通考·昏儀》：婿家不問名，則別紙稱生年帖，去父某母某二行。

父某

母某氏

女幾行某甲子某月某日某時生

出以復書授使者，遂禮之。

主人出，迎使者，升堂，授以復書。使者受之，請退。主人請禮賓，《儀節》：主人曰：「敢備薄禮，請醴從者。」賓曰：「敢辭。」主人固請。賓曰：「敢不從命。」乃以酒饌禮使者。《儀節》：酒三行或五行。使者至是始與主人交拜揖，如常日賓客之禮，其從者亦禮之別室，皆酧以幣。

使者復命婿氏，主人復以告于祠堂。

不用祝。《儀節》：婿氏主人受書再拜，以盤盛書及名帖置香案上。告辭曰：「某之子某，聘某郡某官姓某之第幾女，今已納采，問名，禮畢，敢告。」按：若不問名，則去「問名」二字。

請期具如納采。《士昏禮》：請期如納徵禮。楊氏曰：昏禮有納采、問名、納吉、納徵、請期、親迎六禮。《家禮》略去問名、納吉，止用納采、納幣，以從簡便，但親迎以前更有請期一節，有不可得而略者，今以例推補。《儀節》：納幣下附請期。若納幣未即娶，則別請期。《疑禮通考・昏儀》：古者請期在納幣之後，而今俗必先通昏期，而後納幣，同日行之。若預行納幣，而或有事故，延時未昏，甚至婿死者，亦難保其必無，則臨時納幣，在所不已。此其先後之序古今不同，故移附于此。按：昏儀移附正得隨時之宜，今從之。

書式

按：《疑禮通考・昏儀》依《儀節》刪補，而與納幣書重疊，今更刪改焉。

某郡姓某啓某郡某官執事：伏承嘉命，許以重禮，辭既不獲，敢不告期。謹涓吉日以請，某月某日甲子，實惟昏期，可否唯命，端拜以俟。伏惟尊慈，特賜鑑念，不宣。年月日，某郡姓某再拜。右婿家請書。

某郡姓某啓某郡某官執事：伏承嘉命，托姻寒宗，涓定吉期，復申辱告。辭既不許，敢不拜從。謹於至日，敬備以須。伏惟尊慈，特賜鑑念，不宣。年月日，某郡姓某再拜。右女家復書。○按：女家請期而婿家答之，則「嘉命」下改曰「許以重禮，涓定吉期，復申辱告。辭既不獲，敢不敬從」，「謹於」以下並刪去。

請期具書，遣使如女氏。女氏受書，復書，禮賓，使者復命。

並同納采之儀。《士昏禮》：使者致辭曰：「吾子有賜命，某既申受命矣，使某也請吉日。」對曰：「某既前受命矣，唯命是聽。」曰：「某命某聽命于吾子。」對曰：「某固唯命是聽。」使者曰：「某使某受命，吾子不許，某敢不告期，曰某日。」對曰：「某敢不敬須。」《曲禮》：內事以柔日。注：如冠昏之禮。按：今俗全用陰陽家說，雖難猝變，擇用柔日，恐合禮意。

納幣之具

【幣】玄一纁一，多少隨所備。或用儷皮。【牋紙】用精品紙，長二尺許。【函】朱漆爲之，所以盛幣者。【紅袱】二，一所以裹玄纁者，一所以裹函者。【帛】十二尺，或綿布，所以結函而負者。【使者】一人，吉服，乘馬，有僕從數人。右婿家所具。【帷幕】【屏風】【卓子】【席】【女從者】二人，所以奉幣函者。

右女家所具。

書式

忝親某郡姓某啓某郡某官尊親家執事：伏承嘉命，許以令女貺室僕之子某。若某親之子某。茲有先人之禮，敬遣使者行納徵【《士昏禮》注】：徵，成也，納幣以成昏禮。禮。【按】：伊川聘定啓末端有曰「有少儀物，具如別牋」，而《丘儀》書式無。此意恐似欠缺，「行納徵禮」下添入「不腆儀物，録在別紙」八字恐當。伏惟尊慈，特賜鑑念，不宣。年月日，忝親姓某再拜。右婿家書。

別紙【按】：今俗例稱物目近於樸野，當作程啓稱「別紙」。

玄一段

纁一段

年月日，某姓着署。【按】：此乃俗禮，而行之已久，難以猝變，從俗恐亦無妨。

忝親某郡姓某啓某郡某官尊親家執事：伏承嘉命，委禽寒宗。特順先典，貺以腆幣。辭既不許，敢不重拜。伏惟尊慈，特賜鑑念，不宣。年月日，忝親姓某再拜。右女家復書。○《士昏禮》：賓婿也。至，儐者請對曰：「吾子命某，以兹初昏，使某請承命。」對曰：「某固敬具以須。」按：《儀節》：前期納幣，故有此復書。今俗昏日納幣，不爲復書，有問無答，殊欠敬謹之道。且古禮有儐者請對之辭「敢不重拜」下添入「初昏菲儀，敬具以須」八字，送納于中路恐當。

納幣

幣用色繒，《士昏禮》：納徵，玄纁束帛二端相向，卷而束之，儷皮。陳淳問：温公用鹿皮如何？朱子曰：大節是了，小小不能皆然，亦没緊要。《三禮圖》：今俗以函代篚。貧富隨宜，少不過兩，《疑禮通考·昏儀》：玄一纁一。多不踰十。《疑禮通考·昏儀》：玄五纁五。今人更用釵釧、羊酒、果實之屬。按：此乃當時俗尚，今不必用。

具書，遣使如女氏。女氏受書，復書，禮賓，使者復命，並同納采之儀。

禮如納采。但不告廟，按：《疑禮通考·昏儀》：取程伊川聘定啓，略加删改而録之。若不用《丘儀》書式，則用此爲好，或依此别製之亦可。使者致辭，改「采」爲「幣」。從者以書、幣進，使者以書授主人，主人對曰：「吾子順先典，貺某重禮，某不敢辭，敢不承命。」乃受書，執事者受幣，主人再拜。《疑禮通考·昏儀》：女家先布席于庭中，使者至門下馬，女家導入。使者東向拱手立。使者非敵，則主人西向立視。女從者二人，奉書幣函置于卓子上，主人再拜。使者避之。復進請命，主人授以復書。按：《大全》有黄氏回啓婿家。若用程啓，則女家依此回啓别製答之爲好。餘並同。《曾子問》曰：昏禮既納幣，有吉日，女之父母死，則如之何？孔子曰：婿使人吊，如婿之父母死，則女之家亦使人吊。父喪稱父，母喪稱母。父母不在，則稱伯父世母。婿已葬，則婿之伯父致命女氏曰：「某之子有父母之喪，不得嗣爲兄弟，使某致命。」女氏許諾而不敢嫁，禮也。婿免喪，女之父母使人請，婿不取而后嫁之，禮也。女之父母死，婿亦如之。葉味道問：吉日而女之父母死，婿使人吊，如未有吉日，不當吊乎？朱子曰：恐無不吊之理。鄭道可問：納采而婿之父母死，世人或送衰服於婦家，是如何？退溪曰：當依《曾子問》「納幣有吉日而婿之父母死」處之，送衰服不可。又問：定昏未納幣而婿之父母死，則奈何？曰：未納幣，不可以定昏論。《曾子問》曰：「取女有吉日而女死，如之何？」孔子曰：「婿齊衰而吊，既葬而除之，夫死亦如之。」注：女以斬衰吊，既葬而除。鄭道可問：納幣而婿之父母死，當待服除爲昏。若婿死，則奈何？退溪曰：《記》注女以斬衰吊葬而除也，未論許嫁與否，然先儒云，聖人不能設法以禁再嫁，此女必無禁嫁之理，况吾東方婦女不許再嫁，則此女成服往吊亦恐難行。

親迎

前期一日，女氏使人張陳其婿之室。

世俗謂之鋪房，然所張陳者，但氈褥、帳幔、帷幕應用之物，其衣服鎖之篋笥，不必陳也。朱子曰：昏禮須兩家皆好，禮方得行。又曰：今妻家遠要行禮，一則令妻家就近處設一處，卻就彼往迎歸館行禮；一則妻家出至一處，婿即就彼迎歸至家成禮。《疑禮通考·昏儀》：古禮久廢，難以免俗，則除親迎一節外，餘皆依禮爲當，退溪、南冥、寒岡諸先生之意皆然。

設位之具

【盥盆】二。【帨】二。【燭】一雙。【酒壺】二。【盤盞】二。【巹】二，以小匏判而兩之。【按】：今俗以青紅絲繫而連之。【筯】二雙。【大席】一，所以布室中者。【小席】二，所以布婿婦位者。又【小席】一，所以布室外者。【蔬】【果】【魚】【肉】各二器，多少隨宜。【小卓】二，所以設饌分進者。【大卓】一，所以合設牲體及果肴者。《疑禮通考·昏儀》：今俗中設一果牀於對坐之間，退溪亦不以爲非，從俗無害。【執禮】一人，擇親戚習禮者爲之。【笏記】。

厥明，婿家設位于室中，

設倚、卓子兩位，東西相向。蔬果、盤盞、匕筯如賓客之禮，酒壺在東位之後。又以卓子置合巹一於其南，又南北設二盥盆勺於室東隅，又設酒壺盞注於室外或別室，以飲從者。《曲禮》：爲酒食以召鄉黨僚友，以厚其别也。又曰：某子聞子有客，使某羞。【注】：佐其供具之費。【按】：今鄉俗於昏禮備酒饌供賓客，亦是古意，但窮家不能辦，以致昏禮愆期。此非所宜，只當稱家有無，雖只行一盃無妨，且今行禮於女家，則設位亦如儀。

女家設次于外。

【按】：當於大門外擇便室，設席張帷，以爲婿至休憩之所。

初昏，婿盛服。

世俗新婿帶花勝擁蔽其面，殊失丈夫之容體，勿用可也。

告祠之具同前。

祝文式

年月日，並同前。某之子某，將以今日親迎于某郡某官某氏，不勝感愴，謹以。後同。【按】：若從俗納幣於昏日而始告祠堂，則「某之子某」下改曰「年已長成，未有伉儷，已議娶于某郡某官姓名之女，今日成禮。」

主人告于祠堂。

如納采儀。《儀節》：讀祝畢，婿立兩階間，再拜，復位，衆拜辭神焚祝。○若宗子自昏，則自告。

醮子之具

【席】二，所以布主人及婿位者。【酒注】一。【盤盞】一。【脯】【醢】【卓子】一，設於堂上。【贊者】一人。《儀節》：擇子弟之習禮者爲之。

醮辭

【按】：當如冠禮祝辭，書紅紙。

往迎爾相，承我宗事。勉率以敬，若則有常。非宗子之子，則改「宗事」爲「家事」。

遂醮其子，而命之迎。

先以卓子設酒注盤盞於堂上。主人盛服，坐於堂之東序，西向。設婿席於其西北，南向。婿升自西階，立於席西，南向。贊者取盞斟酒，執之，詣婿席前。婿再拜，升席，南向受盞，跪，祭酒，興，就席末，跪，啐酒，興，降席西，授贊者盞。又再拜，進詣父坐前，東向跪。父命之，曰。醮辭見上。婿曰：「諾。唯恐不堪，不敢忘命。」俯伏，興，出。非宗子之子，則宗子告于祠堂，而其父醮于私室如儀。○若宗子已孤而自昏，則不用此禮。

親迎之具 帽 帶 黑團領，朱子曰：昏禮用命服乃是古禮，冠帶只是燕服，不若從古之爲正。黑車，國俗不用車，當以鞍馬代之。雁，生者，左首以色繒交絡之，無則刻木爲之。《儀節》：刻木爲雁，近於用死以鵝代之。圍繞，寒岡曰：吾東俗禮用圍繞成例，據古不用固善，如不免俗，用之何妨？女從者一人或二人，所以沃盥者。前陪一雙或二雙。丘從量宜用之。

婿出，乘馬。至女家，俟于次。

以燭前導婿下馬于大門外，入俟于次。

告祠之具並同前。

祝文式

年月日，並同前。某之第幾女，將以今日歸于某郡某官姓名，不勝感愴。謹以後同。按：若從俗，行禮於女家而始告祠堂，則「第幾女」下改曰「年漸長成，已許嫁某郡某官姓名之子，今日成禮。」

女家主人告于祠堂。

如納采儀。

醮女之具並同醮子，但有姆。《儀節》：擇乳母或老女僕一人爲之。

遂醮其女而命之。

女盛飾，姆相之，立於室外，南向。父坐東序，西向；母坐西序，東向。設女席於母之東北，南向。贊者醮以酒，如壻禮。姆導女出於母左。父起，命之，曰：「敬之，戒之，夙夜無違舅姑之命。」母送之西階上，爲之正冠斂帔，按：帔，裙也。命之曰：「勉之，敬之，夙夜無違爾閨門之禮。」諸母姑嫂姊送至于中門之内，爲之整裙衫，申以父母之命，曰：「謹聽爾父母之言，夙夜無愆。」非宗子之女，則宗子告于祠堂，而其父醮於私室，如儀。

迎婿之具

【席】三：大席一，布於廳事；小席二，布於大門外，以設賓主拜位，主東賓西。【屏風】【卓子】，並設於廳事北壁下。【紅袱】，所以鋪卓上者。【燭】一雙。【女從者】二人。

主人出迎，婿入奠雁。

主人迎婿于門外，【補】西面再拜，婿東面答拜。此九字今依古禮補入。○【《士昏禮》】：主人玄端迎于門外，西面再拜，賓東面答拜。【注】：賓，婿也。【黃勉齋《親迎禮》】：昏禮大節，不可以不嚴，門外再拜之禮不可廢也。【《儀節》】：主人出迎下當補入賓主再拜一節。【寒岡】曰：門外拜婿之禮，《家禮》略之，而愚以爲不可不用也。主人揖讓【《士昏禮》】：主人揖入，三揖三讓。以入，婿執雁以從，至于廳事。主人升自阼階，立西向。婿升自西階，北向，跪，置雁於地。主人侍者受之。【按】：女從者二人奉置于卓上。婿俯伏，興，再拜，主人不答拜。若族人之女，則其父從主人出迎，立於其右，「右」恐「左」。尊則少進，卑則少退。【按】：門外再拜時，其父雖從之，但立而不拜。

姆奉女出，登車。

姆奉女出中門，婿揖之，降自西階，主人不降。婿遂出，女從之。婿舉轎簾以俟，姆辭曰：「未教，不足與爲禮也。」女乃登車。

婿乘馬，先婦車。至其家，導婦以入。

婦車亦以二燭前導。婿至家，立于廳事，俟婦下車，揖之，導以入。

婿婦交拜，就坐，飲食畢，婿出。

婦從者布婿席於東方，婿從者布婦席於西方。温公曰：從者皆以女僕爲之。○《郊特牲》：共牢而食。疏：牛、羊、豕皆謂之牢，祭祀升右胖，不用左胖。昏禮則以夫婦各一，故左右胖俱升於鼎，亦夫婦之義也，故謂之同牢。《昏義》疏：同食一牲，不異牲也。退溪曰：今俗中設一果牀於對坐之間，於一體同牢之義不爲無文。按：今俗果牀中設二燭，東西邊各設蜜果、魚肉。當依古禮，室中鋪陳諸具及大卓皆預設，唯婿婦二席至是始布。婿盥于南，婦從者沃之，進帨；婦盥于北，婿從者沃之，進帨。婿揖婦，就席。婦拜，婿答拜。温公曰：女子以四拜爲禮，古無婿婦交拜之儀，今從俗。《語類》：婦先二拜，夫答一拜，婦又二拜，夫又答一拜。婿揖婦，就坐。從者斟酒，設饌，《儀節》：從者先舉饌案于婿、婦前，次以盞盛酒，分進于婿、婦前。婿婦祭酒，《儀節》：各傾酒小許于地。舉殽。《儀節》：各以殽小許置卓子上空處。又斟酒，婿揖，婦舉飲，不祭，無殽。《儀節》：婿、婦各舉飲。又取巹，分置婿婦之前，斟酒，《儀節》：從者以兩巹又斟酒，和合以進，婿婦各執其一。婿揖，婦舉飲，不祭，無殽。《儀節》：徹饌案。婿出，就他室，姆與婦留室中。徹饌，置室外，設席。婿從者餕婦之餘，婦從者餕婿之餘。

復入，脱服，燭出。

婿脱服，婦從者受之；婦脱服，婿從者受之。《士昏禮》：御衽于奥，媵衽良席在東，皆有枕，北趾。主人親脱婦之纓，燭出。【注】：御謂婿從者，媵謂婦從者。衽，卧席也。婦人稱夫曰良。趾，足也。燭出，將卧息也。【疏】：奥，婦席也，使御布婦席，使媵布婿席，此亦交接有漸之義。

主人禮賓。

男賓於外廳，女賓於中堂。《士昏禮》：舅饗送者以一獻之禮，酬以束錦，姑饗婦人送者，酬以束錦。【注】：送者，女家有司也。婦人送者，隸子弟之妻妾。錦，古文皆作帛。【按】：後世無有司妻妾送來之事，而如圍繞姆媛之類，似當略酬以幣。

婦見舅姑

見舅姑之具

【棗栗】，《士昏禮》以獻舅。【腶脩】，《士昏禮》以獻姑。【盤】二，所以盛贄者，《士昏禮》用笲，今以盤代之。【卓子】二，分置舅姑前者。

明日夙興，婦見于舅姑。

婦夙興盛服，俟見。舅姑坐於堂上，東西相向。《儀節》：按《集禮》，舅姑並南面，坐堂中。今人家多如此，或從俗亦可。各置卓子於前。家人男女少於舅姑者立於兩序，如冠禮之叙。婦進立於阼階下，北面拜舅，温公曰：古者拜于堂上，今拜于下，恭也。可從衆。《儀節》：每進退，姆必引婦。升，《儀節》：從者以贄幣授婦。奠贄幣於卓子上。舅撫之。《士昏禮》：婦笲棗栗，進奠于席，舅坐撫之。婦降，又拜，畢，詣西階下，北向拜姑，升。《儀節》：從者以贄幣授婦。奠贄幣，《士昏禮》：婦受笲腶脩，進奠于席，姑坐舉。《儀節》：姑受之。婦降又拜。

○若非宗子之子，則行此禮於舅姑之私室。

禮婦之具

酒注一。盤盞一。脯醢卓子一，設於堂上。席一，所以布婦位者。女從者一人。

舅姑禮之。

如父母醮女之儀。丘氏曰：拜姑畢，執事者設婦席於姑座之東南，姆引婦趍席右，北向。侍者斟酒，奉至舅姑前，婦四拜，自席右升席，跪。侍者授盞于婦，婦受之，祭酒啐酒，興，授盞于從者，四拜，降自東階。非宗子之子，則行此禮於私室。按：《士昏禮》：醴婦，席于户牖間。疏：禮婦，於此尊之。見舅盥饋之時，婦當降，拜于下，而禮婦饗婦時，則當拜于堂上席外矣。

婦見于諸尊長。

婦既行禮，降自西階，同居有尊於舅姑者，則舅姑以婦見於其室，如見舅姑之禮。《疑禮通考·昏儀》：《家禮》云：如見舅姑之禮，其有贄幣可知，而《丘儀》無贄，恐未然。又按《禮抄》，尊長謂舅之父母也。若舅之父母，則不可無贄。還拜諸尊長于兩序，無贄。《書儀》：長屬雖多，共爲一列，受拜。小郎、《考證》：夫之弟。小姑《考證》：夫之妹。皆相拜。非宗子之子而與宗子同居，則既受禮，詣其堂上拜之，如舅姑禮而《考證》：是有贄也。還，見于兩序。其宗子及尊長不同居，則廟見而後往。

饋舅姑之具

卓子二。酒壺一。盤盞二。匙筯各二。飯羹脯醢蔬果魚肉並多少隨宜，各二分。茶湯並設于堂上。盥盆帨巾設于東階下東南。女從者數人。

若家婦，則饋于舅姑。

是日食時，婦家具盛饌、酒壺，婦從者設蔬果卓子于堂上舅姑之前，設盥盆于阼階東南，帨架在東。舅姑就坐，婦盥，升自西階，洗盞斟酒，置舅卓子上。降，俟舅飲畢，又拜。《儀節》：四拜。按：「又」字疑「四」字。遂獻姑進酒，姑受飲畢，婦降拜，遂執饌，升，薦于舅姑之前。《士昏禮》：婦盥饋，特豚，合升，側載。注：右胖載舅俎，左胖載姑俎。溫公曰：今恐貧者不辦殺豚，但具盛饌。按：《儀節》舉饌案進酒進湯進飯，而此本注則先設蔬果，進酒，後薦饌，至卒食後徹飯，又徹饌，蓋飯羹與蔬果先設，而魚肉盛饌，則至是升薦矣。古禮，食竟，三飧以助飽。飧謂以飲澆飯也。《丘儀》進湯於進飯之前，非矣。且俟將卒食之時，進湯恐當。侍立姑後，以俟卒食，徹飯。侍者徹饌，分置別室，婦就餕姑之餘，婦從者餕舅之餘，婿從者又餕婦之餘。○非宗子之子，則於私室，如儀。按：《士昏禮》：盥饋。注：舅姑共席于奥。疏：共席東面。「饗婦」注：舅洗在庭。疏：舅酌酒於阼階，獻婦，婦西階上受飲。

蓋盥饋所以成孝養，故就舅姑室中饗婦，用一獻之禮，故就堂上行之，而《家禮》則饋與饗皆行於堂上，而舅姑分坐東西，此豈以士之禮饋饗同日，故斟酌其宜而改之歟？然則饗婦之時，舅姑亦當仍舊坐不改。

饗婦之具並同禮婦。《儀節》：設饌案三，所以進舅姑及婦者。按：婦饌案則似當並設飯羹蔬菜。

舅姑饗之。

如禮婦之儀。《士昏禮》：舅姑共饗婦以一獻之禮。疏：士饋饗同日，大夫以上或異日。舅酌酒於阼階，獻婦。姑薦脯醢，婦西階上，受飲畢，又酢。舅乃先酌自飲，更酌以酬姑，訖，更使人舉爵旅酬，是燕也。《儀節》：是日饋畢，舉饌案舅姑前各一。其一置舅姑傍，少南。侍者斟酒奉至姑側，婦立舅姑前兩間，四拜，興，跪。侍者授盞，婦受酒，啐酒，興，授盞于侍者，四拜，興。湯飯隨宜。按：《丘儀》約之如此，而古禮既有獻酬之節，雖舅姑不能親自獻薦，使侍者進酒，而婦啐酒畢，親酌奉進於舅姑，退立四拜，畢，舅姑及婦共爲卒食，以倣燕禮，似合古意。禮畢，舅姑先降自西階，婦降自阼階。《士昏禮》注：授之室，使爲主，明代己。疏：阼階是主人尊者升降之處，是授婦以室之義也。

廟見

告祠之具同前。

三日，主人以婦見于祠堂。

如子冠而見之儀，但告辭曰：「子某之婦某氏敢見。」《儀節》：某之子某若某親之子某，以某日昏畢，新婦某氏敢見。若宗子自昏，則曰：某今昏畢，敢以新婦某氏見。按：若是冢婦，則書祝文曰：年月日云云，某之子某以某日昏畢，新婦某氏敢見，謹以後同。若從俗行禮於女家，日久後來歸，則曰：子某之婦某氏，以某日入門，今日祗見，謹以云云。餘並同。寒岡曰：今俗娶妻或經年而歸，則廟見不必待三日，而入門即見，亦似太遽，入門而拜舅姑，宿齊而廟見，恐爲穩當。按：待三日廟見，猶有存羊之意。依禮恐當。○《士昏禮》：若舅姑既歿，則婦入三月乃奠菜。朱子曰：昏禮廟見舅姑之亡者而不及祖，蓋古者非宗子，但有禰廟，今只共廟，如何只見禰而不見祖？此當以義起，亦見祖可也。

婿見婦之父母

明日，婿往見婦之父母。

婦父迎送揖讓，如客禮。拜即跪而扶之。入見婦母，婦母闔門左扉，立于門内，婿拜于門外，皆有幣。

婦父非宗子，即先見宗子夫婦，不用幣，如上儀，然後見婦之父母。

次見婦黨諸親。

不用幣，婦女相見如上儀。

婦家禮婿，如常儀。

親迎之夕，不當見婦母及諸親及設酒饌，以婦未見舅姑故也。

家禮輯要卷之四

喪禮一

初終

疾病，遷居正寢。既絶，乃哭。

凡疾病，遷居正寢，内外安静，以竢氣絶。男子不絶於婦人之手，婦人不絶於男子之手。《儀節》：遷居正寢，唯家主爲然，餘人各遷於其所居室中。問病者有何言，有則書。《士喪記》：寢東首於北墉下，内外皆掃，徹褻衣，加新衣。御者四人，皆坐持體，屬纊。疏：纊，今之新綿，易動揺，置口鼻之上以爲候。《儀節》：竢其氣絶，以衾覆之。男女哭擗。

復具《上服》：有官則公服，無官則深衣。庶人亦深衣，無則直領衣。婦人大袖，或俗長襖子並用。死者嘗經衣者，所以復而覆尸者。○按：《喪大記》「復不以衻」注：「以絳緣衣之下曰衻。」據此，則不當用紅紫。

復。

侍者一人，愚伏曰：《儀禮·士喪》：有司復。疏：有司，府史之等，皆朝服。今士人家無府史，當以親近蒼頭服上衣以復。《周禮》：后之喪，女御持翣。内喪則當令女僕爲之。以死者之上服嘗經衣者，左執領，右執要，自前榮升屋中霤，北面招以衣，三呼曰：「某人復。」《士喪禮》：招曰：皋某復。注：皋，長聲也。司馬公曰：男子稱名，婦人稱字，或稱官封，或依常時所稱。栗谷曰：欲例必呼小字，非矣，只隨生時所稱。畢，卷衣，降，覆尸上。《士喪禮》：降衣于前，受用篚，升自阼階，以衣尸。復者降自後西榮。愚伏曰：《禮》疏哭訖乃復，蓋復所以求生，而神道尚静，復時宜令孝子暫時輟哭，以專望反之誠，乃得盡愛之道也。男女哭擗無數。《喪大記》：主人以手承衾而哭。注：致其親近扶持之情也。謂初死時。○補楔齒用角柶，綴足用燕几。《士喪禮》文，《備要》補入。○《儀節》：以筯横口中，使不合，可以含。《士喪禮》注：綴足爲將屨，恐其辟戾也。

立喪主，

凡主人謂長子，無，則長孫承重，以奉饋奠。其與賓客爲禮，則同居之親且尊者主之。《奔喪》：凡喪，父在，父爲主。注：與賓客爲禮，宜使尊者。疏：庶子各主其私喪，同宮者亦主庶婦。○父殁，兄弟同居，各主其喪。注：妻子之喪。○親同，長者主之；不同，親者主之。○《雜記》：姑姊妹其夫死，夫黨無兄弟，使夫之族人主喪，妻黨雖親不主。

主婦，

謂亡者之妻；無則主喪者之妻。

護喪，

以子弟知禮能幹者爲之，凡喪事皆稟之。

司書，司貨，

以子弟或吏僕爲之。

乃易服不食。

妻子、婦妾皆去冠及上服，被髮。《備要》：被髮非古也，自《開元禮》始也。男子扱上衽，《喪服小記》注：服深衣。《喪大記》注：扱深衣前襟於帶。《喪服圖式》：至成服不改。《備要》：無則直領衣。婦人用白長衣。徒跣。《問喪》注：無屨而空跣也。餘有服者，皆去華飾。本注：華飾謂錦繡、紅紫、金玉、珠翠之類。爲人後者，爲本生父母及女子已嫁者，皆不被髮、徒跣。《備要》：父爲長子三年者同。諸子三日不食。期九月之喪，三不食；五月三月之喪，再不食。親戚鄰里，爲糜粥以食之，尊長强之少食可也。《問喪》：三日不舉火。

治棺之具

木工 漆匠 松板，厚二寸半，或三寸用營造尺，長廣隨宜。袵，俗稱銀釘，用八，所以連合棺之上下縫者。其制用松木，長三寸，厚二寸二分，廣二寸四分。自四角斜斲去其兩邊，留其中八分，兩端大而中小。西厓曰：古人用鐵釘，今人以木爲之，用此甚好。松脂一斤許，用以塗棺縫者。黑繒，或紬或綿布十二尺布帛尺，幅狹則十八九尺。無則用厚白紙七八張，所以塗棺内四方及蓋者。緑綾一二尺，所以貼棺内四角者。《喪大記》：大夫裏棺用玄緑，士不緑。注：大夫四面玄，四角緑。士悉用玄。秫米灰，即糯米灰，用不去皮者亦可。丘氏曰：秫，糯也。《本草》：糯米殺蟲。又字書「黍粘曰秫」，又泛稱粘穀曰「秫」。用器煉熟，或熾炭燒之，令色黑作屑。無秫則代以炭灰，並篩下所以鋪棺底者。七星板，用板一片，如棺底大，厚五分，鑿爲七孔，如北斗狀，以黑繒或紙塗其上面。全漆二升許，入棺後所以塗棺者。

治棺。

護喪命匠擇木爲棺，其制方直，頭大足小，僅取容身，勿令高大。《備要》：高廣長短據小斂裁定，又度大斂用衣多少，或剩三分，或五六分。○按：以司馬公所引葬鯉無槨之意推之，大斂用衣不必多，剩三分足矣。高則只計除七星板、秫灰之厚可也。内外皆用灰漆。内仍用瀝青溶瀉，厚半寸以上。伊川曰：棺之合縫塗以松脂。西厓曰：灰漆之法，今人未詳。且漆必經日乃凝，倉卒難用，以漆布塗棺外縫而已。《備要》：地板左右各設二袵，以松脂油蠟溶瀉於棺内合縫處、天蓋合縫處，亦待大斂用袵，以松脂或全漆塗其外，用黑繒或紙塗棺内四方及蓋。大夫則别以緑綾貼四角。○按：油蠟既有蔡氏松脂不全性之語，只以松脂瀉于棺内合縫處可也。棺外則漆布塗縫似贅，以真末和漆彌之仍盡漆棺外爲善。若貧不能用漆，則塗松油，或白棺無害。以煉熟秫米灰布其底，厚四寸許。加七星板。《備要》：布秫灰於棺中，使極均平，次下七星板。

訃告于親戚僚友。

護喪、司書爲之發書，若無，則主人自訃親戚，不訃僚友。自餘書問悉停，以書來吊者並須卒哭後答之。

補 訃告書。見《儀節》。

某親某人以某月某日得疾，不幸於某月某日棄世，專人訃告。年號月日，護喪姓名上《備要》：《儀節》稱哀子名，非《家禮》護喪發書之意，故改之如此。某位座前。親戚云某親某人。

沐浴　襲　奠　爲位　飯含

遷尸之具

幃，聯白布爲之，或用屏，所以障尸者。牀，所以遷尸者，無則用門扇。席枕衾，仍用始死所覆者，至小斂去之，俟大斂用之。

執事者設位及牀，遷尸，掘坎。

執事者以幃障卧内，侍者設牀於尸牀前，縱置之，《士喪記》：當牖。施簀去薦，設席枕，遷尸其上，南首，覆以衾。《備要》：若暑月斂，衾四裔使之無隙，以辟蠅。掘坎于屏處潔地。《士喪記》：坎廣尺，輪縱也二尺，深三尺，南其壤。按：所以埋巾櫛楔齒及沐浴水者。

設冰之具

冰，夏月用之。《喪大記》：大夫設槃造冰，士無冰。注：士，瓦槃盛水。《士喪記》：士有冰得賜者也。槃，或盆，所以盛冰或水者。牀，用俗箭平牀，所以遷尸者。

襲具：牀薦褥席枕深衣大帶並制見《通禮》。《備要》：按《士喪禮》：襲三稱。注：衣單複具曰稱。《喪大記》：袍必有表，衣必有裳，謂之一稱不單。《士喪禮》：爵弁服緇衣纁裳，皮弁服白布衣素裳，褖衣黑衣裳赤緣，三服同用一緇帶。今深衣與公服並用，恐亦不妨。無深衣，用直領衣。又按，《雜記》不襲婦服，女喪亦不當襲男服。○按：今俗有官者則用公服，又以色繒糊紙作品帶形用之，從俗恐無妨。○《備要》：女喪圓衫，或蒙頭衣，或長襖子。○按：婦人帶無可考，但《曲禮》既云女鞶絲，喪服亦有帶，且今命婦服亦有帶，以緑綾或青絲用之，似當。褡𧞤一，即承團領者。裹肚一，所以裹腹者。袍襖，有絮。○女喪則並用裳。汗衫一，或紬或綿布。袴，有絮，或紬或綿。單袴一，或綿或布。勒帛二，所以束脛至膝者。襪二，有絮。網巾一，黑繒爲之。幅巾一，制見《通禮》。○按：今俗有官者則以黑繒糊紙作帽用之，從俗恐無妨。掩：《備要》：古者人死不冠不笄，但以帛裹其首，謂之掩。《家禮》幅巾所以當掩也。男喪用幅巾，則女喪恐當依古用掩。《士喪禮》：掩，練帛廣終幅，長五尺，析其末。注：爲將結於頤下，又還結於項中。疏：掩，若今幞頭，但以後二脚結於頤下爲異。幞頭之制，見下奔喪條四脚巾注。幎目一，用緇帛或紬，方尺二寸，以纁爲裏，充之以絮，四角有繫，所以覆面者。充耳二，用新綿，狀如棗核，所以塞耳者。握手二，用玄帛，或紬，長尺二寸、廣五寸，三分其長取中央四寸，從兩邊各裁入一寸，削約之，以纁爲裏。充之以絮，兩端下角各有繫，所以裹手者。履二，用黑紬糊紙爲之，用二白帶或組，長二尺餘，橫綴於履後跟，又於履頭以絛爲絇，所以受繫穿貫者。○按：今俗有官者，則以黑繒糊紙作靴用之，從俗恐無妨。冒，用紬絹，玄七尺餘，纁七尺。《士喪禮》注：冒，韜尸者。制如直囊，上曰質，下曰殺，其用之先以殺韜足而上，後以質韜首而下。上玄下纁，象天地也。《喪大記》曰：君錦冒，黼殺，綴旁七；大夫玄冒，黼殺，綴旁五；士緇冒，赬殺，綴旁三；質長與手齊，殺三尺。○丘氏曰：冒制，縫合一頭，又縫連一邊，餘一邊不縫，又於不縫之邊上下安三帶以結之。燎，宵設于中庭，厥明滅之，見《士喪禮》。

奠具：卓子 脯醢，《檀弓》所謂餘閣無則隨所有。《士喪記》：用吉器。疏：未忍異於生，至小斂奠則變。酒 盞盤具。燭臺具。巾，所以覆奠者。祝，親戚爲之。

爲位之具

帷，設於堂内，以别内外者。蒿席 薦 席。

陳襲衣，

以卓子陳于堂前東壁下，西領，南上。《士喪禮》：不綪。注：綪讀爲竫，屈也。幅巾一，充耳二，網巾一，瞑目一，握手二，深衣一，或團領褡䙡，或直領衣。女喪則圓衫，或長襖子。大帶一，或常時所帶。汗衫一，裹肚一。袍襖隨所用之多少。袴一，單袴一，勒帛二，襪二，履二。《喪大記》：陳衣非列采不入，絺、綌、紵不入。注：非列采爲間色雜色也。當暑亦用袍，故絺綌與紵布皆不入也。○按：袍有絮者襲衣，雖當暑月，亦用有絮者，故不用紵葛。

沐浴、飯含之具。

以卓子陳于堂前西壁下，南上。錢三，實于小箱。米二升，以新水淅令精，實于盌。櫛一、沐巾一，浴巾二，上下體各用其一也。釜，或大鼎，用煖沐浴水者。盆二，所以盛潘及水者。潘，淅米汁，所以沐髮者。大夫以稷，士以粱或稻。《備要》：《五禮儀》：君喪用香湯，士庶家不可用。總一，用黑繒，所以束髮者。小囊五，以色紬爲之。一以盛頭髮，四以盛爪。各書手足左右，字以表之。明衣，《士喪記》：明衣裳用布，袂屬幅，長下膝。有前後裳，不襞，長及縠足跗也，所以浴後貼身者。或用單衣。○珠三，《備要》：古者君用珠，而今國俗士庶通用。《儀節》及《五禮儀》亦許用之，金玉錢貝俱可。椀，盛米者。幎巾，用布方二尺爲之，所以覆面者。《士喪禮》注：爲飯之遺落米也。匙，抄米者。

盥盆帨巾，孝子所盥。

乃沐浴，

侍者以湯入，潘及水各盛于盆。主人以下皆出帷外，北面哭。悉去病時衣及複衣，《喪大記》注：去病時所加新衣及複衣，以俟沐浴。沐髮，以潘。櫛之，晞以巾，撮爲髻，用組，落髮盛于囊。抗衾而浴，以水。《士喪禮》：母喪則內御者浴。拭以巾，上下體各用一。剪爪，左右手足爪各盛于囊，俟大斂納于棺中。○設明衣還覆以衾。其沐浴餘水並巾櫛棄于坎而埋之。《士喪禮》：主人入即位。○補設冰。○《士喪禮》文，《備要》補入。○《士喪禮》疏：先納冰槃，設牀於其上。袒單也簀去席而遷尸，通冰之寒氣。○士用水。

襲。

侍者別設襲牀於幃外，施薦席褥枕，先置大帶、深衣、或公服直領衣，女喪則隨所用置之。袍襖、汗衫、袴襪、勒帛、裹肚之類於其上，遂舉以入，置沐浴牀之西，遷尸於其上。去明衣，著新衣，皆右衽。先着單袴厚袴，次以上服、中衣、袍襖、汗衫疊鋪，令尸腰正在衣領上。共舉尸，漸漸下之，而納手于袖。或使兩人共執衣領，由尸下而上，以手納于袖，次着襪、勒帛，次施裹肚。○《備要》：按《士喪禮》「襲三稱」鄭注：凡衣死者，左衽，不紐。蓋鄭氏因《喪大記》小斂大斂皆左衽之文而有此說。然《喪大記》初不言襲，而《儀禮》及《家禮》亦無襲時左衽之說，鄭注不可從。襲則右衽，至小大斂始左衽，疑得禮意。但末著幅巾、深衣、履。覆以衾，侍者徹浴牀。○《備要》：喪中死者襲斂服色，己卯諸儒議定用吉服，喪服則陳於靈牀，既葬而徹，恐似得之。

徙尸牀，置堂中間。

卑幼，則各於室中間，餘言在堂者倣此。《大全》：妻喪則少西，以避正中。

乃設奠。

執事者以卓子置脯醢，升自阼階。祝盥手洗盞，斟酒奠于尸東，當肩，巾之。

主人以下爲位而哭，

主人坐於牀東奠北。衆男應服三年者坐其下，皆藉以藁。同姓期功以下，各以服次坐於其後，皆西向南上。尊行以長幼坐于牀東北壁下，南向西上，藉以席薦。主婦及衆婦女坐于牀西，藉以藁。同姓婦女以服次坐于其後，皆東向南上。尊行以長幼坐于牀西北壁下，南向東上，藉以席薦。妾婢立於婦女之後。別設幃於堂中。以障内外。異姓之親，丈夫坐於幃外之東，北向西上；婦人坐於帷外之西，北向東上。皆藉以席，以服爲行，無服在後。○若内喪，則同姓丈夫尊卑坐于幃外之東，北向西上；異姓丈夫坐于帷外之西，北向東上。《儀節》：自是以後，凡爲位哭皆如此儀。○三年之喪，夜則寢於尸旁，藉藁枕塊，羸病者，藉以草薦可也。期以下，寢於側近，男女異室，外親歸家可也。

乃飯含。

主人哭盡哀，左袒，《覲禮》注：禮事左袒，無問吉凶。禮皆袒左。自前扱於腰之右，盥手，執箱以入。侍者一人，插匙于米盌，執以從，《士喪禮》：祝受貝，奠于尸西，又受米，奠于貝北。疏：就尸東受，從尸南過，奠于尸西。

口實不由足也，在主人之右佐飯事。徹枕，以瞑巾覆面。《士喪禮》：徹楔。主人就尸東，由足而西，牀上坐，東面舉巾，以匙抄米，實于尸口之右，並實一錢，又於左、於中，亦如之。主人襲所袒衣，復位。《士喪記》：祝徹餘飯。

侍者卒襲，覆以衾。

補：侍者設枕如初，去瞑巾，先着網巾。《備要》補入。○加幅巾。以其帶向巾外過項後相結以垂之。充耳，設幎目。以其繫結於後。納履。以其繫穿于絇中結于足背，又以餘組合繫兩足，使不相離。乃襲深衣，右衽。結大帶，設握手，先以右手置於摟中，用一端掩手背，以綦繫繞擘一匝還，從上自貫，又用一端重掩之，以綦繫由手表向上鉤中指。又反以上繞，取繫向下，與繞擘者結於掌後節中。於左手亦如之。乃覆以衾。若設冒，先以殺韜足而上，後以質韜首而下，乃結其帶。○楔齒與瞑巾並埋於坎。○宵設燎于中庭。

靈座之具：椸　帕　遺衣　倚子　卓子　香爐　香合　香具　盞盤　具　注　酒　果　櫛　盥盆　帨巾

魂帛之具：白絹，或苧布三四尺，所以爲魂帛者，其制有二：或束帛，或同心結。《儀節》：束帛之制，用絹一匹，卷兩端，相向而束之。結之制，摺帛爲長條，而交互穿結，上出其首，旁出兩耳下垂，其餘爲兩足，有肖人形。二者俱可。箱，所以盛魂帛者。帕，白布爲之，所以覆魂帛者。

銘旌之具：竹杠，所以揭銘旌者。如旌之長，俗於竿頭刻木爲鳳，頭塗以采，口含圓環，垂以流蘇。跗，竿足制如傘架。粉，書銘旌者。鹿角膠，或糯米汁，所以和粉者。絳帛，廣終幅，三品以上九尺，五品以上八尺，六品以下七尺造禮器尺。上下有軸，用絲繫之。○令善書者大書曰：某官某公之柩。無官則隨生時所稱。按：某公上書某貫。○

婦人則云「某封某貫某氏之柩」，無封云「孺人」。○凡婦人封號，從夫實職書之。

置靈座，設魂帛，

設椸於尸南，覆以帕，置倚於椸前。《儀節》：倚上置坐褥，褥上置遺衣，遺衣上置魂帛，倚前設卓子。○按：設椸所以奉遺衣，置倚所以奉魂帛，衾褥當置於靈寢。《儀節》說非《家禮》本意，不可從。設香爐、合、盞、注、酒、果於卓上。侍者朝夕設櫛頮，奉養之具，皆如平生。

立銘旌。

倚於靈座之右。祝設跗。

不作佛事。執友親厚之人，至是入哭可也。

主人未成服而來哭者，服深衣。《儀節》：淡色衣。○《儀節》：主人出見禮，吊者臨尸哭，詣靈座前上香再拜，哀止，向主人致辭曰：「某人如何不淑。」主人徒跣，扱衽，拊心，立西階下，向賓且哭且拜，無辭。賓答拜，與主人相向哭。盡哀，禮畢，吊者哭出，主人哭入，護喪送吊者出門。○主人不出見禮，吊者入門望尸哭，哀止，護喪出見，吊者致辭曰：「竊聞某人不淑，來伸慰禮。」再拜，護喪答拜，答辭曰：「孤某遭此凶禍，特蒙慰問，不勝哀感，以未成服，不敢出見，使某拜。」因再拜，吊者答拜，退，護喪送出門外。《備要》：前儀蓋本《家禮》及《喪大記》也，後儀蓋本《書儀》及《厚終禮》也。今兩存之，俾有喪者於所尊親用前儀，於所疏遠用後儀。

小斂

小斂之具：牀、薦、席、褥、枕、屏。細布二十尺許。布帛尺，用灰治者，或細白綿布，所以爲絞者。《備要》：吾東布幅甚狹，必加半幅，聯縫用之爲宜。然則當入三十尺許。○横者三幅，其長各四尺，或三尺餘。縱者一幅，其長十尺，或九尺許。各隨其尸之長短肥瘠裁定。析其兩端爲三片，横幅則留中八寸餘，縱幅則留三分之二不析。横者取足，以周身相結，縱者取足，以掩首至足，而結於身中。衾二，一即複者用以小斂者。《士喪禮》：緇衾，赬裏，無紞。注：紞，被識也。斂衾或倒，被無别於前後也。凡衾制，皆五幅一，即侇衾，用以覆尸者。《士喪禮》疏：侇衾，質殺之裁，猶冒也。上以緇，下以赬，連之乃用也。又曰：侇衾本爲覆尸覆柩，不用入棺，是以將葬啓殯，覆柩亦用之。又曰：朝廟及入壙雖不言用侇衾，又無徹文，以覆柩言之，當隨柩入壙矣。《備要》：《家禮》所謂柩衣，即侇衾也。散衣，即雜衣袍襖之屬。上衣，如團領直領之類。○《士喪禮》：衣十九稱。

奠具：卓子二。盞盤具。注。罩巾，裂竹爲之，蒙以紬紗，或以布巾。燭臺具。盥盆二，一有臺，祝所盥，無者執事所盥。帨巾二。潔盆一，所以盛洗盞水者。新拭巾一，所以拭盞者。饌，酒果脯醢之類。○《士喪禮》：奠以素器，以主人有哀素之心故也。劉氏曰：除金銀酒器外，盡用素器。

括髮免髽之具：麻繩，斬衰所用括髮及髽者。齊衰髽用布。免，裂布爲之，廣一寸。齊衰以下至同五世祖者，所以繞髻者。髽同。○括髮免髽，至成服去之。

經帶之具：首絰，斬衰用苴麻，即有子麻。齊衰以下用枲麻，即無子麻。緦用熟麻，其制爲兩股相交，約長一尺七八寸。其圍則斬衰九寸，《士喪禮》疏：大拇指與大巨指搤圍爲九寸。齊衰七寸，大功五寸，小功四寸，緦三寸。斬衰麻本在左，從額前向右圍之，以其末加於本上。齊衰以下，麻本在右，從額前向左，末繫本下，又以細繩爲纓而固之，垂下而結於頤下。齊衰以下用布，亦如之。《喪服》注：大功以上，絰有纓。小功以下，無纓。《喪服》：中殤，七月不纓絰。○婦人於憑尸後用之，男子於遷尸後用之。腰絰，麻，同上，兩股相交，其圍斬衰七寸，齊衰五寸，大功四寸，小功三寸，緦二寸，其兩頭各存麻本，用細繩結之，通長七八尺，又於圍腰相結處各綴細繩。齊衰用布，以備相結。○大功以上，散垂其末，長三尺，至成服乃絞，啓殯復散垂，卒哭乃絞。小功以下及年五十者及婦人，初即絞之，殤之絰不絞其帶之垂者。見《儀禮》《禮記》。○婦人於憑尸後帶之，男子於遷尸後帶之。絞帶，斬衰用麻繩一條，長十八九尺，中屈之爲兩股，各一尺餘，結合爲彄子，然後合其餘爲一條圍腰，從左過後至前，乃以其右端穿兩股間，而反插於右。在腰絰之下，通長八九尺，即三重四股。《間傳》注：四股糾之，積而相重，則三重，蓋單糾爲一重，兩股合爲一繩爲二重，又合爲一繩是三重也。丘氏曰：按《文公語録》，絞帶較小於腰絰，《家禮》大如腰絰，今擬較小爲是。○齊衰以下用布，各從其服之升數。見「成服」條。夾縫之，約廣四寸許，屈其右端尺許，用線綴之，以爲彄，通長七八尺。○憑尸後帶之。

厥明，執事者陳小斂衣衾。

死之明日，以卓子陳于堂東壁下，《士喪禮》：南領西上綪。據死者所有之衣，隨宜用之，若多，則不必盡用也。

設奠具。

設卓子于阼階東南，置奠饌及盞注于其上，巾之。按：《儀禮》注：大斂奠始有巾席襲奠，小斂奠則乃仍舊，不別設筵。設盥盆、帨巾各二于饌東，其東有臺者，祝所盥也，其西無臺者，執事者所盥也。別以卓子設潔滌盆、新拭巾於其東，所以洗盞拭盞也。此一節至遣並同。

括髮麻、免布、髽麻。

括髮，謂麻繩撮髻，按：頭䍗竹簪古禮成服用之，今删去。免，謂裂布廣寸，自項向前交於額上，卻繞髻如着掠頭也。髽，亦用麻繩撮髻，設之皆于別室。《備要》：《喪服小記》：斬衰，括髮以麻，爲母括髮以麻，免而以布。注：斂訖以麻，自項而前交於額上，卻繞於紒，如着幓頭然。幓頭，今人名㨖髮，此謂括髮以麻也。母死亦然。故云爲母括髮以麻，言此禮與喪父同，免而以布專言爲母也。蓋父喪小斂後拜賓竟，子即堂下之位，猶括髮而踊，母喪則此時不復括髮，而着布免以踊，故云免而以布。○《士喪禮》：婦人髽于室。注：用麻布，亦如着幓頭然。疏：髽形，先以髮爲大紒，紒上斬衰婦人以麻，齊衰婦人以布，其着之如男子括髮與免。○補：設首絰、腰絰、絞帶、麻。《備要》補入。

設小斂床、布絞衾衣，

設小斂床，施薦席褥于西階之西，鋪絞衾衣，舉之，升自西階，置于尸南，先布絞之橫者三於下，以備周身相結，乃布縱者一於上，以備掩首及足也。衣或顛或倒，但取方正，唯上衣不倒。《士喪禮》：布絞衾、散衣、祭服，美者在中。

乃遷襲奠，

執事者遷置靈座西南，俟設新奠，乃去之。後凡奠皆倣此。

遂小斂。

侍者盥手舉尸，男女共扶助之，《備要》：禮，動尸舉柩皆袒，於事便也。婦人不袒。事訖，還襲。《家禮》從簡，只一袒，於將遷尸之際。今雖難一一從古如大小斂，大節恐當依《禮經》爲正。遷于小斂牀上。先去枕，而舒絹疊衣，以藉其首，仍卷兩端，以補兩肩空處，又卷衣夾其兩脛，取其正方，然後以餘衣掩尸，左衽，不紐。《喪大記》疏：衣襟生向右，死則向左，示不復解。《備要》：《家禮》「左衽，不紐」，與《喪大記》結絞不紐文同，而意不同，蓋《喪大記》指絞而言，《家禮》指衣之小帶而言。《家禮》之意，以爲衣襟既向左，則自不結小帶，故曰不紐也。俗或割去小帶，誤矣。裹之以衾，而未結以絞，未掩其面，蓋孝子猶俟其復生，欲時見其面故也。《儀節》曰：《儀禮》無未結絞、未掩面之説。《家禮》蓋本《書儀》也。若當暄熱之時，依《儀禮》卒斂爲是。斂畢，別覆以衾。《士喪禮》：侇衾。

主人、主婦憑尸哭擗，

主人西向憑尸哭擗，主婦東向亦如之。○凡子於父母，憑之；父母於子、夫於妻，執之；婦於舅姑奉之；舅《喪大記》有「姑」字。於婦撫之，於昆弟執之。凡憑尸，父母先，妻子後。《喪大記》：妻於夫拘之。注：憑，身俯而憑之。執，執持其衣。奉，捧持其衣。撫，撫安之也。拘，微牽引其衣。皆於尸心胸之處。

袒、括髮、免、髽于別室。

男子斬衰者，袒、括髮；齊衰以下至同五世者，皆袒、免于別室。司馬公曰：齊衰以下，去帽着頭巾，加免於其上。婦人髽于別室。《士喪記》：既憑尸，主人袒、免、括髮、絞帶，衆主人布帶。注：衆主人，齊衰以下。○《喪大記》：婦人髽、帶麻于房中。呂氏曰：婦人不俟男子襲絰先帶麻者，以質略少變，故因髽而襲絰也。楊氏曰：襲絰之絰，首絰、腰絰之總稱。○《備要》：按此諸説，則主人括髮、免時當加絞帶，齊衰以下布帶，婦人髽時，亦當加首絰、腰絰矣。○【按】：斬衰括髮至成服，母喪則先括髮而拜賓，後去括髮施免布至成服，期以下，亦施免至成服，觀《儀禮圖式》可見。司馬公云：齊衰以下，着頭巾加免。此所謂齊衰，蓋指期服而非母喪。以《士喪記》注「衆主人齊衰以下」之說觀之，可知其爲期服也。親喪則括髮，或施免後只着首絰，至成服去括髮去施免，而始着孝巾矣。

還遷尸牀于堂中，

執事者【《喪大記》】：徹帷。徹襲牀，遷尸其處。【《士喪禮》】：幠用侇衾。哭者復位。尊長坐，卑幼立。○【補】：主人拜賓，襲絰。《士喪禮》文，《備要》從《儀節》補入。○【《士喪禮》】：奉尸，侇于堂，男女踊，主人降自西階。衆主人東即位。拜賓即位。【注：東方位。】踊，襲。【《儀節》：掩向所袒之上衣。】絰于序東。【疏：非謂就堂上也。】復位。○【丘氏】曰：賓友來助，歛者不可不謝之，依古禮補入。○【《備要》】：今按此說，主人兄弟遷尸之後，皆當首絰、腰絰散垂。

乃奠。

祝率執事者，盥手舉饌，升自阼階。至靈座前，祝焚香，洗盞斟酒，奠之。卑幼者皆再拜。【《備要》】：按《儀節》，孝子不拜。更詳之。【按】：或云：孝子之拜，當包於卑幼之中。此說似然。蓋既設奠而拜，則孝子何獨不拜耶？侍者巾之。

主人以下哭盡哀，乃代哭不絕聲。

大歛

大歛之具：【薦】【席】【褥】【枕】。【細布】二十尺許，若幅狹則三十尺許。○横者二幅。其長圍棺内兩端，出外垂下，各至兩傍之半而止。通身襞裂爲六片，去其一用五縱者。一幅其長從棺頭圍於兩傍，其端各跨棺足，三分其長，留中一分。劈開其兩端，各爲三片。若幅狹，則橫者用三幅，每幅析爲二去一用。五縱者加半幅。○《喪大記》：大斂，絞，縮者三，橫者五。絞一幅爲三，不辟。注：一幅兩頭分爲三段，而中不劈裂也。吳氏曰：橫絞之五通身裁開，縮絞之三裁開，其兩端爲三。衾二，並有絮。一以承藉即始死所覆者，一以覆之。散衣上衣，以上見「小斂」條。○《喪大記》：士三十稱，人夫五十稱。無則隨所有。漆，見「治棺」條。白苧布五六尺，所以用漆塗棺縫者，無則用油紙三張，以菽末和水粘之。油芚九張，付者所以裹棺者。莞席四部，所以裹油芚者。小索五十餘把。大索十餘把。以上二物所以結棺者。

成殯之具：凳二，即俗稱塊木，長準棺之廣，足高三四寸，所以承棺者。帷，所以障柩四方者。柩衣，見小斂具。屏。帟，幕之小者，置諸殯上，以承塵。毛氈，五六浮，無則用藁席，冬月用以裹棺者。

靈牀之具：牀帳薦屏枕褥衣被櫛具頮盆帨巾

奠具：如小斂，但有席，當入三四莞席。

厥明，執事者陳大斂衣衾。

小斂之明日，以卓子陳于堂東壁下，衣無常數，《士喪禮》：南領西上綪。衾用有綿者。絞縮一橫五。○

補：《士喪禮》：主人及親者袒。布席如初。布絞、衾、衣。○設薦、席、褥、枕于西階之西，鋪絞、衾、衣，舉之升自西階，置于戶南。先布絞之橫者於下，以備周身相結，乃布縱者於其上，以備掩首及足，次衾，次上衣，次散衣，或顛或倒，但取正方。《士喪禮》：美者在外。

設奠具。

如小斂之儀。

舉棺入，置于堂中少西，

執事者先遷靈座及小斂奠於傍側，《士喪禮》：帷堂，主人及親者升自西階，西面袒。役者舉棺以入，《士喪禮》：棺入，主人不哭。置于牀西，承以兩凳。若卑幼，則於別室。役者出。侍者先置衾于棺中，垂其裔於四外。若用古禮「大斂于席」，則無置衾于棺一節。

乃大斂。

侍者與子孫、婦女俱盥手，掩首結絞，若用古禮，則遷下大斂，席上先去枕，斂衣衾先掩足，次掩首，次掩左，次掩右。先結絞之縱者，次結橫者。《喪大記》：結絞不紐。○《士喪禮》：徹帷。共舉尸，納于棺中，實生時所落齒髮，並沐浴時所落髮。及所剪爪于棺角，又揣其空缺處，卷衣塞之，務令充實，勿以金玉珍翫置棺中，啓盜賊心。收衾令平滿。若用古禮大斂後入棺，則似無收衾一節。主人、主婦憑哭盡哀。婦人退入幕中。乃召匠加蓋，設衽。徹牀，覆柩以衣。即侇衾。祝取銘旌，設跗于柩東，復設靈座于故處，留婦人兩人守之。○司馬公曰：「凡動尸舉棺，哭擗無算，然殯斂之際，亦當徹哭臨視，務令安固，不可但哭而已。」○既大斂，累墼塗之。《士喪禮》：卒塗，主人復位，襲。《備要》：古禮殯于坎中而塗之，朱子殯長子亦然。今俗亦有塗殯，或沙殯者，當隨宜。○《士虞禮》注：同時在殯，皆異几。按：世俗或有同殯異几者，而愚伏據此以爲當異殯，此說是。

設靈牀于柩東，

牀帳、薦席、屏枕、衣被之屬，皆如平生時。

乃設奠。

如小斂之儀。

主人以下各歸喪次，止代哭者。

中門之外，擇樸陋之室。《喪大記》：父母之喪，居倚廬。疏：於中門外東墻下倚木爲廬，以草夾障，不以泥塗飾之。既練，始居堊室。《備要》：與《家禮》不同，量而行之可也。爲丈夫喪次，斬衰，寢苫，枕塊，不脱絰帶，不與人坐焉。非時見乎母也。不及中門，齊衰寢席。《喪大記》：父不次於子，兄不次於弟。大功以下，異居者既殯而歸居，宿於外，三月而復寢。婦人次于中門之内别室，或居殯側，《喪大記》：婦人不居廬，不寢苫。去帷帳衾褥之華麗者，不得輒至男子喪次。

成服

成服之具：衰裳布，斬衰，極麁生布；齊衰，次等麁生布；期，次等生布；大功，稍麁熟布；小功，稍細熟布；緦，極細熟布。每一人三十五六尺布帛尺。若布狹而連幅，則五十二三尺。孝巾及冠梁布，各於其服用稍細者。冠梁紙，厚紙，或褙用。繆武布，齊衰以下，各於其服用稍細者。中衣布，升數各如其服。竹，斬衰杖。桐，齊衰杖。《家禮集説》：無桐，代以柳。蓋柳者類也，猶桐者同也，即無葛之鄉用潁之義。菅，或藁。斬衰、齊衰屨次。麻，不杖期屨次，斬衰婦人同。繩，或布。大功屨次，杖期以下婦人同用布。婦人衰裳布，準男子衰裳之布。蓋頭布，準男子冠梁之布。竹木，婦人以爲簪者，齊衰用榛木。侍者衣布，稍麄生布。針、線。

男子服制：裁用指尺。首絰、腰絰圍九寸，七寸之類亦同。《備要》：衣身用布二幅，袂亦用二幅者，以其古者布廣，必二尺二寸，故取其縱横正方者也。若吾東之布，則其廣至狹，必須連幅用之，然後衣可以容身，袂可以芼手，而合縱横正方之制。或言連幅非古制，不可爲也，不通之論也。衣，用布二幅，各長四尺四寸。正數外，兩端各剩縫，餘一寸。下並同。各幅中分屈之爲前後兩葉，長二尺二寸，兩幅共四葉，前兩葉後兩葉屈記，然後將後兩葉縫合之，留上四寸不縫，乃以前後四葉疊之爲四重，即自不縫處横裁入四寸訖，分摺所裁者向外各加兩肩上，以爲左右。適即辟領也，各攙負版一寸，既摺所裁者向外，其前後左右虚處各方四寸，即闊中也。袂，用布二幅，亦各長四尺四寸，長與衣身同。中屈之，亦長二尺二寸，各縫連於衣身之左右。不削幅，又各縫合其下際，以爲袂。又於袂端縫合其下一尺，留其上一尺二寸，以爲袂口，即袪也。加領，別用布長一尺六寸，闊八寸，縱摺而中分之，其下一半兩端各裁斷，方四寸，除去不用，只留中間八寸以加後之闊中，其上一半全一尺六寸，不裁，以布之中間從項上分左右對摺，向前垂下，以加於前之闊中。袷，即加於領裏者，用布一條，長一尺六寸，廣一尺四寸，分作三條。二條疊縫於領，以加於前闊，中一條横摺爲二重，加於後闊，中並加領，乃三重也。楊氏所謂分作三條，施於袷而適足，無餘欠者也。帶下尺，用縱布，高一尺，上屬於衣，横繞於腰，以腰之闊狹爲準。衽，兩腋之下有衽，各用布三尺五寸，上下各留一尺正方。一尺之外，上於左傍裁入六寸，下於右傍裁入六寸，便於盡處相望斜裁，各以兩傍左右相沓綴於衣，兩傍垂之向下，狀如燕尾，以掩裳傍際也。《備要》：斬衰，衽前掩其後；齊衰，衽後掩其前。衰，用布，長六寸，廣四寸，綴於左衿之前當心處。負版，用布，方尺八寸，綴於領下當背垂之。○五服衣縫皆向外，但斬衰不緝邊，齊衰以下皆緝邊，展出外用線綴住。見《儀禮》。○大功以下，無負版辟領衰。《備要》《儀禮》五服皆有衰負版辟領。《家禮》大功始除此三者，而今之行禮者牽於楊氏之説，雖於祖父母及妻喪亦不用之，恐非禮意，當以《家禮》爲正。衣繫，即小帶。《儀節》：四條綴於内外衿，使相掩。裳，前三幅，後四幅，前後不連。每幅作三輒，其作輒則於每幅上頭，用指提起少許，摺向右，又提起少許，摺向左，兩相揍着，用線綴住，而空其中以爲輒，如是者三。補注：衰裳輒相揍在外，與幅巾輒不同，裳長短隨宜。又以布廣四五寸，縱摺之，綴前後七幅，而夾縫之，約圍於腰兩端，皆有帶。○五服，裳縫皆内向，但斬衰則不緝邊，齊衰以下緝邊，展入内，用線綴住。見《儀禮》。中衣：即古深衣。制見《通禮》。所以承衰者，或用中單衣之制不妨。《備要》：雖斬衰深衣，亦以布緣邊。冠，紙糊爲材，廣三寸，長足跨頂，前後裹以布，爲三輒，大功以上皆向右，小功以下皆向左，縱縫之，是謂襞積。斬衰用麻繩以爲武，齊衰以下用布從額上約之，至項後交過，前各至耳邊結之，屈冠兩頭入武内，向外反屈之，縫於武，是謂外。畢，武之餘，下垂爲纓，結於頤下。首絰、腰絰、絞帶，已見「小斂」條。杖，竹杖。高齊心，本在下。桐杖亦如之。削之，上圓下方。《喪服小記》：杖大如絰。注：絰謂腰絰。屨，《喪服》：斬衰，菅屨，菅菲也。無則代以藁。外納，收餘，末向外。疏：衰疏屨，藨蒯之類。不杖，麻屨。《喪服小記》：齊衰三月與大功繩屨。《喪服》注：小功以下，吉屨無絇。○《儀節》：齊衰以草或麻收餘，末向内，大功用布，小功用白布。布頭帬，即總，所以束髮者，《家禮》本《書儀》，男子斬衰亦以布爲頭帬。孝巾，五服及侍者所着。《備要》：禮，禿者縗巾加絰，而國俗例於喪冠下施此。孝巾雖非禮意，《儀節》亦有之，從俗無妨。方笠、生布直領，並出入時所着。按：《備要》從俗用之，而嶺俗皆用深衣，此不必用。

婦人服制：衰，布升數及裁制並同男子，但無帶下尺，又無衽。裳，用布六幅，交解爲十二幅，如深衣之裳，連綴於衣。首絰、腰絰、絞帶，並見「小斂」條。○楊氏曰：《家禮》男子衰服純用古制，而婦人不用古制，並無絰帶之文，此則未詳，當以禮經爲正。杖，如男子。以上並見《儀禮圖式》。○或依《家禮》爲大袖長裙。大袖、丘氏曰：如今婦人短衣而寬大，其長至膝，袖長二尺二寸，準男子衰衣之制。《五禮儀》：即本國長衫也。長裙，丘氏曰：用布六幅，裁爲十二破，聯以爲裙，其長拖地，準男子衰裳之制。《五禮儀》：即本國裳也。○丘氏曰：按《家禮》，婦人服制本《書儀》，自大袖以下皆非古制。今特補入腰絰一事，蓋以禮，男子重首，婦人重帶，存其最重者，使後人因此而復古也。蓋頭，丘氏曰：此衣裙用布稍細者，凡三幅，長與身齊，斬衰不緝邊，齊衰緝邊。布頭𦈢，《圖式》：婦人以六升布爲總，束其本末，出紒後，所垂者六寸，期、大功八寸，小功、緦一尺。竹木簪，婦人安髮者。母喪則榛木爲之。《儀節》：長五六寸。屨，《圖式》無明文，恐與男子同。《儀節》：斬衰、齊衰麻鞋，杖期以下用布，小功以下用白布。《五禮儀》並以白綿布爲之。侍婢造以白皮。背子，丘氏曰：衆妾則以背子代大袖，長與身齊。小袖，《五禮儀》：即本國蒙頭衣。

童子服制：禮，童子八歲以上乃爲成服。○《備要》記曰：童子不冠。今俗或加巾絰，非禮也。○《喪服》疏：童子不杖。此庶童子也。《問喪》云：童子當室則免而杖。謂嫡子也。當室童子雖穉少，以衰抱之，且有杖矣。○《喪服小記》：女子子在室爲父母，其主喪者不杖，則子一人杖。注：以無男昆弟，而使同姓爲攝主也。○《玉藻》：童子無緦服，唯當室緦。《雜記》：童子哭，不偯，不踊，不杖，不菲，不廬。戴德曰：禮不爲未成人制服者，爲用心不能一也。其服能者亦不禁，不以制度，唯其所能勝。譙周曰：童子小功以上皆服本親之衰。庾蔚之曰：禮稱童子不一，愚謂當室是八歲以上及禮之人，以其當室，故與成人同。射慈：以爲未八歲者服其近屬布深衣，或合禮意。

侍者服制：《喪服》疏：士無臣，故僕隸等爲之，吊服加麻。孝巾，環絰，麻一股而纏，大如緦絰。腰絰，制如絞帶，而其圍比環絰五分去一。生布衣，制如俗直領衣或中單衣。○侍婢當依《丘儀》衆妾服制。

厥明，五服之人，各服其服，入就位，然後朝哭，相吊如儀。

大斂之明日，死之第四日也。《備要》：楊氏曰：大斂雖畢，人子不忍死其親，故不忍遽成服，必四日而後成服。

據此，大斂與成服不可同日並行也。世人或以斂具未備，過三日而大斂，仍以其日成服，殊失禮意也。○《儀節》：是日夙興，各服其服，絞其經散垂者，大功以上。執杖各就位。男位於柩東，西向。女位於柩西，東向。按：《士喪禮》：丈夫即位于門外，西向北上，蓋襲時爲位，則主人坐於尸東奠北，故皆西向南上，而殯後位於門外，則當北上。各以服爲次舉哀。《士喪禮》疏：兄弟齊衰、大功者，主人哭則哭，小功緦麻，即位乃哭，外位皆有哭。按：外位言賓也。○按：朝哭後當相吊，而朝哭只哭無拜，似當仍行朝奠而相吊矣。朝哭朝奠儀在下，當如儀。遂相吊。諸子孫就祖父及諸父前跪哭盡哀，又就祖母及諸母前，亦如之。女子就祖母及諸母前哭，遂就祖父、諸父前，如男子之儀。主婦以下就伯叔母哭，亦如之。按：若無諸尊行，則主人以下諸服人爲一列，無服之親以長少爲次，主婦以下及無服婦女亦各爲一列，相向哭，盡哀止。

其服之制，一曰斬衰三年，

子爲父；《喪服》女子子在室，嫁反在室。嫡孫，父卒爲祖，若曾祖、高祖承重者；《備要》：按《通典》賀循云：父死未殯而祖父死，服祖以周。徐邈云：周既除以素服臨祭，依心喪以終三年，既殯而祖父死，三年。又按《經傳通解》，宋敏求議曰：子在父喪而亡嫡孫承重，禮令無文，大凡外襄終事，内奉靈席，爲練祥禫祭，可無主之者乎？當因其葬，而再制斬衰服三年，詔從之。今服制令云，嫡子未終喪而亡在小祥前，則嫡孫承重者於小祥受服，在小祥後則申心喪，並通三年而除。又按《喪服小記》「父卒則爲母」，疏：父卒三年之内而母卒，仍服期，要父服除而母死，乃得伸三年云，此蓋三年之中，人子不忍死其親之意，爲母爲祖宜無異同，而一則再制斬衰，一則仍服期，《經傳通解》皆録而並存之，當何所適從耶？此是大節目，不敢輕議，姑附其説，以備參考。○按：愚伏云：以《通典》「父爲嫡居喪而亡子不得傳重」之説觀之，則長孫不當追服小祥，前以本服奉饋奠練，後以素服行之，亦不至闕事，而但不知此語來歷、出自何處爲可欠矣。此意固好，而《經傳通解》既取宋朝禮令，退溪之論亦然，當從之矣。若如愚伏説，練後以素服行祭，則自無禫服，只當以素服終禫之月，而至吉祭始純吉歟？古禮已亡，不可從。爲所後父：《備要》：無子而死者，立後於三年之内，則其子追服之節，如袒、括髮、成服，當一如初喪。○《通典》：司馬操：甲死，甲兒持服，已練而死，甲弟之子來後於甲，彼喪雖殺，我重自始，更制遠月，於義何傷？且昔以旁尊，服不踰齊，今爲其子，禮窮於制，深淺殊絶，豈宜相蒙，共爲三年。爲所後祖承重：曾高祖承重同。父爲嫡子當爲後者：《雜記》：爲長子杖，則其子不以杖即位。注：祖不壓孫，長子之子亦得杖，但與祖同處不得杖。《喪服》疏曰：繼祖及禰已三世，即得爲斬，雖承重，不得三年。有四種：一，正體不得傳重，謂嫡子有廢疾，不堪主宗廟也；二，傳重非正體，庶孫爲後是也；三，體而不正，立庶子爲後是也；四，正而不體，立嫡孫爲後是也。○疏：養他子爲後者，亦不服三年。○沙溪曰：父在，則爲長子不服三年。○按：《備要》爲長子斬者不解官，蓋以宋制言。婦爲舅，夫承重則從服。退溪曰：《家禮》「小功」條云：爲嫡孫，若曾玄孫之當爲後者之婦，其姑在，則否也。曾孫雖服重服，姑或祖姑以冢婦服之，則其婦可以不服。○按：曾孫婦既不從服，則當只服本服，行主婦之事。服盡後，則當以素服行事，如父未殯祖死者周既除素服臨祭之儀矣。《備要》以爲曾孫承重者，其祖母及母及其妻並服三年，不可從。夫爲人後，則從服；妻爲夫；妾爲君。即夫。○爲君之父。《儀禮》注：妾爲君之黨，服與女君同。

二曰齊衰三年，

子爲母；妾子爲嫡母同。《備要》：按《儀禮》，父卒則爲母，而唐武后上疏父在亦三年，宋朝因之。《家禮》從時王之制。今當依朱子後來定論，以禮經爲正。女子子在室及嫁反在室者同。○《喪服》疏：父卒三年之内，母卒仍服期，要父服除而母死，乃得申三年。《通典》：杜元凱曰：若父已葬而母卒，則服母服云云。見「重喪未除而遭輕喪」條。《備要》：父死未殯而母死，則未忍變在猶可。以《通典》所云父未殯服祖周之説推之，而服母期也。若父喪將竟，而又遭母喪，則亦以父喪三年内而仍服期，似未安。不敢輕議，姑存諸説。士之庶子爲其母同，而爲父後則降；服緦伸心。嫡孫父卒爲祖母若曾高祖母承重者；祖若曾高祖在則降。爲繼母；父在則降。補出則無服。爲所後母；依斬衰注補入。爲所後祖母、曾高祖母承重亦同。○《通典》：許猛曰：所後母及祖母，被出皆無服。爲慈母，謂庶子無母，而父命他妾之無子者慈己；婦爲姑；婦之繼母同。妾子之妻爲夫之嫡母同，舅在則降。夫承重則從服；曾高祖母同，見《圖式》。祖若曾高祖在則降，夫爲人後則從服。見「斬衰」條。母爲嫡子當爲後者；《小記》：削杖。《儀禮》疏：不問夫之在否，此亦繼三世長子，下長子同。繼母爲長子，妾爲君之長子；亦繼三世者。○爲君之母。見「斬衰」條。國制：爲養父母；謂三歲前收而養育。又見《家禮圖》，己之父母在，則爲養父母解官，心喪三年。父母雖殁，長子則降服期，士大夫於賤人亦降。卒爲帥。軍士願行三年者聽。

齊衰杖期，

子，補父在爲母；依《禮經》補入，父在爲嫡母同，爲所後母亦同。《喪服》：父在爲母。疏：心喪猶三年。盧履冰曰：一周除靈。《通典》：靈筵不得終三年。朱子曰：盧履冰議是。○國制：解官，心喪三年。○《備要》：庾蔚之曰：父在之日母亡已久，寧可以父亡而變之乎？又曰：凡服，皆以始制爲斷。據此，母先亡，而期制之内父又卒，則仍服母以期。嫡孫，父卒，祖在，爲祖母；曾高祖承重同，所後嫡孫祖父在爲祖母同。○《通典》：許猛曰：所後母及祖母被出，則當無服。爲繼母出，則無服。爲嫁母、出母，爲父後，則無服。猶心喪三年。爲父卒，繼母嫁而己從之者；不從則不服。【夫】爲妻；【補服】：大夫之庶子爲妻杖期，大夫之嫡子父殁爲妻杖期。○《備要》：《喪服》注：父在，則不杖，以父爲之主也。【疏】：天子以下至士庶人，父皆不爲庶子之妻爲喪主，故夫皆爲妻杖得伸也。據此，父主喪則夫不杖，父不主喪則夫杖，不唯大夫爲然，士庶人亦同，而但《奔喪》曰「凡喪，父在父爲主」，與此疏異。詳見「立喪主」條。又按《雜記》：爲妻，父母在，不杖，不稽顙。注：此謂嫡子妻死而父母俱存，故其禮如此。然大夫主嫡婦之喪，故其夫不杖，若父殁母存母不主喪，則子可以杖，但不稽顙耳，此並言之，不以辭害義云云。《家禮》附注父母在爲妻不杖期之説，疑出於此，而據注説，父殁母在似當杖，更詳之。【婦】，舅在爲姑。從夫服。

齊衰不杖期，

【己】爲祖父母；繼祖母同，爲所後祖父母亦同。○《喪服小記》：生不及祖父母、諸父、昆弟，而父税服，己則否。王肅云：昆弟，父之昆弟。張亮云：己未生之前已殁者，下同。女雖適人，不降，庶子之子爲父之母，而爲祖後則不服；《備要》：猶當心喪期。【補】爲人後者，爲本生父母；依《楊儀》補入。○《楊儀》：解官，心喪三年。爲伯叔父母；爲兄弟，爲衆子；母同。爲兄弟之子；爲姑姊妹女，在室及適人而無夫與子者；《備要》：有女子者，恐不可以無子論。爲嫡孫，若曾玄孫當爲後者；祖母同。○《圖式》：爲庶孫升爲嫡孫者降。《喪服傳》：有嫡子則無嫡孫；舅姑爲嫡婦；【女】適人者爲其父母；無夫與子者爲其兄弟姊妹及兄弟之子；《備要》：按《喪服》疏，無夫與子者爲父母猶期。適人者爲兄弟之爲父後者；《喪服》注：父在，則同衆昆弟。【婦】爲夫兄弟之子，嫁母出，母爲其子子，雖爲父後，猶服；繼母嫁而爲前夫之子從己者；【妾】爲女君，爲君之衆子；【按】：妾爲君之黨，服與女君同。爲繼父同居父子皆無大功之親者。

齊衰五月，

己爲曾祖父母；繼曾祖母同，爲所後曾祖父母亦同。女適人者不降。

齊衰三月，

己爲高祖父母；繼高祖母同，爲所後高祖父母亦同。女適人者不降；《語類》：自四世以上，凡逮事，皆當服齊衰三月。爲同居繼父有子，己有大功以上，親者又爲繼父不同居者，謂先同今異，其元不同居者則不服；

補爲宗子宗婦；此下二條，《備要》補入。○《喪服》：丈夫婦人爲宗子、宗子之妻。《傳》：宗子之母在，則不爲宗子之妻服。吏爲官長。《通典》：魏令官長卒官者，吏皆齊衰，葬訖除之。晉令吏齊衰理事，若代者至，皆除之。

三曰大功九月，

己爲從父兄弟姊妹，謂伯叔父之子，爲衆孫男女；祖母同。○《圖式》：范宣曰：禮爲祖後者三年，嫡庶通之，庶孫之異於嫡者，但父不爲之三年，祖不爲之周，而孫服父祖不得殊也。《備要》：祖爲庶孫承重者亦當服大功。爲衆子婦；母同。爲兄弟子之婦；伯叔母同。婦爲夫之祖父母；繼祖母所後祖母同。爲夫之伯叔父母；爲夫兄弟子之婦；夫爲人後者，其妻爲本生舅姑。鄭汝仁問：只服大功，太不近情。退溪曰：但從夫服期，而勿用申心之制，可也。○按：《備要》云：申心喪與此不同，然婦人從夫，不害爲從厚之意歟？更詳之。補姊妹既嫁，相爲服。《備要》補入。○《備要》：此條楊儀爲不杖期。朱子亦曰：姊妹既嫁，於兄弟，則降服，而於姊妹未嘗降，但《儀禮》喪服大功章女子嫁者爲姑姊妹，又《家禮》「女適人者，爲其私親皆降一等」，據此降爲大功無疑。○鄭玄曰：以月數者數閏。張子曰：大功以下算閏。

四曰小功五月，

己爲從祖祖父母，從祖祖姑，謂祖之兄弟；及其妻。姊妹爲從祖父母，從祖姑，謂父之從父兄弟；及其妻。姊妹爲從祖兄弟姊妹，謂從祖父之子，所謂再從兄弟姊妹；爲兄弟之孫，爲從父兄弟之子，爲外祖父母，謂母之父母；所後母之父母同。○《喪服》：出妻之子爲外祖父母無服。《通典》：步熊曰：外祖猶爲服緦。○《喪服》：庶子爲後者，爲其外祖父母從母舅無服，不爲後如邦人。《開元禮》：爲人後者，爲本生外祖父母降服緦。爲舅，謂母之兄弟；爲從母，謂母之姊妹；《喪服》疏：異姓無出入降，下同。爲甥，謂姊妹之子；爲同母異父之兄弟姊妹。《通典》：盧植曰：以母親極於小功。爲庶母之乳養己者；庶子爲嫡母之父母兄弟姊妹。嫡母死則不服；母出則爲繼母之父母兄弟姊妹；虞氏曰：縱有十繼母，當服次其母者之黨。《服問》：母死則爲母黨服，不爲繼母黨服。爲嫡孫及曾玄孫當爲後者之婦，祖母同。其姑在則否；爲兄弟之妻；女爲兄弟姪之妻，已適人亦不降；婦爲夫兄弟之孫，爲夫從兄弟之子，爲夫之兄弟，爲夫之姑姊妹適人者不降；爲娣姒婦，謂夫兄弟之妻。《檀弓》：曾子曰：小功不稅，則是遠兄弟終無服，可乎？疏：降而在緦者，亦稅之，其餘則否。

五曰緦麻三月。

己爲族曾祖父母，族曾祖姑，謂曾祖之兄弟及其妻。姊妹；爲兄弟之曾孫；爲族祖父母，族祖姑，謂祖之從父兄弟，及其妻與祖之從父姊妹；爲從父兄弟之孫；爲族父母族姑，謂族祖父之子，及其妻與其姊妹；爲從祖兄弟之子；爲族兄弟姊妹，所謂三從兄弟姊妹；爲曾玄孫；祖母同。爲從母兄弟姊妹，謂從母之子；爲外兄弟，謂姑之子；爲內兄弟，謂舅之子；爲外孫祖母同。庶子；爲父後者爲其母，而爲其母之父母兄弟姊妹則無服；《備要》：按《圖式》，楊氏曰：承重妾子若無嫡母及嫡母卒，則爲所生母服本服云，經文但曰爲其母緦，更無無嫡母則爲其母伸之文，蓋以承重之意爲重也，楊説恐不可從。爲庶孫婦；祖母同。爲兄弟孫之婦；爲從父兄弟子之婦；爲妻之父母，妻亡而別娶亦同，即妻之親母，雖嫁出猶服；爲婿；爲甥婦；爲外孫婦；祖母同。士爲庶母，謂父妾之有子者；《通典》：徐邈曰：兩妾之子相爲庶母緦。爲乳母；女爲姊妹子之婦；婦爲夫之曾高祖；父母爲夫兄弟之曾孫；爲夫從兄弟之孫；爲夫從祖兄弟之子；爲夫之從祖祖父母；爲夫之從祖祖姑。見《儀節》。爲夫之從祖父母；《儀節》：爲夫之從祖姑國制同。爲夫兄弟孫之婦；爲夫從父兄弟子之婦；爲夫從父兄弟之妻；爲夫之外祖父母；爲夫之從母及舅；爲夫之從父姊妹適人者不降。《備要》：女適人者爲其從父兄弟之妻，當爲報服，而《家禮》無之，恐是闕漏也。補《楊儀》：爲同爨，爲朋友；依《備要》補入。○《備要》：朱子曰：經但云朋友麻，則如吊服而加麻絰耳。大夫爲貴妾；雖無子，猶服。士爲妾有子；《喪服》注：女君於妾無服。《通典》：徐邈曰：兩妾有同室之恩，則有緦服義。補明制：爲從父兄弟之妻；國制同，《備要》補入。婦爲夫從父兄弟；按：古禮嫂叔無服，引而遠之也，而魏徵奏議始制小功之服，《家禮》從之，明制從嫂叔相爲服緦，蓋自嫂叔小功而推之也，不害爲從厚之道矣。國制：爲舅之妻；爲養父母。即士大夫於賤人。

凡爲殤服，以次降一等。

凡年十九至十六爲長殤，十五至十二爲中殤，十一至八歲爲下殤。《通典》：凡殤，數其年以月不以歲。應服期者，長殤降服大功九月，中殤七月，《喪服》疏：五服之正，無七月之服，唯此大功中殤有之。下殤小功五月，應服大功以下以次降等。《開元禮》：三殤之喪，始死浴及大小斂，與成人同。長殤有棺及大棺，中殤、下殤有棺、靈筵、祭奠、進食、葬送、哭泣之位，與成人同。不復魂，無含，事辦而葬，不立神主，既虞而除靈座。○《備要》：按《家禮》程朱之論，自八歲以上自當立神主。不滿八歲，爲無服之殤，哭之，以日易月，生未三月則不哭也。《備要》：鄭云「以日易月」，謂生一月則哭之一日。疏：若至七歲，歲有十二月，則八十四日哭。此則唯據父母於子，不關餘親。王肅、馬融以爲以哭之日易服之月，殤之期，親則旬有三日哭，緦麻之親，則以三日爲制。兩説不同，姑存之以備參考。男子已娶，女子許嫁，皆不爲殤。《小記》：丈夫冠而不爲殤，婦人笄而不爲殤。國制：男子受職，亦不爲殤。

凡男爲人後，女適人者，爲其私親，皆降一等，私親之爲之也亦然。

女適人者，降服，未滿被出，則服其本服，已除則不復服也。《喪服小記》：未練而返則期，既練而返則遂之。注：被出後遇父母之喪，未及期而夫命之反，則但終期服，反在期後則遂終三年。○《喪服》疏：外親雖適人不降。○《開元禮》：兩男各爲人後，不再降，兩女各出，不再降。○《服問》注：鄭氏曰：雖外親無二統。賈氏曰：既爲所後母黨服，又爲生母黨服，則是二統也。凡婦服夫黨，當喪而出，則除之。凡妾爲其私親，則如衆人。

附：心喪三年。己。《喪服》：父在爲母。《備要》：嫡母、繼母同。○嫡孫祖在，爲祖母、曾高祖母同。○爲出母、嫁母。《楊儀》：爲父後者，雖不服，申心喪。○庶子爲父後者爲其母。○《楊儀》：爲人後者，爲本生父母。《備要》：所後父，在爲所後母及所後承重。祖在爲祖母，曾高祖母同。婦。舅在爲姑夫承重，及所後同。○《備要》：爲夫之本生父母及嫁母出母，庶子爲父後者之妻，爲其夫所生母同。○爲其父母。養。已之父母在，則爲養父母心喪，亦解官。○附：師服。《檀弓》：爲師心喪三年。程子曰：師不立服，不可立也，當以情之厚薄、事之大小處之。丘氏曰：宋儒黄幹喪其師，朱子吊服，加麻制如深衣，用冠絰。王柏喪其師，何基服深衣，加帶絰，冠加絲。武柏卒，其弟子金履祥喪之，則加絰于白巾，絰如緦麻而小，帶用細苧。黃、王、金三子皆朱子嫡傳，其所製師服非無稽也，後世欲服師之恩義者，宜準之以爲法。栗谷曰：師則隨其情義淺深，或心喪三年，或期年，或九月，或五月，或三月，友則雖最重不過三月。

附：服制式假。宋朝喪葬假寧格，非在職遭喪，期三十日，大功二十日，小功十五日，緦麻七日。國制：在職者同。外祖父母加給十五日，妻父母加給二十三日。

成服之日，主人及兄弟始食粥。

諸子食粥。妻妾及期九月，疏食水飲，不食菜果；五月三月者，飲酒食肉，不與宴樂。程子曰：爲士者，祖父母期服内不當赴舉。《大全》：李晦叔問：爲長子三年及爲伯叔兄弟皆期服而不解官，爲士者許赴舉，不知當官與赴舉時還吉服耶？衰服耶？曰：此等事，只得遵朝廷法令。若心不自安，不欲赴舉，則勿行可也。當官則無法可解罷。伊川先生《看詳學制》亦不禁冒哀守常，此可見矣。但雖不得不暫釋衰，亦不可遽純吉也。○《雜記》：父有服，宫中子不與樂。母有服，聲聞焉不舉樂。妻有服，不舉樂於其側。《玉藻》注：父有喪服，子不可用純吉。自是無故不出，若以喪事及不得已而出入，則乘樸馬布鞍，素轎布簾。

凡重喪未除而遭輕喪，則制其服而哭之，月朔設位，服其服而哭之，既畢返重服，其除之也，亦服輕服；若除重喪，而輕服未除，則服輕服，以終其餘日。

《間傳》：斬衰之喪，既虞、卒哭，遭齊衰之喪，輕者包，重者特。疏：斬衰受服之時而遭齊衰初喪，男子輕腰，得着齊衰腰帶，而兼包斬衰之帶；婦人輕首，得着齊衰首絰，而兼包斬衰之絰。故云輕者包也。男子重首，特留斬衰之絰；婦人重腰，特留斬衰腰帶。是重者特也。杜元凱：父已葬而母卒，則服母服；至虞訖，服父之服；既練，則服母之服。父喪可除，則服父之服以除之，訖而服母之服。《備要》：杜說與《間傳》不同，而《家禮》又與相異，姑存諸說，以備參考。○《大全》：曾擇之問：三年喪，復有期喪，則當服期喪之服以奠其喪，卒事，反初服。或者以爲方服重，不當改衣輕服。朱子曰：或者之說非是。

朝夕哭　奠　上食

補朝奠。按：《士喪禮》，朝哭、朝奠自是二項事，而《家禮》合爲一事，蓋從《書儀》而未改修也，今依禮經補入。

每日晨起，主人以下皆服其服，入就位。位次見上。尊長坐哭，卑幼立哭。侍者設盥櫛之具于靈牀側。

朝奠，

奉魂帛出就靈座，然後朝奠。執事者設蔬果脯醢。祝盥手、焚香、斟酒。主人以下再拜，哭盡哀。劉氏璋曰：奠用脯醢者，蓋古人家常有之，如無，別具饌數器亦可。夫朝夕奠者，陰陽交接之時，思其親也。朝奠將至，然後徹夕奠；夕奠將至，然後徹朝奠。各用罩子。若暑月，恐臭敗，則設饌如食，頃去之，止留茶酒果屬，仍罩之。

食時上食，

如朝奠儀。《備要》：並有喪，則後喪成服前，前喪朝夕奠上食似姑當廢。愚伏曰：父母喪未畢而子死，則其未殯前，父母朝夕上食亦似當廢。○《備要》：父母喪中死者葬前象平生奠以素饌，至虞始以神事用肉似當，退溪答問之意亦然。○按：國恤卒哭前私家祭祀皆廢，而朝夕奠及上食難以盡廢。以退溪、旅軒之意推之，當設素奠，至於朔望奠亦不可爲殷奠，只略設素饌。

夕奠，

如朝奠儀。《檀弓》：朝奠日出，夕奠逮日。

夕哭，

夕奠畢，主人以下奉魂帛入就靈牀，哭盡哀。

哭無時。

朝夕之間，哀至則哭於喪次。

朔日則於朝奠設饌，

饌用肉魚麵米食羹飯各一器，禮如朝奠之儀。《士喪禮》疏：大夫以上又有月半奠，士則月望不盛奠，唯朔奠而已。○《士喪記》：朔月不饋于下室。疏：大小斂、朝夕奠等，皆無黍稷，唯下室若生有黍稷。今此朔望殷奠，自有黍稷，故不復饋食於下室也。《備要》：朔奠已設飯羹，朝上食不當復設。○問：母喪朔祭，子爲主？朱子曰：凡喪，父爲主。今以子爲喪主，似未安。

有新物則薦之。

如上食儀。劉氏曰：如五穀百果新熟之物，必以薦之。○按：新蔬亦當薦，須因朝夕奠或上食而並薦之。

吊奠賻

凡吊，皆素服。

幞頭衫帶，皆以白生絹爲之。《儀節》：今制唯國恤用布裹紗帽，其餘則不許。有官者，衣可變而冠不可變，若無官者，用素巾可也。《曲禮》：知生而不知死，吊而不傷；知死而不知生，傷而不吊。《廣記》：喪者二人以上只吊其識者。○《雜記》：三年之喪不吊，有服而往哭之，則服其服而往。《檀弓》：有殯，注：三年之喪。聞遠兄弟之喪，雖緦必往；非兄弟，異姓。雖鄰不往。

致奠賻狀

具位姓某。某物若干。右謹專送上某人《儀節》：某官某公。女喪云「某封某氏」。靈筵，按：「靈筵」二字，易以「喪次」或「護喪所」，恐當。聊備賻儀。香茶酒食云「奠儀」。伏惟歆納，謹狀。年號月日，具位姓某狀。《書儀》：平交、降等狀内無年，他倣此。封皮：狀上某官靈筵，具位姓某謹封。《書儀》：平交、降等用面籤，題曰「某人靈筵」，下云「狀謹封」。

謝狀

三年之喪，未卒哭，只令子姪發謝書。《備要》：無子姪，以族人代。

具位姓某。某物若干。右伏蒙尊慈，《書儀》：平交云「仁私」。以某發書者名。某親違世，特賜《書儀》：平交云「貺」。賻儀，襚奠隨事。下誠平交不用此二字。不任哀感之至，謹具狀上謝。《書儀》：平交云「謹奉狀陳謝」。謹狀。年號月日，具位姓某狀。封皮：狀上某官座前，具位姓某謹封。

奠用香茶燭酒果，

有狀，或用食物，即別爲文。《廣記》：所知之喪，未能往哭，則遣使致奠賻之物，就外次，衣吊服，再拜哭送之。

賻用錢帛，

有狀，唯親友分厚者有之。

補：門狀見《備要》。

具位姓某。右某謹詣某官門屏，平交云「廬次」。敢請祇慰，若知死而入哭，則改「門屏」爲「靈筵」，改「祇慰」爲「入哭」。內喪則只云「入慰」。伏聽處分。平交去此四字。謹狀。年號月日，具位姓某狀。

若用榜子，則只書曰「某官姓某入慰」或「入哭」。具刺通名。

賓主皆有官，則具門狀，否則名紙，榜子。題其陰面，先使人通之，與禮物俱入。《少儀》：尊長於己踰等喪俟事不特吊。【疏】：待朝夕哭時，不非時而獨吊。

【補】祭文式見《儀節》。

維年號幾年歲次干支某月干支朔某日干支，忝親隨所稱。某官姓某，謹以清酌庶羞之奠，致祭于某親某官某公之柩云云。尚饗。

入哭奠訖，乃吊而退。

既通名，喪家炷火燃燭，布席，皆哭以俟。護喪出迎賓，賓入至廳事，進揖曰：「竊聞某人傾背，亡者官尊云「捐館」，下同。不勝驚怛，敢請入酹，不奠則云「入哭」。○【司馬公】曰：婦人非親戚及與其子爲執友，嘗升堂拜母者，則不入酹。並伸慰禮。」護喪引賓入，至靈座前哭盡哀，再拜，過期年則不哭，情重者哭。焚香，跪，【《儀節》】：若衆賓，則尊者一人獨詣。酹茶酒，【楊氏】曰：酹當作奠。【《備要》】：執事者跪奉盞與賓，賓受之，還授執事，置靈座前。俯伏，興，護喪止哭者，祝跪讀祭文，奠賻狀【按】：奠賻狀既有謝狀，則此非親奠之事，此「奠賻狀」三字疑是衍文。下文謝賓語，只言伏蒙奠酹，不言賻襚，此尤可驗。於賓之右，畢，興。賓主皆哭盡哀。賓再拜。主人哭出西向，稽顙再拜，【《檀弓》】：大夫之喪，庶子不受吊。【注】：嫡子爲主拜賓或不在，則庶子不敢受吊。賓亦哭，東向答拜，【《曲禮》注】：吊喪而不答主人之拜者，以爲助執喪事而來，非行賓主之禮也。《書儀》：從俗答拜。進曰：「不意凶變，某親某官，奄忽傾背，伏惟哀慕，何以堪處？」主人對曰：「某罪逆深重，禍延某親，伏蒙奠酹，並賜臨慰，【《備要》】：不奠，則無「奠酹並賜」四字。不勝哀感。」又再拜，賓答拜。【《胡儀》】：若吊人是平交，則落一膝，展手策之，以表平答，若孝子尊，吊人卑，則側身避位，候孝子伏次，卑者即跪還，須詳緩去就，毋令跪伏，與孝子齊。又相向哭盡哀。

賓先止，寬譬主人曰：「願抑孝思，俯從禮制。」乃揖而出。主人哭而入，護喪送至廳事，茶湯而退。《檀弓》：吊於人是日不樂，不飲酒食肉。主人以下止哭。○尊長拜賓禮亦同此。《備要》：若只行吊禮，則各於廬次受之。○《士喪禮》：君使人吊，徹帷。疏：褰帷而上，事畢則下之。主人《喪大記》：有君命則去杖。迎于寢門外。注：内門。記：衆主人不出。見賓，不哭，先入，門右北面，吊者入，升自西階，東面，主人進中庭，注：主人不升，賤也。疏：大夫之喪，其子則升堂受命。吊者致命。疏：使者升堂致命。《五禮儀》：南面致命曰「有命吊」。主人哭，拜稽顙，成踊。賓出，主人拜送于外門外。○《喪大記》：婦人迎送不下堂，下堂不哭。注：婦人於敵者固不下堂，若君夫人來吊，則下堂至庭，稽顙而不哭。男子於敵，亦不出門，若有君命，出迎亦不哭也。○《檀弓》：文子之喪，既除喪，越人來吊，主人深衣練冠待于廟，垂涕洟。子游觀之曰：「亡於禮者之禮也，其動也中。」

慰人父母亡疏

慰嫡孫承重者同

《廣記》：路遠，或有故不及赴吊者，爲書慰問。

某頓首再拜言：降等只云「頓首」，平交但云「頓首言」。不意凶變，亡者官尊即云「邦國不幸」，後皆倣此。先某位無官即云「先府君」，有契即加「幾丈」於某位府君之上。○母云「先某封」，無封即云「先夫人」。○承重則云「尊祖考某位、尊祖妣某封」，餘並同。奄棄榮養。亡者官尊即云「奄捐館舍」，或云「奄忽薨逝」。母封至夫人者，亦云「薨逝」，若生者無官，即云「奄違色養」。《備要》：我朝大行稱薨，士夫不可用薨逝。承訃驚怛，不能已已。伏惟平交云「恭惟」，降等云「緬惟」。孝心純至，思慕號絶，何可堪居？日月流邁，遽踰旬朔，經時即云「已忽經時」，已葬即云「遽經襄奉卒哭、小祥、大祥、禫」，餘各隨其時。哀痛奈何，罔極奈何，不審自罹荼毒，父在母亡即云憂故。氣力何如？平交云「何似」。伏乞平交云「伏願」，降等云「唯冀」。强加餐粥，已葬云「疏食」。俯從禮制。某役事所縻，在官則云「職業有守」。末由奔慰，其於憂戀，無任下誠。平交以下但云「末由奉慰，悲係增深」。謹奉疏，平交云「狀」。伏惟鑑察，平交以下去此四字。不備。謹疏。平交云「不宣。謹狀」。○《補注》：卑幼云「不具」、「不悉」、「不一」。年號月日，具位降等用郡望。姓某疏上平交云「狀」。某官大孝苫前。母亡云「至孝」，平交以下云「苫次」。○《裴儀》：日月遠云「哀前」，平交以下云「哀次」。封皮：疏上某官大孝苫前，具位姓某謹封。降等即用面簽，云「某官大孝苫次，郡望姓名狀，謹封」。重封：疏上某官大孝苫前，具位姓某謹封。沙溪曰：慰爲人後者，本生父母亡，只以喪人待之，不可稱大孝、至孝。

慰人祖父母亡啓狀

謂非承重者。伯叔父母、姑、兄、姊、弟、妹、妻、子、姪、孫同。

某啓：代以白，後倣此。不意凶變，子孫不用此句。尊祖考某位奄忽違世，祖母曰尊祖妣某封，無官封有契已見上。○伯叔父母姑即加「尊」字，兄姊弟妹加「令」字，降等皆加「賢」字，若彼一等之親有數人，即加行第云「幾某位」，無官云「幾府君」，有契即加「幾丈」「幾兄」於某位府君之上，姑姊妹則稱以夫姓云「某宅尊姑令姊妹」。○妻則云「賢閤某封」，無封則但云「賢閤」。○子即云「伏承令子幾某位」，姪孫並同。降等則曰「賢」，無官者稱「秀才」。承訃驚怛，不能已已。妻改「怛」爲「愕」，子孫但云「不勝驚怛」。伏惟恭緬，見前。孝心純至，哀慟摧裂，何可勝任？伯叔父母姑云「親愛加隆，哀慟沉痛，何可堪勝」。○兄姊弟妹則云「友愛加隆」。○妻則云「伉儷義重，悲悼沉痛」。○子姪孫則云「慈愛隆深，悲慟沉痛」。餘與伯叔父母姑同。孟春猶寒，寒温隨時。不審尊體何似？稍尊云「動止何如」，降等云「所履何似」。按：以上例觀之，當云「尊體何如」「動止何似」。伏乞平交以下如前。深自寬抑，以慰慈念。其人無父母，即但云「遠誠」。某役事所縻，在官如前。末由趍慰，其於憂想，無任下誠。平交以下如前。謹奉狀，伏惟鑑察，平交如前。不備。平交如前。謹狀。年號月日，具位姓名狀上某位服前。平交云「服次」。封皮、重封同前。

祖父母亡答人啓狀

謂非承重者。伯叔父母、姑、兄、姊、弟、妹、妻、子、姪、孫同。

某啓：家門凶禍，伯叔父母姑兄姊弟妹云「家門不幸」。○妻云「私家不幸」。○子姪孫云「私門不幸」。先祖考祖母云「先祖妣」。○伯叔父母云「幾伯叔父母」。○姑云「幾家姑」。○兄姊云「幾家兄、幾家姊」。○弟妹云「幾舍弟、幾舍妹」。○妻云「室人」。○子云「小子某」。○姪云「從子某」。○孫云「幼孫某」。奄忽棄背，兄弟以下云「喪逝」。○子姪孫云「遽爾殀逝」。痛苦摧裂，不自勝堪，伯叔父母姑兄姊弟妹云「摧痛酸苦，不自堪忍」。○妻改「摧痛」爲「悲悼」。○子姪孫改「悲悼」爲「悲念」。伏蒙尊慈，特賜慰問，哀感之至，不任下誠。平交云「仰承仁恩，俯垂慰問，其爲哀感，但切下懷」。降等云「特承慰問，哀感良深」。孟春猶寒。寒温隨時。伏惟恭緬如前。某位尊體起居萬福。平交不用「起居」，降等但云「動止萬福」。某即日侍奉，無父母即不用此句。幸免他苦，末由面訴，徒增哽塞，謹奉狀上平交云「陳」。謝，不備。平交如前。謹狀。

年號月日，某郡按：當云期服人。姓名狀上某位座前。封皮、重封如前。

聞喪　奔喪

奔喪之具：四脚巾，寒岡曰：以一幅巾中裂其兩端，先以後兩脚結於額上，又以前兩脚結於鬢後，以代古冠。白布衫　繩帶　麻屨。

始聞親喪，哭，

親，謂父母。以哭答使者，又哭盡哀，問故。《奔喪》：使者卜有「盡哀」二字，「問故」二字在於「又哭」之上。

易服，

裂布爲四脚白布衫，繩帶麻屨。《備要》：此當有被髮一節，而《家禮》不見，蓋蒙上文初終之儀也。《儀節》於入門詣柩前再變服條有曰：就東方被髮如初喪，則始聞喪，被髮徒跣而爲奔喪，不可被髮而行，故斂髮着四脚巾到家，又被髮徒跣也。

遂行。

日行百里，不以夜行，雖哀戚，猶辟害也。《奔喪》：唯父母之喪，見星而行，見星而舍。

道中哀至則哭，

哭避市邑喧繁之處。

望其州境、其縣境、其城、其家皆哭。

家不在城，望其鄉哭。

入門詣柩前，再拜，再變服，就位哭。

初變服，如初喪。柩東西向坐，哭盡哀，又變服如大小斂，亦如之。《奔喪》：至於家，入門左，升自西階，殯東西向坐，哭，括髮袒，降，堂東即位，西向哭。注：已殯者位在下。襲絰于序東，絞帶。注：發喪已踰日，節於是可也。不散帶者，不見尸柩，其未小斂而至，與在家同。疏：謂威儀節度，與在家同，其絰帶等，自用其奔喪日數也。反位，拜賓，相者告就次。注：次，倚廬也。於又哭，注：明日朝也。括髮，成踊。注：爲母免不括髮。於三哭，注：又明日朝也。猶括髮，成踊。注：皆升堂括髮袒，如始至，必又哭、三哭者，象小斂、大斂時也。

後四日成服。

與家人相吊，賓至，拜之如初。

若未得行，則爲位不奠。

設倚子一枚，以代尸柩，《奔喪》疏：奉君命使事未竟，不可以己事廢公事，故成服，以俟君命他人代己也。左右前後設位哭如儀。但不設奠。若喪側無子孫，則此中設奠如儀。《奔喪》：不得奔喪，乃爲位，括髮袒，成踊，襲經絞帶即位，拜賓，反位成踊。於又哭，括髮袒，成踊，於三哭，猶括髮袒，成踊。

變服。

亦以聞後之第四日。《備要》：疑「變」字即「成」字之誤。

在道至家，皆如上儀。

若喪側無子孫，則在道朝夕爲位，設奠，至家，但不變服。《備要》：《奔喪》疏：「既除喪而後歸亦括髮」，據此，成服而奔喪者，恐當有括髮之節。

若既葬，則先之墓哭拜。

之墓者，望墓哭，至墓哭拜，如在家之儀。未成服者，變服於墓，歸家，詣靈座前，哭拜，四日成服如儀。已成服者亦然，但不變服。《奔喪》：奔喪者，不及殯，先至墓，北面坐，哭，括髮。注：袒。東經絞帶，哭。遂冠，歸入門左，北面哭，括髮袒，於又哭，括髮，於三哭，猶括髮。三日成服。疏：通奔日，則爲四日。若除喪而後歸，則之墓，哭，東括髮袒，絰，拜賓，又哭盡哀，遂除。注：除於墓，於家不哭。

齊衰以下聞喪，爲位而哭。

尊長於正堂，卑幼於別室。《奔喪》：齊衰以下即位，哭盡哀，而東免絰，即位，袒，踊，襲，拜賓。○齊衰以下之喪，初聞爲位，一袒而已。父母之喪，則又哭三哭皆袒。○《雜記》：有殯，注：謂父母喪未葬。聞外喪，注：謂兄弟喪在遠者。哭之他室。入奠，注：明日之朝，着重服入奠殯宮。卒奠出，改服即位，注：着新死未成服之服，即昨日他室之位。如始即位之禮。○《奔喪》：哭父之黨於廟，母妻之黨於寢，師於廟門外，朋友於寢門外，所識於野張帷。○《檀弓》：子思哭嫂爲位，婦人倡踊。○妻之昆季爲父後者死，哭之適室，子爲主，袒，免，哭，踊。夫入門右。非爲父後者，諸異室，父在，哭於妻室。○《奔喪》：聞遠兄弟之喪，既除喪而后聞喪，免袒，成踊。注：緦麻雖不税，而初聞之，亦爲之變。○冠昏祭遇喪，俱見《禮記·曾子問》及《雜記》，今不盡録。

若奔喪，則至家成服；

奔喪者，釋去華盛之服，裝辦即行。既至，齊衰望鄉而哭，大功望門而哭，小功以下至門而哭。《奔喪》：緦麻即位而哭。入門詣柩前，哭再拜，成服就位哭，吊如儀。《雜記》疏：小功以下，值主人成服之節，與主人皆成之。大功以上必滿日數而後成服也。

若不奔喪，則四日成服。

不奔喪者，齊衰三日中朝夕爲位會哭，四日之朝成服，亦如之；大功以下，始聞喪爲位會哭，四日成服，亦如之。皆每月朔爲位會哭，月數既滿，次月之朔乃爲位會哭而除之，其間哀至則哭可也。

家禮輯要卷之五

喪禮二

治葬

三月既葬，先期擇地之可葬者。

古者，大夫三月，士踰月。今皆三月而葬。○程子曰：卜其宅兆，卜其地之美惡也。拘忌者或以擇地之方位，決日之吉凶，甚者不以奉先爲計，而專以利後爲慮，非孝子安厝之用心也。唯五患不得不謹，須使他日不爲道路、城郭、溝池、貴執所奪，耕犂所及。一本云「溝渠道路，避村落，遠井窑」。○補告啓期。見《既夕禮》。《儀節》補入。○《儀節》：既得地，擇日預以啓期，告于親戚姻婭僚友之當會葬者。

開塋域祠土地之具

標木七。告者 祝 執事二人，皆擇遠親或賓客爲之，吉冠素服。盥盆 帨巾各二，東有臺架，告者所盥，其西無者，執事所盥。席二，一祭席，一拜席。牀 盞盤具。酒注 饌，酒果脯醢之類。祝版。

祝文式

維年號幾年歲次干支幾月干支朔幾日干支，某官姓某，敢昭告于土地之神：《儀節》：后土之稱，對皇天也。士庶之家有似乎僭，《文公大全》有祠土地祭文。今擬改「后土」爲「土地」。今爲某官姓名或某封某氏。○按：卑幼則稱名可也，而尊長則似難稱名，只當曰「某官某公」。營建宅兆，按：若是夫婦雙墳，則改「營建宅兆」爲「營治新宅於某封某氏」。墓西合葬則某氏下云「封塋内西畔」。若祔母葬於父墓爲雙墳，則曰「今爲某封某氏營治新宅於某官某公」，墓東合葬則某公下云「封塋内東畔」。神其保佑，俾無後艱。謹以清酌脯醢，祗薦于神，尚饗。

擇日開塋域，祠土地。

主人既朝哭，率執事者於所得地掘兆四隅，外其壤，掘中，南其壤，各立一標，當南門立兩標。祝率執事者，設位於中標之左，南向，設盞注、酒果、脯醢於其前，又設盥盆帨巾二於其東南。告者吉服，入立於神位之前，北向，執事者在其後，東上，皆再拜。告者與執事者皆盥洗。執事者一人取酒注西向跪，一人取盞東向跪。告者斟酒反注取盞，酹于神位前，俯伏，興，少退立。祝執版立於告者之左，東向跪。讀訖，復位。告者再拜。祝及執事者皆再拜。徹出。主人若歸，則靈座前哭再拜。《士喪禮》：北面。後倣此。

《備要》：祔葬先塋，則別以酒果告于祖先，合葬則又告先葬之位。按：此當使族人服輕者告之，若是累世繼葬之地，則只告最尊位曰：「年月日，幾代孫某敢昭告于顯幾代祖某官府君之墓：今爲幾代孫某官營建幽宅于墓下幾步許，謹以酒果，用伸虔告。謹告。」若合葬，則告先葬考位曰：「年月日，某親某敢昭告于顯某親某官府君之墓：今爲某親某封某氏營治新宅于封塋内東畔，謹以。」下同。若雙墳，則曰：「封塋外東畔」。○《檀弓》：孔子曰：衛人之祔也，離之；魯人之祔也，合之，善夫。朱子曰：合葬者，只同穴而各用槨。○程子曰：合葬用元妃。張子曰：繼室別爲一所。朱子曰：今人夫婦未必皆合葬，繼室別營兆域亦可。○陳淳問：地道以右爲尊，恐男當居右。朱子曰：祭時以西爲上，則葬時亦如此方是。

穿壙之具 莎土匠 器用，如鍤、斧、簣、畚之類。曲尺，所以度金井機者。細繩，十餘尺，所以度壙者。金井機，用木四條爲之。先度棺之長短廣狹與灰之多少而裁斷。於四角作枘鑿，合之爲機，所以安地上穿壙者。○又於機之上下二横木，度其中間足以容下棺，外鑿四孔，各立小柱，以備下棺時縱置長杠於小柱之外，不得内轉，又於機之縱横四木正中並表以墨，以考四方。

遂穿壙。

穿地直下爲壙。

灰隔之具

【石灰】，四墻灰廣各八寸許，上灰約厚數三尺【營造尺】，則當八千斗。四墻廣約七寸許，則八〔千〕六百斗。餘皆推之。【黃土】【細沙】，皆篩過用之。各於石灰用三分之一。○三物拌均時用水。【松脂】【隔板】四，所以築三物者。【炭末】，今或不用。【槨】，《家禮》不用，而今人多用之。

作灰隔。

穿壙既畢，先布炭末於壙底，築實，厚二三寸，然後布石灰、細沙、黃土拌均者於其上，築實，厚二三尺。別用薄板爲灰隔，如槨之狀，内以瀝青塗之，厚三寸許，中取容棺。墻高於棺四寸許，置於灰上。乃於四旁旋下四物，亦以薄板隔之，炭末居外，三物居内，如底之厚。築之既實，則旋抽其板，近上復下炭灰等而築之，及墻之平而止。蓋既不用槨，則無以容瀝青，故爲此制。【胡氏泳】曰：彭止堂云：灌以松脂宜於北方，江南用之適爲蟻房。彭必有考，更詳之。○【按】：今俗用瀝青者小，若不用瀝青則當用槨，而只用薄板，以遵司馬公不用槨之論，可也。

刻誌石。

用石二片，其一爲蓋，刻云「某官古本此上有「有宋」二字。某公之墓」，無官則書其字曰「某君某甫」；其一爲底，刻云：「某官某公諱某字某，某州某縣人，考諱某某官，母某氏某封，某年月日生，叙歷官遷次，某年月日終，某年月日葬于某鄉某里某處，娶某氏某人之女子，男某某官，女適某官某人。」婦人，夫在則蓋云「某官姓名某封某氏之墓」，無封則云「妻」，無官則書夫之姓名；夫亡則云「某官某公某封某氏」，夫無官則云「某君某甫妻某氏」。其底叙年若干適某氏，因夫子致封號，無則否。葬之日，以二石字面相向，而以鐵束束之，埋之壙前近地面三四尺間。蓋慮異時陵谷變遷，或誤爲人所動，而此石先見，則人有知其姓名者，庶能爲掩之也。按：合葬則蓋刻「某官某公之墓」，左旁云「某封某氏祔」。

造明器，下帳，苞，筲，甖，

明器，刻木爲車馬僕從侍女，各執奉養之物，象平生而小。下帳謂牀帳茵席倚卓之類，亦象平生而小。苞竹掩一，以盛遣奠餘脯。筲竹器五，以盛五穀。甖甆器三，以盛酒醯醢。○此雖古人不忍死其親之意，然實非有用之物，且脯肉腐敗，生蟲聚蟻，尤爲非便，雖不用可也。《語類》：明器，某家曾用。

大轝，

古者柳車制度甚詳，今不能然，但從俗爲之，取其牢固平穩而已。其法用兩長杠，杠上加伏兔，附杠處爲圓鑿，别作小方牀以載柩，足高二寸，旁立兩柱，柱外施圓枘，令入鑿中，長出其外，枘鑿之間須極圓滑，以膏塗之，使其上下之際柩常適平，兩柱近上，更□□鑿加横扄，扄兩頭出柱外者更加小扄，杠兩頭施横杠，横杠上施短杠，短杠上或更加小杠，仍多作新麻大索以備扎縛，此皆切要實用，不可闕者。但如此制，而以衣覆棺，亦足以少華道路。或更欲加飾，則以竹爲之格，以彩結之，上如撮蕉亭，施帷幔，四角垂流蘇。

然亦不可太高，恐多罣礙，不須太華，徒爲觀美。若道路遠，決不可爲此虛飾，但多用油單裹柩，以防雨水而已。

翣，

以木爲匡，如扇而方，兩角高，廣二尺，高二尺四寸，《備要》：若用造禮器尺，則高出棺上不便，當用周尺。衣以白布，柄長五尺。黼翣，畫黼；黻翣，畫黻；畫翣，畫雲氣。其緣皆爲雲氣，皆畫以紫準格。丘氏曰：準格者，依宋制也。《周禮》：白與黑謂之黼黼，爲斧形。黑與青謂之黻黻，爲亞形。禮，唯諸侯得用黼翣，今擬大夫用黻翣二、雲翣二，士用雲翣二。

作主。

程子曰：作主用栗，趺方四寸，厚寸二分，鑿之洞底，以受主身，身高尺二寸，博三寸，厚寸二分，剡上五分爲圓首，寸之下勒前爲頷而判之，四分居前，八分居後，頷下陷中，長六寸，廣一寸，深四分，合之，植於趺下，齊竅其旁以通中，圓經四分，居三寸六分之下，下距趺面七寸二分，以粉塗其前面。《家禮圖》：造主用周尺。○按：以鹿角膠或粘米汁調粉塗之。櫝用黑漆，且容一主。

遷柩　朝祖　奠賻　陳器　祖奠

朝祖之具【輁軸】，狀如長牀，僅可承棺。轉之以軸，輔之以人。【功布】，以盥濯灰治之，布三尺爲之，以竹爲柄，所以拂去棺上塵土，發引時祝執此以指麾役者。

發引前一日，因朝奠以遷柩告。

設饌如朝奠。祝斟酒訖，北面跪，告曰：「今以吉辰遷柩，敢告。」俯伏，興。主人以下【《士喪禮》】：大夫散帶垂。○【楊氏】曰：古禮自啓殯至卒哭有兩變服之節，《家禮》不用何也？司馬公曰：日數甚多，五服皆不冠袒免，恐其驚俗，故但各服其服而已矣。○【《喪服小記》】：久而不葬，唯主喪者不除，其餘以麻終月數者，除喪則已。【注】：子於父母，妻於夫，孤孫於祖父母，不得除衰絰，期以下月數足而除，然其服猶必收藏，以俟送葬。【《開元禮》】：虞則除之。哭盡哀，再拜。蓋古有啓殯之奠，今既不塗殯，則其禮無所施，又不可全無節文，故爲此禮也。【《既夕禮》】：商祝拂柩用功布，幠用侇衾。○【《曾子問》】：並有喪，何先何後？子曰：葬先輕而後重，其奠也先重而後輕。又曰：自啓及葬不奠。【注】：唯設母啓殯奠，朝廟奠、祖遣奠，不於殯宮爲父奠也。【《喪服小記》注】：葬母亦服，斬衰者從重也。父未葬，不敢變服也。

奉柩朝于祖，

將遷柩，【《儀節》】：祝跪告曰「請朝祖」。役者入，婦人退避。主人及衆主人輯杖擧之不以拄地。立視。祝以箱奉魂帛前行，詣祠堂前，執事者奉奠，及倚卓次之，銘旌次之，役者擧柩【《既夕禮》】：用輁軸。次之。主人以下從哭。男子由右，婦人由左，重服在前，輕服在後，服各爲叙。侍者在末。無服之親，男居男右，女居女左，皆次主人主婦之後。婦人皆蓋頭，至祠堂前。執事者先布席，役者致柩於其上，北首而出。《儀節》：今人家狹隘，難於遷柩，今擬奉魂帛以代柩。若用此儀，則奉奠倚卓前行，銘旌次之，魂帛又次之，至祠堂前，置魂帛箱於席上，北向。婦人去蓋頭。祝率執事者設靈座，及奠于柩西東向。主人以下就位，《既夕禮》：婦人柩西東面，主人柩東西向。立哭盡哀止。此禮蓋象平生將出，必辭尊者也。《既夕禮》：啓殯日朝禰，明日朝祖。○按：此蓋古禮，預爲啓殯，故其禮如此。今祖禰若異廟，則是日先朝禰，次朝祖。若高曾祖與祖異廟，則只朝祖廟似當。

遂遷于廳事，乃代哭。

執事設幄於廳事。役者入，婦人退避。《儀節》：祝跪告曰「請遷柩于廳事」。祝奉魂帛導柩右旋，主人以下男女哭從如前。詣廳事，執事者布席，役者置柩于席上，南首而出。《儀節》：今人家未必有廳又有堂，其停柩之處即是廳事，略移動可也。祝設靈座及奠于柩前，南向。主人以下就位坐哭，藉以薦席。代哭，如未斂之前，以至發引。

親賓致奠賻。

如初喪儀。

陳器之具【方相】，狂夫爲之，冠服如道士，《周禮》：四人掌蒙熊皮，黄金四目，玄衣朱裳。執戈揚盾。○四品以上，四目爲方相；以下，兩目爲魌頭。【靈車】，奉魂帛者。【大轝】【功布】【翣】並見上。【轝夫】，擔索五行，則三十六人；三行則二十二人，或二十人，或駕以牛。【燭籠】：四或二。鐵索或竹木爲格，上下有圓板，衣以紅綃。或用油紙，内設蠟燭。【炬】，多少隨宜。【雨具】，用油芚或油紙爲之，大轝、靈車、銘旌、輓詞等皆有備。【輓詞】：上下有軸，以竹爲柄，親舊作詞以哀之者。【丘氏】曰：《左傳》公孫夏命其徒歌《虞殯》。【注】：虞殯，送葬歌也。執紼者挽歌，其來遠矣。

陳器。

方相在前，次銘旌，去跗執之；次靈車，以奉魂帛香火；次大轝，轝旁有翣，使人執之。【按】：輓詞當次之。

日晡時，設祖奠。

饌如朝奠。祝斟酒訖，北向跪告曰：「永遷之禮，靈辰不留，今奉柩車，式遵祖道。」俯伏，興。餘如朝夕奠儀。○司馬公曰：若柩自他所歸葬，則行日但設朝奠，哭而行，至葬乃備此及下遣奠禮。

遣奠

厥明，遷柩就轝，

轝夫納大轝於中庭，脱柱，上横扃。執事者徹祖奠。祝北向跪，告曰：「今遷柩就轝，敢告。」遂遷靈座置傍側，婦人退避。召役夫遷柩就轝，乃載施扃加楔，以索維之，令極牢實。主人從柩哭降視載，婦人哭於帷中。載畢，祝率執事者遷靈座于柩前，南向。愚伏曰：並有喪同日而葬，則先發重喪，以應男先之義，亦不爲無見，而聖人既明言先輕後重，則有不可違易，當先啓輕喪，視載既訖，還啓重喪之殯。雖時刻之間猶有尤不得已之意行乎其間，發引在道，至山下棺，莫不皆然。

乃設遣奠，

饌如朝奠，有脯，唯婦人不在。《高儀》：祝跪告曰「靈輀既駕，往即幽宅，載陳遣禮，永訣終天。」奠畢，執事者徹脯納苞中，置舁牀上，遂徹奠。

祝奉魂帛升車，焚香。

别以箱盛主置魂帛後。至是，婦人乃蓋頭出帷，降階立哭。守舍者哭辭盡哀，再拜而歸。尊長則不拜。

補 **窆葬之具** 倚卓，用靈座前所設。白幕，婦女從柩，用以夾障者。帷帳，靈幄，賓次婦人幄所設者。席，及墓用以置柩者。轆轤，有兩柱。紼索，二十把許。細布，或生絹十五尺許，皆所以下棺者。薄板，所以作灰隔内蓋。玄纁，玄六纁四。《雜記》：魯人之贈也，三玄二纁，各丈八尺，家貧不能具，則玄纁各一可也。

發引

柩行，

方相前導，如陳器之叙。

主人以下男女哭步從，

如朝祖之叙。出門則以白幕夾障之。

尊長次之，無服之親又次之，賓客又次之。

皆乘車馬。親賓或先待於墓所，或出郭哭拜辭歸。

親賓設幄於郭外，道旁駐柩而奠。

如在家之儀。

塗中遇哀則哭。

若墓遠，則每舍設靈座於柩前，朝夕哭奠。食時上食。夜則主人兄弟皆宿柩旁，親戚共守衛之。

及墓　下棺　祠土地　題木主　成墳

未至，執事者先設靈幄，親賓次，婦人幄。

靈幄在墓道西，南向，有倚卓。賓次在靈幄前十數步，北與靈幄相值。婦人幄在靈幄後壙西。

方相至，

以戈擊壙四隅。

靈車至，遂設奠而退。

祝奉魂帛就幄座，主箱亦置帛後。奠酒果脯醢。設於靈座前卓子。

柩至，主人男女各就位哭，

執事者先布席於壙南，柩至，脱載，置席上，北首。取銘旌，去杠置柩上。主人、諸丈夫立於壙東，西向；主婦、諸婦女立於壙西幄内，東向。皆北上，如在塗之儀。

賓客拜辭而歸。

補 賓客詣柩前哭，再拜。《儀節》文，《備要》補入。○主人拜之，賓答拜。

乃窆。

先用木杠横於灰隔之上，乃用索四條穿柩底鐶，不結而下之，至杠上，則抽索去之，別摺細布，兜柩底而下之，更不抽出，但截其餘棄之。若柩無鐶，即用索兜柩底兩頭放下，至杠上乃去索，用布如前。《五禮儀》：先用長杠二縱置於壙左右，不令撓動，又用杠四横置長杠之上，又用杠二横置於灰隔上，乃用索二條繞棺兩頭一匝，舉安於横杠上，正其四旁，然後以索兩端繞於縱置長杠，每一頭二人執引，乃去横杠，一時齊聲漸漸放下，至灰隔上，去槨上横杠下棺，或用兩柱轆轤極便好。大凡下棺最須詳審，用力不可誤，有傾墜動摇，主人兄弟宜輟哭，親臨視之。已下，再整柩衣銘旌，令平正。《喪大記》注：翣入槨則障柩。《開元禮》：翣倚於壙内兩廂。○按：並有喪，合葬，則下棺時當依退溪之意，先輕後重。

主人贈。

玄纁各丈八尺，主人奉置柩旁，再拜稽顙。在位者皆哭盡哀。《開元禮》：主人以玄纁受祝再拜，祝奉以奠於柩東。按：恐當分置上玄下纁。其餘金玉寶翫，並不得入壙，以爲亡者之累。

加灰隔内外蓋，

先度灰隔大小，制薄板一片，旁距四墻，取令脗合，至是加於柩上，更以油灰彌之，然後旋旋少灌瀝青於其上，令其速凝，即不透板，約已厚三寸許乃加外蓋。若不用瀝青，只用外蓋。

實以灰，

三物拌均者居下，炭末居上，各倍於底及四方之厚，以酒灑而躡實之。恐震柩中，故未敢築，但多用之，以俟其實耳。

乃實土而漸築之。

下土每尺許，輕手築之，勿令震動柩中。

祠土地之具 並同前。

祝文式

維年號幾年歲次干支幾月干支朔幾日干支，某官姓名敢昭告于土地之神：今爲某官封謚或某封某氏。窆茲幽宅，神其保佑，俾無後艱。謹以清酌脯醢，祗薦于神。尚饗。

祠土地於墓左，

如前儀。

下誌石，

墓在平地，則於壙内近南先布磚一重，置石其上，又以磚四圍之而覆其上，若墓在山側峻處，則於壙南數尺間掘地深四五尺，依此法埋之。

復實以土而堅築之。

下土亦以尺許爲準，但須密杵堅築。

題主之具 善書者 硯 筆 墨 祝文 盥盆 帨巾 卓 二，一置筆墨，一置盥盆帨巾。

祝文式

維年號幾年歲次干支幾月干支朔幾日干支，孤子母喪稱「哀子」，俱亡稱「孤哀子」，承重稱「孤孫」、「哀孫」、「孤哀孫」，下皆倣此○《備要》：按禮，喪人雖有官，不稱。某敢昭告于顯考某官封謚府君：母則云「妣某封某氏」，承重祖考妣同告。伯叔父母則云「從子某敢昭告于顯伯父某官府君、顯伯母某封某氏」，叔父母同。告兄云「弟某敢昭告于顯兄某官府君」。告嫂云「夫弟姓某敢昭告于顯嫂某封某氏」。告姊云「弟某敢昭告于顯姊某氏」。告妻云「夫姓某昭告于亡室某封某氏」。告弟云「兄昭告于亡弟某官」。告子云「父告于亡子某官。」姪孫及餘親皆倣此。○《周元陽祭録》：無男主而婦祭舅姑者云：「新婦某氏祭顯舅某官封謚顯姑某氏。」妻祭夫曰：「主婦某氏祭顯辟某官封謚。」《禮記》：妻謂夫爲辟。按：祭字當改以敢昭告于。形歸窀穸，神返室堂，神主既成，伏惟告卑幼去此二字。尊靈，告卑幼云「惟靈」。舍舊從新，是憑是依。

題主

執事者設卓子於靈座東南，西向，置硯筆墨。對卓置盥盆帨巾如前。主人立於其前，北向。祝盥手出，主卧置卓上，使善書者盥手西向立，先題陷中，父則曰「故某官某公諱某字某第幾神主」。古本「故」字上有「有宋」字。【儀節】：陷中故字上有「有明」字。【退溪】曰：第幾之稱是行第稱號，古人生以爲號，故死亦稱之。今人則生時既無第幾之稱，神主不用此稱，恐亦無妨。粉面曰「考某官封謚府君神主」。【按】：《家禮圖》注：考字上加「顯」字。其下左旁【退溪】曰：左旁指人左旁而言，《家禮圖》及《儀節》《大明會典》等書皆然。曰「孝子某奉祀」。母則曰「故某封某氏諱某字某第幾神主」。【儀節】：母陷中故字上亦有「有明」字。【寒岡】曰：婦人諱字明知亦難，不書何妨？【愚伏】曰：只書姓氏，不足以依神，依禮書諱甚得。粉面曰：「妣某封某氏神主。」「妣」字上亦當加「顯」字。旁亦如之。無官封，則以生時所稱爲號。【沙溪】曰：無官而死者，當書處士、學生、秀才，各隨其宜。婦人則只稱鄉貫，或稱孺人亦可。丘氏謂無官婦人，宜如俗稱孺人，蓋禮窮則從下之義也。○妻子及旁親稱號見上題主祝文。【大全】：問：庶子之所生，母題主當何稱？【朱子】曰：若避嫡母，只稱亡母。又曰：旁注施於所尊以下，則不必書也。【備要】：旁親雖尊，亦不必書旁注。題畢，祝奉置靈座，而藏魂帛於箱中，以置其後，炷香斟酒。【備要】：《家禮》無別設饌之文，而《五禮儀》有題主奠，今俗多用之。執版出於主人之右，跪【儀節】：主人以下皆跪。讀之，畢，懷之，【儀節】：不焚。○【按】：以退溪説觀之，懷之不焚，自有深意，而但未知終如何處之。祝奉主升車，隨行至家，奉主置靈座，出祝懷中，置于坫上。至初虞焚祝時，並焚之，恐當。今俗或並留三虞祝至卒哭，祭畢並焚之，亦似無妨。興，復位。主人【儀節】：主人以下。再拜，哭，盡哀止。

祝奉神主升車。

魂帛箱在其後。

執事者徹靈座遂行。

主人以下哭從，如來儀。出墓門，尊長乘車馬，去墓百步許，卑幼亦乘車馬，但留子弟一人，監視實土，以至成墳。

成墳之具

莎土　階砌石　小石碑　石牀，合葬則具二或用一，廣狹隨宜。石人二　望柱石二，大小隨宜。

墳高四尺，立小石碑於其前，高四尺，趺高尺許。

孔子防墓之封，其崇四尺，故取以爲法。《備要》：平土後即於金井機內鋪炭屑，或石灰小許，以備他日修墓，或合葬之時取考，乃於正中立標木。又以繩一端繫於標木，執其一端而環之，其徑十六七尺，合葬則二十餘尺，以爲成墳之基。按：《禮記》：夫子從若斧者焉，馬鬣封之謂也。注：儉而易就。此所謂四尺，蓋謂地尺，當準此封築，不當務爲崇高。

石須闊尺以上，其厚居三分之二，圭首而刻其面，碑前面之中也。如誌之蓋。略述其世系、名字、行實，而刻於其左，轉及後右而周焉。婦人則俟夫葬乃立，面如夫亡誌蓋之刻。《備要》：石人、石牀、望柱石亦置於墳前。

返哭

主人以下奉靈車在塗徐行哭。

其返，如疑爲親在彼，哀至則哭。

至家哭。

望門即哭。

祝奉神主入置于靈座。

執事者先設靈座於故處。祝奉神主，入就位櫝之，並出魂帛箱置主後。

主人以下哭于廳事，遂詣靈座前哭。

主人以下及門哭入，升自西階，哭于廳事。婦人先入，哭於堂。楊氏復曰：按先生此言，蓋謂古者反哭于廟，反諸其所作謂親所行禮之處，反諸其所養謂親所饋食之處，皆指反哭于廟而言也，但後世廟制不立，所謂廳事，乃祭祀之地，主婦饋食亦在此堂也。靈座前哭，盡哀止。按：今人設靈座於正寢，別無廳堂可哭之處，只哭靈座可也。

有吊者，拜之如初。

謂賓客之親密者，既歸，待反哭而復吊。

期九月之喪者，飲酒食肉不與宴樂。小功以下，大功異居者可以歸。

《喪大記》：期終喪不食肉，不飲酒，父在，爲母爲妻。○《既夕禮》疏：至虞卒哭，還來預。按：還來預者，蓋指小功以下歸家者也。大功以上，啓殯散垂腰絰，卒哭乃絞，則異居者卒哭前不可以歸，亦不可飲酒食肉矣。「不與宴樂」以上十四字移附於「卒哭末主人枕木」之下，恐當，且「大功」二字疑衍。

家禮輯要卷之六

喪禮三

虞祭

葬之日，日中而虞。朱子曰：未葬時奠而不祭，但酌酒陳饌再拜，虞始用祭禮。或墓遠，則但不出是日可也。若去家經宿以上，則初虞於所館行之。丘氏曰：若於所館行禮，恐不能備，可略去「闔門」「啓門」「噫歆」「告利成」四節。○《喪服小記》：父母之喪偕，先葬者不虞祔，待後事。疏：葬母不即虞祔，待葬父，先虞父，後虞母，各以其服，練祥皆然，卒事反服重。

虞祭之具

盥盆二，一具臺，一無臺。帨巾二，一具架，一無架。卓子二，一設注及盤盞者，一置祝版者。大床一，所以陳饌者。酒瓶一，並架。酒注一，酒盞二，具盤。火爐一，具筯。湯瓶 香合 香爐見上。香案 燭一雙，具臺。祝版 果 蔬菜，郊特牲：鼎俎奇而籩豆偶，陰陽之義也。注：陳氏曰：鼎俎之實，以天産爲主，而天産陽屬，故其數奇。籩豆之實，以地産爲主，而地産陰屬，故其數偶。《備要》據此，魚肉當用奇數，果蔬當用偶數。脯 醢 匙筯 肉 魚 麵食 米食，以上各一楪。羹 飯各一椀。炙肝 醋，以醬代之，奠於蔬間。茅沙，截茅一搤，長八寸。

祝文式

維年號幾年歲次干支幾月干支朔幾日干支，孤子某敢昭告于夫告妻、父告子、告旁親，並見上題主祝。《喪服小記》：婦之喪，虞，卒哭，其夫若子主之，祔則舅主之。許眉叟曰：祭婦則舅尊而祭卑，許親者主之。祠堂之禮，舅在舅主之。顯考某官府君：母云「妣某封某氏」，承重祖考妣同。日月不居，奄及初虞。或再虞、三虞、卒哭。夙興夜處，哀慕不寧。父告子云「悲念相續，心焉如燬」。夫告妻云「悲悼酸苦，不自堪忍」。弟告兄云「悲慟猥至，情何可處」。兄告弟云「悲慟無已，至情如割」。謹以告子、告弟、告妻則云「茲以」。

清酌庶羞，哀薦祫事。告兄則云「薦此祫事」，告子、告弟、告妻則並云「陳此祫事」。○再虞云「虞事」，三虞云「成事」，卒哭同。但其下云「來日隮祔于祖考某官府君」，母云「祖妣某封某氏」。尚饗。

主人以下皆沐浴。

或已晚不暇，即略自澡潔可也。《士虞記》：沐浴不櫛。注：期以下櫛。

執事者陳器，具饌。

盥盆、帨巾各二於西階西，東南上，東盆有臺巾，有架，西者無之。凡喪禮皆倣此。酒瓶並架一於靈座東南。置卓子於其東，設注子及盤盞於其上，火爐、湯瓶於靈座西南。置卓子於其西，設祝版於其上。設香案於堂中，炷火於香爐，束茅聚沙於香案前。《備要》：日昏則設燭具臺。具饌如朝奠，《備要》：「朝」疑「朔」字。陳於堂門外之東。《備要》：設大床陳之。

補設蔬果酒饌，《備要》：依時祭補入。○按：上文具饌，注有設蔬果之語，而不如時祭之别立綱，故《備要》補入，而移其注於此下。再虞注又有此語，卒哭則别立綱，而注云並同虞祭，此必《家禮》草本偶爾闕遺矣。設於靈座前卓上，匙筯居内内即床北第一行。當中，酒盞在其西，醋楪居其東。次二行空之，以俟進饌。○按：栗谷《祭儀》：盤盞居内當中，匙筯居西邊，此甚得宜。今俗用醋菜，列於蔬間，恐亦無妨。果居外，外即次四行。蔬居果内，即次三行。實酒于瓶。熾炭于爐炊煖酒饌，皆令極熱，以合盛出，置門外大床上。

祝出神主于座，主人以下皆入哭，

主人及兄弟倚杖於室外，及與祭者皆入，哭於靈座前。其位皆北面，以服爲列，重者居前，輕者居後。尊長坐，卑幼立。丈夫處東，西上；婦人處西，東上。逐行各以長幼爲序，侍者在後。

降神，

祝止哭者。主人降自西階，盥手，帨手，詣靈座前，焚香，再拜。執事者皆盥帨，一人開酒，實于注，西面跪，立於主人之右。一人奉卓上盤盞，東面，立於主人之左。主人及執事者皆跪，執注者以注授主人，主人受之。主人斟酒於盞，以注授執事者，左手取盤，右手執盞，酹之茅上，以盤盞授執事者，俛伏，興，少退，再拜，復位。退溪曰：虞祭無參神，非闕漏也，是時如事生如事存之兩際，故去參神以見生前常侍之意，行降神以見求神於怳惚之間。此甚精微曲盡處，瓊山率意添入，當從朱子。○《備要》：虞、卒哭、祥禫並無參神之文，只於祔祭有之，而其下注特言參祖考妣，則其於新主無參神明矣。意者三年之内，孝子常侍其側，故無可參之義，只入哭盡哀而已。

祝進饌，

執事者佐之。以盤奉魚肉、炙肝、麵食、米食、羹飯，升至靈座前，肉奠于盞盤之南，麵食奠于肉西，魚奠于醋楪之南，米食奠于魚東即二行空處，羹奠于醋楪之東，飯奠于盤盞之西。《備要》虞祭飯羹依《家禮》時祭進饌之序設之如此。

初獻，

主人進詣注子，卓前執注，北向立。執事者一人取靈座前盤盞，立於主人之左。主人斟酒，反注於卓子上，詣靈座前，執事者奉盞隨之。北向立。主人跪，執事者亦跪，主人之左。進盤盞，主人受盞，三祭於茅束上，俛伏，興。執事者受盞奉詣靈座前，奠於故處。乃啓飯蓋置其南。《特牲饋食禮》：洗爵奠于鉶南，遂啓會卻于敦南。注：郤，仰也。○主人俯伏，興，稍退，跪。

祝執版出，於主人之右，西向跪，讀之，祝興。置祝版於香案。主人哭，以下皆哭。再拜，復位，哭止。

亞獻，

主婦爲之，禮如初。但不讀祝，四拜。《備要》：《家禮》「主婦」條：主婦謂亡者之妻，三年之内凡言主婦者，似皆指亡者之妻，而但橫渠云：「西酌犧尊，東酌罍尊，須夫婦共事，豈可母子共事？」以此觀之，初喪則亡者之妻，當爲主婦虞祔；以後凡祭祀之禮，必夫婦親之。按：《備要》「東」「西」二字互换，今依禮器改正。

終獻，

親賓一人，或男或女爲之，禮如亞獻。

侑食。

執事者執注就添盞中酒。扱匙飯中西柄正筯。

主人以下皆出，祝闔門。

主人立於門東，西向，卑幼丈夫在其後，重行，北上。主婦立於門西，東向，卑幼婦女亦如之。尊長休於他所，如食間。即一食九飯之頃。○無門處降簾。

祝啓門，主人以下入哭辭神，

祝進，當門北向，噫歆三，乃啓門。或卷簾。主人以下入就位，執事者點茶。國俗代以水。○《儀節》：置匙筯傍。祝立于主人之右，西向，告利成，斂主匣之，置故處。主人以下哭再拜，盡哀止。祝揭祝文而焚之，止留版。後倣此。出就次。執事者徹。

祝埋魂帛，

祝取魂帛，帥執事者埋於屏處潔地。丘氏曰：若路遠於所館行禮，必須至家三虞後埋之。

罷朝夕奠。

朝夕哭，哀至，哭如初。

遇柔日再虞，

乙丁己辛癸爲柔日，其禮如初虞。惟前期一日陳器具饌，厥明夙興，設蔬果酒饌，質明行事，祝出神主于座。祝文見初虞。若墓遠，途中遇柔日，則亦於所館行之。

遇剛日三虞。

甲丙戊庚壬爲剛日，其禮如再虞。祝文見初虞。若墓遠，途中遇剛日且闕之，須至家乃行此祭。

卒哭

《檀弓》曰：「卒哭以吉祭易喪祭。」故此祭漸用吉禮。按：《檀弓》曰：奠以素器，以生者有哀素之心也。惟祭祀之禮主人自盡焉，亦以主人有齊敬之心也。吴氏曰：虞以前，奠用素器，卒祔練祥，是祭祀之禮，盡禮之文以寓其敬。據此則卒哭以後不當用素器。○《喪服小記》：報葬者報虞，三月而後卒哭。注：既疾葬，亦疾虞以安神，不可緩也，惟卒哭則必竢三月。

卒哭之具皆如虞祭，但加設玄酒瓶。

三虞後遇剛日卒哭。前期一日，陳器，具饌。

並同虞祭，惟更設玄酒瓶一於酒瓶之西。

厥明，夙興，設蔬果酒饌。

並同虞祭，惟更取井花水即平朝第一汲水。充玄酒。《鄉飲酒義》：教民不忘本。《禮運》：其實不用之以酌。

質明，祝出主，主人以下皆入哭，降神。

並同虞祭。楊氏曰：古者既虞卒哭，練祥禫皆有受服，服以漸輕。今俗無受服，非古也。《書儀》《家禮》從俗，所以從簡。《備要》《儀禮·喪服》絞帶變麻受葛，而《家禮》略之。今雖不能從古，啓殯散垂者至是當還絞。

主人、主婦進饌，

主人奉魚肉，主婦盥帨，奉麪米食，主人奉羹，主婦奉飯以進，如虞祭之設。

初獻，

並同虞祭，惟祝執版出於主人之左，東向，跪讀爲異。祝文見上。

亞獻，終獻，侑食，闔門，啓門，辭神。

並同虞祭，惟祝西階上東面，告利成。

自是朝夕之間，哀至不哭。

猶朝夕哭。《士虞禮》注：卒哭，不復饋食於下室。○《大全》：李繼善問：《檀弓》既祔之後，惟朝夕哭拜朔奠，而張先生以爲三年之中不徹几筵，故有日祭，温公亦謂朝夕當饋食，則是朝夕之饋，當終喪行之不變，與《禮經》不合，不知如何？曰：此等處今世見行之禮，不害其爲厚，而又無嫌於僭，且當從之。

主人兄弟，蔬食水飲，不食菜果，寢席枕木。

補 諸父、兄弟之喪，既卒哭而歸。《喪大記》文，《備要》補入。○按：以朱子之言觀之，卒哭後家廟節祀可以行之，詳見「禫祭」下喪中廟祀條。

父母亡，答人慰疏，嫡孫承重者同。

某稽顙再拜言：降等云「叩首」，去「言」字。劉氏曰：按稽顙而後拜，以頭觸地曰「稽顙」，三年之禮也，雖於平交、降等者亦如此，但去「言」字。何則？古禮受吊必拜之，不問幼賤故也。某罪逆深重，不自死滅，禍延先考。母云「先妣」，承重則祖父云「先祖考」，祖母云「先祖妣」。攀號擗踊，五内分崩，叩地叫天，無所逮及。日月不居，奄踰旬朔，隨時變稱。酷罰罪苦，父在母亡，即云「偏罰罪深」，父先亡則母與父同。無望生全。即日蒙恩，平交以下去四字。祇奉几筵，苟存視息，伏蒙尊慈俯賜慰問，哀感之至，無任下誠。平交云「仰承仁恩，俯垂慰問，其爲哀感，但切下懷」，降等云「特承慰問，哀感良深」。○司馬温公曰：凡遭父母喪，知舊不以書來吊問，是無相恤之心，於禮不當先發書，不得已須至先發，即删此四句。末由號訴，不勝隕絶。謹奉疏，降等云「狀」。荒迷不次。謹疏。降等云「狀」。年號月日，孤子母喪稱「哀子」，俱亡即稱「孤哀子」，承重者稱「孤孫」「哀孫」「孤哀孫」。○退溪曰：父亡而繼母在，則當只稱「孤子」。又曰：禫祭前恐當仍稱「孤哀」。《翰墨全書》：居心喪云「心制」。沙溪曰：稱心喪人。又曰：爲人後者爲本生父母喪只自稱「喪人」，不可稱「孤哀」也。姓名疏上某位座前。封皮、重封並同前。

補父母亡，謝人吊賻會葬疏。見《儀節》。

某稽顙再拜言：某罪逆不滅，禍延先考，母則云「先妣」，承重則曰「先祖考」或「先祖妣」。幸而克襄大事，皆賴

諸親非親戚則云「諸賢」。相助之力。既蒙下吊，平交以下則曰「臨吊」。又賜賻奠，止有賻則曰「賻儀」，奠則曰「祭奠」。逮其送往，又辱寵臨。如不送葬，去此二句。感德良深，莫知所報。哀疚在躬，末由面達。謹此代謝，荒迷不次，謹疏。年號月日，孤子姓名疏上某位座前。封皮、重封同前。

祔

《士虞禮》：以其班祔。○《小記》：祔必以其昭穆，亡則中一以上。疏：中猶間也。一以上，祖又祖。孫

祔祖爲正，若無祖則祔于高祖。○《雜記》：王父死，未練祥而孫又死，猶是祔於王父也。○《士虞禮》：婦之喪祔，則舅主之。注：謂凡嫡婦、庶婦也。

祔祭之具

同前。○設三位具，母喪則設兩位具。

祝文式

維年號幾年歲次干支幾月干支朔幾日干支，孝曾孫某喪主非宗子，則隨宗子所稱。謹以清酌庶羞，適于顯曾祖考某官府君、隮祔孫某官。祔母云「顯曾祖妣某封某氏、隮祔孫婦某封某氏」。尚饗。

年月日，同前。孤子某《雜記》：祭稱「孝子」「孝孫」，喪稱「哀子」「哀孫」。注：卒哭後爲吉祭。《備要》：《儀禮》《家禮》祔祭後稱孝，當從之。○若亡者於宗子爲旁親，則隨宗子所稱，詳見題主祝。謹以告卑幼則云「茲以」。清酌庶羞，哀薦卑幼云「哀陳」。祔事于顯考某官府君，適于祖考某官府君。母云「哀薦祔事于顯妣某封某氏，適于祖妣某封某氏」。尚饗。

卒哭，明日而祔。卒哭之祭既徹，

補沐浴，櫛，剪爪。《士虞禮》文，《備要》補入。○丘氏曰：今網巾與纚頗相似，但古禮只言其去纚之節，而不言其還施之時。至祔祭，主人以下沐浴、櫛髮，則此時似當用纚，而無明文。《備要》：《開元禮》及杜氏説雖與古禮不同，喪人當歛髮之義則似有據，更詳之。【愚伏】曰：卒哭後着網巾，似無不可。【眉叟】曰：凶禮尚質，不用可也。

即陳器具饌。

器如卒哭，惟陳之於祠堂，堂狹即於廳事，隨便。【按】：祔祭行於廟内，極不便。蓋古者代各異廟，故祔祭行於廟内。竊疑《書儀》之用古禮，《家禮》因之而未改歟？設位廳事，極爲穩當，如無廳事，則張幄設位於廟門外庭中可也。設亡者祖考妣位於中，南向西上，設亡者位於其東南，西向。【《儀節》】：設二卓，一盛祖考妣櫝，一盛新主櫝。母喪則不設祖考位。【《雜記》】：男子祔于王父則配，女子祔王母則不配。酒瓶、玄酒瓶於阼階上，火爐、湯瓶於西階上。具饌如卒哭而三分，母喪則兩分。祖妣二人以上則以親者。【《小記》疏】：親者謂舅之所生者。

厥明，夙興，設蔬果酒饌。

並同卒哭。

質明，主人以下哭於靈座前。

主人兄弟皆倚杖于階下，入哭，盡哀止。○繼祖宗子之喪，其世嫡當爲後者主喪，乃用此禮。若喪主非宗子，則皆以亡者繼祖之宗主此祔祭。

詣祠堂，奉神主出，置于座。

【補】主人以下俱詣祠堂，《備要》依《儀節》補入。祝軸簾啓櫝，奉所祔祖考之主置于座内，執事者奉祖妣之主置于座西上。行事廟庭當如此。若在他所，則《儀節》：跪告曰：「請主詣某所。」乃奉櫝以行。【按】：若行於廳事，則當云「請主詣廳事」。置于西階上卓子上，然後啓櫝。○若喪主非宗子，而與繼祖指亡者之祖。之宗異居，則宗子爲告于祖[按]：前一日晨謁，焚香跪告曰：「今爲孫某官，明日將行祔事于其家，敢告。」遂辭神而退。而設虛位用紙榜。以祭，祭訖除之。

還奉新主入祠堂，置于座。

主人以下還詣靈座所，哭。祝奉主櫝詣祠堂西階上卓子上。主人以下哭從，如從柩之叙，至門止哭。祝啓櫝出主，如前儀。○若喪主非宗子，則惟喪主主婦以下還迎。

叙立。

如虞祭[按]：上文既云「並同卒哭」，而此云「如虞祭」，蓋叙立之儀詳在虞祭故也。之儀。若喪主非宗子，則宗子主婦分立兩階之下，喪主在宗子之右，喪主婦在宗子婦之左，長則居前，少則居後。

參神。

在位者皆再拜，參祖考妣。

降神。

若喪主非宗子，則宗子行之，並同卒哭。

祝進饌。

並同虞祭。[按]：既云「並同卒哭」，而卒哭則主人主婦進饌，此則祝進饌，與虞祭同也。

初獻。

若喪主非宗子，則宗子行之，並同卒哭。但酌獻先詣祖考妣前，《備要》：執事者啓飯蓋，置其南，祝執版，立於主人之左，東向，跪讀。皆不哭。次詣亡者前。《備要》：祝立於主人之左，南向，跪讀祝文，並見于上。若亡者於宗子爲卑幼，則不拜。

亞獻，終獻。

若宗子自爲喪主，則主婦爲亞獻，親賓爲終獻。若喪主非宗子，則喪主爲亞獻，主婦爲終獻，並同初獻儀。

侑食，闔門，啓門，辭神。

並同卒哭，但不哭。

祝奉主，各還故處。

祝先納祖考妣神主于龕中匣之，次納亡者神主西階卓子上匣之，奉之反于靈座。出門，主人以下哭從如來儀，盡哀止。若喪主非宗子，則哭而先行，宗子亦哭送之，盡哀止。若祭於他所，則祖考妣之主亦如新主納之。《儀節》：至祠堂納主訖，回西階卓上奉新主。

小祥

鄭氏云：「祥，吉也。」

小祥之具

同前。冠 如初喪之制，但用稍麁練布爲之。按：孝巾亦當用練布。衣裳 用大功七升布，如初制。《備要》：按《圖式·練除受服圖》，衰裳，以卒哭後冠受之，卒哭後冠即大功七升布也。以此觀之，當並練衰裳，未知如何？《家禮》無受服，所以從簡。若不能改，備者仍舊亦可。中衣 用練。按：國俗依《圖式》用練，《家禮》雖不言，行之可也。腰経 以葛去皮者爲之，或穎或熟麻爲之，如初制。《備要》：《家禮》無此節，而丘氏用古禮意，以葛爲之。絞帶 以葛或熟麻爲之，如初制。齊衰用練布，婦人同。○按：西厓、沙溪皆云當依古禮，腰經用葛，三重四股，絞帶變麻用布，而《家禮》因時損益，並不用此制。但《家禮》太簡，今經用葛或熟麻，帶用熟麻，如初制，恐當從之矣。履 用繩麻爲之。《檀弓》注：繩麻，麻繩。按：亦當用熟麻，如初制。婦人 衰裳 亦用稍麁熟麻布爲之，如初制。但男子衰裳既不變，則婦人亦不變。首経 亦以葛爲之。

祝文式

維年號幾年歲次干支幾月干支朔幾日干支，孤子某敢昭告于　顯考某官府君：母云「妣某封某氏」，承重祖考妣同。日月不居，奄及小祥，大祥云「大祥」，禫祭云「禫祭」。夙興夜處，哀慕不寧。

按：《家禮》「夜處」下有「小心畏忌，不惰其身」八字，而《儀禮》入於祔祭祝，《家禮》入於小祥祝，誠不可曉。今以淺見，只依虞卒祝而删此八字。○父告子、夫告妻、告兄弟之辭，並見上初虞祝。謹以清酌庶羞，哀薦常事。大祥云「祥事」，禫祭云「禫事」。尚饗。

期而小祥。

自喪至此，不計閏，凡十三月。張子曰：大功以下算閏月，期以上以期斷，不算閏月。《開元禮》：閏月亡者，祥及忌日皆以閏所附之月爲正。庾蔚之曰：今年末三十日亡，明年末月小，則用後年正朝爲忌，此必不然。閏亡者亦可知也。○《語類》：親喪，兄弟先滿者先除，後滿者後除，以在外聞喪有先後。○《大全·答曾無疑》曰：聞訃，便合成服。當時成服太晚，固已失之，然在今練祥之禮，却當計成服之日至今月日實數爲節。其間忌日却須别設祭奠，始盡人情耳。《備要》：此嫡子爲然，庶子聞喪在後，則變除之節亦計日月之數，哭而行之，不敢祭耳。按：過時成服，如今人遭喪癘疫，不以時成服，或喪出遠地，子幼或病，未奔喪，待返櫬成服者皆是。古者卜日而祭，今只用初忌，以從簡易。大祥倣此。《雜記》：三年之喪既潁，其練祥皆行。注：前喪後喪俱是。三年之服，其後喪既受葛之後，得爲前喪行練祥之祭也。按：《儀禮》：卒哭脱絰帶。注：受之以葛，無葛用潁，既潁者謂卒哭後也。○《雜記》：父母之喪，將祭而昆弟死，既殯而祭。如同宫，則雖臣妾，葬而後祭。注：將祭，將行小祥、大祥之祭也。《雜記》：期之喪十一月而練，十三月而祥，十五月而禫。注：此謂父在，爲母、爲妻同。《備要》：十一月而練者又不可算閏，擇日如禫儀。

前期一日，主人以下沐浴，陳器，具饌。

主人率衆丈夫灑掃滌濯，主婦帥衆婦女滌釜鼎，具祭饌。它皆如卒哭之禮。

設次，陳練服。

丈夫、婦人各設次於別所，置練服於其中。男子以練服《輯覽》：「服」當作「布」。爲冠，並陳練孝巾、練中衣、葛腰絰、葛絞帶、麻屨。去首絰、負版、辟領、衰；《備要》：《儀禮》《禮記》《通典》等書並無「去衰、負版、辟領」之文，《家禮》因《書儀》去之。婦人陳葛首絰、麻屨。《雜記》：男子重首，婦人重帶，除服者先重者。按：婦人當去腰絰。截長裙，不令曳地。應服期者改吉服。按：用玄冠、素服、黑帶，盡月後純吉。然猶盡其月，不服金珠、錦繡、紅紫，唯爲妻者猶服禫，盡十五月而除。

厥明，夙興，設蔬果酒饌。

並同卒哭。

質明，祝出主，主人以下入哭。

皆如卒哭，但主人倚杖於門外，與期親各服其服而入。若已除服者來預祭，亦釋去華盛之服，皆哭盡哀止。

乃出就次，易服，復入哭。

祝止之。

降神，三獻。

如卒哭之儀。祝文見上。

侑食，闔門，啓門，辭神。

皆如卒哭之儀。

止朝夕哭。

唯朔望未除服者會哭。《喪大記》：大夫、士父母之喪，既練而歸，朔日、忌日哭于宗室。按：未除服者，疑並指期功税服者。○退溪曰：雖止朝夕哭，晨昏當展拜几筵。○《備要》：古者命士以上，父子異宮，故庶子爲大夫、士者，小祥後各歸其宮。今朝夕上食，三年不廢，則庶子亦當終喪在殯側也。朝夕上食，當有哭泣，而退溪以爲不當哭，可疑。近世諸賢皆謂：「既謂祭奠，不可不哭。」眉叟曰：既夕禮居倚廬，晝夜哭無時。《喪服傳》：既練，舍外寢，哭無時。此常哭既止，而哀至則哭也。上食非古而猶哭，則是常哭猶在，而又哀至則哭，與初喪同，非哀殺之節也。禮有隆殺，何所疑乎？

其遭喪以來，親戚之未相見者相見。雖已除服，猶哭盡哀，然後叙拜。

始食菜果。

《雜記》：飲水漿，無鹽酪，不能食食，鹽酪可也。《間傳》：小祥居堊室。○《喪大記》：婦人喪，父母既練而歸。

大祥

大祥之具

同前。冠，黲色。《五禮儀》：白笠。服，黲布衫，婦人以鵝黄青碧爲衣履。《五禮儀》：白衣、白靴，婦人純用素衣履。○《儀節》曰：有官者用白布裹帽、白布盤領袍、布帶；無官者用布巾、白直領衣、布帶。婦人純用素衣履。按：《喪服小記》「祥祭縞冠」，疏「黑經白緯曰縞」，此説非也。《玉藻》「縞冠素紕」，注：「縞，生絹；素，熟絹。」且古書言縞者皆是白色，蓋古禮祥冠之用白色明矣，而《家禮》用黲，乃從俗也。西厓、沙溪皆云《儀節》冠服之純白，國制白笠之法實得古意，今當從之。○《備要》：《雜記》疏據卿大夫言之，從祥至吉，凡服有六：祥祭，朝服縞冠一也；祥訖，素縞麻衣二也；禫祭，玄冠黄裳三也；禫訖，朝服綅冠四也；吉祭，玄冠朝服五也；既祭，玄端而居六也。今倣此禮，祥祭著微吉之服，祭訖反著微凶之服，禫祭著吉服，祭訖著微吉之服，以至吉祭後復常，似合禮意。

再期而大祥。

自喪至此，不計閏，凡二十五月，用第二忌日。《雜記》：期之喪十三月而祥。注：此謂父在，爲母爲妻同。○並有喪，見「小祥」條。

前期一日，沐浴，陳器，具饌，

皆如小祥。

設次，陳禫服。厥明，行事，皆如小祥之儀。

唯祝版改曰云云。祝文見小祥。○《備要》：有事則告。今新主祔廟，不可不先告祠堂，告辭見下。○按：儀如朔日之參，當預具酒果以待之。

補 祔廟之具如告事之具，見「通禮」，《備要》補入。

祔廟告辭《備要》：《儀節》云未改題，只書官封而不書高曾祖考妣，然祔祭祝辭尚云「適于某考某官府君」，何可以未改題而不稱屬號也？今改之如左。

維年號幾年歲次干支幾月干支朔幾日干支，五代孫某敢昭告于顯五代祖考某官府君、顯五代祖妣某封某氏、顯高祖考某官府君、顯高祖妣某封某氏、顯曾祖考某官府君、顯曾祖妣某封某氏、顯祖考某官府君、顯祖妣某封某氏：茲以先考某官府君喪制已畢，按：《儀節》祥前一日告遷，故云大祥已留，今改正。禮當祔於顯曾祖考某官府君，不勝感愴。謹以酒果，用伸虔告。謹告。

《儀節》曰：若父在母先死，則是父爲喪主，唯祔於祖母之櫝，待父死，然後告薦。若父先亡，已入祠堂，而後母死，其祝文曰：「茲以先妣某封某氏喪制已畢，禮當祔於先考。」餘同。《備要》：父先亡母喪，祥訖，依《丘禮》，祔于考龕，而䄊祫時合櫝爲宜。或曰：父雖先入廟，母喪畢，且祔於曾祖妣，䄊祫時，配于父，爲近古意，更詳之。

畢，祝奉神主入于祠堂，

補 祝跪告曰：「請入于祠堂。」《備要》補入。○主人以下哭從如祔之叙，至祠堂前哭止。《大全》：既祥而徹几筵，其主且當祔於祖父之廟，祔于東邊，西向，䄊祫畢，然後遷。

徹靈座，斷杖，棄之屛處。

《喪大記》：大祥食菜，以醯醬。○張子曰：喪服必於除日毁，以散諸貧者，或守墓者可也。古人不惡凶事，而今人焚埋，又似惡喪服。○《喪服小記》：三年而葬者必再祭，其祭之間不同時而除喪。注：葬畢必舉練祥祭，故云再祭也，但此二祭仍作兩次舉行，如此月練祭，男子除首絰，婦人除腰帶，次月祥祭，乃除衰服。○《開元禮》：父母之喪周而葬者，以葬之後月小祥，再周而葬者，葬之後月練，又後月祥，祥而即吉，無復禫矣，未再周葬者，二十五月練，二十六月祥，二十七月禫。○《雜記》：有父之喪，如未没喪而母死，其除父之服也，服其除服。卒事，反喪服。注：除服謂祥祭之服，以示於前喪有終。○《曾子問》：「大夫士有私喪，可以除之矣，而有君服焉，其除也如之何？」孔子曰：「有君喪服於身，不敢私服，又何除焉？於是乎有過時不除也。君之喪服除而后殷祭，禮也。」曰：「父母之喪，不除可乎？」孔子曰：「先王制禮，過時不舉禮也。」注：假如此月除君服，即次月行小祥祭，又次月行大祥祭。若親喪，小祥後遭君服，則他時君服除後，唯行大祥祭也。然此皆謂嫡子主祭而居官者，庶子居官而行君服，嫡子在家自依行親喪之禮。他日庶子雖除君服，無追祭矣。《備要》：國制國恤，卒哭後大小祀皆許行之，私喪二祥未知其必不可行，姑存古禮，以備參考。

禫

鄭氏曰：澹，澹然平安之意。《喪服小記》：爲父母妻長子禫。注：妻爲夫亦禫，慈母之喪無父亦禫。○宗子母在爲妻禫。注：父在則嫡子爲妻不杖，不杖則不禫，父歿母存則杖且禫。賀循曰：非宗子而母在者，杖而不禫。○庶子在父之室，爲其母不禫。注：此言不命之士。○《檀弓》注：出母無禫。○問：女子已嫁，爲父母禫？朱子曰：父在爲母禫，只是主男子言。

禫祭之具同前。黑笠、素衣、黑帶、革靴。

大祥之後，中月而禫。

間一月也。自喪至此，不計閏，凡二十七月。張子曰：三年之喪禫閏月亦算之。○《雜記》：期之喪十五月而禫。注：此謂父在，爲母爲妻同。○《語類》：問：「三年而葬者必再祭，鄭注以爲只是練祥祭，無禫。」曰：「看見也是如此。」○《備要》：前後有喪，則前喪禫祭不可於後喪中，是不忍於凶時行吉禮意也。又不可追行於後喪畢後，蓋過時不祭也。朱子之意，若鄭注、《開元禮》皆然。

前一月下旬卜日。

下旬之首，擇來月三旬各一日，或丁或亥，設卓子于祠堂門外，置香爐、香合、环珓、盤子于其上，西向。主人禫服，西向；衆主人次之，少退，北上；子孫在其後，重行，北上；執事者北向，東上。主人炷香薰珓，命以上旬之日，曰：「某將以來月某日，祗薦禫事于先考某官府君，尚饗。」即以珓擲于盤，以一俯一仰爲吉，不吉更命中旬之日，又不吉則用下旬之日，主人乃入祠堂本龕前，再拜。在位者皆再拜。主人焚香。祝執辭立於主人之左，跪告曰：「孝子某將以來月某日，祗薦禫事于先考某官府君，卜既得吉，敢告。」若不得吉，則不用「卜既得吉」一句。主人再拜，降，與在位者皆再拜。祝闔門，退。

前期一日，沐浴設位，陳器，具饌。

設神位於靈座故處，他如大祥之儀。

補：設次陳吉服。《備要》補入。

鄭道可問：禫祭之服，《家禮》既無所云，《儀節》只云素服詣祠堂，而更無易服之節，何也？退溪曰：不依小大祥陳服易服之節，不知禫服除在何時？吉服着在何日？

厥明行事，皆如大祥之儀。

但主人以下詣祠堂。按：行晨謁再拜。祝奉主櫝置于西階卓子上，出主置于座。按：西階即設位處，西階蓋置櫝于卓子上，只出主置于神座倚上也。主人以下皆哭盡哀。按：既有易服之節，則入哭後出，就次，着吉服，復入，哭止而降神。三獻不哭。改祝版。祝文見「小祥」。至辭神，乃哭盡哀。送神主，至祠堂不哭。神主奉還故處。

始飲酒食肉。此本在大祥末，《儀節》依古禮移附。《間傳》：先飲醴酒，先食乾肉。

補 **吉祭**《備要》依古禮補入。○長房奉祧主者歿，則待喪畢吉祭，或遷或埋，而儀文告祝亦倣此。

朱子曰：橫渠説三年後祫祭於太廟，因其告祭畢還主之時，遂奉祧主歸於夾室，遷主新主歸于其廟，似爲得禮。○楊氏曰：世次迭遷，昭穆繼序，其事至重，豈可無祭告？在《禮》喪三年不祭，故橫渠説三年喪畢祫祭迭遷，用意婉轉，此爲得禮，而先生從之。○《士虞記》：是月也，吉祭猶未配。注：是月，禫月也，當四時之祭月，則祭亦不待踰月。熊氏曰：不當四時祭月，則待踰月也。又疏曰：禫月行四時之祭，而猶未得以某妃配，哀未忘，若喪中然也。言猶者，如祥祭以前，不以妃配。又云：禫月吉祭未配，後月吉如《少牢》，配可知。《備要》：踰月而祭，是爲常制，而禫祭若當四時正祭之月，則即於是月而行之，蓋三年廢祭之餘，正祭爲急故也。祭時考妣異位，祝用異版，祭後合櫝，若踰月，則祭時合櫝如時祭儀，似合禮意。○父先亡，已入於廟，則母喪畢後固無吉祭遞遷之節矣，然其正祭，似當倣此而行之。○按：禫在季月，則後孟月當吉祭，而國家行大祭於孟月，則私家行祭未安，恐當退待仲月或禫月行之。

禫之明日卜日。

踰月用上旬，如時祭卜日儀。

前期三日齊戒。

如時祭儀。

改題之具同參禮。

硯 筆 墨 粉 鹿角膠，或粘米汁。善寫者 净水 刷子 拭巾 盥盆 帨巾 卓

二，一置筆墨，一置盥盆、帨巾，又隨位數各置一卓。○按：長房無禰以上神主，而只奉祧主而歿，則只行吉祭，無改題之節矣。父先亡，母喪亦然。

改題主告辭見《儀節》，《備要》增損。

維年號幾年歲次干支幾月干支朔幾日干支，五代孫某敢昭告于顯五代祖考某官府君、顯五代祖妣某封某氏、若只繼高祖或曾祖之宗，則隨世代列書。顯高祖考某官府君、顯高祖妣某封某氏、顯曾祖考某官府君、顯曾祖妣某封某氏、顯祖考某官府君、顯祖妣某封某氏：兹以先考某官府君喪期已畢，禮當遷主入廟。顯五代祖考某官府君、顯五代祖妣某封某氏親盡，神主當祧。若長房奉祧主而遷于次房，則去「當祧」二字，只云「當遷于次長房」。顯高祖考某官府君、顯高祖妣某封某氏、顯曾祖考某官府君、顯曾祖妣某封某氏、顯祖考某官府君、顯祖妣某封某氏，神主今將改題。世次

迭遷，不勝感愴。謹以酒果，用伸虔告。謹告。若母先亡，父喪後則「不勝感愴」之下添入曰「顯妣某封某氏，神主亦當改題」。

前一日告遷于祠堂。

以酒果告，如朔望儀，但别設一卓於香桌之東，置浄水、刷子、拭巾、粉盞、硯、筆、墨於其上。又於當改題龕前各設一卓，主人斟酒訖，立於香卓之南。祝執版立於主人之左，主人跪，祝跪讀之。祝文見上。告畢，主人再拜，進奉所改題最尊之主卧置卓上。執事者洗去舊字，别塗以粉，竢乾，命善書者盥手，西向，改題曾祖考妣，題爲高祖考妣，陷中不改，洗水以灑祠堂四壁。主人奉主置故處，改題諸位及祔位如前，乃降，復位，與在位者皆再拜，辭神而退。

吉祭之具。並同時祭。

出主告辭

五代孫某，今以遞遷，若父先亡，母喪則云「今既免喪」。有事于顯五代祖考某官府君、顯五代祖妣某封某氏，若只祭三代，則云高祖，此下列書各位。若父先亡，母喪則只書高祖以下。以某親某官府君、某親某封某氏祔食，敢請神主出就正寢，恭伸奠獻。

合祭祧主祝《備要》依《儀節》增損，今更修潤。

維年號幾年歲次干支幾月干支朔幾日干支，五代孫某敢昭告于顯五代祖考某官府君、顯五代祖妣某封某氏：若只祭三代，則云「高祖」。古人制禮，祀止四代，只祭三代，則云「三代」。心雖無窮，分則有限。若自長房遷于次長房，則自「古人」至「有限」十六字删去，只云「次長奉祀」，於禮當然。神主當祧，將埋于墓所。若族人有親未盡者，則「當祧」下云「將遷于某親某之房」，若自長房移奉次房，則去「當祧」二字。世易事變，若自長房遷于次長房，則改云「追念往事」。不勝感愴。茲值仲春，隨時。敢以清酌庶羞，敬伸告儀。若本龕有祔位，則此下當云「某親某官府君、某親某封某氏」，神主亦當並埋。按：正位若埋，則當如此，而若遷長房，則祔位並遷亦難，其或先埋歟？若先埋，則某氏神主下云「當埋于墓所」。尚饗。

合祭祖以上祝見《高儀》。○代各異版。○若父先亡，母喪後行吉祭，則只用時祭祝。

維年號幾年歲次干支幾月干支朔幾日干支，孝玄孫曾祖云「孝曾孫」，祖云「孝孫」。某敢昭告于顯高祖考某官府君、顯高祖妣某封某氏：曾祖祖位倣此。某罪積不滅，歲及免喪，世次迭遷，昭穆繼序，先王制禮，不敢不至。若父先亡，母喪則「世次」以下十六字删去，只云「茲值仲春，遵禮合享，追感歲時，不勝永慕」。茲值仲春，敢以清酌庶羞，祗薦歲事，以某親某官府君、某親某封某氏祔食。尚饗。

合祭新主祝

《備要》云「見《儀節》」，而《儀節》無之。今更節略。○若父母俱亡，而禫後踰月行祭，則考妣列書；禫月行祭，則考妣異版。

維年號幾年歲次干支幾月干支朔幾日干支，孝子某敢昭告于顯考某官府君：某罪積不滅，歲及免喪，茲值仲春，遵禮隮廟，追遠無及，昊天罔極。若母先亡並祭，則改「遵禮隮廟」爲「隮廟配享」。若父先亡母喪，改「隮廟」爲「遵禮」。○若母先亡父喪，而禫月行祭，則當各設異版於考位，「仲春」下云「遵禮隮廟，將配以顯妣某封某氏」，「追遠」以下上同於妣位，則「仲春」下只云「將配于顯考某官府君」。○若父先亡母喪，禫月行祭，則於考位「仲春」下云「將配以顯妣某封某氏」，於妣位「仲春」下云「將配于顯考某官府君」，餘並同。敢以清酌庶羞，祗薦歲事。尚饗。

設位，

若禫月行禮，則考妣異位。

陳器，省牲，滌器，具饌。

如時祭儀。

厥明夙興，設蔬果酒饌。質明，奉主就位。

如時祭儀，告辭見上。

參神，降神，進饌，初獻，

祝文見上。

亞獻，終獻，侑食，闔門，啓門，受胙，辭神。

並如時祭。

納主，

祭畢，祝奉祧主升車，詣墓所埋之。所祔之主亦當並埋。○埋主儀詳見「祠堂」章「易世」條。若有當遷之長房，則奉主升車詣長房，主人主婦各斂主納于櫝。若禫月行祭，則至是考妣合櫝。盛以笥，奉歸祠堂，以次遞升，新主亦入第四龕。別子及功臣不遷之節，詳見「祠堂」章「易世」條。

徹餕，

並如時祭。

復寢。

《喪大記》：吉祭而復寢。

附：改葬見《儀節》。

《呂氏春秋》：昔王季葬于過山之尾，欒水齧其墓，見棺之前和，文王更葬之。○《左傳》：隱公元年十月，改葬惠公。惠公之薨也，有宋師太子少葬，故有闕，是以改葬。○朱子：初葬父韋齋於西塔山，時幼未更事，卜地不詳。乾道六年，遷靈梵鵝峰下，又恐地埶卑濕，遷武夷。○《備要》：古者改葬，爲墳墓以他故崩壞，將亡失尸柩也。世俗惑於風水之說，有無故而遷葬者，甚非也。

將改葬，先擇地之可葬者。

擇地之法，詳見「始葬」條。

治棺，

詳見「初終」「治棺」條，但豫治其材，姑勿縫合，待啓墓見柩，量其高廣長短裁之，而不必優剩，以致虛闊。

制服，

子爲父、妻爲夫緦麻。《喪服記》：改葬緦。注：臣爲君，子爲父，妻爲夫也。疏：父爲長子，子爲母亦同。《通典》：孫爲祖後亦緦，前母改葬，從衆子之制。退溪曰：子之妻及女在其中。沙溪曰：按《禮》意，應服三年者當服緦，《通典》所謂「出嫁女緦」恐誤。○制見「初喪・成服」條。餘皆素服布巾。王肅曰：無服則吊服加麻。按：加麻即環絰也，以麻一股而纏圍二寸，加於巾帶上。

具斂床、布絞、衾衣，如大斂儀。按：大斂時散衣不必多，唯多備綿絮作片，預壓，使之堅密而用。

治葬具。皆如始葬，如外棺、石灰、下帳、大轝之類。

開塋域祠土地之具皆如始葬。

祝文式

維年號幾年歲次干支幾月干支朔幾日干支，某官姓名敢昭告于土地之神：今爲某親某官姓名當云某公或某封某氏，若合葬則並書。主人自告，則云「某考某官府君、某妣某封某氏」。宅兆不利，將改葬于此。鄭汝仁問：今新舊合葬，則祠土地祝文欲書曰「某官某公宅兆不利，將改葬于此，以某封某氏祔」云云，如何？退溪曰：當如此，而「祔」字上加「新」字。按：此乃母喪中改葬父而新祔母之儀也，若父喪中改母墳合祔，則當曰「今爲某官某公窆茲幽宅，某封某氏亦移墓合祔」云云。神其保佑，俾無後艱。謹以清酌脯醢，祗薦于神。尚饗。

擇日開塋域，祠土地，遂穿壙作灰隔，皆如始葬之儀。祔葬先塋，當有祭告，詳見「始葬」。

告廟之具如參禮。

出主告辭

孝子某今有告事于顯考某官府君，敢請神主出就正寢。

告祭祝文

維年號幾年歲次干支幾月干支朔幾日干支，孝子隨代異稱。某官某，茲以顯考某官府君體魄托非其地，恐有意外之患，驚動先靈，不勝憂懼。將以是月某日改葬于某所。謹以酒果，用伸虔告。謹告。妻弟以下改「先靈」爲「明靈」，「謹以」下云「茲以酒果先告」。

前期一日告于祠堂，

《語類》：改葬，須告廟而後告墓，方啓墓以葬，祭告時却出主於寢。○序立，行晨謁。啓櫝，出所當遷葬之主，主人就位前焚香跪告，訖，奉主出就正寢。參神，降神，主人盥洗、上香、酹酒。俯伏，興，再拜，主人斟酒，跪告曰，祝文見上。俯伏，興，再拜，復位，辭神，納主。奉還于祠堂。○退溪曰：父喪中改葬母者，既不可不告廟，又不可以凶服入廟，令子弟出主，而以素服代墨衰奠告，又令子弟返主。

執事者於舊墓所張白布幙，爲男女位次。

開户向南，布席其下。

厥明，内外諸親皆至，各就次。主人服緦，餘皆素服就位，哭盡哀。

男子於墓東西向，婦人墓西東向，俱北上，婦人蔽以布帷。《備要》：父喪中改葬母者，當據《小記》「父母之喪偕」疏。父未葬，不敢變服。若父既葬，則恐當依「重喪未除，遭輕喪」例，服母改葬之緦以終事，更詳之。

祠土地之具同前。

祝文式

維年號幾年歲次干支幾月干支朔幾日干支，某官姓名敢昭告于土地之神：兹以某親某官某公餘同前。卜宅兹地，恐有他患，將啓窆遷于他所。謹以清酌脯醢，祗薦于神，神其佑之。尚饗。

啓墓之具

[奠具]：酒果脯醢。[盤盞][香爐][香合][盥盆][帨巾][器用]，如鍤、簣之類。[竹片]百餘片，所以移奉歲久無形之棺者，用寒岡説。[凳]二，所以承棺者，或用木凳。

祝文式

維年號幾年歲次干支幾月干支朔幾日干支，孝子同前。某官某敢昭告于顯考某官府君或某封某氏。之墓：葬于兹地，歲月滋久，體魄不寧，今將改葬。伏惟尊靈，卑幼只云「惟靈」。不震不驚。

祝祠土地。

《備要》：將啓墓，祝先以酒果祠土地，如前儀。祝文云云。

啓墓，

設酒果脯醢於墓前，主人以下序立舉哀，哀止，再拜。主人跪，焚香，酹酒，再拜，奠酒，俯伏，興，再拜，復位。祝噫嘻三聲，告辭曰云云。舉哀，再拜。[退溪]曰：改葬，古人皆以喪禮處之，若父母同時改葬，則其斂窆先後似當比類於「並有喪」之例也。啓墓出棺皆當先母。

役者開墳，

竢開壙，訖，男女各就位，哭如初。

舉棺出，置幕下席上。置棺南首，承以凳。

男女俱哭從於幕所，男東女西，

祝以功布拭棺，覆以衾。

《備要》：衾即侇衾。

設靈座于柩前，設奠，退溪曰：設靈座。寒岡曰：只設虛位。沙溪曰：若有遺衣服，置於倚子上。塤叟曰：《家禮》：初終，設靈座於柩東。用卓子置酒盞、酒注、香爐，設蔬果飯羹如常儀。主人以下舉哀再拜，詣香案前，跪，焚香，酹酒，按：酹酒是降神，既依初喪，則不當酹酒，至於焚香奠酒，亦當使祝爲之。奠酒、俯伏、興，舉哀再拜，少頃徹。《備要》：止留酒果。退溪曰：朝夕上食如初喪。沙溪曰：朝夕哭奠，亦在其中。

役者舁入新柩於幕所，執事者設斂床於新柩之西，執事者開棺舉尸，置于斂床，遂斂，如大斂之儀。寒岡答任卓爾曰：雖百世之久，無形之甚，若着手精妙，百分謹慎，則用竹片移奉無形之形，斂襲安頓，不差毫釐。如不易棺，則不設斂床斂具。

遷柩就轝。

執事者徹舊奠，祝跪告曰：「今日遷柩就轝，敢告。」告畢，奉柩載轝，遷靈座于柩前，南向。乃設奠，就位舉哀，祝盥洗，焚香，斟酒跪告曰：「靈輴載駕，往即新宅。」俯伏，興，再拜。

發引，如始葬之儀。

男女哭從，如始葬。【慎獨齋】答人問曰：來喻離先塋向他山，不可無朝祖之禮，欲於就轝時朝於祖墓，而後設遣奠乃行。此雖不見於禮，以情言之，不可無矣。

未至，執事者先設靈幄、靈座，爲男女位次。

靈座在墓西南向。

柩至，主人男女各就位哭。

執事者先布席於壙南，柩至，脱載，置席上北首，男東女西，相向而哭。

乃窆。

一如始窆之儀。

祠土地之具同前。

祝文式

維年號幾年歲次干支幾月干支朔幾日干支，某官姓名敢昭告于土地之神：今爲某親某官某公餘同前。建兹宅兆，神其保佑，俾無後艱。謹以清酌脯醢，祗薦于神。尚饗。

祠土地於墓左。

如常儀，祝文云云。祝文見上。

虞祭之具如始葬。

祝文式

維年號幾年歲次干支幾月干支朔幾日干支，孝子某敢昭告于顯考某官府君：餘同前。新改幽宅，禮畢終虞，夙夜靡寧，啼號罔極。妻子以下云「悲悼感愴，不自勝堪」。子改「悼」爲「念」。謹以清酌庶羞，祗薦虞事。尚饗。餘親改語，見「始葬虞祭祝」。

既葬，就幕所靈座前行虞祭，如初虞儀。

但序立舉哀，哀止，三獻辭神。退溪曰：新舊合葬，則改葬當虞於墓所，新葬返哭而虞。愼獨齋曰：改葬虞祭時，新葬未虞，則不及澡潔，未可親獻，只行拜禮無妨。

祭畢，徹靈座而還。

按：《儀節》云「主人以下釋緦麻，素服而還」，《備要》删節如此，蓋丘氏意非謂脱除緦服也，路上不可服巾絰而行，故其言如此。以下文「告祠堂」一節觀之可知矣。

告廟之具同前。

告祭祝文

維年號幾年歲次干支幾月干支朔幾日干支，孝子某今以顯考某官府君體魄托非其地，已於今月某日改葬于某所。若祔母於父墳，則某日下當云「奉祔于顯考某官府君之墓塋内東畔」。若葬父於母墳，則改「奉祔」爲「合窆」，改「東畔」爲「西畔」。事畢，謹以酒果，用伸虔告。謹告。

告于祠堂。

出主，告辭見「初告廟」。告祭如前儀。但主人服緦，告辭後哭盡哀。祝辭云云。祝文見上。○《語類》：葬畢，奠而歸。出主於寢，哭而祭告，然後畢事。

三月而除服。《備要》補入。

子思曰：父母改葬，緦，既葬而除之。○鄭氏曰：終緦之月數而除服。○韓文公《改葬服議》：自啓至于既葬而三月則除之，未三月則服以終三月。○《語類》：問：「王肅以爲葬畢便除，與鄭氏異，如何？」朱子曰：「禮宜從厚，當如鄭氏。」《備要》：除服時設虛位，哭而除之，可也。○吊服加麻，葬畢除之。

家禮輯要卷之七

祭禮

四時祭

時祭用仲月，前旬卜日。

孟春下旬之首，擇仲月三旬各一日，或丁或亥，《曲禮》：內事以柔日。注：內事如宗廟之祭。乙、丁、己、辛、癸爲柔。主人盛服，立於祠堂中門外，西向。兄弟立於主人之南，少退，北上。子孫立於主人之後，重行，西向，北上。置卓子於主人之前，設香爐、香合、环珓及盤於其上。搢笏，焚香薰珓，而命以上旬之日，曰：「某將以來月某日，諏此歲事，適其祖考，尚饗。」即以珓擲于盤，以一俯一仰爲吉。不吉更卜中旬之日。又不吉，則不復卜，而直用下旬之日。既得日，祝開中門，主人以下北向立，如朔望之位，皆再拜。主人升，焚香，再拜。祝執辭，跪于主人之左，讀曰：「孝孫某，將以來月某日，祗薦歲事于祖考，卜既得吉，敢告。」用下旬日，則不言「卜既得吉」。主人再拜，降，復位，與在位者皆再拜。祝闔門，主人以下復西向位。執事者立于門西，皆東面，北上。祝立于主人之右，命執事者曰：「孝孫某將以來月某日，祗薦歲事于祖考，有司具修。」執事者應曰：「諾。」乃退。程伯子曰：士大夫家廟每月告朔，茶酒四時，春以寒食，夏以端午，秋以重陽，冬以長至，此時祭也。朱子曰：司馬公云：只用分至亦可。○《備要》：禮注「春祭過春不祭，夏祭過夏不祭」，據此，仲月若有故，則季月亦可祭。

前期三日齊戒。

前期三日，主人率衆丈夫致齊于外；主婦率衆婦女致齊于內。沐浴，更衣。飲酒，不得至亂；食肉，不得茹葷。不吊喪，不聽樂。凡凶穢之事，皆不得預。《曲禮》：祭事不言凶。注：吉凶之事不相干，祭吉事也，不言凶。栗谷曰：時祭散齊四日，致齊三日。所謂散齊者，不吊喪，不問疾，不茹葷，飲酒不得至亂，凡凶穢之事皆不得預。所謂致齊者，不聽樂、不出入，專心想念所祭之人，思其居處，思其笑語，思其所樂，思其所嗜之謂也。

時祭之具

香案 香爐 香合 並匙 茅沙，並見參禮。 盥盆 二，一具臺，一無臺。 帨巾 二，一具架，一無架。 卓子 三，一設酒瓶者，一設注及盤盞者，一置祝版者。 大床 一，所以陳饌者。 酒瓶 一，玄酒瓶 一，並架以卓代之。 酒注 一，酒盞 具盤，隨位數。 火爐 一，具筯，所以煖祭饌者。 湯瓶，所以調茶者，不用茶則以湯水代茶。 燭 一雙，具臺。 祝版 受胙盤 一 匕 一，並以抄取飯者。 果 蔬菜 脯 醢 匙筯 肉 魚。 按：《五禮儀》許用五湯，大夫果當用六籩五湯，士庶則當用四果三湯，蔬菜亦當用偶數，脯醢則今俗各用一器，不害爲用奇之意也。 清醬 設蔬果條，有醋楪而無醬，今以醬代醋。 退溪 曰：醬不可不設，用醬代醋可也。 栗谷：《祭儀》設醬於蔬菜之間。 麪食 米食 羹 飯 並各一器。 炙肝 每位各一楪。 炙肉 每位各二楪。

出主告辭

孝玄孫某若只祭三代，則云「孝曾孫」。今以仲春仲夏、秋、冬，隨時。之月，有事于顯高祖考某官府君、顯高祖妣某封某氏、顯曾祖考某官府君、顯曾祖妣某封某氏、顯祖考某官府君、顯祖妣某封某氏、顯考某官府君、顯妣某封某氏，以某親某官府君、某親某封某氏祔食，謂旁親無後及早逝者，無則不書。敢請神主出就正寢，恭伸奠獻。

各位祝文逐位異版。

維年號幾年歲次干支幾月干支朔幾日干支，孝玄孫曾祖云「孝曾孫」，祖云「孝孫」，考云「孝子」。某官某敢昭告于顯高祖考某官府君、顯高祖妣某封某氏：曾祖云「顯曾祖考某官府君、顯曾祖妣某封某氏」，祖考妣及考妣皆倣此。氣序流易，時維仲春，隨時。追感歲時，不勝永慕。《備要》：考妣改「不勝永慕」爲「昊天罔極」。敢以清酌庶羞，祗薦歲事。以某親某官府君、某親某封某氏祔食。尚饗。

受胙嘏辭

祖考命工祝承致多福于汝孝孫，來「來」讀曰「釐」。汝孝孫，使汝受禄于天，宜稼于田，眉壽永年，勿替引之。

歸胙所尊書見《司馬儀》。

某皇恐啓：代以「白」字，後倣此。平交以下去「皇恐」二字。某以降等去「某以」二字。今月某日，祗薦歲事于祖考，謹遣歸胙于執事。平交去「于執事」三字，降等改「謹」作「今」。伏惟尊慈，俯賜容納。平交去「尊慈俯賜」四字，改「容納」爲「留納」。降等並去八字。某皇恐再拜。平交去「皇恐」，降等去「再拜」，只云「啓」。

所尊復書

某皇恐啓：吾子孝享祖考，平交云「伏承某人，孝享祖考」。不專有其福，施及老夫，平交云「賤交」，降等云「賤子」。感慰良深，平交云「不勝感戴」，降等云「過榮恩私，不勝感戴」。某啓某人。平交云「某再拜某人執事」，降等云「某人左右」。

前一日設位陳器，

主人率衆丈夫深衣，及執事灑掃正寢，洗拭倚卓，務令蠲潔，設高祖考妣位於堂西北壁下，南向。考西妣東，各用一倚一卓而合之。按：《家禮》考妣各設，而我國五禮儀宗廟皆合設，只各設爵。士大夫家亦皆合設，而各設盤盞，因以成俗。或各設飯羹米麵食，或只各設飯羹，家各異禮，難以猝變，但炙肝肉則似當各設。曾祖考妣、祖考妣、考妣以次而東，皆如高祖之位。世各爲位，不屬祔位皆於東序西向北上，或兩序相向，其尊者居西。妻以下則於階下設香案於堂中。置香爐、香合於其上，束茅聚沙於香案前及逐位前，地上設酒架於東階上，別置卓子於其東，設酒注一、酹一，酒盞盤一，受胙盤一，匕一，巾一，茶合、茶筅、茶盞托、按：國俗不用茶合，筅、盞、托不必設。鹽、楪、醋瓶代以醬瓶。於其上，火爐、湯瓶、本以調茶，無茶，則貯以湯水。香匙、火筯於西階上，別置卓子於其西，設祝版於其上，設盥盆、帨巾各二於阼階下之東。巾在盆北。其西者有臺架，此則主人及亞終獻所盥，無者在東，執事所盥。又設陳饌大床于其東。

省牲、滌器、具饌。

主人率衆丈夫深衣，省牲莅殺。主婦率衆婦女背子滌濯祭器，潔釜鼎，具祭饌，每位果六品，蔬菜及脯醢各三品。《栗儀》：脯醢各一器。肉、魚、饅頭糕各一盤，羹、飯各一椀，肝各一串，肉各二串，務令精潔。未祭之前勿令人先食，及爲猫犬蟲鼠所污。《司馬儀》：蔬果、炙、羹飯、脯醢、麵餅，庶羞珍味，共不過十五品。朱子曰：籩豆、簠簋之器乃古人所用，故祭享皆用之。今以燕器代祭器，常饌代俎肉，亦以平生所用，是謂從宜也。

厥明夙興，設蔬果酒饌。

主人以下深衣，及執事者俱詣祭所，盥手，設果楪於逐位卓子南端，蔬菜、脯醢相間次之。《栗儀》：設脯熟菜清醬醢沉菜于果楪之北。按：蔬菜當用四楪。設盤盞、醋楪于北端，盞西楪東，匙筯居中。按：我國宗廟大祭前一日豫陳三牲之俎，而三獻前又陳胙肉三器於西邊，蓋以爲三獻之胙也。近世金鶴峰家先陳都炙，代牲俎三獻，依炙肝進三別羞，若用牲俎，則牲俎居中，而炙肝分奠於牲俎西東矣。設玄酒及酒各一瓶於架上，玄酒其日取井花水充在酒之西，熾炭于爐，實水于瓶，主婦背子炊煖祭饌，皆令極熱，以合盛出，置東階下大床上。

質明，奉主就位。

主人以下各盛服，詳見「通禮」參禮下。盥手，帨手，詣祠堂前。衆丈夫叙立如告日之儀，主婦西階下，北向立，主人有母則特位於主婦之前，諸伯叔母諸姑繼之，嫂及弟婦姊妹在主婦之左，其長於主母主婦者皆少進，子孫婦女内執事者在主婦之後重行，皆北向東上，立定。按：此時必有晨謁之禮，而只曰「士人升自阼階，焚香告」，豈有將告而不拜之理乎？此甚可疑，「立定」下恐當添「再拜」二字。主人升自阼階，搢笏，焚香，出笏，告曰。告辭見上。告訖，搢笏，斂櫝，正位祔位各置一笥，各以執事者一人捧之，主人出笏前導，主婦從後，卑幼在後，至正寢，置于西階卓子上。主人搢笏啓櫝，奉諸考神主出就位。主婦盥帨，升，奉諸妣神主亦如之。其祔位則子弟一人奉之。既畢，主人以下，皆降復位。

參神，

主人以下叙立，如祠堂之儀，立定再拜。若尊長老疾者，休於他所。

降神，

主人升，搢笏，焚香，出笏，少退立。執事者一人開酒，取巾拭瓶口，實酒于注；一人取東階卓子上盤盞，立于主人之左；一人執注，立于主人之右。主人搢笏，跪，奉盤盞者亦跪，進盤盞，主人受之。執注者亦跪，斟酒于盞，主人左手執盤，右手執盞，灌于茅上。以盤盞授執事者，出笏，俯伏，興，再拜，降，復位。

進饌，

主人升，主婦從之。執事者一人以盤奉魚肉，一人以盤奉米麵食，一人以盤奉羹飯，從升。至高祖位前，主人搢笏奉肉，奠于盤盞之南；主婦奉麵食，奠于肉西；主人奉魚，奠于醋楪之南；主婦奉米食，奠于魚東；主人奉羹，奠于醋楪之東；主婦奉飯，奠于盤盞之西。按：合設而用牲俎，則當爲六行，魚肉湯五器，奠于蔬北；牲俎奠于湯北；居中麵食二器，連奠于牲俎西之飯，南米食二器；連奠于牲俎東之羹，南匙筯，奠于牲俎北，居中虛牲俎東西，以待炙肝之奠。主人出笏，以次設諸正位，使諸子弟婦女各設祔位。皆畢，主人以下皆降，復位。

初獻，

主人升，詣高祖位前。執事者一人，執酒注立于其右，冬月即先煖之。主人搢笏，奉高祖考盤盞位前，東向立。執事者西向，斟酒于盞，主人奉之，奠于故處。次奉高祖妣盤盞，亦如之。出笏，位前北向立。執事者二人，奉高祖考妣盤盞立于主人之左右。主人搢笏，跪，執事者亦跪。主人受高祖考盤盞，右手取盞，祭之茅上，以盤盞授執事者，反之故處，受高祖妣盤盞，亦如之。出笏，俯伏，興，少退，立。執事者炙肝于爐，以楪盛之，《少牢饋食》：羞牢肝，鹽在右。《特牲饋食》：以肝從。疏：亦當如《少牢》，鹽在右，而此不言者，文不具也。金敬夫問：陳器有鹽楪，而不言設處，《儀節》則鹽、醋二楪並設於前一行，如何？退溪曰：其設處且從丘氏，然飲食之禮，古今有殊，鹽不必楪設，各就其器而用之可也。按：古禮既如此，依退説設鹽於炙肝楪可也。兄弟之長一人奉之，奠于高祖考妣前匙筯之南。啓飯蓋置其南。祝取版立於主人之左，跪讀曰，祝文見上。畢，興。主人再拜，退詣諸位，獻祝如初。每逐位讀祝畢，即兄弟衆男之不爲亞終獻者，以次分詣本位所祔之位，酌獻如儀，但不讀祝。獻畢，皆降復位。執事者以他器徹酒及肝，置盞故處。○凡祔者，伯叔祖父祔于高祖，伯叔父祔于曾祖，兄弟祔于祖，子姪祔于考，餘皆倣此。

亞獻，

主婦爲之。諸婦女奉炙肉及分獻，如初獻儀，但不讀祝。

終獻，

兄弟之長或長男或親賓爲之。衆子弟奉炙肉及分獻，如亞獻之儀。退溪曰：若有諸父，則諸父當爲終獻。

侑食，

主人升，搢笏，執注就斟諸位之酒，皆滿，立於香案之東南。主婦升，扱匙飯中，西柄，正筯，立于香案之西南。皆北向，再拜，降，復位。【退溪】曰：若主婦不參祭，則主人當扱匙。又答金而精問曰：上筯于羹，亦不妨。

闔門，

主人以下皆出，祝闔門。無門處即降簾可也。主人立於門東，西向，衆丈夫在其後。主婦立於門西，東向，衆婦女在其後。如有尊長，則少休於他所，此所謂厭也。【楊氏】曰：《士虞禮》：無尸者，祝闔牖户，如食間。【注】：如尸一食九飯之頃也。【沙溪】曰：《少牢饋食禮》注：食大名，小數曰飯。疏：九飯，士禮也。三飯，又三飯，又三飯。

啓門，

祝聲三噫歆，乃啓門，主人以下皆入。其尊長先休于他所者，亦入就位。主人主婦奉茶，分進于考妣之前祔位，使諸子弟、婦女進之。【鄭道可】問：今人罕用茶，何以爲之？【退溪】曰：今人進湯水，是古進茶之意。【按】：今俗徹羹進茶，又以匙取飯少許澆於湯水。蓋徹羹進水是生時常例，象生時固當。《玉藻》：飯飧。注：飧，以飲澆飯也，食竟更作三飧以助飽，此亦生時常例矣。主婦若不參，則主人當自進茶，或使亞獻者及執事可也。

受胙，

執事者設席于香案前，主人就席，北面。祝詣高祖考前，舉酒盤盞，詣主人之右。主人跪，祝亦跪。主人搢笏，受盤盞，祭酒啐酒。祝取匙並盤，抄取諸位之飯各少許，奉以詣主人之左，嘏于主人曰。嘏辭見上。主人置酒于席前，出笏，俯伏，興，再拜，搢笏，跪，受飯嘗之，實于左袂，掛袂于季指，取酒卒飲。執事者受盞，自右置注旁，受飯自左亦如之。主人執笏，俯伏，興，立於東階上，西向。祝立於西階上，東向。告利成，降，復位，與在位者皆再拜。主人不拜，降，復位。

辭神，

主人以下皆再拜。

納主，

主人、主婦皆升，各奉主納于櫝。主人以笥斂櫝，奉歸祠堂，如來儀。

徹，

主婦還監徹酒之在盞注它器中者皆入于瓶，緘封之，所謂福酒；果蔬、肉食並傳于燕器，主婦監滌祭器而藏之。

餕。

是日，主人監分祭胙品，取少許置于合，並酒皆封之，遣僕執書歸胙於親友，遂設席。《儀節》：主人、主婦坐堂中南面。男女異處，尊行自爲一列，南面，自堂中東西分首。若止一人，則當中而坐，其餘以次相對，分東西向。尊者一人先就坐，衆男叙立，世爲一行，以東爲上。皆再拜。子弟之長者一人少進立。執事者一人執注立于其右；一人執盤盞立于其左。獻者搢笏，跪，弟獻則尊者起立，子姪則坐。受注斟酒，反注受盞，祝曰：「祀事既成，祖考嘉饗，伏願某親，備膺五福，保族宜家。」授執盞者，置于尊者之前。長者出笏，尊者舉酒。畢，長者俯伏，興，退，復位，與衆男皆再拜。尊者命取注，及長者之盞置于前，自斟之。祝曰：「祀事既成，五福之慶，與汝曹共之。」命執事者以次就位，斟酒皆徧。長者進，跪受，飲畢，俯伏，興，退立。衆男進揖，退，立飲。長者與衆男皆再拜。諸婦女獻女尊長於內，如衆男之儀，但不跪。既畢，乃就坐，薦肉食。諸婦女詣堂前，獻男尊長壽，男尊長酢之如儀。衆男詣中堂，獻女尊長壽，女尊長酢之如儀。乃就坐，薦麵食。內外執事者，各獻內外尊長壽如儀，而不酢，遂就斟在座者遍，俟皆舉，乃再拜退，遂薦米食，然後泛行酒，間以祭饌酒饌，不足，則以他酒他饌益之。將罷，主人頒胙于外僕，主婦頒胙于內執事者，遍及微賤。其日皆盡，受者皆再拜，乃徹席。

凡祭，主於盡愛敬之誠而已。貧則稱家之有無，疾則量筋力而行之，財力可及者，自當如儀。

《大全》：兄弟異居，廟初不異，只合兄祭，而弟與執事，或以物助之爲宜而相去遠者，只於祭時旋設位，以紙榜標記，逐位祭畢焚之，似亦得禮之變也。

附：有故廢祭

《曾子問》：大夫之祭，鼎俎既陳，籩豆既設，不得成禮，廢者幾？孔子曰：「九天子崩，后之喪，君薨，夫人之喪，君之太廟火，日食，三年之喪，齊衰，大功，皆廢。外喪自齊衰以下，行也。其齊衰之祭也，尸入，三飯，不侑，酳不酢而已矣。大功，酢而已矣。小功、緦，室中之事而已矣。士之所以異者，緦不祭，所祭，於死者無服，則祭。」注：外喪在大門之外也。士比於大夫，雖緦服亦不祭，所祭於死者無服，謂妻之父母、母之兄弟姊妹。己雖有服，而已所祭者與之無服，則可祭也。程叔子曰：三年喪，古人盡廢事，故併祭祀都廢。今人事都不廢，如何獨廢祭祀？朱子曰：薦新告朔，吉凶相襲，似不可行。未葬可廢，既葬，則使輕服或已除者入廟行禮可也。四時大祭既葬亦不可行，如韓魏公所謂節祀者，則如薦新行之可也。又曰：從伯叔、兄弟之類可以行，或以孫行之亦得。又曰：家間須年居喪，於四時正祭，則不敢舉。而俗節薦享，則以墨衰行之，惟普同一獻，不讀祝。竇文卿問：夫爲妻喪，未葬或已葬而未除服，當時祭否？不當祭則已，若祭，則宜何服？朱子曰：恐不得祭，熹家則廢四時正祭而猶存節祀，只用深衣凉衫之屬，亦以意起，無正禮可考也。楊氏復曰：先生以子喪不舉盛祭，就祠堂内致薦，用深衣、幅巾。祭畢，反喪服。朱子曰：期功緦之服今法上日子甚少，須可以入廟、燒香、拜古人，緦麻已廢，祭恐今人行不得。退溪答禹景善曰：有子弟者，令子弟行之上也。無而自行者，河西所謂「白布衣差可，而冠亦白布」，尤爲乖異。孰若倣《家禮》墨衰之服，既曰衰矣，則如示上衣、下裳，而巾與帶並墨似當。栗谷曰：使服輕者行薦，而饌品減於常時可也。今人以俗制喪服當墨衰，著而出入。若無服輕者，則喪人恐可以俗制喪服行祀。沙溪曰：墨衰，朱子時因爲俗制，本非古禮。頃者禹公性傳問於退溪，欲復之，恐不穩當。用布直領孝巾外，無他可服，但絞帶入廟，果爲未安，別具布帶，似或無妨。按：沙溪此説蓋答宋同春舉栗谷説以問，而退溪先生既以冠用布衣爲未安，則孝巾入廟決不可。寒岡用墨衰入廟，而既非古禮，又違今俗，只用白衣帶，而稍墨其巾爲可與？退溪答金而精曰：所喻「國恤卒哭前私家時祭不可行」者，正合鄙意。又曰：今兹服内行私祭，倣《家禮》墨衰行奠之例，暫借白衣冠行之。才訖，反初服。寒岡曰：國恤卒哭後許行大小祀，則私家時祭恐亦行之無疑。又曰：素服既爲朝廷視事之服，士大夫用以爲私祭之服，或不至甚妨。按：國恤卒哭後雖行，私家時祭如受胙之節，恐不當行。栗谷曰：期大功葬前，時祭可廢。葬後，當祭如平時，但不受胙。緦、小功則成服後則當祭，但不受胙。服中時祀，當以玄冠、素服、黑帶行之。○《雜記》：父母之喪將祭，而昆弟死。既殯而祭，如同宮，則雖臣妾葬而後祭。按：此蓋爲練祥之祭，而時祭亦當如此。○退溪曰：國恤卒哭前當廢祭，而忌祭則似難廢設，素饌暫以白衣冠行之。○寶文卿問：妻喪未除服前當時祭否？朱子曰：恐不得祭。忌者，喪之餘。祭似無嫌，然正寢已設几筵，即無祭處，亦可暫停也。栗谷曰：期大功葬前忌祭墓祭當略設一獻，緦、小功成服前，雖忌祭，亦不得行。宋敬甫問：宗子死未葬，祖考忌墓祭，喪家當廢。而如有介子異居，則行之何如？愚伏曰：《禮》「士緦不祭，所祭於死者無服則祭」，以此推之，則宗子之喪乃祖考之正統，限未葬廢之似當。沙溪曰：鄭說是。李茂甫問：從兄背逝，高祖考忌祀正值成服之日，不致齊行祭未安，廢之亦未安，何以爲之？寒岡曰：大功重服，尚未成服，據禮廢祭爲當，而在常情既不堪未安，則主祭及執事一兩人權宜齊祭其餘，則盡聚護喪，恐不得不爾。愚伏答宋敬甫曰：家内有産婦，則不潔，不可祭也。

初祖

唯繼始祖之宗得祭。

冬至祭始祖。

程子曰：「此厥初生民之祖也。冬至一陽之始，故象其類而祭之。」

先祖

繼始祖、高祖之宗得祭。繼始祖之宗，則自初祖以下；繼高祖之宗，則自先祖而下。

立春祭先祖。

程子曰：「初祖以下，高祖以上之祖也。立春生物之始，故象其類而祭之。」

朱子曰：古無此，伊川先生以義起，某當初也祭，後來覺得似僭。始祖之祭似禘，先祖之祭似祫，今皆不敢祭。○

按：朱夫子後來正論如此，故今删去不録，只存其篇目。

禰

繼禰之宗以上皆得祭，唯支子不禁。朱子曰：某家時祭外有冬至、立春、季秋三祭，後以冬至、立春二祭似僭，覺得不安，遂已之。季秋依舊祭禰，而用某生日祭之，適值某生日在九月十五日也。

禰祭之具同前。

出主告辭

孝子某今以季秋成物之始，按：依時祭，只云「季秋之月」恐當。有事于顯考某官府君、顯妣某封某氏，敢請神主出就正寢，恭伸奠獻。

祝文式

維年號幾年歲次干支幾月干支朔幾日干支，孝子某官某敢昭告于顯考某官府君、顯妣某封某氏：今以季秋成物之始，感時追慕，昊天罔極。敢以清酌庶羞，祗薦歲事。尚饗。

季秋祭禰。

程子曰：「季秋，成物之始，亦象其類而祭之。」

前一月下旬，卜日。

如時祭之儀。唯告辭改「孝孫」爲「孝子」，又改「祖考妣」爲「考妣」。若母在，則止云「考」，而告于本龕之前。

前三日，齊戒。前一日，設位陳器，

如時祭之儀。但止於正寢合設兩位於堂中西上。香案以下並同。

具饌。

如時祭之儀二分。

厥明夙興，設蔬果酒饌。

如時祭之儀。

質明，盛服，詣祠堂，奉神主出就正寢。

如時祭于正寢之儀。告辭見上。

參神，降神，進饌，初獻，

如時祭之儀。祝文見上。

亞獻，終獻，侑食，闔門，啓門，受胙，辭神，納主，徹，餕。

並如時祭之儀。

忌日

《祭義》曰：君子有終身之喪，忌日之謂也。程叔子曰：忌日遷主，祭於正寢。張子曰：忌日必迎出廟，設於他次。朱子曰：古無忌祭，近日諸先生方考及此。

忌祭之具同前。

出主告辭

孝子孫、曾、玄隨所稱。某退溪曰：主人有故，使其子代行，則恐當曰「孝子某使子某敢告」云云。按：

孝子某下恐當曰「病未即事」或「遠出未歸」。今以顯考某官府君妣云「妣某封某氏」，祖、曾、高祖考妣倣此。遠諱之辰，妻弟以下云「遠逝之日」。敢請妻弟以下云「玆請」。神主出就正寢，或廳事。恭伸追慕。

【按】：「恭伸」二字與祝文末句重疊，易以「少伸」何如？妻弟以下 云「將伸追念」。

祝文式

維年號幾年歲次干支幾月干支朔幾日干支，孝子或孝孫、孝曾孫、孝玄孫。○旁親、妻子各隨所稱。某官某【按】：若代行，則云「某使子某敢昭告」云云。敢昭告于顯考某官府君：母云「妣某封某氏」，祖、曾、高祖考妣皆倣此。歲序遷易，諱日復臨，妻弟以下云「亡日復至」。追遠感時，昊天罔極。祖考妣改「昊天罔極」爲「不勝永慕」，旁親去此八字，只云「不勝感愴」。謹以清酌庶羞，恭伸奠獻。此一句《儀節》文。○妻弟以下云「伸此奠儀」。尚饗。【眉山劉氏】曰：忌日當兼設考妣，考忌日則祝辭末句增曰「謹奉妣某氏配」，妣忌日則曰「謹奉以配考某公」。《備要》：出主告辭「遠諱之辰」下「敢請顯考顯妣神主」，祝文「昭告于」下列書考妣，「遷易」下云「某親諱日復臨」。【按】：《備要》煩屑，當用劉氏儀。

前一日，齊戒，

如祭禰之儀。《通典》：范甯曰：閏月非正月，吉凶大事皆不可用。【《開元禮》】：閏月亡者，忌日皆以閏所附之月爲正。【寒岡】曰：當於本月其日行祭，閏月其日則行素而已。【沙溪】曰：大月三十日死者，後值小月，當以二十九日爲忌。○

退溪曰：忌祭，禮之小者，故只齊一日。今人父母忌日，則迫於情義，亦或齊二日。鄭道可問：忌祭止行素一日否？世俗亦於齊戒日不敢食飲，從俗何如？曰：禮宜從厚，此類之謂也。○芝山曰：紙榜之祭乃支子之禮，非宗子所宜行，依告朔之禮去侑食，但行三獻。雖宗子在祭，不可用祝辭。寒岡曰：紙榜之祭，不當告利成。按：宗家有故，權設於支子家，則依此行之爲當，而先降後參三獻。

設位，

如祭禰之儀，但止設一位。眉山劉氏曰：或問伊川先生曰：「忌日祀兩位否？」曰：「只一位。」晦齋曰：《文公家禮》忌日只設一位，《程氏祭禮》忌日配考妣，二家之禮不同。蓋止設一位，禮之正也。配祭考妣，禮之本於人情者也。若以事死如事生、鋪筵設同几之意推之，禮之本於情者，亦有所不能已也。沙溪曰：劉説如此，與晦齋説不同，可疑。旅軒曰：忌祭並祭考妣，甚非禮也。考祭祭妣，猶可爲也。妣祭祭考，豈敢援尊乎？按：晦、退兩先生及寒、栗、沙、愚皆有並祭無害之論，而以《雜記》「不敢援尊」之義觀之，恐有未安。晦齋晚年有「設一位合禮」之語，退溪、西厓、旅軒皆遺命單設矣。

陳器，具饌，

如祭禰之儀。栗谷曰：忌祭果與湯用三色。按：果當用四色。○退溪曰：子孫之亡，適在祖先之諱日，則其忌日祭用肉，以事亡如存之義推之，似爲未安，然神道異於生人，用肉似無妨。若害理，則古人已言之矣。宋敬甫問：有人先父母死，父母喪葬前其忌祭、墓祭皆可廢邪？葬後則以素饌祭之否？愚伏曰：未葬前廢無疑，葬後則用肉祭，似當。

厥明夙興，設蔬果酒饌，

如祭禰之儀。沙溪曰：祖先忌日若在正至朔望，則祭禮與參禮相碍。宋龜峰云：若值高祖忌，則忌祭畢，仍行參禮；曾祖以下忌，則參禮畢行忌祭云，未知其如何也？按：忌日若值正至朔望，則如此行之可也。而其他俗節，則行薦禮於翌日，恐當。

質明，主人以下變服。

禰則主人兄弟黲紗、幞頭、黲布衫、布裹角帶，祖以上則黲紗衫，旁親則皂紗衫，主婦特髻去飾、白大衣、淡黃帔，餘人皆去華盛之服。《張子文集》：忌日變服爲曾祖、祖皆布冠而素帶、麻衣；爲曾祖、祖之妣皆素冠、布帶、麻衣；爲父布冠帶、麻衣、麻履，爲母素冠、布帶、麻衣、麻履；爲伯、叔父素冠帶、麻衣；爲伯叔母麻衣、素帶；爲兄麻衣、素帶；爲弟姪易褐。栗谷《祭儀》：父母忌則有官者服縞色，帽垂脚，或黲布帽，垂脚玉色，團領，白布裹角帶；無官者服縞色笠，或黲色笠，玉色圓領，白帶；婦人則縞色帔、白衣、白裳。祖以上忌，則有官者烏紗帽、玉色圓領、白布裹角帶；無官者黑笠、玉色團領、白帶；婦人則玄帔、白衣、玉色裳。旁親之忌，則有官者烏紗帽、玉色團領、烏角帶；無官者黑笠、玉色團領，黑帶；婦人只去華盛之服。

詣祠堂，奉神主出就正寢，

如祭禰之儀。告辭見上。

參神，降神，進饌，初獻，

如祭禰之儀。祝文見上，讀畢。祝興，主人以下哭盡哀，《儀節》：祖考妣近死則舉哀，遠死則否。《備要》：逮事祖考妣當舉哀。寒岡曰：主婦當哭，子孫亦宜隨哭。又曰：外祖忌祭，陪諸舅以祭，而諸舅哭之，則我亦哭而助哀何妨？餘並同。

亞獻，終獻，侑食，闔門，啓門，

並如祭禰之儀，但不受胙。

辭神，納主，徹。

並如祭禰之儀，但不餕。

是日不飲酒，不食肉，不聽樂，黲巾、素服、素帶以居，夕寢于外。

《檀弓》：忌日不樂。《祭義》：忌日必哀。《語類》：忌日，唐時士大夫依舊孝服受吊。又曰：先生爲無後叔祖忌祭，未祭之前不見客。《顔氏家訓》：忌日正以感慕罔極，故不接外賓，不理衆務，世人或端坐奥室，不妨言笑。盛營甘美，厚供齊食，密戚至交，盡無相見。蓋不知禮意乎？退溪《答金士純》曰：吉注書忌日蔬食水飲甚善，今欲法之，亦至意也。

墓祭

《通典》：三代以前未有墓祭，宗子去他國，庶子無廟。孔子許向墓遥爲壇，以時祭，即今之上墓儀，或有憑。鄭止則《祠饗儀》：古無墓祭。漢光武初，諸將出征者詔給少牢，令拜掃，寒食墓祭蓋出於此。唐開元《敕》：許寒食上墓。程子曰：嘉禮不野合。後俗廢禮，墓亦有祭，如望墓爲壇，冢人爲尸，亦有時爲之，非經禮也。

墓祭之具同前。

祝文式

維年號幾年歲次干支幾月干支朔幾日干支，孝子或孝孫、孝曾孫、孝玄孫。某官某敢昭告于顯某考某官府君或某妣某封某氏。合葬則列書父、祖、曾、高祖考妣，隨所稱，皆倣此。之墓：氣序流易，雨露既濡，十月朔則云「霜露既降」，秋夕則云「白露既降」。瞻掃封塋，不勝感慕。《備要》：考妣前改「不勝感慕」爲「昊天罔極」。謹以清酌庶羞，祗薦歲事。尚饗。

祭土地祝文

維年號幾年歲次干支幾月干支朔幾日干支，某官姓名敢昭告于土地之神：某恭修歲事于某親某官府君之墓，唯時保佑，實賴神休。敢以酒饌，敬伸奠獻。尚饗。

三月上旬擇日。

程子曰：十月一日拜墳，感霜露也。寒食則又從常禮祭之。張子曰：寒食與十月朔展墓亦可。《韓魏公祭式》：寒食及十月一日上墓。盧亨運問：《家禮》只云三月上旬，而無十月上旬。寒岡曰：十月一日，程、張、司馬、朱子所通行。按：墓祭當行於春秋，春用三月上旬或寒食，秋用十月朔日或秋夕。五世祖以上，則或春或秋，歲一祭之可也。

前一日，齊戒，

如家祭之儀。寒岡曰：國恤卒哭前，大中小祀並令停廢，則私家墓事，不可設行。○遭喪不祭，詳見忌祭下。○寒岡答李以直曰：門中重喪，未葬之前，固不合上墓，而但非吉祭之比。一門之人，難以盡廢，墓事既行於旁墓，則何可獨廢於亡人舅姑之墓乎？

具饌。

墓上每分如時祭之品。程子曰：飲食則稱家有無。朱子曰：墓祭簡於四時之祭可也。退溪曰：墓祭當設飯羹。栗谷曰：湯果用三色。按：飯、羹、麵、餅雖設，而庶羞當減省，湯用三色，果用四色。○更設魚、肉、米、麵食各一大盤，以祭土地。朱子曰：祭土地之禮可與墓前一樣，菜、果、胙、脯、飯、茶、湯各一器，以盡寧親事神之意，而勿令其有隆殺。

厥明，灑掃，

主人深衣，栗谷曰：主人以下玄冠、素服、黑帶。寒岡曰：素帶。沙溪曰：墓祭服色未有考。《儀禮》大祥祭尚用向吉之服，況墓祭乎？僕有職時用先人之禮，以紅衣品帶行祭，而未知得禮與否？欲更問知禮者定之。按：栗谷說蓋言祖以上墓，寒岡說蓋言考妣墓。至於登第榮墳，則雖考妣墓，似當用應榜服色。若帶職展掃，則似當用烏紗帽、烏角帶、淺淡服。而至於祖考以上之墓，則不必然矣。率執事詣墓所，再拜，奉行塋域内外，環繞哀省三周。其有草棘，即用刀斧鉏斬芟夷。灑掃訖，復位，再拜。

○又除地於墓左，以祭土地。

布席，陳饌，

用新潔席陳於墓前，設饌如家祭之儀。按：墓前有石床，則不必布席。

參神，降神，初獻，

如家祭之儀。沙溪曰：墓祭無進饌、侑食兩節，豈原野之禮殺於家廟故耶？鄙家依《擊蒙要訣》，三獻前並進魚肉蔬果，扱匙正筯。按：扱匙正筯，當待初獻。祝辭云。祝文見上。餘並同。

亞獻，終獻，

並以子弟親朋薦之。沙溪曰：墓祭雖殺於時祭，《家禮》本注「如家祭之儀」云，則三獻各陳炙似當。又曰：既無闔門之節，終獻後肅竢進湯水爲是。

辭神，乃徹。

《韓魏公祭式》：墓祭若身不能往，遣親者代之。《周元陽祭録》：或覊宦他邦，不及時拜掃松檟，則寒食在家亦可祠祭。

遂祭土地，布席，陳饌，

設四盤于席南端，布席于除地處，饌四品各用大盤設之。又設盤、盞、匙、筯于其北，按：既設匙筯，則飯羹當爲並陳。餘並同上。

降神，參神，三獻，

同上。按：葬禮，祠土地時只酹酒，無焚香，當如此儀。祝辭云。祝文見上。

辭神，乃徹而退。

《通典》：神道尚幽，不可逼黷塋域，宜於塋南山門外設净席爲位，遥祭以時饌。主人盥手，三獻而止，主人以下泣辭，精靈感慕，有泣無哭。食餘饌者可於他處僻不見墳所，孝子之情也。按：《家禮》之不言餕，蓋有深意。考妣墓前則固不可飲啖，雖祖考以上，亦當少退隧外食餘饌可也。

附：丘墓毁 丘墓火附。

《通典》：杜夷議冢墓遇賊毁發，依改葬服緦。何修之議不及於槨，可依新宫火三日，哭而已。按：墓既毁，則先哭，墓前封築後設慰安祭，哭而行之恐當。○寒岡答李叔發曰：丘隴雖燒黑，當即葱蒨於數月之内，何至藁草之蓋，只當净掃而已。慰安之祭當哭行素服，行素恐三日而止矣。